Baedeker

Allianz Reiseführer

Zypern

www.baedeker.com

Verlag Karl Baedeker

TOP-REISEZIELE ★★

Zypern, die Insel, wo Aphrodite dem Meer entstieg, erinnert sich an eine fast 10 000 Jahre alte Geschichte und hat seinen Besuchern viel zu bieten. Wir haben für Sie zusammengestellt, was Sie auf keinen Fall versäumen sollten!

1 ★★ Kyrénia • Girne
Vorne das Meer, hinten das Pentadáktylos-Gebirge: So schön wie Kyrénia liegt kein anderer Ort Zyperns. ► **Seite 329**

2 ★★ Bellapais • Beylerbeyi
Das Kloster mit Vergangenheit gehört zu den romantischsten Flecken in Nordzypern. ► **Seite 306**

3 ★★ St. Hilarion
Die westlichste und am besten erhaltene von drei Festungen in den Gipfeln des Pentadáktylos-Gebirges. ► **Seite 356**

4 ★★ Nikosia • Lefkosía • Lefkoşa
Das geteilte Herz der Insel, kultureller und politischer Mittelpunkt mit Zeugnissen der fränkischen und osmanischen Geschichte, Museen und Theatern. ► **Seite 242, 338**

5 ★★ Asínou
Einsam und unscheinbar: Panagía Forviótissa im schönen Tróodos-Gebirge. Wegen ihrer Fresken gehört sie zum UNESCO-Weltkulturerbe. ► **Seite 168**

6 ★★ Kakopetriá
Ágios Nikólaos tis Stégis, ebenfalls im Tróodos-Gebirge, ist mit Fresken aus sechs Jahrhunderten geschmückt. ► **Seite 182**

13 Karpaz-Halbinsel
14 Salamís
15 Famagusta•Gazimağusa

DIE BESTEN BAEDEKER-TIPPS

Von allen Baedeker-Tipps in diesem Buch haben wir hier die interessantesten für Sie zusammengestellt. Erleben und genießen Sie Zypern von seiner schönsten Seite!

! Vierbeinige Freunde

Der »Verein der Freunde des zyprischen Esels« hat es sich zur Aufgabe gemacht, kranke und ausgestoßene Esel aufzupäppeln. ► **Seite 26**

! Wohnen wie in der Kupfersteinzeit

In Lémba wurden vier Rundhütten aus der Neu- und Kupfersteinzeit nachgebaut. Sie vermitteln einen guten Einblick in das Leben der damaligen Zeit. ► **Seite 41**

! Stadt im Diskofieber

Agía Nápa verwandelt sich vor allem im Sommer in eine Party-Hochburg, dann wird die Nacht zum Tag. Wir geben Tipps, wo sie garantiert keinen Schlaf finden.
► **Seite 154**

Lefkarítika
Die berühmten Hohlsaumstickereien sind ein beliebtes Souvenir.

! Wasserrutsche

Baden in einer Umgebung wie im antiken Griechenland: Säulen und Statuen mit Helden der griechischen Mythologie schmücken den WaterWorld Waterpark. Laut Eigenwerbung ist er der größte seiner Art in Europa. ► **Seite 157**

! Frauenpower in Xylofágou

Kafenía sind nur für die Herren der Schöpfung? Falsch! Ein Kafeníon dreht den Spieß um und sperrt die Männer aus.
► **Seite 160**

! Radeln zur Liebesquelle

Von Pólis aus radelt man auf der Straße entlang der Steilküste zu der 12 km entfernten Fontana Amorosa. Bei dieser nicht allzu anstrengenden Tour eröffnen sich immer wieder herrliche Panoramen. ► **Seite 161**

Männerdomäne
Kafenía sind eigentlich den Männern vorbehalten.

Über Stock und Stein
Das Pferdegestüt 2 km nördlich von Kalavasós bietet geführte Ausritte durch die herrliche Landschaft der Tróodos-Ausläufer an. ► **Seite 172**

Abendsonne
Der Aphrodite-Felsen ist nicht nur ein mystischer Ort, sondern auch das wohl am meisten fotografierte Motiv der Insel. Zu welcher Tageszeit und von welcher Position aus die besten Schnappschüsse gelingen, verraten wir auf ► **Seite 196**

Aphrodite-Felsen
Hier entstieg Aphrodite dem Schaum des Meeres.

Kunst mit Meerblick
Antike Dramen und Meisterwerke von Shakespeare im modernen Amphitheater von Pissoúri. Und zur Eintrittskarte gibt es noch den herrlichen Blick aufs Meer dazu! ► **Seite 199**

Geschichte in Wachs
Im Fatsa-Wachsmuseum in Léfkara, einem zyprischen Pendant zu Madame Tussauds, kann man anhand von rund 150 Wachsfiguren die Entwicklung Zyperns bestaunen. ► **Seite 226**

Moderne Dionysien
Im Stadtpark von Limassol findet in den ersten zwei Septemberwochen ein Weinfest statt. Fast alle Winzer der Insel stellen hier ihre Weine vor. Aber nicht nur wegen des Rebensafts lohnt sich der Besuch, die ganze Veranstaltung ist ein ausgelassenes Volksfest. Zusätzliches Highlight: Man kann seinen eigenen Wein pressen! ► **Seite 229**

Commandaria
Schon die Kreuzritter schätzten diesen hochprozentigen Wein.

Ein Kuriosum
Für Schlangen-Phobiker dürfte das Reptilien-Haus in Limassol der blanke Horror sein, wer sich aber für Kobras, Pythons und und andere Reptilien interessiert, ist hier richtig! ► **Seite 233**

Bellapais Musikfestival
Ein Fest für alle Sinne: Klassischer Musik in passender Atmosphäre erlebt man im Frühsommer in Bellapais. ► **Seite 306**

Lefkara-Spitzen
Auch in Nordzypern, in der Nähe von Boğaz, werden die traditionellen Lefkara-Spitzen hergestellt. ► **Seite 325**

Wracktauchen
In Nordzypern ist die Unterwasserwelt noch intakt. Außerdem gibt es historische Wracks zu betauchen! ► **Seite 334**

Nordzpyern von oben
Mit einem Tandem-Gleitschirm, gelenkt von einem erfahrenen Piloten, lässt sich die Insel im herrlichen Gleitflug von oben betrachten. ► **Seite 356**

Barnabas-Kloster
Erinnert an das Grabmal von Zyperns Nationalheiligem
► **Seite 353**

HINTERGRUND

PRAKTISCHE INFORMATIONEN VON A bis Z

TOUREN

REISEZIELE IN SÜDZYPERN

PREISKATEGORIEN

► **Hotels**

2 Personen im Doppelzimmer mit Bad und Frühstück:

Günstig	bis 60 €
Komfortabel	60 bis 120 €
Luxus	über 120 €

► **Restaurants**

Preise für ein Hauptgericht

Preiswert	bis 15 €
Erschwinglich	bis 25 €
Fein & teuer	ab 25 €

REISEZIELE IN NORDZYPERN

Akámas-Halbinsel
Hier schlagen die Herzen von Natur- und Wassersportliebhabern höher
► **Seite 160**

Hintergrund

ZYPERN IST EINE GÖTTLICHE INSEL – APHRODITE SOLL HIER DEM MEER ENTSTIEGEN SEIN. IM FOLGENDEN LERNEN SIE ETWAS ÜBER DIE GESCHICHTE UND DIE KULTUR DER DRITTGRÖSSTEN MITTELMEERINSEL KENNEN.

INSEL DER APHRODITE

Auf den Spuren der Geschichte durch die Insel streifen; sich auf einsamen Wanderungen eins mit der Natur fühlen; bei einem Mezé-Essen und einem Glas guten Zypernweines die Seele baumeln lassen; einen Brandy Sour an der Hafenpromenade schlürfen und dem Ruf des Muezzin lauschen; die Freundlichkeit der Einheimischen genießen – das ist Zypern.

Zypern – viel besungen und beworben, heiß geliebt und hart umkämpft! Die drittgrößte Mittelmeerinsel ist seit 1974 geteilt. Heute ist ein Besuch um so lohnenswerter, da die Grenze zwischen dem türkischen Norden und dem griechischen Süden durchlässig geworden ist. Mediterranes Flair, schmackhafte Speisen, zauberhafte Sandstrände, Felsküste, Kultur pur und eine abwechslungsreiche Landschaft bieten sich dem Besucher von Nord bis Süd. Wegen seines Klimas ist Zypern auch ein beliebtes Winterreiseziel: morgens Badefreuden im Meer, mittags Schnee satt im Tróodos-Gebirge!

Kónnos Bay
Zwischen Kap Gréko und Protarás

Kultur pur

»Zypern ist die wirkliche Heimat der Aphrodite. Niemals sah ich eine Insel mit so weiblichem Charakter, niemals atmete ich solche Luft voller gefährlicher, süßester Versuchungen«, schwärmte der griechische Schriftsteller Nikos Kazantzakis (1882 – 1957) über die Insel. Am sagenumwobenen Aphroditefelsen Pétra tou Romioú soll die schaumgeborene Göttin der Liebe und Fruchtbarkeit dem Meer entstiegen sein. Unweit des wogenumbrandeten Felsens pilgerte man in mythischer Vorzeit und Antike zu dem bedeutendsten Aphrodite-Heiligtum der altgriechischen Welt in Paläa Páfos (heute Koúklia) und erhoffte sich Fruchtbarkeit und Liebe, während im antiken Stadtkönigtum von Koúrion der Gott Apollon als »Hylátes« (Schützer des Waldes) verehrt wurde. Themen der griechischen Mythologie wie Liebe und Tod werden auch in den farbenprächtigen römischen Mosaiken von Páfos dargestellt. Doch hinterließen auch andere Fremdmächte im Laufe der fast 10 000-jährigen Geschichte Zyperns ihre Zeugnisse: Im Mittelalter errichteten die Johanniter bei Kolóssi für 19 Jahre ihren Hauptsitz

Moní Panagías tou Arakoú
Die unscheinbare Kirche bei Lagouderá birgt einen Schatz: den umfangreichsten Freskenzyklus aus mittelbyzantinischer Zeit.

Im Süden Zyperns
Auf diesem schönen Hochplateau mit Blick über das Meer, zu Füßen einen herrlichen Sandstrand, lag das antike Stadtkönigtum Koúrion.

Koúrion
In dem aus römischer Zeit stammenden Theater werden im Sommer antike Schauspiele aufgeführt.

Salamís
Die vielen heute kopflosen Statuen schmückten einst die Palästra, den »Sportplatz« von Zyperns bedeutendstem Stadtkönigtum.

Kantara
Die mittelalterliche Festungsanlage erhebt sich wie ein einsamer Wächter am Eingang zur Karpaz-Halbinsel.

Karpaz-Halbinsel
Die lang gestreckte Halbinsel ganz im Nordosten Zyperns ist noch ziemlich unberührt; hier die Nordküste bei Dipkarpaz.

und stellten aus dem antiken »Nama«-Wein den köstlichen »Commandaría« her, einen bis heute beliebten Dessertwein. Die Lusignans, ein französisches Adelsgeschlecht, bauten gotische Kathedralen und die Venezianer verstärkten Nikosia, Famagusta und Kyrénia zum Schutz vor den Türken mit trutzigen Mauern und Bastionen.
Die unwegsamen Berghänge des Tróodos-Gebirges boten einst Einsiedlern die gewünschte Abgeschiedenheit. Im Mittelalter entstanden hier neben prachtvollen byzantinischen Klöstern die sog. Scheunendachkirchen, äußerlich unscheinbare Gotteshäuser, die im Innern mit farbenfrohen Wandmalereien ihre ganze Pracht entfalten. Diese speziell auf Zypern beheimateten Kirchen werden alle in der UNESCO-Liste des Weltkulturerbes aufgeführt. Ein Netz gut markierter Naturlehrpfade erschließt nicht nur die bewaldeten Berglandschaften des Tróodos, sondern auch die im Nordwesten Zyperns gelegene Akámas-Halbinsel. Im türkischen Norden führen aussichtsreiche Wege durch das zerklüftete Kalksteinmassiv des Pentadáktylos-Gebirges (türk. Beşparmak). Das Frühjahr bietet eine unvergleichliche Blütenvielfalt, darunter Orchideen in Hülle und Fülle. In den Gebirgstälern gedeihen Obst- und Nussbäume und bis auf Höhen von über 1000 m Wein. In den abgelegenen Bergdörfern des Tróodos, die einst unter der Abwanderung junger Menschen litten, entstehen sympathische landestypische Hotels und Pensionen – hier findet man Zypern noch, wie es leibt und lebt. In gemütlichen Tavernen kann man dem Mezé-Essen frönen, einer Folge zahlloser Speisen quer durch die zyprische Küche, und sich einen guten Tropfen Zypernweines munden lassen.

Barnabas-Kloster
Grabstätte des hl. Barnabas, Zyperns Nationalheiligem

Badefreuden in Süd und Nord

Und natürlich ist Zypern mit seinem mediterranen Klima, den sonnigen Frühjahrs-, Sommer- und Herbstmonaten, glasklarem Wasser, sauberen Sandstränden bei Lárnaka, Limassol, Agía Nápa, Páfos – in Nordzypern bei Famagusta, Kyrénia und auf der Karpaz-Halbinsel – sowie einer anspruchsvollen Hotellerie für einen Badeurlaub – auch mit Kindern – hervorragend geeignet. Wassersport jeder Art, freundlicher Service und eine hervorragende Landesküche machen viele Besucher zu »Wiederholungstätern«.

Fakten

Seit 1974 ist die Insel geteilt. Das türkische Nordzypern, etwa ein Drittel ihrer Fläche, ist international nicht anerkannt, während das griechische Südzypern seit 2004 EU-Mitgliedstaat ist. Und mussten sich Besucher bislang zwischen den beiden Teilen entscheiden, können sie seither die ganze Insel entdecken.

Naturraum

Drittgrößte Mittelmeerinsel

Zypern, nach Sizilien und Sardinien die drittgrößte Mittelmeerinsel, liegt ganz im Osten des Binnenmeeres. Die im Schnittpunkt der Kontinente Europa, Asien und Afrika gelegene Insel war fast 100 Jahre britische Kolonie (1878 – 1960), wurde 1960 unabhängige Republik und erlitt 1974 das Schicksal der Teilung, in deren Rahmen der türkische besetzte Norden die international nicht anerkannte »Türkische Republik Nordzypern« deklarierte (► Baedeker Specials S. 250 und 50).

Zankapfel

Die Lage zwischen Orient und Okzident machte Zypern von der Antike bis heute zum Schauplatz machtpolitischer Auseinandersetzungen. Die wechselnden Fremdmächte prägten Kultur und Mentalität der Bewohner. Erst 1960 gelang es Zypern, die Unabhängigkeit zu erlangen. Bereits 1974 kam es jedoch aufgrund zunehmender Spannungen zur Invasion türkischer Truppen in den nördlichen Inselteil. Seit der Teilung Zyperns 1974 gehören etwa 38 % der Inselfläche zur international nicht anerkannten Türkischen Republik Nordzypern. Der griechisch-zyprische Süden bildet die Republik Zypern, die völkerrechtlich die gesamte Insel repräsentiert und 2004 in die EU aufgenommen wurde. Die Trennungslinie zwischen beiden Landesteilen bildet seit 1974 eine von UN-Soldaten kontrollierte Pufferzone. Sie beginnt im Nordwesten bei Lefke, verläuft durch Nikosia und endet südlich von Famagusta (türk. Gazimağusa).

? WUSSTEN SIE SCHON ...?

- Der Name Zypern leitet sich vom griechischen Wort »Kypros« (= Kupfer) ab. Dieses Metall wurde auf der Insel schon vor über 4000 Jahren abgebaut, brachte ihr Reichtum und vermachte ihr seinen Namen.

Naturräumliche Gliederung

Die Insel läßt sich in drei größere landschaftliche Einheiten gliedern: das Tróodos-Massiv, die Mesaoría-Ebene und das Pentadáktylos-Gebirge (türk. Beşparmak).

Tróodos

Den westlichen Teil Zyperns bildet der Tróodos, ein Gebirge aus magmatischem Urgestein, das im 1951 m hohen Olympos (auch Chionístra = Schneekoppe) gipfelt und mit seinen Ausläufern zusammen etwa ein Drittel der Insel einnimmt. Das aus widerständigem Gestein aufgebaute Tróodos-Massiv reicht von der Chrysochoú-Bucht im Nordwesten bis zur markanten Erhebung des Stavrovoúni-Berges nahe der Autobahn Nikosia – Limassol im Süden. Wind und Wetter haben die weichen Sedimentgesteine abgetragen, die vor geologisch noch nicht allzulanger Zeit den aus dem Erdinnern gequollenen, von Kissenlava umgürteten magmatischen Kern

← *Orientalisches Flair in der Altstadt von Nord-Nikosia*

Tróodos, das grüne Gebirge Zyperns

bedeckt haben. Harter Serpentin und Harzburgit bilden die »sanft« geformte Kuppe des oft bis in den April schneebedeckten Olympos. Duftende Kiefern- und Zedernwälder und majestätische Zypressen machen diesen Gebirgsstock zum »grünen Herzen« Zyperns und zu einer beliebten Sommerfrische. Im Winter tummeln sich hier oben hingegen Skiläufer und Snowboarder.

Hügelland Nördlich und westlich des Tróodos wechseln sich dunkle Gesteine vulkanischen Ursprungs mit hellen kalkigen Meeresablagerungen ab. Sie bilden eine hügelige Landschaft mit Hochebenen und tiefen Tälern. Schönster Abschnitt ist die unter Naturschutz gestellte Akámas-Halbinsel, die wie ein mächtiges Horn ins Meer hinausragt.

Mesaoría Zwischen dem Tróodos im Südwesten und dem Pentadáktylos im Norden dehnt sich die Mesaoría-Ebene (türk. Mesarya, dt. zwischen den Gebirgen) über eine Länge von ca. 90 km heute überwiegend im türkischen Norden aus. Diese Schwemmlandebene zwischen der Bucht von Mórfou im Westen und dem Hafen Famagusta im Osten ist schwach reliefiert, besteht vorwiegend aus Mergel und Sand und ist die jüngste geologische Formation Zyperns. Bei Nikosia, der zentral gelegenen Inselhauptstadt, liegt die Mesaoría etwa 180 m ü. d. M. Im Altertum war sie die Kornkammer Zyperns, heute werden hier auch Obst- und Gemüse angebaut.

Pentadáktylos-Gebirge Im Norden Zyperns verläuft das Pentadáktylos-Gebirge (türk. Beşparmak, dt. Fünffinger-Gebirge) ca. 150 km weit parellel zur Nordküste von der Bucht von Mórfou bis zum Kap Andreas. Es ist zwar nur 5 bis 8 km breit, erreicht eine durchschnittliche Höhe von 600 bis 800 m und weist schroffe, aus Kalkstein, Dolomit und ein wenig Marmor bestehende Felsgrate und Zinnen auf. Höchste Erhebung ist der 1024 m hohe Kyparissóvouno (türk. Selvili, dt. Zypressenberg). Nach Nordosten wird das Gebirge immer niedriger und läuft im langen »Finger« der reizvollen **Karpaz-Halbinsel** (türk. Karpaşa) aus. Im Winter fallen reichlich Niederschläge, sodass an der kahlen Südseite des Gebirgszuges einige ergiebige Quellen austreten. Die Nordseite ist bewaldet und ähnelt mit jähen, zum Klettern animierenden Felsgraten und -zinnen ein wenig den Kalkalpen.

Küsten

Malerisch steile Küstenabschnitte wechseln mit traumhaft schönen Badebuchten ab, die von gold gelbem Sand über dunkle Kieselstrände für jedermann etwas bereit halten. Landschaftlich besonders eindrucksvoll ist die steil abstürzende Südwestküste zwischen Koúrion und Páfos. Die Nordküste wird von der Mórfou-Bucht hin bis zur Karpaz-Halbinsel von den schroffen Felsbastionen des Pentadáktylos-Gebirges flankiert.

Die schönsten Sandstrände

Entlang der Südküste sind die Strände nicht sehr zahlreich und oftmals mit großen Hotelanlagen verbaut. In der Hochsaison herrscht hier drangvolle Enge. Gleiches gilt auch für die im Südwesten liegende Stadt Páfos, die sich in den letzten Jahren zu einem touristischen Rummelplatz gemausert hat. Weniger besucht sind die Strände im Nordwesten Zyperns beim kleinen Ort Pólis. Kaum berührte,

Kap Gréko, die herb-schöne Südostspitze Zyperns

Zahlen und Fakten Zypern

Lage

- im östlichen Mittelmeerraum zwischen 34° und 35° nördlicher Breite sowie 32° und 34° östlicher Länge
- Entfernungen: Nach Kreta 550 km, zur türkischen Küste 70 km, nach Syrien 100 km und nach Ägypten 380 km

Größe

- 9521 km² (= halbe Größe des Bundeslandes Sachsen), davon 3450 km² unter türkischer Besatzung, 257 km² britische Militärbasen in Dekéleia und Akrotíri (= 3 % des Landes)
- Ausdehnung von Südwesten nach Nordosten: ca. 225 km, von Norden nach Süden knapp 100 km
- Küstenlänge: 780 km
- Trennungslinie mit Pufferzone: 180 km

Hauptstadt

- Nikosia (griech. Lefkosía / türk. Lefkoşa)

Staatsname

- Kypriaki Dimokratia / Kıbrıs Cumhuriyeti / Republik Zypern

Staatsform

- souveräne Präsidialrepublik Präsident der Republik Zypern: Tassos Papadopoulos (seit 2003) Präsident der international nicht anerkannten Türkischen Republik Nordzypern: Mehmet Ali Talat (seit 2005), Ministerpräsident: Ferdi Sabit Soyer (seit 2005)
- Parlament: 80 Sitze (Republik Zypern), 50 Sitze (Nordzypern)

Einwohnerzahl

- 977 000 (davon etwa 228 000 im türkischen Norden, davon ca. 90 000 Zyperntürken und 115 000 Türken vom Festland)

Sprache

- Griechisch und Türkisch (Amtssprachen), Englisch als Bildungs- und Verkehrssprache

Währung

- Zyprisches Pfund (CYP); im türkischen Teil die Türkische Lira (TRY)

Zeit

- Osteuropäische Zeit (OEZ), die der MEZ immer eine Stunde voraus ist.

Religion

- 79 % Griechisch-Orthodoxe, 18 % Moslems (hauptsächlich Sunniten)

Verwaltung

- Sechs Verwaltungsbezirke (Famagusta, Kyrénia, Limassol, Nikosia, Lárnaka und Páfos). Der türkische Norden gliedert sich in fünf Bezirke (Nikosia/Lefkoşa, Famagusta/Gazimağusa, Kyrénia/Girne, Tríkomo/Iskele, Mórfou/Güzelyurt)

Wirtschaft

- Republik Zypern: 75,6 % des Bruttoinlandsprodukts (BIP) wird im Dienstleistungssektor erwirtschaftet, 4,9 % trägt die Landwirtschaft, 19,4 % die Industrie zum BIP bei Nordzypern: Dienstleistungssektor 70 % des BIP, Landwirtschaft 10 %, Industrie 20 %

- Inflationsrate: 3,1 % Republik Zypern / 4,1 % Nordzypern Arbeitslosenquote: 3,1 % Repubik Zypern / 5,6 % Nordzypern
- Jährliches Pro-Kopf-Einkommen: 16 000 € Republik Zypern/5000 € Nordzypern
- Bildung: 9-jährige Schulpflicht, anschließend Möglichkeit zu einer 3-jährigen Sekundarstufe. Seit 1992 Universität in Nikosia, daneben fachgebundene Berufs- und technische Colleges. Eine zweite Universität befindet sich in Famagusta.

zauberhafte Strände findet man auf der Akámas-Halbinsel. Die schönsten Strände Zyperns befinden sich an der Ostküste bei Agía Nápa und Famagusta sowie auf der reizvollen Karpaz-Halbinsel im Nordosten. Auch Kyrénia, an der Nordküste, wartet mit Sand- und Kieselstränden auf. Der Norden Zyperns besitzt durch den internationalen Wirtschaftsboykott keine so ausgeprägte touristische Infrastruktur wie der Süden, beginnt aber langsam aufzuholen.

Städte

In der Mesaoría-Ebene liegt Zyperns Hauptstadt Nikosia (griech. Lefkosía, türk. Lefkoşa), die größte Stadt der Insel. Durch Nikosia hindurch verläuft die Trennungslinie (auch Green Line genannt) zwischen türkischem und griechischem Landesteil. Limassol, an der Südküste, ist die zweitgrößte Stadt und besitzt den wichtigsten Handelshafen der Insel. Östlich von ihr liegt in einer weiten Bucht Lár-

Zypern Orientierung

naka, das ab 1974 durch den Bau des Flughafens an Bedeutung gewann. An der Westküste bietet Páfos den Besuchern zahlreiche Ausgrabungen antiker Stätten und eine gute touristische Infrastruktur. Im türkischen Norden der Insel liegt Famagusta (türk. Gazimağusa) an der Ostküste mit seinen zauberhaften Sandstränden, vor 1974 war es die bedeutendste Hafenstadt Zyperns und Zentrum des Fremdenverkehrs. Malerisch ist die kleine Hafenstadt Kyrénia (türk. Girne) an der Nordküste.

Bodenschätze

Baedeker Special S. 299 ►

In Verbindung mit der untermeerischen Entstehung des Tróodos-Massivs sind die Rohstofflagerstätten Zyperns zu sehen. Besonders gilt dies für das Kupfersulfid, das im Ausbreitungsgebiet der Kissenlaven zu finden ist. Am Meeresboden der Tethys (Urmeer) drang Wasser in Spalten und Klüfte ein, wurde aufgeheizt und konnte Metalle lösen. Diese drangen als kupfer-, eisen- und zinkhaltige Sulfide wieder auf und wurden abgelagert. Die anfänglich hohen und dann geringer werdenden Temperaturen in der Magmenkammer des Tróodos-Gebirges und diverse chemische Reaktionen begünstigten auch die Entstehung von Pyrit, Serpentin, Asbest und Chrom.

Klima

Göttlich, in Anlehnung an einen bekannten Werbespruch, ist nicht nur die Landschaft Zyperns, sondern auch das Klima: fast 3400 Sonnenstunden im Jahr, nur 39 bis 48 Regentage, Wassertemperaturen bis 29 °C und eine Wärme, die mit Tageshöchstwerten von 22 °C noch im November deutsches Sommerniveau erreicht.

Mediterranes Klima

Zypern hat ein typisch mediterranes Klima mit trockenheißen Sommern und feuchtmilden – in den höheren Lagen – auch kühlen Wintern. Verantwortlich für das monatelange Traumwetter ist das **Azorenhoch**, das im Sommerhalbjahr seine Fühler bis ins östliche Mittelmeer ausstreckt. Und auch in den Wintermonaten, wenn sich der hohe Luftdruck abschwächt und Tiefdruckgebiete aus nördlichen Breiten ins Mittelmeer vordringen können, ist mit der Sonne noch lange nicht Schluss. Durchschnittlich 550 Stunden kommen auch in der kühlen Jahreszeit zusammen und damit fast soviel wie in einem normalen deutschen Sommer. Rekord für eine Mittelmeerinsel: die 1100 Sonnenstunden von Juni bis August an den Urlaubsstränden der Südküste (87 % der astronomisch möglichen Zeit).

Luft- und Wassertemperaturen, Wärmebelastung

Von Juni bis September überschreiten die Tagestemperaturen an der Küste fast durchweg 30 °C, im Binnenland 35 °C. Südliche Winde (**Schirokko**) können das Quecksilber in Küstennähe kurzzeitig auf 40 °C drücken, im Inselinneren auf nahe 45 °C. Schon im März und noch im November sind bei Schirokko über 30 °C möglich. Der am späten Vormittag aufkommende Seewind bringt nur dem Küstenraum etwas Linderung. In den Nächten kühlt es gewöhnlich auf 21 bis 23 °C ab. Steigende Temperaturen und Luftfeuchtigkeit lassen schon im Mai leichte Schwüle aufkommen. Im Juli und August ist die Wärmebelastung dann mäßig bis stark und klingt im Oktober aus. Die Winter bleiben im Schutze des türkisch-anatolischen Hochlandblocks und durch die relativ hohen Wassertemperaturen (nicht unter 16 °C) recht mild mit Tagestemperaturen von durchschnittlich 16 °C, manchmal auch über 22 °C. Frost ist nur im Binnenland, vor allem in den höheren Lagen des Tróodos-Gebirges, ein Thema. Das Mittelmeer ist von Mitte Mai bis Ende November über 20 °C warm. Im August werden etwa 27 °C gemessen, in heißen Sommern auch nahe 29 °C.

Niederschlag

Regen ist auf Zypern **Mangelware**. Nur 350 bis 450 Liter fallen im Jahresmittel im Tiefland, bis über 1000 Liter in den Hochlagen des Tróodos-Gebirges. Hier kann es im Januar und Februar bis auf 1000 m herab schneien. Ab 1500 m ist eine Schneedecke möglich, die sich auf dem 1951 m hohen Olympos in einzelnen Jahren bis April hält. Von Mai bis September herrscht fast völlige Trockenheit. Erst im Oktober kündigen erste Gewitter ein Ende der Dürrezeit an. Ergiebiger Regen fällt nur im Winter, wenn das so genannte Zypern-Tief aktiv ist. An durchschnittlich 19 bis 27 Tagen gehen dann fast zwei Drittel der Jahresmenge nieder, oft in schweren Gewittern mit Starkregen (bis 150 Liter/Tag) und Überschwemmungen.

? WUSSTEN SIE SCHON ...?

- Páfos hat im Oktober und November halb soviel Regentage und ein Drittel mehr Sonne als Palma de Mallorca!

Etesien/ Schirokko

Typisch für den Sommer im östlichen Mittelmeer sind die Etesien (griech. = jährliche Winde). Diese zwischen dem Azorenhoch und einem Hitzetief über Kleinasien beständig aus nördlichen Richtungen wehenden und als relativ kühl empfundenen Winde erreichen im Mittel die Stärke 3 bis 4. Über dem offenen Meer können sie am Nachmittag in Böen auf Sturmstärke auffrischen, was schon für manchen ungeübten Segler zum Verhängnis geworden ist. Bereits Homer hat die Etesien in den »Irrfahrten des Odysseus« entsprechend gewürdigt. Gegenspieler aus südlichen Richtungen ist ein heißer Wüstenwind, der besonders im Frühjahr und Herbst aus der Sahara herüber weht. Auslöser sind Tiefdruckgebiete, die entlang der afrikanischen Küste ostwärts ziehen. Auf ihrer Vorderseite transportieren sie Heißluft nordwärts, die sich über dem Meer mit Feuchtigkeit anreichert und daher auf Zypern als belastend empfunden wird.

Pflanzen und Tiere

Flora

Zypern bietet dank seines milden und ausgeglichenen Mittelmeerklimas, seiner geologischen Eigenart und geografischen Lage einer Vielfalt an Pflanzen Lebensraum. Insgesamt 1800 verschiedene

Bäuerlicher Alltag auf Zypern

Pflanzenarten finden sich hier, von denen rund 120 als endemisch gelten, nur auf Zypern heimisch sind. Ihren ganzen Reiz bietet die Flora von Februar bis April auf, wenn Zypern von einem vielfarbigen Blütenmeer überzogen ist. Neben verschiedenen Orchideenarten entfalten Tulpen, Gladiolen, Alpenveilchen, Schwertlilien, wilder Mohn, Zistrosen und Ginster ihre volle Blütenpracht. Kulturpflanzen wie der intensiv riechende Raps, Mandel-, Obst- und Zierbäume stehen ebenfalls im Blütenkleid.

Da die Wasserläufe nach der Schneeschmelze und der kurzen Regenzeit im Frühjahr bald versiegen, wirkt die Insel im Hochsommer eher karg und ausgedörrt, das Goldgelb des Getreides geht in verschiedene Brauntöne über. Lediglich die blühenden Oleandersträuche setzen kleine Farbtupfer. Die Nadel-und Laubbäume im Bergland sind jedoch auch im Sommer grün.

Mit dem ersten Regen im Herbst verwandelt sich Zypern erneut in eine grüne Insel mit farbenprächtigen Blütenpflanzen, darunter Krokusse, Narzissen, Anemonen, Hyazinthen und Lilien.

Waldbestand

Schon in der Bronzezeit begann man die überaus reichen Waldbestände der Insel abzuholzen, zunächst für die Verhüttung des Kupfers und anderer Metalle. In der Antike verwendete man das Holz für Haus- und Schiffsbau. Über Jahrhunderte wurde unkontrolliert Holz gefällt, Überweidung durch Ziegen und Waldbrände taten das Übrige, um den Baumbestand dieser einst grünen Mittelmeerinsel drastisch auf knapp 20 % zu reduzieren. Ein Großteil der Wälder ist Staats- oder Gemeindeforst und wächst an den Hängen des Tróodos, wo seit 1982 intensive Wiederaufforstung betrieben wird. Mögliche Waldbrände versucht man durch Feuerwachstationen auf hohen Gipfeln, Forsttelefone für Notrufe und spezielle Feuerbekämpfungstruppen einzudämmen.

Vier **Pflanzengemeinschaften** treten auf Zypern in Erscheinung: Nadel- und Laubwälder, Macchia, Phrygana und Felssteppe.

? WUSSTEN SIE SCHON ...?

- ... dass bereits 2000 v. Chr. auf Zypern Olivenöl produziert wurde? Der berühmteste Olivenbaum ist rund 800 Jahre alt und steht im Dorf Anglisídes an der alten Landstraße zwischen Limassol und Lárnaka. Seit jeher diente Olivenöl der Schönheit, dem Götterkult und pharmazeutischen Zwecken. Auf den Speiseplan kam es erst später.

Der größte Teil des Baumbestandes wird durch die Brutische Kiefer (Pinus brutia) abgedeckt, die in Regionen bis ca. 1200 m wächst. Über 1200 m findet man die zuweilen bizarr wirkenden Schwarzkiefern (Pinus nigra). Doch prägen auch Zypressen, Platanen, Ahorne, Eichen und eine Unterart der Libanonzeder (Cedrus libani subsp. brevolia) das urwüchsige Landschaftsbild des Tróodos-Gebirges. Die Macchia, ein bis zu 6 m hohes Gestrüpp aus stacheligen Büschen und Sträuchern ist weit gehend in den trockeneren Regionen an der Küste zu finden. Um der Austrocknung entgegen zu wirken, besitzen die meisten Pfanzen dunkle, lederartige Blätter, die reich an wohlriechenden Ölen und Harzen sind. Typische Sträucher und Bäume der hohen Macchia sind die endemische Goldeiche (Quercus alnifolia), der Erdbeerbaum (Arbutus andrachne) und der Phönizische Wacholder (Juniperus phoenicea). Die niedrigere Macchia wird u. a. durch Stechginster und Mastixstrauch gebildet. Die Phrygana findet sich auf felsigem und wenig tiefgründigem Boden, ist höchstens 1 bis 2 m hoch und besteht aus trockenheitsresistenten Pflanzen mit einem sehr aromatischen Duft wie z. B. Thymian, Rosmarin, Salbei, Majoran, Zistrosen und vielen mehr. In der Felssteppe gedeihen nur noch ausdauernde Pflanzen mit unterirdischen Speicherorganen wie der Affodil, Hyazinthen und Orchideen, darunter die endemische Kotschys-Ragwurz und der endemische Orientalische Pflugscharzungenstendel. Der Orchideenreichtum (45 verschiedene Arten, davon 30 im Pentadáktylos-Gebirge) lockt viele Botaniker an. Im Frühjahr findet man die unter Naturschutz stehenden Kleinode im Tiefland, ab Mai auch im Gebirge.

◄ Nadel- und Laubwälder

◄ Macchia

◄ Phrygana

◄ Felssteppe, Orchideen

! *Baedeker* TIPP

Eine süße Versuchung

Seit Urzeiten sind die Johannisbrotbäume, Deratsin, auf Zypern beheimatet und bis Mitte des 20. Jh.s waren ihre Hülsenfrüchte, das Karob, ein wichtiges Exportgut. Aus dem Fruchtmus wird ein süßer Sirup gewonnen, Daratsomelon, der als Brotaufstrich oder bei der Herstellung von Pastellin, einem typisch zyprischen Gebäck, verwendet wird. Johannisbrotbäume sieht man noch in den Küstenregionen, auf der Akámas-Halbinsel und in den Ausläufern des Tróodos-Gebirges.

Kulturpflanzen wie Apfel-, Kirsch- und Birnbäume, Mandel- und Nussbäume können aufgrund des milden Klimas bis zu einer Höhe von 1200 m gedeihen. So ist die alljährliche Kirschblüte in den Tróodos-Dörfern Pedoulás oder Plátres Anlass zu einem wahren Volksfest geworden. In den Ebenen gedeihen Johannisbrot- und Loorbeerbaum, Weinreben, Zitrusfrüchte und Bananenstauden. Getreide und Gemüse werden in der Mesaoría-Ebene und in den Küstengebieten angebaut. In den Städten säumen Judasbäume, Jacaranda- und Mimosenbäume als Zierpflanzen die Straßen.

Fauna

◄ Mufflon

Weit weniger artenreich als die Flora ist Zyperns Tierwelt. Wohl am bekanntesten ist das unter Naturschutz stehende Mufflon (grie-

Das scheue Mufflon – das unter Artenschutz stehende Nationaltier Zyperns – sieht man selten in freier Wildbahn.

chisch Agrinón). Prägnantestes Merkmal der männlichen Tiere sind die mächtigen, geschwungenen Hörner. Diese sehr wendigen und kletterfähigen Wildschafe halten sich zwar in kleiner Zahl im Tróodos-Gebirge auf, sind jedoch in freier Wildbahn selten zu sehen. Der im Altertum in die Tausende gehende Mufflonbestand wurde im Mittelalter unter dem französischen Herrschergeschlecht der Lusignans und in jüngerer Zeit durch britische Jäger stark dezimiert. Heute kann der Besucher Mufflons im Freigehege der Forststation Stavrós tis Psókas nordwestlich vom Zederntal, in Plataniá (bei Kakopetriá) und in dem kleinen Tiergarten von Limassol sehen. Das Nationaltier Zyperns entdeckt man stilisiert im Emblem der zyprischen Fluggesellschaft Cyprus Airways wieder.

Reisende des Mittelalters berichteten von Wildleoparden, Hirschen und Wildeseln, die jedoch schon längst ausgerottet worden sind. Dagegen sind Haustiere wie Esel, Schafe, Ziegen und Katzen überall zu sehen. Auf der Karpaz-Halbinsel in Norden Zyperns sind »verwilderte« Esel des Touristen Freude, des Bauern Leid.

! *Baedeker* TIPP

Vierbeinige Freunde

Der 1994 gegründete »Verein der Freunde des zyprischen Esels« hat seinen Sitz im Tróodos-Dorf Vouní (siehe S. 293). Hier werden kranke und ausgestoßene Esel aufgenommen, verpflegt und medizinisch versorgt. Im Bedarfsfall, z. B. bei der Traubenlese, können Dorfbewohner hier gegen eine kleine Gebühr eines dieser arbeitswilligen Tiere ausleihen. Das Besucherzentrum informiert über die Aktivitäten des Vereins; Spazierwege und ein Picknickplatz laden zum Verweilen ein (Mo. – Sa., 10.00 – 16.00 Uhr; www.donkeycyprus.com).

In den Wäldern und an den Küsten Zyperns halten sich zahlreiche Kleintiere wie eine endemische Hasenart (Lepus cyprius), Kaninchen, Füchse und Igel auf. Endemisch sind auch der Langohrigel (Hemiechinus auritus) oder die zyprische Stachelmaus (Acomys mesiotis).

Amphibien und Reptilien

Zypern ist reich an Reptilien und Amphibien wie Frösche, Kröten, Wasserschildkröten, Echsen und Schlangen. Ungefährlich ist die schwarze Springnatter, eine der längsten Schlangen Europas, äußerst giftig hingegen die Levanteotter (griech. Koufi, Vipera lebetina). Unter den Echsenarten tritt häufig der Hardun auf, der zu den Wirbelschwanzagamen gehört.

Zypern zählt zu den letzten Zufluchtsorten im Mittelmeer für die gefährdeten **Wasserschildkröten** Chelonia mydas und Caretta caretta, ►Baedeker Special S. 326.

? WUSSTEN SIE SCHON ...?

- Wissenschaftler schätzen, dass 30 % aller auf nur mehr 400 Exemplare geschätzten, im Mittelmeer lebenden Grünen Schildkröten auf Zypern zur Eiablage anlanden.

Vögel

Die geografische Lage Zyperns als Zwischenstation auf einer der großen Zugvogelrouten von Afrika nach Nordeuropa führt dazu, dass die Insel jährlich von Millionen Zugvögeln aufgesucht wird. Manche rasten nur kurz, andere wie die Singdrossel, das Rotkehlchen, Gänse, Schwäne, Reiher und der Flamingo kommen als Wintergäste. Zu den endemischen Vogelarten der Insel zählen die Schuppengrasmücke (Sylvia melanothorax) und der zyprische Steinschmätzer (Cypriaca oenanthe). Raubvögel wie Falken, Geier oder Kaiseradler ziehen ihre Kreise in den Bergregionen.

Bevölkerung · Politik · Wirtschaft

Trennung der Siedlungsgebiete nach 1974

Die Flüchtlingsströme und die Trennung der Siedlungsgebiete von Griechen und Türken 1974/1975 führte zu einer kaum zu bewältigenden Bevölkerungszunahme im Süden, während die Unterbevölkerung des Nordens mit der Ansiedlung von Festlandtürken (Anatoliern) ausgeglichen wurde. Auf der Halbinsel Karpaz bilden diese bereits die Mehrzahl. Der Anteil der türkisch-zyprischen Bevölkerung ist seit der Invasion 1974 ständig zurückgegangen, da viele Menschen Nordzypern wegen der desolaten politischen und wirtschaftlichen Lage den Rücken kehrten und ihr Glück im Ausland suchten, Hauptziel der Emigranten war Großbritannien.

Im Süden wurden nach der Teilung in aller Eile Flüchtlingslager und -siedlungen errichtet. Bis zum heutigen Tag genießen die Flüchtlinge finanzielle Unterstützung der Regierung. Trotzdem emigrierten viele nach England, den USA, Kanada und Australien.

Auf der Karpaz-Halbinsel im türkischen Norden leben noch etwa 600 Griechen, im griechischen Teil in dem kleinen Dorf Pýla (bei Lárnaka) ca. 300 Türken friedlich mit ihren Nachbarn zusammen. Über diesen Dörfern weht die Fahne der UN-Friedenstruppe, die schon 1964 auf Zypern stationiert wurde.

Sprachen

Die beiden Amtssprachen Zyperns sind Griechisch und Türkisch, Englisch ist seit der britischen Kolonialzeit in beiden Landesteilen Bildungs- und Verkehrssprache und wird sowohl von den meisten griechischen als auch von vielen türkischen Zyprioten fließend gesprochen. Lediglich die anatolischen Einwanderer beherrschen es kaum.

In seinem Buch »Levkosia – Hauptstadt Zyperns« (1873) beschreibt Erzherzog Ludwig Salvator von Österreich das auf Zypern gesprochene Türkisch und Griechisch: ... *das Türkisch auf Zypern ist ausgesprochen rein; man sagt, es sei nach dem, das in Konstantinopel gesprochen wird, das beste. Das zyprische Griechisch dagegen wirkt mehr wie ein Dialekt, und es enthält viele Wörter aus dem Italienischen ... ebenso wie auch eine Reihe von Ausdrücken aus dem Türkischen. ... Ein sehr weit verbreiteter Brauch muss hier erwähnt werden, denn weder Griechen noch Türken sagen ›nein‹, sondern sie heben nur einfach den Kopf ein wenig, ohne ein Wort zu sagen, und dies ist ihre Art der Verneinung.*

Auch im modernen Zypern ist das Kafeníon noch eine Männerdomäne, wo man über Gott und die Welt diskutiert.

Verstädterung

Mehr als die Hälfte der Bevölkerung Zyperns (69 %) lebt in den großen Städten Nikosia, Limassol, Lárnaka, Páfos, Famagusta/Gazimağusa und Kyrénia/Girne. Wichtigste Ballungsräume sind die Mesaoría-Ebene und der Großraum Limassol. Durch die Ansiedlung der Flüchtlinge 1974 an den Stadträndern und den steigenden wirtschaftlichen Wohlstand der Städte durch Industrie und Tourismus stieg die Bevölkerung in den urbanen Ballungszentren stark an.

Christentum

◄ Autokephalie der zyprischen Kirche

Gut drei Viertel aller Zyprioten gehören der griechisch-orthodoxen Glaubensrichtung an. Das Christentum konnte Ende des 4. Jh.s mit Beginn der byzantinischen Herrschaft endgültig auf Zypern Fuß fassen. In den frühen Jahren des Christentums bestand die christliche Kirche aus den fünf Patriarchaten Rom, Jerusalem, Konstantinopel, Alexandria und Antiochia. Zypern gehörte zum Patriarchat von Antiochia, strebte aber früh nach Selbstständigkeit. Hilfreich dabei war eine Vision, die 477 Erzbischof Anthemios offenbarte, wo sich das Grab des hl. Barnabas befand. Nachdem die Gebeine, zusammen mit einer handgeschriebenen Abschrift des Matthäusevangeliums, nahe bei Salamís gefunden worden waren, erkannte 488 eine Synode die apostolische Gründung der zyprischen Kirche und damit auch deren Autokephalie (Selbstständigkeit) an. Mit der Erteilung der Autokephalie erhielt der Erzbischof Zyperns das Recht, an Festtagen purpurfarbene Kleidung zu tragen, mit roter Tinte zu unterzeichnen und ein kaiserliches Zepter zu tragen.

? WUSSTEN SIE SCHON ...?

- Zypern kann sich rühmen, eines der ältesten christlichen Länder der Erde zu sein, denn die Apostel Paulus und Barnabas verkündeten hier das Christentum bereits im Jahr 45 nach Christus. Somit ist die zyprische Kirche apostolischen Ursprungs.

Kirchenschisma

Die Kirchenspaltung (Schisma) in eine Ost- und eine Westkirche begann bereits im 4. Jh. ihre Wurzel zu schlagen, als das römische Reich in ein West- und ein Ostreich zerbrach. Die Kirche Zyperns gehörte von Anbeginn an zur Ostkirche. Im Mittelalter übernahmen die Lusignans, ein französisches Adelsgeschlecht, die Herrschaft auf Zypern und erklärten den römisch-katholischen Glauben für ein paar Jahrhunderte zur Staatsreligion. Sie unterdrückten die orthodoxen Christen und vereinnahmten deren Kirchengüter. Erst unter der osmanischen Herrschaft erhielt die orthodoxe Kirche einen Teil ihrer alten Rechte zurück; jetzt wurde der Erzbischof zum offiziellen Vertreter des zyprischen Volkes und stärkte damit seinen politischen Einfluss. Zwischen 1960 und 1977 war Zypern neben dem Vatikan der einzige Staat der Welt, der von einem **Kirchenfürsten**, Makarios III., regiert wurde.

Islam

Etwa 18 % der Bevölkerung Zyperns – überwiegend im türkischen Norden – gehören der islamischen Religionsgemeinschaft an. Die

ORTHODOXIE AUF ZYPERN

Im Leben der Zyperngriechen spielt die Kirche eine wichtige Rolle. Kirchenaustritte sind so gut wie unbekannt und die wichtigsten Feste wie Ostern und Mariä Himmelfahrt werden bis heute traditionell in den Familien gefeiert.

Der Kirchenbesuch ist an diesen Feiertagen selbstverständlich, an anderen leidet die orthodoxe Kirche wie auch andere christliche Konfessionen am Rückgang von Kirchenbesuchern. Kirchensteuer gibt es nicht, allerdings sind großzügige Spenden bei Taufen, Hochzeiten und Begräbnissen üblich. Der **orthodoxe Gottesdienst** zeichnet sich durch besondere Feierlichkeit aus. Freskenbemalte Wände, die festlich beleuchtete Ikonostasis, die Ikonen selbst, die die Verbindung zwischen Irdischem und Himmlischem herstellen, und die Pracht der liturgischen Gewänder und Geräte verbreiten Ehrfurcht. Die Sprache der orthodoxen Liturgie ist ausladend, bildlich, hymnisch und poetisch. **Kirchenmusik** ist für jeden orthodoxen Gottesdienst unabdingbar, allerdings werden keine Instrumente eingesetzt, sodass der feierliche Klang von Orgeln fehlt. Priester und Kirchensänger singen bei jedem Gottesdienst fest vorgeschriebene Texte aus heiligen Schriften, während die Kirchengemeinde passiv teilnimmt. Der Gottesdienst hat eine wichtige katechetische Bedeutung und in seinem Mittelpunkt steht die **heilige Eucharistie**. Er wird zum Abbild der himmlischen Liturgie, wie sie die Offenbarung des hl. Johannes schildert, und macht dem Gläubigen symbolisch die göttliche Wirklichkeit zugänglich. Orthodoxe Christen küssen, wenn sie eine Kirche betreten, die Ikonen, die als Abbilder der Urbilder fungieren und Heil und Glück bringen sollen.

Im Gegensatz zur katholischen Kirche dürfen Priester heiraten, sofern sie die Ehe vor der Weihe geschlossen haben. Sie können dann jedoch nicht in höhere Ämter aufsteigen. Bischöfe und Mönche unterliegen dem Zölibat. Orden wie in der römisch-katholischen Kirche gibt es nicht.

Im Gegensatz zu katholischem Usus dürfen orthodoxe Priester verheiratet sein, sofern sie die Ehe vor der Priesterweihe geschlossen haben.

erste Periode der Islamisierung begann mit der Eroberung Zyperns durch den türkischen Pascha Lala Mustafa (1571). Die zyprischen Muslime sind Sunniten. Diese erkennen im Unterschied zu den Schiiten die Kalifen als Autorität in Glaubensfragen an und berufen sich außer auf den Koran auch auf die Sunna, eine im 9. Jh. niedergelegte Sammlung von Aussprüchen Mohammeds. Die zyprischen Muslime gelten als gemäßigt, die Moschee wird seltener als in anderen islamischen Ländern besucht, die Frauen sind emanzipierter und tragen kein Kopftuch und während des Fastenmonats Ramadan wird gerne einmal ein Auge zugedrückt. Stark religiös geprägt sind allerdings die vom Festland stammenden Türken, Beten, Fasten und das Tragen des Kopftuchs gehören zum Alltag.

Armenier und Maroniten

Neben den beiden Weltreligionen Christentum und Islam gibt es auf Zypern auch kleinere Glaubensgemeinschaften, allen voran die armenische und maronitische Kirche. Die in Ostanatolien und Kilikien beheimateten christlichen Armenier kamen seit dem 6. Jh. in mehreren Flüchtlingsschüben nach Zypern. Heute gibt es auf Zypern ca. 2000 Armenier. Diese bekennen sich zum gregorianischen Glauben und unterstehen dem Katholikus von Kilikien mit Sitz in Edschjiadsin. Das Oberhaupt der armenischen Glaubensgemeinschaft Zyperns, die heute ausschließlich in Südzypern lebt, hat seinen Sitz in Nikosia (Bischof).

Eine weitere christliche Minderheit bilden die Maroniten, die ursprünglich im Libanon beheimatet waren. Es gibt rund 2500 griechischsprechende Maroniten auf der Insel, von denen ein kleiner Teil (ca. 300) auch im Norden lebt. Die maronitische Glaubensgemeinschaft erkennt den Papst als Oberhaupt an. Im Mittelalter bekannten sich 80 000 Zyprioten zur maronitischen Konfession. Die maronitische Bischofskirche liegt nahe der Green Line im griechischen Teil der Hauptstadt Nikosia. Außerdem gibt es noch kleinere römisch-katholische und anglikanische Glaubensgruppen mit eigenen Kirchen.

Sonstige Glaubensgruppen ►

Staat und Gesellschaft

1960 entließ das Britische Empire Zypern in die Unabhängigkeit, die Republik Zypern wurde gegründet. Die Briten sicherten sich jedoch 3 % der Landesfläche als unabhängige Areale. Bis heute existieren zwei britische Militärbasen (Akrotíri und Dekéleia) mit eigener Gerichtsbarkeit, die dem britischen Verteidigungsministerium unterstehen und eng mit der Armee der Republik Zypern zusammenarbeiten. Die türkische Intervention 1974 führte zur Teilung der Insel in einen weiterhin als »Republik Zypern« bestehenden griechisch bevölkerten Süden und eine international nicht anerkannte »Türkische Republik Nordzypern«, die sich auf die Anwesenheit türkischer Streitkräfte stützt. Die »Republik Zypern« gilt bis heute als einzige rechtmäßige Repräsentantin ganz Zyperns, obwohl sie seit 1974 de facto nur den griechisch sprachigen Süden verwaltet.

Klosterweinberge Chrysorrogiátissa

Flaggen

Der weiße Hintergrund der Flagge der Republik Zypern mit dem gold-orangefarbenen Inselumriss in der Mitte symbolisiert die Blockfreiheit Zyperns, die gold-orangene Farbe steht für den Kupferreichtum der Insel. Die zwei gekreuzten Olivenzweige darunter erinnern an den Friedenswillen der Zyprioten. Die Flagge der Republik Nordzypern zeigt auf weißem Hintergrund einen roten Halbmond, einen roten Stern und zwei rote Streifen.

Regierung

Der **Staatspräsident** – seit 2003 Tassos Papadopoulos – wird auf fünf Jahre direkt vom Volk gewählt; ihm obliegt die Ernennung und der Vorsitz des Kabinetts, das aus elf Ministern besteht. Das Amt des Vizepräsidenten ist auch heute noch unbesetzt, da es gemäß der Verfassung einem Vertreter der türkisch-zyprischen Volksgruppe zusteht. Im Norden Zyperns ist seit 2005 Mehmet Ali Talat Präsident, er löste den seit 1975 amtierenden Rauf Denktasch ab.
Von den 80 Sitzen des Parlaments der Republik Zypern (es besteht Wahlpflicht) sind seit 1974 nur noch 56 Sitze besetzt, da 24 Mandate nominell Vertretern der türkischen Volksgruppe zur Verfügung stehen. Die Abgeordneten werden alle fünf Jahre neu gewählt.

Militär

Zypern ist laut UNO eine der am stärksten militarisierten Regionen der Welt. Alle männlichen Staatsbürger unterliegen der Wehrpflicht (der Militärdienst dauert 26 Monate). Die griechisch-zyprische Nationalgarde zählt etwa 10 000 Mann, zusätzlich gibt es bewaffnete Polizisten. Auf türkischer Seite sind Schätzungen zufolge etwa 35 000 Mann vom Festland stationiert. In den britischen Militärbasen sind etwa 3300 Soldaten zu finden.

UNO

Seit 1964 sind auf Zypern Friedenstruppen (UNFICYP = United Nations Peace Keeping Force in Cyprus) stationiert, zunächst mit über 6000, heute mit rund 900 Soldaten. Sie bewachen die ca. 180 km lange Trennungslinie (etwa 3 % der Landesfläche) zwischen den beiden Inselteilen. Da die enormen Stationierungskosten nicht aus dem UN-Etat, sondern zum Großteil von den jeweils stationierten Staaten bestritten werden, hat der allmähliche Rückzug der Blauhelme begonnen.

Wirtschaft

Von der Unabhängigkeit bis zur Teilung

Als die britische Kronkolonie Zypern in die Unabhängigkeit entlassen wurde, war die junge Republik hauptsächlich ein Agrarland – knapp 50 % der Bevölkerung waren in der Landwirtschaft beschäftigt – mit einer rückständigen Wirtschaft, die vom Außenhandel abhängig war. Die Unterbeschäftigung führte zur Massenemigration. Um schwerwiegenden Strukturmängeln zu begegnen – beschränkte Bodenschätze und Naturressourcen, Kapitalflucht – begann die Regierung in Fünfjahresplänen die unternehmerischen Initiativen zu fördern, sodass die Wachstumsrate zwischen 1960 und 1973 auf 7 %

stieg (2004: 3,8 %). Die Agrarproduktion wurde verdoppelt, die Industrieproduktion verdreifacht und der Fremdenverkehr wurde die größte Deviseneinnahmequelle. Weit über die Hälfte der Exporte gehen an die EU-Länder (v. a. landwirtschaftliche Produkte).

Türkische Invasion 1974

Die türkische Invasion im Norden führte zum Stillstand der blühenden Wirtschaft. Die landwirtschaftlich wertvollsten Gebiete fielen an die Türken: ein großer Teil der Mesaoría-Ebene, Hauptanbaugebiet von Weizen, Gerste und Kartoffeln, wo vor der Teilung fast 80 % des Getreides produziert wurden, und die Mórfou-Bucht, Hauptanbaugebiet für Zitrusfrüchte, Obst und Gemüse. Etwa 70 % des gesamten Wirtschaftspotenzials lagen im besetzten Norden: die wichtigsten Fremdenverkehrszentren, Famagusta und Kyrénia sowie der Großteil der Industrieanlagen. Famagusta, größter Hafen Zyperns, war für die Republik Zypern nicht mehr nutzbar.

Wirtschaft Nordzyperns

Wegen fehlender Erfahrung und Finanzmittel aus Drittländern und der politischen Isolation hinkt die Wirtschaft Nordzyperns bis heute der internationalen Entwicklung hinterher. Allein die Türkei gewährte Finanzspritzen und förderte Investitionen im Infrastrukturbereich. Bis heute ist die Landwirtschaft im Norden ein wichtiger Wirtschaftssektor, 44 % der Exporte und 15 % der Beschäftigten sind diesem Bereich zuzuordnen. Hauptanbauprodukte sind Zitrusfrüchte, Getreide und Kartoffeln sowie Tabak. Auch die Viehzucht hat eine hohe Bedeutung (Schafe, Ziegen, Rinder und Geflügel). Daneben sind das verarbeitende Gewerbe (Lebensmittel, Elektroartikel und Textilien) sowie vor allem der Dienstleistungssektor mit ca. 60 % der Beschäftigten wichtig. Der industrielle Sektor ist im Wesentlichen von Kleinbetrieben geprägt, ca. 27 % der Beschäftigten arbeiten hier. Erst mit einer Lockerung des internationalen Wirtschaftsembargos und mit finanzieller Hilfe der EU (als Folgen des EU-Beitritts Zyperns 2004) gibt es in der Zukunft Chancen für eine durchgreifende und kontinuierliche wirtschaftliche Erholung auch des Inselnordens.

Wirtschaftswunder im Süden

Wirtschaftlich gesehen hat sich die Republik Zypern nach 1974 rasch wieder erholt. Experten sprechen von einem regelrechten Wirtschaftswunder. Aufgrund der unzähligen Flüchtlinge betrug die Arbeitslosenrate in den ersten Jahren nach der Teilung 35 %. Die Kriegsschäden beliefen sich auf 1,25 Mrd. €. Schon 1980 hatte sich die wirtschaftliche Lage wieder stabilisiert. Heute herrscht in der Republik Zypern ein relativ hoher Wohlstand. Zum Aufschwung trug nicht zuletzt die finanzielle Unterstützung des Westens bei. Zusätzlich brachte der Libanonkrieg finanzkräftige libanesische Kaufleute und Firmen nach Zypern. Die

? WUSSTEN SIE SCHON ...?

- Zypern hat das höchste Pro-Kopf-Einkommen aller zehn neuen EU-Länder und liegt zudem vor Griechenland, Portugal und Spanien.

Schaf- und Ziegenherden wie hier auf der Karpaz-Halbinsel sind überall anzutreffen.

Landwirtschaft wurde intensiviert, neue Anbaugebiete und Verarbeitungsbetriebe wurden geschaffen. Ausländische Firmen lockte man mit Steuervergünstigungen, neue Industriezweige wurden staatlich gefördert. In Lárnaka und später in Páfos entstanden neue Flughäfen, die Häfen von Limassol und Lárnaka wurden ausgebaut.

Landwirtschaft

Nur noch 9 % der griechisch-zyprischen Bevölkerung arbeiten in der Land- und Forstwirtschaft und der Fischerei. Man intensivierte den Anbau landwirtschaftlicher Produkte in den Küstenebenen zwischen Lárnaka und Pólis durch Anbau von Erdnüssen, Bananen, Oliven, Kartoffeln (jährlich zwei Ernten), Gemüse, Johannisbrot, Tabak und Wein. Im Tróodos garantieren Apfel-, Birnen-, Kirsch- und Mandelbäume einen reichen Obstertrag. Heute liegen im Süden mehr als 90 % der gesamten Weinanbaufläche der Insel, 80 % der gesamten Anbaufläche für Gemüse und 74 % der Fläche für Oliven und Kartoffeln. Ausgeführt werden hauptsächlich Obst, Kartoffeln, Gemüse, Wein und Tabak. Hauptabnehmer sind die EU-Länder, die GUS-Staaten und arabische Länder. In der Viehwirtschaft spielen Schafzucht und Ziegenzucht eine bedeutende Rolle. Auf Zypern gibt es knapp 1 Millionen Fettschwanzschafe, die Milch und Fleisch liefern. Die Rinderzucht wurde fast vollkommen eingestellt, da immer mehr Weideland in Ackerflächen umgewandelt wurde. Des Weiteren ist die Geflügelzucht von Bedeutung; Geflügel und Eier werden exportiert.

Fischerei

Der Fischereisektor ist unterentwickelt, da es in den Gewässern um Zypern keine großen Fischbestände mehr gibt. Heute versucht man durch den Aufbau von Forellen- und Karpfenfarmen die Süßwasserfischerei zu beleben.

Bergbau Die Bodenschätze Zyperns sind zum größten Teil erschöpft. An die reichen Kupfervorkommen in der Antike erinnert heute nur noch der Name der Insel (Kypros = Kupfer). Die Engländer versuchten mit wenig Erfolg den Kupferabbau zu Beginn des 20. Jh.s erneut zu beleben. Erst 1980 schloss man die letzte, längst unrentable Kupfermine. Heute fördert man wieder in ganz geringen Mengen Kupfererze. Nordöstlich vom Gebirgsort Tróodos wurde bei Amíandos bis vor einigen Jahrzehnten im Tagebau Asbest abgebaut. In der Nähe des Olympos fördert man noch geringe Mengen Chromerze. Bei Pólis, im Nordwesten, baut man noch in kleinen Mengen Schwefel, Eisenpyrite und Erze für den Export ab.

Wasserversorgung Die Süßwasserversorgung ist seit eh und je eines der zentralen Probleme der zyprischen Landwirtschaft, verursacht durch seltene Regenfälle und die ungleiche Verteilung des Niederschlags über das Jahr. Nach der türkischen Invasion kam der Verlust großer bewässerter Gebiete (Mesaoría-Ebene) hinzu. 1997 ging die erste Meerwasserentsalzungsanlage in Betrieb, eine zweite wurde mittlerweile fertig gestellt.

Bewässerungsprojekte Bereits vor 1974 hatte man begonnen, Stauseen anzulegen, die das Regen- und Schmelzwasser im Frühjahr auffangen sollten. Heute gibt es in Südzypern über 90 Stauseen. Nordzypern wurde 1998 erstmals vom türkischen Festland mit Wasser beliefert. Das kostbare Nass stammt aus dem türkischen Taurus-Gebirge und wurde in 10 000 t fassenden Plastiksäcken mit Schleppern in die Nähe von Kyrénia und Mórfou gezogen.

Energiewirtschaft Die Stromgewinnung stützt sich auf Erdölimporte aus dem Nahen Osten. Es existieren zwei Kraftwerke, die der 1952 gegründeten, halbstaatlichen Elektrizitätsbehörde unterstehen. Ein weiterer Energiefaktor ist die Sonnenenergie, allerdings nur im privaten Bereich. Die Warmwasseraufbereitung der meisten Haushalte basiert auf der Energie aus Sonnenkollektoren.

Industrie Etwa 22 % der Bevölkerung arbeiten im produzierenden Gewerbe, das seit 1978 die landwirtschaftliche Produktion überholt hat. Steuerliche Subventionen führten dazu, dass sich zunehmend auch ausländische Firmen niederließen. Fast 50 % aller produzierenden Betriebe befinden sich im Großraum Nikosia (Schuh-, Textil-, Papier- und Chemoindustrie), ca. 25 % im Distrikt Limassol (Zementverarbeitung, Getränkeherstellung). Im Distrikt Páfos ist die Textilproduktion in den Mittelpunkt gerückt. Hauptabnehmer sind Libyen, Großbritannien und Deutschland.

Tourismus in Südzypern Eine Vorrangstellung im Rahmen der zyprischen Wirtschaft nehmen die Bereiche Dienstleistungen und Handel ein, in denen heute der größte Teil der Berufstätigen beschäftigt ist. Schon nach der Un-

abhängigkeit 1960 wurde der Fremdenverkehr ausgebaut. Trotz des Verlustes von 65 % der Bettenkapazität in den besetzten Touristenstädten Famagusta und Kyrénia erlebte der Fremdenverkehr bereits wenige Jahre nach der Teilung eine neue Blüte.
Neue Hotelstädte schossen in den Küstenstädten Limassol und Lárnaka aus dem Boden und sorgten für die Beschäftigung der vielen Flüchtlinge. Heute besuchen knapp drei Millionen Touristen und Geschäftsreisende jährlich die Insel. Der hohe Service-Standard ist auch daran abzulesen, dass 40 % zum wiederholten Male Zypern besuchen. Knapp die Hälfte aller Touristen stammt aus Großbritannien, gefolgt von Reisenden aus Skandinavien, Deutschland sowie Russland und den GUS-Staaten. Ca. 90 % aller Touristen sind Badeurlauber, die restlichen sind Bildungsreisende.

◄ Fremdenverkehrszentrale

Die Zypriotische Fremdenverkehrszentrale (Cyprus Tourism Organisation, **CTO**) ist mit 13 Informationsbüros im gesamten Land vertreten. Sie bestimmt die Kategorien und Preise der Hotels. Inzwischen werden das Hotelangebot höherer Preisklassen (Qualitätstourismus), der Wintertourismus sowie der Incentive- und Geschäftstourismus verstärkt gefördert, um dem Massentourismus vorzubeugen. Daneben wird die Sanierung ursprünglicher Bergdörfer im Tróodos mit Zuschüssen gefördert, um die Urlauber von der zugebauten Küste wegzulocken. Mit der Einrichtung sog. Agrotourismo-Unternehmen, in denen man in traditionellen Dorfhäusern »Ferien auf dem Lande« machen kann, und der Erhaltung dörflicher Strukturen werden Arbeitsplätze geschaffen und die fortschreitende Landflucht verhindert.

Tourismus in Nordzypern

Seit einigen Jahren haben sich die Standards im Tourismus Nordzyperns merklich verbessert. Zahlreiche neue Hotels und Ferienanlagen sind entstanden, die gesamte touristische Infrastruktur wurde verbessert, mehr und mehr Reiseveranstalter auch aus dem deutschsprachigen Raum entdecken Nordzypern. Doch noch immer besuchen jährlich nur rund 400 000 Touristen den Norden, darunter ca. 75 % aus der Türkei. Engländer und Deutsche führen die Liste der europäischen Gäste mit großem Abstand an. Dazu kommen in jüngster Zeit noch zahlreiche Besucher aus dem griechischen Süden, die nun ohne Hindernisse im Norden unterwegs sein können. Dass der Norden Zyperns fast noch ein Geheimtipp ist, hat auch seine Vorteile: Nirgends sonst auf der Insel findet man noch so wenig bevölkerte Strände und einsame Regionen wie im Norden. Es bleibt zu hoffen, dass bei der schnellen Ausweitung des Tourismus nicht dieselben Fehler begangen werden wie einst im Süden, was nicht zuletzt der Umwelt, aber auch einem qualitativen und nachhaltigen Tourismus schaden würde.

Geschichte

Die Insel hat eine rund 10 000 Jahre alte Geschichte, orientalische und europäische Kultur sind ihr geläufig. Überall finden sich Relikte, von der Jungsteinzeit über die Antike bis ins Mittelalter.

Mythologie

Insel der Aphrodite

Zypern ist in die antike Mythologie als Insel der Aphrodite eingegangen. Am sagenumwobenen Aphrodite-Felsen Pétra tou Romioú zwischen Páfos und Limassol soll die Göttin der Liebe und Fruchtbarkeit dem Schaum (= Afrós) des Meeres entstiegen sein. Archäologische Funde in Koúklia bei Páfos zeigen, dass hier eines der größten Aphrodite-Heiligtümer der Antike bestanden hat.

Geburt der Aphrodite

Hesiod (7. Jh. v. Chr.) erzählt in seiner Theogonie (Theogonie 155–200) von der Geburt der Aphrodite vor der Küste Zyperns. Laut ihm war Aphrodite die Tochter der Urgötter Gaia (= Erde) und Uranos (= Himmel). Beide stehen am Anfang der griechischen Götterlehre und sind aus dem Chaos (= leerer Raum) entstanden. Bei ihrer Vereinigung zeugten sie zahlreiche Kinder: die Kyklopen, die Hekatoncheiren (= Hundertarmige) und das Göttergeschlecht der Titanen. Uranos verbannte jedoch die Hekatoncheiren und Kyklopen in den Tartaros (= Unterwelt), worauf Gaia erzürnt ihren Sohn Kronos gegen den Vater aufhetzte. Dieser versteckte sich mit einer Sichel im Schlafgemach und als Uranos in Liebesverlangen Gaia umarmte, stürzte er hervor und entmannte den Vater. Das Geschlecht des Uranos warf er ins Meer hinab, in dessen Fluten es bis Zypern trieb. Dort entstieg dem Schaum des Meeres Aphrodite.
Hesiod schildert das Geschehen folgendermaßen:
Das Gemächte aber, als er die Tat gewagt
Und es mit der Sichel abgeschnitten
Und von der Feste in die vielwogende See geworfen,
Trieb so in die Weite dahin lange Zeit,
Ringsum aber erhob sich weißer Schaum
Aus dem unvergänglichen Fleisch,
Und in dem wuchs ein Mädchen heran.
Zuerst trieb es nahe an das hochheilige Kythera,
Von da kam es dann zum ringsumbrandeten Kypros.
Und heraus schritt da die ehrwürdige, schöne Gottheit,
Unter dem Tritt ihrer schlanken Füße
Schoss auf ringsum die Wiese.

Als Göttin der Schönheit, der Liebe, der Fruchtbarkeit und der Ehe zählte Aphrodite zu den am meisten verehrten olympischen Göttern. Sie war mit dem hinkenden Hephaistos verheiratet, dem sie jedoch nicht die Treue hielt. Der griechische Ependichter **Homer** besang im 8. Jh. v. Chr. Aphrodite folgendermaßen:
Singen will ich von Aphrodite, der Züchtigen, Schönen, golden Bekränzten. Das meerumflossene Kypros ward ganz ihr, samt seinen Zinnen, verliehen.

←St. Hilarion: Blick durch das »Fenster der Königin«

Orientalische Muttergottheit Als die Griechen um 1200 v. Chr. auf die Insel kamen, fanden sie hier schon den Fruchtbarkeitskult einer orientalischen Muttergottheit vor, der dem Matriarchat entsprang. Verehrt wurde die babylonische Liebesgöttin Ischtar, deren Züge sich mit der phönizischen Fruchtbarkeits- und Kriegsgöttin Astarte vermischten. Mit der Hellenisierung der Insel verwob man die Bilder dieser Muttergottheit mit dem der patriarchalischen Gesellschaft entstammenden Aphrodite. Nach Pausanias (2. Jh. n. Chr.) setzte König Agapenor von Tegea (Arkadien) auf dem Rückweg von Troja als erster Grieche den Fuß auf die Insel und gründete das Aphrodite-Heiligtum von Páfos.

»Aphrodite von Sóloi«

Der **kyprische Sagenkreis** ist eng mit der Göttin der Liebe verbunden. Ihr Mythos vermischte sich mit historischen Ereignissen. Eine Sage zu Zeiten König Pygmalions von Amathoús erzählt, dass einst Aphrodite ein Gesetz erließ, wonach sich alle Frauen vor der Ehe beim Aphrodite-Heiligtum einem Fremden hinzugeben hatten. Dieser Mythos entspringt einer alten matriarchalischen Tradition der Tempelprostitution. Da diesem Gesetz nicht gefolgt wurde, bestrafte Aphrodite alle Frauen mit einer unstillbaren Wolllust. Der darüber entsetzte **Pygmalion** zog sich in die Einsamkeit zurück und wandte sich der Bildhauerei zu. Er schuf eine Statue der Aphrodite aus Marmor, in die er sich unsterblich verliebte. Aphrodite erbarmte sich seiner und hauchte dem Bildnis Leben ein. Es entstand Galatea, die dem Pygmalion einen Sohn namens Páfos gebar, nach dem die Stadt Páfos benannt wurde.

Kinyras Páfos wiederum zeugte mit seiner Schwester Metharme einen Sohn, Kinyras, der laut Homer der erste Priesterkönig des Aphrodite-Heiligtums bei Páfos war. Apollodoros (2. Jh. v. Chr.) erzählt die traurige Geschichte des Kinyras. Seine Gattin rühmte sich, schöner als Aphrodite zu sein. Die Strafe folgte rasch. Aphrodite ließ die Tochter der beiden, Myrrha, in Liebe zum eigenen Vater entbrennen. Myrrha machte ihren Vater betrunken und legte sich zu ihm ins Bett. Als Kinyras bemerkte, dass er seine Tochter geschwängert hatte, wollte er Myrrha erschlagen. Aphrodite verwandelte sie aber im letzten Moment in einen Strauch, aus dem nach zehn Monaten Adonis entsprang.

Der kyprische Sagenkreis um Páfos, der sich mit seiner eigenen Schwester vermählte, und Kinyras, der mit seiner Tochter Adonis zeugte, weist auf den Übergang vom Matriarchat zum Patriarchat hin. Im Matriarchat ging die Königsherrschaft von Frau auf Frau über, nur durch die Hochzeit mit der Schwester oder Tochter konnte ein König die Herrschaft seiner Familie verlängern.

Übergang vom Matriarchat zum Patriarchat

Vor- und Frühgeschichte

10 000 – 3800 v. Chr.	Mehrere Fundstätten zeugen von der Anwesenheit früher Siedler.
ca. 1900 – 1600 v. Chr.	Entstehung erster städtischer Siedlungen, u. a. von Énkomi.
4. Jh. v. Chr.	Euagoras von Salamís einigt für kurze Zeit die zersplitterten Stadtkönigtümer.

Mesolithikum

Erste Spuren menschlicher Besiedlung auf Zypern stammen aus dem Mesolithikum (10. Jtd. v. Chr.). Funde in Rundhäusern (Thóloi) in den neolithischen Siedlungen von Choirokoitía, Sotíra und Kalavassós lassen auf eine Besiedlung im 9. und 8. Jtd. v. Chr. schließen. Nomaden und Jäger, aber auch Ackerbauern aus dem syrisch-mesopotamischen Raum, die an Muttergottheiten wie Ischtar und Astarte glaubten, wurden zu Beginn der Neusteinzeit hier ansässig.

Jungsteinzeit

Kupfersteinzeit

Im Chalkolithikum (= Kupfersteinzeit, ca. 3800 – 2300 v. Chr.) begann die Verarbeitung von Kupfer zu Schmuck und Werkzeugen. Die dörflichen Gemeinschaften festigten sich, neue Siedlungen wie Erími (westl. von Limassol) kamen hinzu, mit dem Nahen Osten, Ägypten und Phönizien entstanden rege Handelsbeziehungen.

! *Baedeker* TIPP

Wohnen wie in der Kupfersteinzeit

In Lémba, 5 km südlich von Páfos, wurden vier Rundhütten, sog. Tholoi, nachgebaut. Hier kann man sich ein Bild davon machen, wie die Menschen in der Neu- und Kupfersteinzeit vor rund 6000 Jahren lebten (siehe S. 280).

In der frühen **Bronzezeit** (2300 bis 1900 v. Chr.) gelangten wahrscheinlich Einwanderer aus Anatolien und Syrien auf die Insel. Die Kupfergewinnung ließ Zypern in der mittleren (1950 – 1650 v. Chr.) und späteren Bronzezeit (1650 bis 1050 v. Chr.) zum wichtigsten Kupferexporteur des Altertums werden. Der Handel erstreckte sich bis zum Nahen Osten, Ägypten und der Ägäis. In den Gebieten des Kupferabbaus war die Insel dicht bevölkert. Die Menschen lebten in Siedlungen (z. B. Énkomi) in mehrstöckigen Häusern auf rechteckigem Grundriss. Infolge der regen

Handelskontakte erlebte das Eiland um 1600 – 1400 v. Chr. eine erste Hochblüte. In Kunst und Religion machten sich orientalische Einflüsse bemerkbar, aber auch der griechische Kulturraum, d. h. das minoische Kreta hinterließ Spuren.

Späte Bronzezeit Um 1500 entwickelte sich die kypro-minoische Silbenschrift, die viele Ähnlichkeiten zur Linear-A-Schrift Kretas aufweist und bis heute nicht entziffert werden konnte. Die späte Bronzezeit ist durch die beginnende Hellenisierung gekennzeichnet. Nach dem Niedergang der minoischen Kultur um 1450 v. Chr. errichteten die Mykener Handelsstützpunkte auf der Insel. Während des 12. / 11. Jh.s v. Chr. gelangten die Achäer auf ihrer Flucht vor den Dorern nach Zypern. Die vom griechischen Peloponnes stammenden Einwanderer übernahmen die Herrschaft über Zypern und verbreiteten auf der Insel die griechische Sprache, Religion und Bräuche.

Eisenzeit Der Beginn der Eisenzeit (1050 – 750 v. Chr.) gilt nicht wie in der Ägäis als »dunkles Zeitalter«. Zwar nimmt die Bevölkerungszahl ab, die Kupferförderung geht zurück, aber das mykenische Erbe bleibt bestehen. Durch die Eisengewinnung und -verarbeitung, deren Kenntnisse phönizische Handelsleute nach Zypern brachten, erfolgte ein erneuter kultureller Aufschwung. Die semitischen Phönizier, die die Alphabetschrift auf der Insel verbreiteten und wie die Mykener Spuren in der zyprischen Kunst hinterließen, erhoben um 800 Kítion zum Stadtkönigtum, eines von rund zehn auf der Insel existierenden Stadtkönigtümern.

Archaische Zeit In der archaischen Periode (ca. 750 – 480 v. Chr.) fiel Zypern mehreren Eroberern zum Opfer und musste diesen Tribut zahlen: 709 – 663 den Assyrern, nach rund hundert Jahren Unabhängigkeit, 560 – 525 v. Chr. den Ägyptern, 525 – 333 v. Chr. den Persern. Trotz der Tributpflicht behielten die Stadtstaaten eine relativ hohe Eigenständigkeit und gelangten aufgrund der zentralen Lage der Insel im Ost-West-Handel und wegen des Rohstoffreichtums (Kupfer und Holz) zu wirtschaftlicher und kultureller Blüte.

Klassische Zeit In klassischer Zeit (ca. 490 – 330 v. Chr.) war Zypern Kriegsschauplatz und Zankapfel der neuen beiden Großmächte Athen und Persien. 478/477 befreite eine griechische Flotte unter dem Spartaner Pausanias Zypern von den Persern, ein Jahr später fiel die Macht erneut an die Feinde Athens. 450/449 v. Chr. griff Kimon von Athen die Perser mit einer Flotte an, erlag aber vor der Küste Zyperns einer Seuche, woraufhin die griechische Flotte wieder abzog. 392 – 379 unterwarf Euagoras von Salamís, einer der bedeutendsten Stadtkönige der Insel, die anderen Königtümer und einigte Zypern, kurz darauf wurde er jedoch von den Persern besiegt. Erst nachdem 333 v. Chr. Alexander der Große bei Issos das persische Heer unter Dareios III. geschlagen hatte, erhielt Zypern 331 seine Unabhängigkeit.

Hellenistische Zeit

Nach dem Tod Alexanders des Großen (323) geriet Zypern in die Auseinandersetzungen seiner Nachfolger. Den Kampf gewann schließlich Ptolemaios I. von Ägypten, der ab 294 v. Chr. über Zypern herrschte. In der Folgezeit verloren die Stadtkönigtümer ihre politische Macht, Zypern wurde von Alexandria aus regiert und ein Strategos (Gouverneur) verwaltete die Insel. In dieser Zeit begann eine große, sich am Hellenismus (330 – 50 v. Chr.) orientierende Bautätigkeit. Griechisch setzte sich als Umgangssprache durch. Ab 168 v. Chr. beteiligte sich Rom erstmals an den Auseinandersetzungen im östlichen Mittelmeer und unterstützte die Ptolemäer bei ihren militärischen Unternehmungen. Als Gegenleistung wurde Rom die Insel Zypern versprochen.

Der griechische Geograf und Historiker Strabo (63 v. Chr. – 1. Jh. n. Chr.) beschreibt die Insel in seiner »Geografika«, Bd. 8 bis 10:

So also ist die Lage der Insel. Was ihren Wert anlangt, so steht sie keiner Insel nach. Sie hat nämlich guten Wein und gutes Öl und versorgt sich selber mit Getreide. Die Kupfererdgruben bei Tamassos sind sehr ergiebig; dort wird auch Kupfersulfat gewonnen und Grünspan: beides wird für die Herstellung von Heilmitteln verwendet. Eratosthenes schreibt, die Ebenen seien in alter Zeit dicht überwuchert gewesen, so dass sie vor lauter Wäldern nicht beackert werden konnten. Ein wenig hätten hiergegen die Bergwerke geholfen, da man die Bäume abgeschlagen habe, um das Kupfer und das Silber zu verhütten; hinzugekommen wäre noch der Flottenbau, als man habe wagen können, das Meer mit Seestreitkräften zu befahren.

Römische Herrschaft

58 v. Chr.	Besetzung Zyperns durch die Römer.
45 n. Chr.	Christliche Missionierung durch die Apostel Paulus und Barnabas.
115 n. Chr.	Jüdischer Aufstand mit angeblich über 200 000 Toten.

Römische Provinz

Im Jahr 58 v. Chr. löste Rom nach der Annexion Syriens seinen Anspruch auf Zypern ein. Der wohl berühmteste Gouverneur im Dienste Roms war Cicero, der 51/50 v. Chr. über Zypern herrschte. 47 v. Chr. wurde die Insel im römischen Bürgerkrieg von Caesar vorübergehend an Ägypten zurückgegeben, bevor sie 31 v. Chr. nach der Seeschlacht bei Actium, die Augustus den Sieg über Antonius und Kleopatra bescherte, für die nächsten Jahrhunderte endgültig an das Römische Reich fiel. Im 1. Jh. n. Chr. setzte eine rege Bautätigkeit ein, Städte wie Koúrion und Salamís erhielten neue Tempel- und Stadtanlagen. Das Eiland profitierte auch vom römischen Handel mit Indien und China. Die Inselstädte erhielten sogar die Rechte

Während der römischen Herrschaft setzte eine rege Bautätigkeit auf Zypern ein. In dieser Zeit entstand auch das Theater von Koúrion.

einer kommunalen Selbstverwaltung und eine weit gehende Religions- bzw. Kulturautonomie, wie jedoch überall im Osten des Römischen Reiches blieb Griechisch Amts- und Verkehrssprache.

Christianisierung Ab 45/46 n. Chr., als die Apostel Paulus und Barnabas auf ihrer ersten Missionsreise nach Zypern kamen und den römischen Prokonsul Sergius Paulus bekehrten, begann die Christianisierung der zyprischen Bevölkerung. 70 n. Chr. kamen jüdische Flüchtlinge, die durch Titus aus Jerusalem vertrieben worden waren, nach Zypern und es entwickelte sich eine große jüdische Gemeinde. Im 2. Jh. n. Chr. kam es zum sog. jüdischen Exodus: Im Jahr 115/116 war aus bisher noch weit gehend unbekannten Gründen in Kyrene, Judäa und Zypern ein Judenaufstand ausgebrochen, bei dem angeblich mehr als 200 000 Zyprioten getötet wurden, woraufhin Rom alle Juden von der Insel vertrieb.

Zypern unter byzantinischer Herrschaft

395 n. Chr.	Zypern fällt an Byzanz.
5. Jh.	Unter dem byzantinischen Kaiser Zenon wird die Kirche Zyperns unabhängig.
965	Unter Kaiser Nikephoros wird Zypern wieder fester in den byzantinischen Machtbereich eingebunden.

Bei der Teilung des Römischen Reiches im Jahr 395 fiel Zypern für die nächsten acht Jahrhunderte an Byzanz, das Griechisch zur Herrschaftssprache und das Christentum zur Staatsreligion erhob.

Unabhängige Kirche

In den ersten nachchristlichen Jahrhunderten unterstand die Kirche Zyperns dem Patriarchat von Antiochia. Im 5. Jh. jedoch entbrannte ein heftiger Streit um die Selbstständigkeit der zyprischen Gemeinden, der in der Autokephalie (Unabhängigkeit) endete (►S. 29).

Arabereinfälle

Nach einem 300-jährigen Frieden im östlichen Mittelmeer litt Zypern zwischen dem 7. und 10. Jh. unter wiederholten Einfällen bzw. längeren Besatzungen der schnell expandierenden Araber. Beim ersten großen Araberfeldzug unter Muawija (647–649) kam Chala Sultan, angeblich eine Verwandte Mohammeds, in Zypern zu Tode; in Erinnerung an sie baute man bei Lárnaka die Moschee Chala Sultan Tekke. Etwa zweieinhalb Jahrhunderte lang war das geografisch genau zwischen Byzantinern und Arabern gelegene, zwar nie lange muslimisch besetzte, aber stets um eine gewisse Neutralität bemühte Zypern sowohl dem Kaiser in Konstantinopel als auch dem Kalifen von Damaskus gleichermaßen tributpflichtig.

Klostergründungen und »Kaisertum«

Erst dem byzantinischen Kaiser Nikephoros Phokas II. gelang es 965, Zypern von den Arabern zu befreien und die Insel wieder – für zwei Jahrhunderte – ins byzantinische Reich einzugliedern. In dieser Zeit wurden viele Klöster gegründet, die zum Teil heute noch betrieben werden, wie etwa Chrysorrogiátissa, Machairás, Neófytos und Kýkko. Im Kyrénia-Gebirge entstanden zum Schutz vor Arabereinfällen die Bergfestungen St. Hilarion, Buffavento und Kantara.
Die Herrschaft Byzanz' endete mit der Annexion der Insel durch den byzantinischen General Isaak Komnenos, der das Eiland vom byzantinischen Reich trennte und sich von einem eigens ernannten Patriarchen zum »Kaiser von Zypern« (1185–1191) krönen ließ. Erst der englische König Richard Löwenherz konnte während des dritten Kreuzzuges auf dem Weg ins Heilige Land Zypern erobern und damit die Schreckensherrschaft von Isaak Komnenos beenden. Vor dem Weiterzug ins Heilige Land verkaufte der König von England Zypern für 100 000 Golddinare an die Templer.

Wechselnde Herrschaften

1192 – 1489	Herrschaft der Lusignans
1489 – 1571	Herrschaft der Venezianer
1571 – 1878	Osmanische Herrschaft
1878 – 1960	Britische Herrschaft

Herrschaft der Lusignans (1192 – 1489)

Nach einem Aufstand der Zyprer gegen die Templer (1192) veräußerten diese Zypern an den französischen Adligen Guy de Lusignan. Damit begann auf der Insel die fast 300-jährige Herrschaft der Lusignans, die das Eiland zum Königreich erhoben und die römisch-katholische Konfession zur Staatsreligion erklärten, letztendlich die griechisch-orthodoxe Kirche aber nicht unterdrücken konnten. Bedroht wurde ihre Macht, als 1228 der deutsche Kaiser Friedrich II. während des fünften Kreuzzuges auf Zypern landete. Seine Truppen brachten Teile Zyperns unter ihre Kontrolle, wurden aber 1233 von den Lusignans besiegt.

Spielball von Großmächten

Mit dem Fall von Akkon 1291 ging die letzte christliche Festung im Heiligen Land verloren. Zypern blieb das letzte bedeutende Zentrum der Kreuzritter, u. a. der Johanniter (► Special S. 192), im Nahen Osten. Doch profitierte die Insel von ihrer einmaligen Lage im Ost-West-Handel und stieg für kurze Zeit zu einem der reichsten Länder der westlichen Welt auf. Im Lauf des 14. Jh.s wurde Zypern immer mehr zum Spielball der miteinander rivalisierenden italienischen Handelsmächte Venedig und Genua, die sich über erkaufte oder erpresste Privilegien schon längst auf der Insel etabliert hatten. Bei der Krönung des Frankenkönigs Peters II. 1372 brachen die Streitigkeiten offen aus. Nachdem genuesische Truppen weite Teile der Insel erobert hatten, wurde Zypern dem Stadtstaat 90 Jahre lang tributpflichtig. 1426 marschierten ägyptische Mamelucken auf Zypern ein, denen nach der Niederlage bei Choirokoitía ebenfalls Tribut gezahlt werden musste. Immerhin wurde den Lusignan-Königen dafür ein hohes Maß an innerer Autonomie belassen.

Historische Inselkarte aus dem 17. Jahrhundert

Herrschaft der Venezianer (1489 – 1571)

Ende des 15. Jh.s setzten sich auf Zypern jedoch die Venezianer durch. 1489 übergab die Witwe des letzten Lusignankönigs, die aus einer auf Zypern reich gewordenen venezianischen Patrizierfamilie stammende Caterina Cornaro, die Insel den Venezianern. Mit Zypern hatte Venedig einen wichtigen Flotten- und Militärstützpunkt gegen das expandierende Osmanische Reich und, indem es alle Tributverpflichtungen an die Mamelucken übernahm, sicherte es sich sein Monopol im Orienthandel. Für den italienischen Stadtstaat war Zypern 82 Jahre lang das einträglichste seiner Besitztümer im östlichen Mittelmeer. Das unter hohen Steuern und Tributzahlungen leidende Volk erhob sich mehrmals gegen die Venezianer. 1570 – 1571 eroberten türkische Truppen unter Feldherr Mustafa Paşa die Insel.

Osmanische Herrschaft (1571 – 1878)

1573 übertrug Venedig alle Rechte an der Insel den Türken. Diese setzten einen sog. **Diwan** ein, eine Regionalregierung, dem ein Bey (Gouverneur) und vier Agas vorstanden. Als »Vermittler« zwischen der griechischen Bevölkerung und dem Bey bzw. Sultan wurde ein christlicher **Dragoman** eingesetzt. Die neuen Herren schafften die Leibeigenschaft und den Frondienst ab, unter denen die Untertanen jahrhundertelang hatten leiden müssen, senkten zunächst die Steuern, verboten den Katholizismus auf der Insel und bestärkten die orthodoxe Kirche, die ihre aus byzantinischer Zeit stammenden Rechte wieder zurückbekam. Anfang des 18. Jh.s wurde der Bevölkerung eine so hohe Steuer auferlegt, dass viele auswanderten. 1754 wurde der Erzbischof zum **Ethnarchen**, zum Führer und Vertreter der griechisch-zyprischen Volksgruppe ernannt.

Exekutionen von 1821

1821 begann der griechische Freiheitskampf auf dem Festland. Als der Erzbischof Zyperns diesen mit Nahrungsmitteln und Geld unterstützte, erkannte der amtierende türkische Gouverneur Küçük Mehmed darin einen willkommenen Anlass, gegen den griechischen Einfluss auf der Insel vorzugehen. Obwohl die Hohe Pforte das Vorgehen nur zögerlich billigte, ließ Küçük Mehmed den Erzbischof Kyprianos und seine Anhänger in Nikosia hinrichten. Mit diesen Exekutionen erlitt das Verhältnis zwischen Griechen und Türken auf Zypern einen bis heute nicht verheilten Riss. In der Folgezeit stabilisierte sich die Lage auf der Insel wieder, Mitte des 19. Jh.s setzten die Türken einen Staatsrat ein, dem neben türkischen Vertretern auch der Erzbischof und drei Griechen angehörten.

Britische Herrschaft (1878 – 1960)

1878 endete auf Zypern die 300-jährige osmanische Herrschaft. In einem Garantieabkommen trat die Türkei die Insel an das Britische Empire ab, das, besorgt um eine Veränderung des sensiblen europäischen Gleichgewichts, dem »kranken Mann am Bosporus« als Gegenleistung militärischen Schutz gegen die russische Expansion auf dem Balkan und im Kaukasus garantierte. Seit dem Bau des Suezkanals (1869) war Zypern für das Empire ein geostrategisch wichtiger Posten auf dem Weg zu seiner Kolonie Indien geworden.

Enosis Formalrechtlich aber wurde, einzigartig in der britischen Kolonialgeschichte, der Hohen Pforte weiterhin die Oberherrschaft über Zypern zuerkannt, weshalb Großbritannien, das die bis 1864 als Kolonie verwalteten Ionischen Inseln dem neu entstandenen griechischen Staat zurückgegeben hatte, den Anschluss Zyperns an Griechenland ausschloss. Erst während des Ersten Weltkrieges, nachdem London wegen des Kriegseintritts der Türkei an der Seite Deutschlands Zypern annektiert hatte, wurde Griechenland der Anschluss der Insel in Aussicht gestellt. Wegen militärischer Schwäche aber kam für Athen eine Teilnahme im Krieg auf Seiten der Alliierten nicht in Frage. Das Zugeständnis, Zypern an Griechenland abzugeben, wurde später nie mehr wiederholt.

Nach einem halben Jahrhundert relativer Toleranz wandten die Briten ab 1931 bis zum Ende des Zweiten Weltkrieges eine repressivere Politik gegen die Einwohner der 1925 zur britischen Kronkolonie erhobenen Insel an. Grund war die von den Zyperngriechen immer lauter vorgetragene Forderung nach Anschluss an Griechenland (Enosis), die Anfang der 1930er-Jahre in blutigen Aufständen gipfelte. Politische Vereinigungen wurden verboten und die Presse einer starken Zensur unterworfen. Dennoch meldeten sich wegen der wachsenden Bedrohung der Insel durch die Achsenmächte, die schon Griechenland und Kreta besetzt hatten, während des Zweiten Weltkriegs zahlreiche Griechen und Türken freiwillig zum Dienst im »Cyprus Regiment«, das der britischen Armee unterstand. Eine Verbesserung des politischen Klimas auf der Insel war die Folge: Die Briten führten Demokratisierungsmaßnahmen ein, 1943 wurden wieder Kommunalwahlen zugelassen.

Nach dem Zweiten Weltkrieg Doch auch in der Nachkriegszeit lehnte London den Anschluss an Griechenland kategorisch ab. Auch die Bemühungen von Erzbischof Makarios III., der 1950 die Enosis zur internationalen Frage machte und damit vor die UNO trat, blieben erfolglos. London hielt aus strategisch-politischen Gründen an seiner Kolonie fest: Während der Nahost-Krise spielte die Insel als Nachschubbasis einer mobilen Eingreiftruppe eine immer größere Rolle und vor allem nach der Evakuierung des Suezkanals 1954 wurde den letzten britischen Militärbasen im östlichen Mittelmeer eine ungeheure Bedeutung beigemessen. Unterstützung erhielten die Briten zunächst von den Zyperntürken, die gegen einen Anschluss an Griechenland waren.

? WUSSTEN SIE SCHON …?

- Bei einer 1950 von Erzbischof Makarios organisierten Umfrage stimmten 95,7 % der griechischen Zyprer für den Anschluss der Insel an Griechenland.

Untergrundkämpfe Nachdem die Versuche, die Enosis friedlich durchzusetzen, fruchtlos geblieben waren, nahm 1955 unter dem Oberbefehl von General Grivas die Untergrundbewegung EOKA (Epanastatiki Organosis

Kypriakou Agonos = Revolutionäre Organisation für den Kampf auf Zypern) den Kampf gegen die britische Kolonialmacht auf und verübte Attentate auf britische Einrichtungen und hochgestellte Persönlichkeiten. Als Gegenpol zur EOKA gründeten die Zyperntürken die TMT (Türk Mukavemet Teşilati = Türkische Verteidigungsorganisation), eine Vereinigung zur Verteidigung der Rechte der türkischen Minderheit, die sich für die Teilung Zyperns nach ethnischen Gruppen stark machte und ebenfalls zu Mitteln des Terrors griff.

Weg in die Selbstständigkeit

Nach Makarios' Rückkehr 1957, er war 1956 wegen seiner Unterstützung der EOKA auf die Seychellen verbannt worden, sah sich Großbritannien zu einer Änderung seiner Zypernpolitik genötigt, spielte doch die Insel nach der Niederlage in der Suezkrise für die britischen Sicherheitsinteressen im östlichen Mittelmeerraum keine übergeordnete Rolle mehr. Es begannen nun Verhandlungen über den künftigen Status Zyperns. Um die von den Inseltürken und der Türkei geforderte Teilung der Insel zu verhindern, wichen Athen und auch Makarios von ihrer Forderung nach einem Anschluss Zyperns an Griechenland ab und fanden sich zu einem Kompromiss bereit, der beides ausschloss, die Enosis sowie die Teilung der Insel.

Unabhängige Republik Zypern

1960	Proklamation der Republik Zypern.
1974	Staatsstreich griechischer Offiziere und der zyprischen Nationalgarde gegen Makarios. Landung des türkischen Militärs auf Zypern.
2004	Beitritt Zyperns in die EU.

Proklamation

Am 19. August 1960 unterzeichneten Makarios III., der Vertreter der Inseltürken Dr. Küçük sowie die Staatschefs Großbritanniens, Griechenlands und der Türkei das Londoner Abkommen. Zypern wurde unabhängige Republik. Erster Präsident wurde Makarios III., Vizepräsident als Vertreter der türkischen Bevölkerung Fazil Küçük. Das Parlament setzte sich aus 35 griechischen und 15 türkischen Abgeordneten zusammen. Griechenland, die Türkei und Großbritannien übernahmen die Garantie der Souveränität Zyperns. Großbritannien erhielt als Kompensation die beiden Militärbasen Akrotíri und Dekéleia als exterritoriales Gebiet, fast 3 % der Inselfläche, die noch heute unter britischer Souveränität stehen. 1960 wurde Zypern in die UNO und 1961 in den Europarat aufgenommen.

Spannungen

Die Inselgriechen waren mit der überproportionalen Beteiligung der Türken in der Volksvertretung und in öffentlichen Ämtern, die bei

2004: »Oxi – Nein« Der Führer der griechischen Zyprer lehnt den Annan-Plan ab.

ZYPERNS LANGER WEG IN DIE EU

Im Mai 2004 wurde Zypern EU-Mitglied. Völkerrechtlich gesehen vertritt die Republik Zypern die gesamte Insel und somit ist formal ganz Zypern (einschließlich des türkischen Nordens) der EU beigetreten. Das EU-Recht findet jedoch in Nordzypern bis zur Lösung des Zypernproblems keine Anwendung. Zyperntürken, die einen Pass der Republik Zypern beantragt haben, sind nun EU-Bürger, können aber die damit verbundenen Rechte und Pflichten kaum wahrnehmen.

Als **neues Mitglied der Union** ist Zypern nicht nur ein wirtschaftlich intakter potenzieller Nettozahler für die EU, sondern auch ein hervorragender Vermittler zur Nahostregion. Die Insel bildet den äußersten Posten im Osten der EU und ist aus militärischen, sicherheitspolitischen und auch wirtschaftlichen Aspekten eine bedeutende Schnittstelle zwischen Europa und dem Nahen Osten.

Ein langer Weg

Der Weg bis zur Mitgliedschaft in die EU war lang und mit Steinen gepflastert. Die Aufnahme formeller Beziehungen zwischen Zypern und der damaligen Europäischen Wirtschaftsgemeinschaft reicht in die frühen 1970er-Jahre zurück. Damals wurde ein **Assoziationsabkommen** geschlossen, das die Errichtung einer Zollunion zwischen der Republik Zypern und der EWG vorsah. Nach der türkischen Invasion 1974 wurde der Prozess auf Jahre hinaus verzögert und erst 1987 beschloss man, die Zollunion stufenweise vorzunehmen. 1990 stellte Zypern den **Antrag auf Mitgliedschaft** in der EU, der von der Kommission geprüft und als zulässig anerkannt wurde. 1998 wurde der Beitrittsprozess eingeleitet. Zypern hatte ein stabiles demokratisches System, eine freie Marktwirtschaft, ein ausgezeichnetes Telekommunikationsnetz und ein sehr gutes Kommunikations- und Transportwesen aufzuweisen. Die Infrastruktur war gut ausgebaut, ein verlässliches und effektives Bankensystem und ein unabhängiges und zuverlässiges Rechtssystem waren ebenfalls vorhanden.

Voraussetzung für einen Beitritt sollte allerdings eine »auf Dauer angelegte Lösung des Zypernproblems« sein, d. h. Zypern sollte mit »einer Stimme« sprechen.

Von Beginn an lehnte **Rauf Denktasch**, der damalige zyperntürkische Volks-

2004: »Nai – Ja« Demonstration für die Wiedervereinigung.

gruppenführer, ein Aufnahmegesuch in die EU im Namen der gesamten Insel ab. Erst nach der Anerkennung der »Türkischen Republik Nordzyperns« wäre er bereit, an Verhandlungen teilzunehmen.
Nachdem sich **Griechenland** ein Veto gegen die Osterweiterung der EU vorbehielt, wenn Zypern nicht in die EU aufgenommen werden würde, entschied die Komission, die Insel auch im geteilten Zustand beitreten zu lassen. Eine Lösung des Problems vor dem Beitritt galt aber als erste Priorität.
Über die Jahre hinweg wurden letztlich vergebliche Verhandlungen unter dem Vorsitz der UNO zwischen Zyperngriechen und -türken geführt. Im April 2003 öffnete Rauf Denktasch auf Druck der Türkei, die ihre eigenen EU-Aufnahmeverhandlungen gefährdet sah, die Trennungslinie zwischen Nord und Süd. Als Folge davon erlaubte die griechische Regierung Exporte aus dem türkischen Teil über den Süden in die EU. Seitdem dürfen Zyperntürken die Staatsbürgerschaft der Republik Zypern annehmen, was ihnen zuvor unter Androhung von Gefängnisstrafe von der eigenen Administration verboten worden war, und können somit EU-Bürger werden. Außerdem wurde eine Arbeitserlaubnis für Zyperntürken im Süden bewilligt.

Der Annan-Plan

Schon Anfang 2000 hatte UNO-Generalsekretär **Kofi Annan** einen Plan zur Lösung aller politschen, rechtlichen und sozialen Belange eines künftigen einheitlichen Staates vorgelegt, der mehrfach überarbeitet und nach Ablehnung der beiden Volksgruppenführer 2004 als Grundlage für ein Referendum diente. Vorgesehen war die Bildung einer bikommunalen und bizonalen Föderation, d. h. zweier weit gehend unabhängiger Teilstaaten, in denen die **beiden Volksgruppen** ihre inneren Angelegenheiten wie Schule, Sprache, Religion, Polizei etc. **autonom** regeln sollten. Ein gemeinsamer Pass und eine gemeinsame Außenpolitik sollten beide Völker miteinander verbinden.
Rauf Denktasch hatte den Annan-Plan schon 2003 als »Gaunerei« und »Taschenspielertrick« abgelehnt, was zu großen Demonstrationen unter den EU-Anhängern Nordzyperns und vermutlich auch zum Regierungswechsel führte. Auch der zyperngriechische Präsident Tassos Papadopoulos machte Stimmung gegen eine »Einigung Zyperns unter allen Umständen«. Tatsächlich wurde der ca. 9000 Seiten umfassende Annan-Plan 2004 im Norden mit großer Mehrheit angenommen, während sich im Süden eine deutliche Mehrheit dagegen entschied.

rund 30% lag, nicht einverstanden, außerdem bestand bei ihnen weiterhin der Wunsch nach Enosis. Im Dezember 1963 kam es in Folge einer konstitutionellen Krise zu blutigen Unruhen zwischen den beiden Bevölkerungsgruppen. Ein Jahr später verließen die türkischen Vertreter das Parlament und die türkische Bevölkerung zog sich in Enklaven zurück, die von Inselgriechen nicht betreten werden durften. Um den Frieden zwischen Türken und Griechen zu sichern, entsandten die Vereinten Nationen im selben Jahr eine Friedenstruppe von mehr als 6000 Mann nach Zypern. Erst als 1967 in Griechenland eine Militärjunta unter Georgios Papadopoulos die Macht ergriff, vertrat Makarios nicht mehr den Wunsch nach Enosis. Auch die meisten Griechen der Insel zogen die Unabhängigkeit einem Leben in einer Militärdiktatur vor.

Teilung

Baedeker Special S. 250 ►

Die heftige Kritik Makarios' an der griechischen Militärjunta führte zu immer größeren Spannungen mit Athen, die am 15. Juli 1974 in einem von der griechischen Junta initiierten Staatsstreich gegen Makarios gipfelten. Makarios gelang jedoch die Flucht nach Páfos und von dort nach England. Der als »Schlächter von Omorphita« in die Geschichte eingegangene Zeitungsverleger Nikos Sampson wurde Präsident. Nur fünf Tage später landete türkisches Militär an der Nordküste Zyperns. Bis Mitte August war ein Drittel der Insel in türkischer Hand. Ankara gab vor, in Anlehnung an den im Londoner Abkommen geschlossenen Garantievertrag zum Schutz der türkischen Minderheit einzugreifen, und setzte mit dem Einmarsch

Makarios verabschiedet im August 1960 den ehemaligen britischen Gouverneur Zyperns, Sir Hugh.

den Wunsch nach einer ethnischen Teilung der Insel in die Tat um. Etwa 160 000 griechische Zyprioten flohen vom Norden in den Süden, ca. 45 000 Türken vom Süden in den Norden. Am 8. Dezember 1974 kehrte Makarios – die griechische Militärjunta hatte wegen ihrer Beteiligung am missglückten Umsturz in Zypern abdanken müssen – zurück, die Insel blieb jedoch geteilt. Weiter zementiert wurde die Teilung, als 1975 die konservativ-nationalistische Führung der türkischen Zyprioten um Rauf Denktasch den international geächteten »Türkischen Bundesstaat Nordzypern« proklamierte und 1983 die »Türkische Republik Nordzypern« ausrief, die bisher nur von der Türkei anerkannt wird.

Gegenwart

Bis heute ist die Insel geteilt. 2003 wurde die Grenze geöffnet, seitdem können sich Zyprioten über die gesamte Insel bewegen. 2004 trat Zypern der EU bei (►Special S. 50). Mit einer überwältigenden Mehrheit von 76 % der Stimmen lehnten die Bewohner Südzyperns die Friedensinitiative von UN-Generalsekretär Kofi Annan ab. Im Norden stimmten 65 % für den Plan. Das »Nein« der Zyperngriechen war vor allem ein »Nein« zu gewissen Bestandteilen des Annan-Plans. Sie stimmten u. a. gegen die weitere Präsenz des türkischen Militärs, das Interventionsrecht der Türkei, die Anerkennung türkischer Siedler aus Anatolien als Einwohner Zyperns und die Einschränkung des Rückkehrrechts griechischer Zyprioten (nach Nordzypern). Die Zyperntürken stimmten mit »Ja«, da sie sich ein Ende der wirtschaftlichen und politischen Isolation wünschen. Es bleibt zu hoffen, dass mit der weiteren Öffnung der Grenze und der damit verbundenen Begegnung der Menschen aus beiden Inselteilen alte Vorurteile aufbrechen und zu einem neuen Anlauf der Wiedervereinigung führen.

Kunst und Kultur

Archäologische Schätze, über zwei Dutzend zum Weltkulturerbe gehörende byzantinische Kirchen und gotische Kathedralen im Schnittpunkt europäischer und orientalischer Kulturen, aber auch Wissenswertes zu Religion und Brauchtum auf Zypern stellt dieses Kapitel vor. Ein Lexikon für Fachausdrücke aus Kunst und Architektur finden Sie ab S. 360.

Kunstgeschichte

Neolithikum (7000 – 3800 v. Chr.)

Die ältesten Spuren menschlichen Lebens auf Zypern (Knochen und Steinwerkzeuge) stammen aus dem Mesolithikum (10. Jtd.). Funde aus der Jungsteinzeit, z. B. die Siedlung Choirokoitía aus dem 8./7. Jtd. v. Chr., erzählen von der beginnenden Sesshaftwerdung. Unter den Lehmböden dieser Rundhäuser (Thóloi) begrub man die Toten in zusammengekauerter Embryostellung, wohl in Erwartung der Wiedergeburt. Die Bewohner dieser Dorfgemeinschaft betrieben Ackerbau und zähmten wilde Schafe und Ziegen. Nadeln und Sticheln aus Röhrenmuscheln zeigen, dass die Anfänge des Webens und Spinnens in diese Zeit zurückgehen. Gegen Ende des Neolithikums tauchen neben Gebrauchsgegenständen aus Stein und Knochen erste Keramikgefäße auf. Mit Hilfe eines kammförmigen Werkzeuges aus Muschel oder Knochen verziert man Vasen mit Ritzmustern (Kammstrich-Technik). Die meist kürbisförmigen Gefäße werden mit rotbrauner Glasur überzogen. Karneolketten und Obsidianklingen weisen auf Handelskontakte mit Kleinasien und Syrien hin. Erstmals treten violinförmige Idole aus Stein auf.

Chalkolithikum (3800 – 2300 v. Chr.)

Handelskontakte mit Kleinasien und der Levante bestimmen das Leben in der Kupfersteinzeit. Es entstehen Siedlungen wie Erími, Lápithos und Kythréa, die neolithischen Rundhäuser werden durch rechteckige Häuser ersetzt. Die Toten werden jetzt außerhalb des Dorfes begraben. Vorherrschender Typus der nun differenzierteren Gefäßformen ist die auf heller Grundierung rot überzogene Erími-Keramik (Red-on-White-Ware) mit linearen, geometrischen Mustern, benannt nach ihrem Hauptfundort. Idole in Kreuzform aus Steatit werden vermehrt hergestellt. Erstmals weisen sie weibliche Geschlechtsmerkmale auf und deuten auf den Kult einer **Muttergottheit**. Schmuck und Werkzeuge aus gehämmertem Kupfer sind vermutlich noch Importe. Gegen Ende des Chalkolithikums tauchen vereinzelt Alabastervasen auf, die ägyptischen Einfluss bezeugen. Vorwiegend wird jetzt die rot und schwarz polierte Keramik mit Ritzmustern hergestellt. Die vielfältigen Gefäßformen weisen geometrische und pflanzliche Ornamentik auf.

Frühe Bronzezeit

In der frühen Bronzezeit werden Siedlungen wie Vounoús, Politikó und Tamassós gegründet. Der Abbau von Kupfer schafft die Voraussetzung für die Herstellung von Waffen und Gebrauchsgegenständen aus Metall sowie Kupferschmuck. Das Gemeinwesen festigt sich, die Toten werden in Dromosgräbern außerhalb der Siedlungen bestattet. Das Ritzdekor der rot polierten Keramik (Red-polished-Ware) verläuft schlangenförmig in Zickzackbändern oder Kreisen über die Gefäße.

←Fresko des hl. Petrus in der Scheunendachkirche in Lagouderá

Mittlere Bronzezeit

In der mittleren Bronzezeit wird die Technik der Bronzeherstellung durch anatolische Händler nach Zypern gebracht. Die Red-polished-Ware zeigt einen gewaltigen Formenreichtum, Ränder und Henkel der Gefäße werden mit Tierprotomen (Oberteile tierischer Körper) geschmückt. Es entstehen Tonmodelle kultischer Handlungen wie das aus Vounoús stammende Modell eines von einer Mauer umgebenen Heiligtums (Archäologisches Museum, Nikosia). Daneben treten Modelle mit Szenen aus dem täglichen Leben wie Pflügen oder das Sieben von Getreide auf.

Die Formenvielfalt der Keramik wird durch Kompositgefäße, d. h. mehrere miteinander verbundene Gefäßformen, erweitert. Erstmals entstehen Gefäße mit engem Hals, da Handelskontakte mit Ägypten und Palästina neue Waren wie Öle und Luxussalben nach Zypern bringen. Die Red-polished-Keramik wird gegen Ende der mittleren Bronzezeit durch die weiß grundierte (White Painted) und schwarz überzogene (Black Slip) Keramik ersetzt. Die sog. Brettidole aus rotem Ton sind mit Ritzmustern überzogen. Halsketten werden aus importierten Glaspastenperlen oder Fayencen gefertigt.

? WUSSTEN SIE SCHON ...?

- Auf Zypern wurde die bisher älteste Parfümerie der Welt entdeckt. Auf die etwa 4000 Jahre alte bronzezeitliche Werkstätte stießen italienische Archäologen 2003 in Pýrgos-Mavroráki östlich von Limassol. Vierzehn verschiedene Duftstoffe konnten bislang identifiziert werden. Diese dienten nicht nur dem Wohlgeruch des Körpers, sondern wurden bei religiösen Zeremonien und Beerdigungen sowie für pharmazeutische Zwecke benutzt. Die Werkstätte gehörte zu einem großen Areal, wo auch Kupfer, Wein und Olivenöl verarbeitet wurden.

Späte Bronzezeit

Die späte Bronzezeit ist durch Handelskontakte mit Minoern, Mykenern und Achäern gekennzeichnet. Orte entstehen als Folge des stark an Bedeutung gewinnenden Kupferabbaus. Der für die Weiterentwicklung wichtigste Haustypus dieser Epoche ist das Megaronhaus mit Vorraum. Die Kammergräber besitzen einen langen Dromos (Grabeingang) und mehrere Grabkammern. Schmuck wird aus Gold hergestellt, häufig handelt es sich um getriebene Goldbleche mit Spiralmustern oder Tiermotiven. In den Schmuckformen lässt sich mykenischer Einfluss erkennen, ebenso in den Tongefäßen mit weißem oder schwarzem Überzug (White Slip oder Black Slip), die wie der Zeus-Krater im Archäologischen Museum (Nikosia) mythologische und kultische Szenen darstellen.

Der enorme Formenreichtum der späten Bronzezeit umfasst ausladende Kratére (Gefäße mit weiter Öffnung zum Mischen von Wasser und Wein) und kleine Ziergefäße; ferner metallimitierende Keramik in einer Zeit, als Metall noch sehr teuer war, und nicht zuletzt vogelköpfige Mutteridole mit Kind auf dem Arm. Elfenbeinschnitzereien mit orientalischen Motiven wie Greifen oder Löwen zeigen eine starke Verbindung ägäischen und orientalischen Kulturgutes. Vermehrt findet sich die Darstellung des phönizischen Gottes

Bes. Ein prächtig verzierter und kostbarer Fayencerython aus Kítion (Archäologisches Museum, Nikosia) deutet darauf hin, dass Gefäße inzwischen mehr als nur reine Gebrauchsgegenstände sind. Bronzestatuetten wie etwa der gehörnte Gott von Énkomi (Archäologisches Museum, Nikosia) lassen auf eine rege Metallherstellung zum Ausgang der Bronzezeit schließen.

Kypro-geometrische Zeit (1050 – 725 v. Chr.)

Mit der Einwanderung der Achäer beginnt die Hellenisierung der Insel. Ab dem 10. Jh. zieht die enge Verbindung mit Phönizien einen kulturellen Aufschwung nach sich. Die phönizischen Händler führen die Technik der Eisenherstellung ein und gründen die erste phönizische Stadt, Kítion. Die Achäer bauen Städte wie Koúrion, Márion und Sóloi. In der Töpferkunst herrschen die überzogene Keramik (Red Slip) und die Schwarz-auf-Rot-Keramik (Black-on-Red) vor. Es tauchen geometrische Motive zusammen mit Bildfeldern auf. Auch Hals und Rand der Gefäße werden nun verziert. Vereinzelt treten Gold-, Silber- und Bronzeschalen auf.

Kypro-archaische Zeit (725 – 475 v. Chr.)

Assyrischer, ägyptischer und persischer Einfluss machen sich bemerkbar. Stadtkönigtümer wie Salamís und Amathoús gelangen zu großer Blüte. Reich ausgestattete Gräber in Salamís und Tamassós belegen eine Epoche kultureller Blüte. Die Grabbeigaben zeigen orientalischen Einfluss, während die Grabarchitektur griechischer Herkunft ist. Die Toten werden nicht mehr in Kauerstellung, sondern auf dem Rücken liegend und in Steinsarkophagen begraben. Erstmals treten oberirdische Grabstelen auf.

Wegen des Marmormangels auf Zypern verwendet man für die Großplastik hauptsächlich Kalkstein. Kleidung und Haartracht der Statuen sind vom Orient beeinflusst. In Agía Iríni wurden mehr als 2000 Terrakottafiguren gefunden, unter ihnen zahlreiche Stierfiguretten, die deutlich aufzeigen, dass die weibliche Muttergottheit durch männliche Fruchtbarkeitssymbole verdrängt worden ist.

Archaische Weinkanne im Zypern-Museum

In den Stadtkönigtümern bilden sich lokale Stile und künstlerische Persönlichkeiten heraus. Bichrome Gefäße mit Blumen- und Pflanzenmotiven entstehen. Auf Zypern entwickelt sich der freie malerische Stil (Free-Field-Style). Vornehmlich bauchige Gefäße werden mehrfarbig mit Tier- und Fabelwesen bemalt. Keinerlei Rahmung setzt den Motiven eine Begrenzung, weich und floreal gemalt, steht das Dekorative im Vordergrund. Am Ende der archaischen Zeit tauchen Importe schwarzfiguriger Vasen aus Griechenland auf. Ägyptische Glasgefäße, Fayencen und Skarabäen setzen sich während der ägyptischen Herrschaft durch.

Kypro-klassische Zeit (475–325)

In die klassische Zeit fallen die Auseinandersetzungen mit den Persern. Trotz Perserherrschaft bindet sich Zypern kulturell immer stärker an Griechenland. Im 5. Jh. wird der prachtvolle Palast von Vouní gebaut, der eine Mischung orientalischen und hellenischen Kulturgutes aufweist. Importe attischer schwarz- und rotfiguriger Vasen mehren sich. Doch bleibt die griechische Vasenmalerei weiterhin tonangebend auf Zypern. Unter Euagoras von Salamís kommen griechische Künstler und Gelehrte auf die Insel.

Die Bildhauerei zeigt ab Mitte des 5. Jh.s ionischen und attischen Einfluss. Es entstehen künstlerisch wertvolle Plastiken aus Bronze wie die Kuh von Vouní (Archäologisches Museum, Nikosia).

Kypro-hellenistische Zeit (325–58 v. Chr.)

Unter den Diadochen fällt Zypern an Ptolemäus I. von Ägypten. Die Stadtkönigtümer werden aufgelöst, Zypern wird von Alexandria aus regiert. In Páfos entstehen große Peristylgräber mit Innenhof und Säulengang, die ägyptischen Einfluss aufweisen. Das Baudekor bleibt jedoch griechisch. Wachsender Wohlstand und der Wunsch nach Repräsentation geben den Anstoß zum Bau neuer Heiligtümer in Páfos und Salamís. Keramik wird weiterhin aus Griechenland importiert oder lokal imitiert. Kostbare Kleinplastiken spiegeln den Wohlstand wider. Eine der wenigen erhaltenen Marmorstatuen, die Aphrodite von Sóloi, kann im Archäologischen Museum in Nikosia bewundert werden. Erstmals werden Gefäße aus Glas produziert.

Unter den Ptolemäern entstehen in Páfos große Peristylgräber.

Römische Epoche (58 v. Chr. bis 395 n. Chr.)

Als römische Provinz führt Zypern die hellenistische Tradition weiter. Städte wie Páfos, Salamís und Sóloi wachsen und erhalten römische Tempel. Nach den großen Erdbeben im 4. Jh. werden viele Städte wiedererbaut. Es entstehen Theater, Gymnasien und Palästren. Der Typus des Peristylhauses gelangt durch die Ptolemäer nach Zypern. Das Peristyl, ein von Säulen umgebener Raum, bildet den Hof des Wohnhauses und ist oft mit farbenprächtigen Fußbodenmosaiken – wie etwa die künstlerisch hochwertigen von Páfos und Koúrion –, Wasserbecken und Blumenbeeten ausgestattet. Páfos wird zum kulturellen Zentrum Zyperns. Es entstehen Porträts und Statuen von Kaisern, prominenten Bürgern, Göttern und Heroen, z. B. die Statue des Kaisers Septimius Severus von Kythräa im Archäologischen Museum in Nikosia. Die **Keramik** besteht hauptsächlich aus schmuckloser Gebrauchsware. Die Terra-Sigillata-Keramik, ein Gebrauchsgeschirr aus rotem Ton mit Fabrikstempel, setzt sich durch. Im 2. Jh. n. Chr. wird die Glasproduktion intensiviert.

Byzantinische Epoche (330 – 1191)

Als Konstantinopel um 330 Hauptstadt des Römischen Reiches wird, befindet sich der Vielvölkerstaat in einer Krise und ist bestrebt, das Bewusstsein einer römischen Nation zu schaffen. Ein wirksames Mittel ist das monotheistische Christentum, das Kaiser Konstantin der Große im Edikt von Mailand 313 erlaubt. Nachdem Theodosius d. Gr. Ende des 4. Jh.s das Christentum zur Staatsreligion erhebt, setzt eine rege Bautätigkeit ein.

Byzantinische Kirchentypen

Frühchristliche Basilika

◄ (Plan S. 60)

Im 4. Jh. entstehen die ersten frühchristlichen Basiliken in Koúrion, Páfos, Amathoús und Salamís. Dieser Kirchentypus geht zurück auf die profane Basilika der Römer, die als Markt- und Gerichtshalle diente: Das überhöhte Mittelschiff ist durch Säulen oder Pfeiler von den Seitenschiffen getrennt und besitzt eigene Fenster.

Die zyprischen lang gestreckten Basiliken besitzen drei bis fünf Schiffe. Eine oder mehrere Apsiden schließen den Bau nach Osten hin ab. Hinter dem Altar befindet sich der erhöhte Bischofsthron (Kathedra). Die Apsis und der Altarbereich bilden das Allerheiligste (Bema) und sind dem Klerus vorbehalten. Sie sind vom Gemeinderaum (Naos) durch Schranken (Templon) getrennt. Häufig treten rechts und links vom Altarbereich zwei Räume auf, das Diakonikon und die Prothesis. Hier ziehen sich die Diakone um und hier werden Weihgaben aufbewahrt. Manche Basiliken besitzen zusätzlich zu den Seitenschiffen Seitenflügel (Katechuména), die streng vom Kirchenbau getrennt sind. Diese dienen den Noch-nicht-Getauften als Aufenthaltsraum während der Messe. Im Westen der Kirche schließt die Vorhalle (Narthex) an das Atrium mit einem Reinigungsbrunnen (Kántharus) an. Das Taufbecken befindet sich im Baptisterium, das außerhalb der Kirchenanlage liegt. Die Innenräume der Kirchen sind mit Mosaiken und Malereien geschmückt.

Koúrion Frühchristliche Basilika

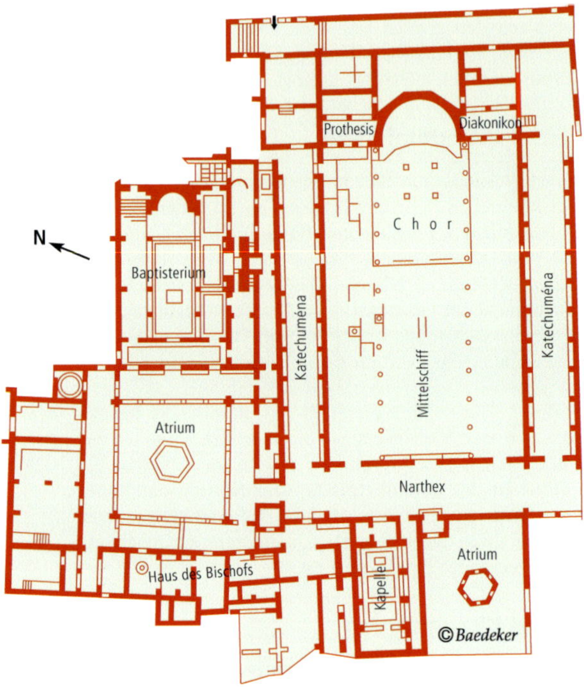

Kreuzkuppelkirche

Im 9./10. Jh. wird im gesamten Byzantinischen Reich die lang gestreckte Basilika zunehmend durch den Zentralbau, eine Kreuzkuppelkirche nach dem Typus der Hagia Sophia (Istanbul), abgelöst. Unmittelbares Vorbild zyprischer Kirchen ist die Johannesbasilika in Ephesos, eine Verschmelzung aus lang gestreckter Basilika und Zentralbau. Dabei überdecken in der Regel drei Kuppeln das Langhaus und zwei die Kreuzesarme (Peristeróna, Geroskípou). Der Altarraum wird im Osten durch eine oder mehrere Apsiden abgeschlossen. Im Inneren trennt das Templon, eine marmorne Schranke, den Altarraum vom Gemeinderaum. Aus dem Templon entwickelt sich ab dem 13. Jh. die **Ikonostasis**, eine mit Ikonen versehene große Holzwand zwischen Naos und Bema.

Ein speziell auf Zypern beheimateter Kirchentypus ist die im Tróodos-Gebirge bevorzugte einschiffige, lang gestreckte **Scheunendachkirche**. Diese mittelalterlichen Bergkirchen erhielten vermutlich unter den Kreuzrittern nachträglich ein Satteldach. Besaßen sie zuvor eine Kuppel, so zog man das Satteldach aus Ziegeln darüber. Das tief nach unten verlängerte Dach liegt auf Stützmauern und schützt die Kirche vor Schnee und Regen. Der Umgang um den eigentlichen Kirchenbau ermöglicht eine ständige Durchlüftung und somit eine gute Konservierung der mit großen Freskenzyklen reich geschmückten Wände.

Byzantinische Wandmalereien

Bilderverehrung

Die byzantinischen Kirchenräume sind in der Regel mit prächtigen Fresken (ital. al fresco = auf das Frische) geschmückt. Damit sich die Farbe besser mit dem Untergrund verbinden konnte und dadurch haltbarer wurde, malte man auf frischem, feuchtem Putz. Die Bilderverehrung beruht auf dem Glauben, dass das Heiligenbild ein direktes Abbild des Heiligen ist und der Gläubige nicht das Bild, sondern den Heiligen anbetet. Um dem absoluten, also statischen Urbild möglichst nahe zu kommen, darf sich die bildliche Wiedergabe nicht wandeln. Die flächige und lineare Komposition des Bildprogramms missachtet die Größen- und Raumverhältnisse und stellt die Figuren in einer »falschen« Perspektive dar. Die Wandmalereien dienten dem leseunkundigen Volk als sog. Armenbibeln; in ihnen wurden die biblischen Begebenheiten und Gleichnisse und somit die orthodoxe Lehre versinnbildlicht. Die byzantinische Sakralkunst Zyperns kann in eine früh-, mittel-, spät- und postbyzantinische Periode unterteilt werden. Sie besteht aus griechisch-hellenistischen, römischen, syrischen und persisch-orientalischen Elementen.

Frühbyzantinische Periode

In der frühbyzantinischen Epoche (6. – 9. Jh.) treten nur Wandmalereien mit Szenen aus dem Leben Christi auf. Der Stil ist durch eine lebendige und bewegte Ausdrucksweise gekennzeichnet. Der **Bilderstreit** (Ikonoklasmus) zwischen 726 und 843 stellte das Verständnis und die Verehrung von Heiligenbildern in Frage.

Bilderstreit

Die Bilderfeinde oder Ikonoklasten waren grundsätzlich gegen die bildliche Darstellung von Christus oder anderen heiligen Personen. Sie begründeten ihre Ablehnung mit dem 3. Gebot: »Du sollst Dir kein Bildnis noch irgendein Gleichnis von dem, was droben im Himmel ... ist, machen.« Ihre Denkweise stand unter dem Einfluss bilderfeindlicher Religionen wie dem Islam und dem Judentum. Die Bilderbefürworter, vornehmlich Mönche und das einfache Volk, sahen schon in dem Mensch gewordenen Christus das Abbild Gottes und somit eine Berechtigung für dessen Darstellung. Außerdem soll der Evangelist Lukas die ersten Marienikonen gemalt haben. Als historische Begründung für die Bilderverehrung nannten sie die Existenz des »Mandílions« und des »Keramídions«, von denen apokryphe Schriften Folgendes berichten: Zu Christi Lebzeiten schickte der König von Edessa einen Maler zu Jesus, der ihn porträtieren sollte. Jesus wies den Maler ab, drückte jedoch sein Antlitz in ein Tuch (Mandílion) und gab es dem Maler. Dieses Tuch hängte man

◄ Mandílion Keramídion

am Stadttor von Edessa auf und das Antlitz Christi hinterließ einen Abdruck in einem Ziegel des Tores (Keramídion). Mandílion und Keramídion wurden im 9. Jh. nach Byzanz gebracht, wo sie hoch verehrt wurden. Der Bilderstreit ging zu Gunsten der Bilderfreunde aus und man einigte sich auf die Auffassung von Johannes von Damaskus, nach der die Bilder nur als Vermittler der göttlichen Welt, als Abbilder des Urbildes, gelten sollten.

Mittelbyzantinische Periode

Die mittelbyzantinische Periode (870 – 1204) folgt auf den Bilderstreit, nach dessen Beendigung man die theologischen Inhalte und die Darstellungsweise von Bildwerken genau festlegte. Die Kirchen werden nun einem festen Kanon entsprechend ausgemalt. Die Malereien zeichnen sich aus durch strenge Frontalität, durch die Bedeutungsperspektive, d. h. die größere Darstellung der wichtigen Personen, und durch eine Fülle an theologisch wichtigen Szenen. Die Malereien der Makedonischen Renaissance (9. – 11. Jh.), die sich nach Beendigung des Bilderstreits durch die Thronbesteigung des Kaisers Basileios I. entwickeln, sind durch feine Zeichnung und überlange Darstellung der Figuren zu erkennen. In der Komnenenzeit (1081 – 1185) greift man auf hellenistische Vorbilder zurück.

Ein byzantinisches Kleinod: die zum Weltkulturerbe zählende Kirche Ágios Nikólaos tis Stégis in Kakopetriá

Sanft fließende Bewegungen, reicher Faltenwurf und feine Licht- und Schatteneffekte sind nun charakteristisch. Die frühesten erhaltenen Wandmalereien Zyperns aus dem 11. Jh. befinden sich in der Kirche Ágios Nikólaos tis Stégis in Kakopetriá.

Spätbyzantinische Periode

Die spätbyzantinische Zeit (1204 – 1453), nach der nun herrschenden Dynastie der Paläologen auch Paläologenzeit genannt, brachte Wandmalereien voller Gegensätze, Spannungen und reich kontrastierender Farben hervor. Durch die fränkische Herrschaft vermischt sich der traditionelle Stil mit westlichen Elementen.
Die postbyzantinische Periode (15. – 19. Jh.), die mit der Eroberung Konstantinopels durch die Türken 1453 beginnt, ist gekennzeichnet durch eine Fülle an Figuren, die Darstellung von Nebenpersonen und genrehaften Szenen, der Einführung der Zentralperspektive und der Ausmalung des Hintergrundes.

Bildkanon

Nicht die künstlerische Selbstentfaltung des Malers, sondern die richtige theologische Aussage ist grundlegend. Die strenge Anordnung der Kirchenfresken folgt einer horizontalen und einer vertikalen Hierarchie. Inhaltliche und stilistische Abweichungen sind meist auf die Stifter der Malereien zurückzuführen.

◄ Horizontale Hierarchie

Die horizontale Hierarchie beginnt im Altarraum (Bema). Dieser gilt als Berührungspunkt von Himmel und Erde und besitzt in der Apsis ein Bildnis der Muttergottes zwischen zwei Engeln, der Apostelkommunion, Hinweis auf das himmlische Abendmahl, und der Kirchenväter, Sinnbild für die Zeitlosigkeit der Kirche. Den Raum der Gläubigen (Naos) schmücken Heiligendarstellungen und Szenen aus dem Leben Mariens und Christi. Im Westen der Kirche über dem Ausgang oder im Narthex bildet das Jüngste Gericht den Abschluss.

◄ Vertikale Hierarchie

Die vertikale Hierarchie beginnt in der den Himmel symbolisierenden Kuppel mit der Darstellung des von Engeln umgebenen Pantokrators (Allherrscher). In den Zwickeln leiten Propheten oder die vier Evangelisten zur irdischen Sphäre mit Szenen aus der Lebensgeschichte Mariens oder Christi über. Unten sind Heilige und Vertreter der kirchlichen und weltlichen Hierarchie abgebildet.

Ikonenmalerei

Neben den Wandmalereien dienen auch die Ikonen der theologischen Belehrung des Volkes. Eine Ikone (griech. = Bild) ist das Abbild der Muttergottes, Christi oder eines Heiligen. Während des Bilderstreites im 8./9. Jh. zerstörten die Bilderstürmer unzählige Ikonen, andere wurden versteckt und führten nach ihrer Auffindung zur Gründung von Klöstern (Machairás, Kýkko). Die Ikonenmalerei unterliegt ebenfalls strengen Vorschriften. Malerbücher schreiben dem Künstler nicht nur Inhalt, sondern auch Technik und Handhabung vor. Ikonen werden häufig auf Goldgrund, flächig und ohne

Nach strengen Vorschriften gemalt: Marienikone im Kloster Troodítissa

Zentralperspektive gemalt. Hervorgehoben wird die theologische Aussage; der Hintergrund wird ausgespart, da er von der Bedeutung der abgebildeten Heiligen ablenken würde.

Kunst der Franken und Venezianer (1191 – 1571)

Zyprische Gotik

Mit der Eroberung Zyperns durch Richard Löwenherz (1191) dringt westlicher Einfluss ins Land. Das französische Adelsgeschlecht der Lusignans wird Herr über Zypern und regt eine emsige Bautätigkeit an. Gotische Bauhütten werden nach Zypern beordert; Geldgeber für den Bau von Palästen und Kirchen sind König, Bischöfe und wohlhabende Bürger. In Nikosia und Famagusta entstehen mit der Sophien- und der Nikolauskathedrale die ersten großen gotischen Kathedralen. Im Pentadáktylos-Gebirge schützen die Burgen St. Hilarion, Buffavento und Kantara vor Einfällen der Mamelucken.
Der zyprischen Gotik fehlen die Leichtigkeit und das »Aufstrebende« der französischen Gotik. Es herrschen schwere und gedrungene Formen vor. Das lang gestreckte Mittelschiff und die Seitenschiffe werden nicht mit den in Frankreich üblichen Satteldächern, sondern häufig mit Flachdächern versehen. Der prächtigen Ornamentik und Dekoration französischer Kirchen steht eine eher karge Innenausstattung gegenüber. So fehlen die Emporen- oder Triforienzonen,

der Chorkapellenkranz und das Querhaus. Die Mehrzahl ist im Osten mit einem Dreiapsidenchor ausgestattet, auf einen Chorumgang verzichtet man in der Regel, wobei die Sophienkathedrale im Norden der geteilten Hauptstadt Nikosia eine Ausnahme bildet.

Keramik

Die vorherrschende Keramik des Mittelalters ist die braun-grüne Sgraffito-Keramik. Hergestellt werden vor allem Schalen und Becher, die mit einer fantasievollen Dekoration verziert sind.

Osmanische Kunst (1571 – 1878)

Umwandlung von Kirchen in Moscheen

Nach der Eroberung Zyperns beginnen die Türken verlassene katholische Kirchen in Moscheen umzuwandeln. Die Sophienkathedrale in Nikosia wird zur Selimiye-Moschee, die Nikolauskirche in Famagusta zur Lala-Mustafa-Pascha-Moschee. Auf die Turmstümpfe der Kirchen setzt man Minarette, die gotischen Dekorationen der Inneneinrichtung werden entfernt. Die neu entstehenden Moscheen sind Beispiele klassischer osmanischer Architektur mit quadratischem Grundriss und Kuppel.

Moscheen

Der Bautypus der Moschee geht auf das arabische Wohnhaus zurück, aus dem sich die Hofmoschee nach dem Vorbild Medinas (z. B. Omayadenmoschee in Damaskus) entwickelte. Der große Innenhof (Sahn) mit dem Reinigungsbrunnen für rituelle Waschungen besitzt umlaufende Galerien (Riwaks) und einen langen, mehrschiffigen, nach Mekka weisenden Betsaal. Ebenfalls nach Mekka weist die Gebetsnische (Mihrab) und der auf einer Treppe erhöht aufgestellte Predigtstuhl (Minbar). Seit der Omayadenzeit (666 bis 750) ist das Minarett, von dem der Gebetsrufer (Muezzin) fünfmal täglich zum Gebet ruft, unerlässlicher Bestandteil des Gotteshauses. Im Osmanischen Reich entwickelt sich seit dem 13. Jh. die Kuppelmoschee, die sich an byzantinischen Kuppelkirchen orientiert. Dabei setzt sich der Zentralkuppelbau mit quadratischem Grundriss durch (z. B. Istanbul, Süleyman-Moschee). Diesem Vorbild folgen die meisten zyprischen Moscheen, so etwa die Chala Sultan Tekke bei Lárnaka und die Arab-Ahmet-Moschee im Norden von Nikosia. Im 19. Jh. gelangt der Typus der rechteckigen, kuppellosen Moschee auf die Insel. Ein Narthex mit Säulen bildet den Eingangsbereich; Beispiele findet man in Lefke oder in Nikosia (Sarayönü-Moschee).

◄ Kuppelmoschee

◄ Rechteckige Moschee

Profanbauten

Unter den Osmanen entstehen auch einige weltliche Bauten wie die zwei Hans oder Chans (Karawansereien) in Nikosia oder türkische Bäder, von denen das Büyük Hamam im türkischen Teil Nikosias der Öffentlichkeit noch zugänglich ist. Weitere Beispiele osmanischer Architektur sind eine Bibliothek, Brunnen und einige Wohnhäuser im türkischen Teil Nikosias oder die Brücke eines Aquäduktes bei Lárnaka von 1750.

Zyprisches Erbe

19. Jahrhundert

Mit dem erwachten Interesse an Antiquitäten im 19. Jh. begann man antike Grabungsfunde zu exportieren. Der einstige amerikanische Konsul in Zypern, General Graf Luigi Palma di Cesnola, eröffnete 1872 das New Yorker Metropolitan Museum mit einer Ausstellung zyprischer Altertümer aus seiner »Privatsammlung«.

? WUSSTEN SIE SCHON ...?

- Luigi Palma di Cesnola ordnete in seiner Zeit als Konsul auf Zypern an über 50 Orten Ausgrabungen an. Von den gut 35 000 Objekten, die er freilegen ließ, verkaufte er ungefähr 22 000 an das kurz zuvor eröffnete Metropolitan Museum of Art in New York.

Nach der Invasion türkischer Truppen 1974 begann man im besetzten Gebiet die Spuren griechischer Besiedlung systematisch zu verwischen. Abgesehen von den Devisen bringenden Ausgrabungsstätten Sóloi, Vouní, Énkomi und Salamís wurden alle Orts-, Straßen- und Landschaftsnamen durch türkische Namen ersetzt.

Beschädigung griechischer Sakralbauwerke

Am schwerwiegendsten ist die Zerstörung von kirchlichen Kunstgegenständen, die auf dem internationalen Kunstmarkt landen. Es gibt kaum eine unversehrte orthodoxe Kirche, viele griechische Friedhöfe wurden geschändet. Die Gotteshäuser sind verwahrlost, einige wurden in Ziegen- und Schafställe umgewandelt, andere mit Minaretten versehen. Die Kreuze von den Turmspitzen wurden abgeschlagen, die Seile für das Läuten der Glocken gekappt. Das Kloster des hl. Johannes Chrysóstomos bei Koutsoventis (türk. Güngör) wird militärisch genutzt, da es eine weite Aussicht bis Nikosia und zum Tróodos-Gebirge bietet. Freskenzyklen von unschätzbarem Wert wurden von »unbekannten Tätern« herausgebrochen, Ikonostasen stehen oft nur noch als leere Gerüste da, Ikonen, Altäre und liturgisches Gerät sind verschwunden.
Sechs der verschwundenen, 1989 wiederentdeckten Mosaiken aus der Kirche der Panagía Kanakariá bei Lythránkomi (türk. Boltaşlı) wurden der Republik Zypern zurückgegeben und sind heute im Ikonenmuseum von Nikosia zu sehen. Diese Apsidenmosaiken aus dem 6. Jh. gehören zu den bedeutendsten Werken frühchristlicher Kunst. Nur noch eine Kirche mit wertvollen Mosaiken blieb unversehrt: Panagía Angelóktistos in Kíti (im griechischen Teil Zyperns).

Volkskunst und Brauchtum

Religiöse Feste

Das bedeutendste Fest des Jahres ist das **Osterfest**, das auf dem Land mit großem Aufwand begangen wird. Die Fastenzeit beginnt 50 Tage vor Ostern. In der Woche vor Ostern weißt und putzt man

Im Neófytos-Kloster wird der Ostergottesdienst besonders feierlich begangen.

die Häuser, bäckt die Flaoúna, ein spezielles Ostergebäck mit Käse, und färbt Eier am Donnerstag rot. Am Karfreitag wird das Epitaphion, die Nachbildung des Leichentuchs Christi, unter einen tragbaren Baldachin gelegt, der mit Blumen und Tüchern geschmückt wird. Die Ikonen in den Kirchen werden mit schwarzen Tüchern verhängt. Nach der Abendmesse wird das Epithaphion in einer feierlichen Prozession durch die Gassen getragen.
Am Ostersamstag schmückt man die Kirche mit Blumen und entfernt die schwarzen Tücher von den Ikonen. Ab 23.00 Uhr versammeln sich die Gläubigen in der Kirche zur Osternachtsmesse – alle haben eine noch nicht entzündete Kerze in der Hand. Kurz vor Mitternacht werden bis auf eine einzige Kerze alle Lichter gelöscht. Um 24.00 Uhr verkündet der Papás (Priester): «Christós anésti« (»Christus ist auferstanden«), die Gemeinde antwortet: »Alithós anésti« (»Wahrhaftig, er ist auferstanden«). Dann entzünden alle Gläubigen ihre Kerzen an der Kerze des Priesters. Vor dem Gotteshaus wird ein großes Feuer entfacht, in dem symbolisch Judas, der Verräter Christi, als Puppe verbrannt wird. Kinder und Jugendliche lassen Knallfrösche los. Zu Hause wird die Ostersuppe (Margeiritsa) aus Lamm-Innereien gegessen. Am Ostersonntag wird dann im Kreis der Familie das Osterlamm verzehrt.
Da der orthodoxe Ostertermin nach dem Julianischen Kalender und das Osterfest der sonstigen christlichen Konfessionen nach dem Gregorianischen Kalender errechnet wird, fallen beide Termine lediglich alle drei Jahre zusammen.

Kurban Bayrami Das viertägige **Opferfest** Kurban Bayrami, ist das höchste islamische Fest. Dabei wird Gottes Güte und Fürsorge für seine Geschöpfe gedacht. Es geht auf das Erste Buch Mose zurück, in dem Gott Abraham auffordert, ihm seinen einzigen Sohn Isaak zu opfern. Kurz bevor Abraham diese Forderung erfüllt, greift Gott rettend ein und lässt ein Lamm an Isaaks Statt opfern. Dieser Rückgriff des Islam auf das Alte Testament geht auf den gemeinsamen Ursprung der beiden Weltreligionen zurück. Am Opferfest wird ein Schaf im Kreise der Familie verspeist, das übrig Gebliebene wird an Arme, Kranke oder soziale Institutionen verschenkt. Nach dem Besuch der Moschee spenden wohlhabende Familien Geld an karitative Einrichtungen und arme Familien.

Beschneidungsfest Eines der wichtigsten Ereignisse im Leben eines männlichen Moslems ist die Beschneidungszeremonie, die die Aufnahme des Knaben in die islamische Gemeinschaft symbolisiert. Die Gründe für die Fortdauer dieser Tradition liegen heute v. a. im religiösen Bereich. Eingeladen werden alle Verwandte und Bekannte. Vor dem Fest wird der Knabe in einer speziellen Kleidung mit roter Schärpe den Dorfbewohnern gezeigt. Die Beschneidungszeremonie wird von einem amtlichen Beschneider (Sünnetçi) ausgeführt. Danach legt man den Jungen in einem eigens gefertigten Nachthemd zu Bett, wobei das Fest mit Musik und Tanz weiter geht.

Volkskunst

Kunsthandwerk Die zyprische Volkskunst hat die vielfältigen kulturellen Einflüsse zu einer eigenständigen Kultur verschmolzen. In den Dörfern werden immer noch die traditionellen Handarbeiten gefertigt, zu sehen in den volkskundlichen Museen von Nikosia, Geroskípou und Páfos. In Nikosia, Lárnaka, Limassol und Páfos wurden staatliche Kunstgewerbezentren (Cyprus Handicraft Centres) eingerichtet, wo die Handarbeiten vorgestellt und zum Verkauf angeboten werden, deren Rohmaterialien Holz, Ton, Wolle, Baumwolle und Seide sich alle auf Zypern finden.

Symbole als dekorative Elemente Die dekorativen Elemente auf Holztruhen, Regalen, in Stickereien und auf Tongefäßen hatten einst im Alltagsleben symbolische Bedeutung. Darin drückten sich die Weltanschauung und Religiosität der Bewohner Zyperns aus. So sind Zypresse und Zeder Symbole des Todes, während die Rosette Sonne und Leben symbolisiert. Wellen- und Schlangenlinien erinnern an die Ewigkeit, Vögel kündigen Ereignisse an, während die Schlange für die Versuchung steht.

Holzschnitzerei An die einst bedeutsame Holzschnitzerei erinnern die prächtigen holzgeschnitzten Ikonostasen. In Ómodos wurde der Kapitelsaal des Klosters mit einer handgearbeiteten Zederndecke versehen. In Moutoullás stellt man in alter Tradition v. a. aus Walnuss- und Pinienholz Holztröge und Brotbretter her. Geschnitzte Truhen und Schränke gehören immer noch zur Ausstattung vieler zyprischer Bräute.

Textil-verarbeitung

Die kunstvolle Textilverarbeitung lebt auch heute noch von der erstklassigen Qualität ihrer mit geometrischen Mustern gewebten Stoffe. In Lápithos (türk. Lapta) und Karavás erzeugen Raupen die wertvolle Seide, aus der herrliche Stoffe gewebt werden. Die Seidenraupenzucht gelangte durch die Kreuzritter nach Zypern. Das Dorf Léfkara ist berühmt für seine Stickereien und Spitzen. Die in die venezianische Zeit zurückreichende Kunst der Hohlsaumstickerei (Lefkarítika) wird noch heute von der Mutter auf die Tochter weitergegeben. Das Dorf Fíti (Regierungsbezirk Páfos) ist bekannt für seine Fitkiótika, Stoffe mit bunten Webmustern.

Töpferei und Korbflecht-arbeit

Die Töpferei wird auch heute noch in Foiní, Kórnos und Láphitos (türk. Lapta) nach alter Tradition manuell betrieben. In der Umgebung von Páfos und in Liopétri bei Agía Nápa stellt man flache, tellerartige Körbe mit bunten, geometrischen Mustern her. Als Materialien dienen Schilfrohr und Palmblätter.

Kinder lernen schon früh Zyperns traditionelle Tänze, die sie dann bei Volksfesten wie hier im Stadtpark von Limassol vorführen.

Ikonenmalerei Selbst unter der Herrschaft der Osmanen blühte die traditionsreiche Ikonenmalerei, die bis heute unverfälscht erhalten blieb. In mehreren Klöstern wie Ágios Minás (bei Léfkara), Ágios Alemános oder Kýkko tragen Nonnen und Mönche durch Ikonenmalerei zum Unterhalt des Klosters bei.

Metallverarbeitung Die traditionelle Gold- und Silberschmiedekunst wird heute vor allem in Léfkara, Limassol und Nikosia betrieben. Silberlampen und kunstvolle Kerzenleuchter aus Metall schmücken die orthodoxen Kirchen Zyperns.

Trachten Trachten sieht man heute nur noch auf folkloristischen Veranstaltungen und an hohen Festtagen. Die traditionelle Frauentracht besteht aus einem Unterkleid aus Baumwolle oder Seide und einer Pluderhose. Darüber wird ein Kleid aus Baumwolle (Sagía), dessen Farbe und Muster von Dorf zu Dorf verschieden sind, getragen. Gegürtet wird das Kleid mit einem diagonal gefalteten Viereckstuch. Auf dem Kopf trägt die Dorfbewohnerin ein Kopftuch (Mantíla). Die Tracht der Städterin besteht häufig aus einem langen Rock mit einem kurzen, weit ausgeschnittenen Mieder, einer weißen Bluse darunter und einer kurzen Jacke. Die Männertracht besteht aus der schwarzen Pluderhose (Vráka), die von einem gewebten Gürtel (Sostrá) gehalten wird. Dazu trägt man hohe, schwarze Stiefel, ein weißes Hemd und eine bunt bestickte Weste.

Volkstänze Die zyprischen Volkstänze entsprechen im Großen und Ganzen den griechischen Tänzen, wobei Frauen und Männer getrennt tanzen. Zwei Tanzrichtungen sind zu unterscheiden: die ruhigen Syrtos-Tänze und die ungestümen Pidik-Tänze. Zu den typisch zyprischen Tänzen gehört der **Potíri**, der in jedem touristischen Bouzoúki-Lokal vorgeführt wird. Dabei wird dem Tänzer eine große Geschicklichkeit abverlangt, da er bis zu 20 Gläser auf dem Kopf balancieren muss. Beim **Syrtos Antikristós** stehen sich Männer und Frauen gegenüber. Beim **Zeibékkiko** tragen die Frauen einen Wasserkrug auf dem Kopf und werden von den Männern umworben. Anfangs zieren sie sich, lassen sich dann jedoch auf einen Flirt ein. Der **Drépani** wird von Männern mit Sensen ausgeführt, die das Weizenmähen simulieren. Der **Nikolís** erzählt die Geschichte eines Frauenhelden, der von seinen Freunden geneckt wird, indem sie ihm eine Zeitung hinten in den Hosenbund stecken und versuchen, diese anzuzünden. Nikolís verhindert das jedoch durch geschickte Bewegungen. Der **Soústa** ist ein Reigentanz für beide Geschlechter. Jeder Tänzer und jede Tänzerin muss dabei in der Mitte des Reigens eine Soloeinlage bieten.

Volksmusik Schon im 10. Jh. zogen Dichtersänger ähnlich den europäischen Bänkel- oder Moritatensängern im Land umher und verbreiteten singend die neuesten Nachrichten. Diese **Poietárides** kamen aus den südöstlich gelegenen Dörfern Zyperns und beeinflussen bis heute die zyprische Kunstdichtung. Die Volksmusik unserer Tage behandelt Themen der jüngsten Geschichte und historische Ereignisse. Begleitet wird der Sänger von der Bouzoúki, einem Lauteninstrument, der Sanduri, einer Art Hackbrett, der Violine und der Flöte.

Die Volksmusik der türkischen Zyprioten stammt aus den kleinen Dörfern Anatoliens, wird jedoch von ähnlichen Musikinstrumenten begleitet wie die griechischen Lieder, so etwa dem Bozuk (Saiteninstrument) und dem Kaval (Flöte).

Berühmte Persönlichkeiten

Was haben Caterina Cornaro, Rauf Denktasch und Lotti Huber gemeinsam? Kleine Denkmäler für bekannte oder weniger bekannte Persönlichkeiten, die Zyperns Ruf prägten oder mit der Insel verbunden werden.

Caterina Cornaro (1454 – 1510)

Königin von Zypern

Caterina Cornaro entstammte einer venezianischen Patrizierfamilie, die durch Zuckerrohrplantagen auf Zypern reich geworden war. 1472 wurde sie mit Jakob II. von Lusignan, König von Zypern, verheiratet – kurz nachdem sie in einer feierlichen Zeremonie von der Republik Venedig adoptiert worden war(!). Nur acht Monate später starb der König, ein Jahr darauf der gemeinsame Sohn und letzte Lusignan Jakob III. – beide sicherlich nicht eines natürlichen Todes. Zwar war Caterina offiziell die Regentin über Zypern, aber hinter ihr stand als eigentliche Herrscherin die Serenissima, die nicht nur außenpolitische, sondern auch wirtschaftliche Interessen an der reichen Insel hatte.

1489 wurde Caterina zur Abdankung gezwungen und kehrte nach Venedig zurück, wo sie mit großem Pomp willkommen geheißen wurde. Als »Ersatz« erhielt sie das kleine Baronat Asolo im Veneto, außerdem durfte sie ihren Titel »Königin von Zypern, Jerusalem und Armenien« weiterhin tragen. In Asolo engagierte sie sich als Kunstmäzenin. Sie heiratete nicht wieder. In seinem Roman »Gold für den Kaiser« spekuliert Thomas Mielke über eine engere Verbindung zwischen Jakob Fugger und Caterina, die nicht nur klug, sondern auch schön gewesen war, was zahlreiche Porträts (u. a. von Dürer, Gentile Bellini und Giorgone) bezeugen. Das berühmteste malte Tizian 1542 (Uffizien, Florenz).

Rauf Denktasch (geboren 1924)

Türkisch-zypriotischer Volksgruppenführer

Geliebt und gehasst – Rauf Denktasch gilt als die schillerndste politische Persönlichkeit des 20. Jh.s unter den Zyperntürken. Als Sohn eines Richters aus Páfos studierte er in London Jura und arbeitete seit 1949 als Staats- und Kronanwalt in Nikosia. Vor dem Hintergrund des zunehmenden zyprischen Widerstandes gegen die Briten und des Wunsches der Zyperngriechen nach Enosis (Anschluss an Griechenland) unterstützte er ab 1958 das Streben der Zyperntürken nach Taksim (Teilung). 1960 wurde er Präsident des Kommunalparlaments der türkischen Volksgruppe. Nach Ausbruch des Bürgerkriegs 1963 musste er ins türkische Exil, aus dem er erst 1968 zurückkehrte. Als Leiter der türkischen Verhandlungsdelegation in den Gesprächen zwischen Zyperngriechen und -türken Ende der 1960er-Jahre trat Denktasch als erbitterter Kämpfer für die Rechte der Zyperntürken hervor. Der Putsch Griechenlands gegen Makarios 1974 wurde von der Türkei genutzt, um im Interesse der Inseltürken in den Norden Zyperns einzumarschieren. 1975 proklamierten die türkisch-zyprischen Organe eine »Separatrepublik«, deren erster Präsident Rauf Denktasch wurde. Nachdem die von Denk-

←Caterina Cornaro, die junge Witwe und letzte Königin von Zypern, auf einem Gemälde von Antonio Vassilacchi

tasch angestrebte Lösung einer Konföderation zweier Separatstaaten von den Zyperngriechen abgelehnt wurde, proklamierte er 1985 die »Türkische Republik Nordzypern (TRNC)«, deren Präsident er bis 2005 blieb. Als Verhandlungsführer der Zyperntürken bei Gesprächen über eine politische Lösung tat sich Denktasch durch seine kompromisslose Haltung hervor und lehnte eine Aufnahme der Republik Zypern in die EU strikt ab. 2003 demonstrierten 10 000 Zyperntürken gegen seine Politik. Das Referendum zur Wiedervereinigung scheiterte am »Nein« der Zyperngriechen – ein letzter kleiner Triumph für Denktasch. Im April 2005 wurde der EU-freundliche Mehmet Ali Talat zum Präsidenten gewählt – Denktasch war nicht mehr angetreten.

Lawrence Durrell (1912 – 1990)

Schriftsteller

Der anglo-irische Lyriker, Erzähler und Dramatiker Lawrence Durrell wurde am 27.2.1912 in Julundur / Indien geboren. Er verbrachte viele Jahre auf Reisen in Griechenland, u. a. auf Zypern. Eine enge Freundschaft verband ihn mit Henry Miller. Seit 1941 war Durrell Presseattaché u. a. in Kairo, Alexandrien, auf Rhodos und in Belgrad. Die Jahre 1953 bis 1956 verbrachte Durrell auf Zypern, zunächst als Lehrer am Panzyprischen Gymnasium von Nikosia, danach als Presseattaché im Auswärtigen Dienst. In Bellapais bei Kyrénia erwarb er ein Wohnhaus. Sein Buch «Bittere Limonen« thematisiert seine Erlebnisse auf Zypern vor dem Hintergrund des Befreiungskampfes gegen die britische Kolonialherrschaft. Bis zu seinem Tod lebte der Schriftsteller bei Nîmes in Südfrankreich. Das Werk Durrells umfasst neben Romanen, Essays und Reiseimpressionen satirische Skizzen, Lyrik und Versdramen. Im Vordergrund steht dabei die Identitätssuche des Menschen.

Euagoras I. (um 435 – 373 v. Chr.)

König von Salamís

Euagoras I. entstammte dem Geschlecht der Teukrer, das seit Generationen die Könige von Salamís stellte. Im 5. Jh. waren die Teukrer jedoch durch die mit den Persern verbündeten Phönizier entmachtet worden. Euagoras hatte 415 nach Soli in Kilikien fliehen müssen, kehrte jedoch 411 zurück und stürzte den zum König von Salamís ernannten Phönizier Abdemon. 394 beteiligte er sich an dem Feldzug gegen die Spartaner, der von den Persern und Athenern zusammen unternommen und bei Knidos siegreich beendet wurde. Danach entwickelte Euagoras einen starken Expansionsdrang, unterwarf 392 andere Stadtkönigtümer Zyperns und eroberte Tyros (Libanon). Um 382 stieß der persische Großkönig mit einer Flotte gegen Euagoras vor. Nach Abschluss eines Friedensvertrages mit den Persern blieb Euagoras bis 373 König von Salamís, musste jedoch den Persern Tribut entrichten. Kurze Zeit später fiel er einer Intrige am eigenen Hof zum Opfer.

Georgios Grivas (1898 – 1974)

Soldat und Widerstandskämpfer

Georgios Grivas wurde 1898 in Tríkomo/Iskele nahe Famagusta geboren. Er besuchte in Athen die Kadettenschule und erwarb 1919 die griechische Staatsangehörigkeit. Als Offizier des griechischen Infanteriekorps nahm Grivas 1920 bis 1922 am griechisch-türkischen Krieg teil. 1928 beförderte man ihn zum Stabsoffizier und ermöglichte ihm den Besuch der Kriegsakademie in Paris. Wieder in Griechenland, wurde Grivas Lehrer an der Offiziersschule in Saloniki und an der Kriegsakademie in Athen. 1940 wurde er in den Operationsstab der griechischen Streitkräfte aufgenommen und zum Chef des Stabes gewählt. Während der Besetzung Griechenlands durch die Deutschen und Italiener gründete Grivas die Untergrundbewegung X. Als Oberst im Ruhestand kehrte Grivas 1951 nach Zypern zurück und gründete die EOKA, eine Untergrundbewegung, die ab 1955 in den Kampf gegen die Briten eintrat. Unter dem Decknamen Digenis (so hieß der legendäre Riese, der im Mittelalter den Byzantinern gegen Araber und Sarazenen beistand) organisierte Grivas den Partisanenkrieg mit dem Ziel der Enosis, dem Anschluss Zyperns an Griechenland. Die EOKA wurde die treibende Kraft der Zyprioten im Kampf gegen die britische Herrschaft. Grivas' Kampf für die Enosis scheiterte jedoch, als Zypern 1960 unabhängige Republik wurde. Er zog sich nach Griechenland zurück.

1961 erschien in Athen der erste Teil seiner Memoiren »EOKA, Kampf- und Partisanenkrieg«. Grivas, der in den 1950er-Jahren mit Makarios zusammen gekämpft hatte, wendete sich Ende der 1960er-Jahre enttäuscht über dessen neue Anti-Enosis-Politik von ihm ab und arbeitete seit 1970 an dessen Sturz. Er gründete 1971 die EOKA/B, die Demonstrationen und Attentate organisierte und weiterhin für die Enosis eintrat. Am 27.1.1974 starb Grivas und wurde in Limassol im Garten eines Freundes begraben.

Lotti Huber (1912 – 1998)

Schauspielerin

Die einen feierten sie als Kultfigur, die anderen bezeichneten sie als »komische Alte«. Sie war ein Original mit großen Augen und noch größeren Ringen an den Fingern, unangepasst und in jeder Hinsicht unkonventionell. Die Schauspielerin, Tochter einer großbürgerlichen jüdischen Familie, wuchs in Kiel und Berlin auf. 1937 kam sie wegen »Rassenschande« – ihr Partner war »Arier« – ins Konzentrationslager. Einer amerikanischen Organisation gelang es, sie freizukaufen, sodass sie 1938 nach Haifa ins Exil gehen konnte, um dort ihre Ausbildung in Tanz und Pantomime fortzusetzen. Sie tanzte in Nachtclubs und heiratete zweimal, jeweils einen britischen Offizier. Mit ihrem ersten Mann zog sie Mitte der 1940er-Jahre nach Zypern, wo sie in Nikosia ein Hotel und später in Kyrénia ein Restaurant, den »Octopus«, eröffnete. Ihr Buch »Diese Zitrone hat noch viel Saft« berichtet über ihr Leben und ihre Zeit auf Zypern: *Ich probierte noch verschiedene männliche Angestellte aus, die Sokrates', die Aristoteles', die Sophokles', die Odysseus' – wie ihre stolzen Eltern sie getauft hatten. Alle machten ihren berühmten Namen wenig Ehre ... Zusammen mit einem der Sokratesse oder Aristotelesse ging ich auf den Markt ... Meine Mutter kam manchmal zur Unterstützung mit auf den Markt. In ihrer Empörung konnte sie genauso gut kreischen wie die Marktleute. ›Nein‹ schrie sie auf Deutsch, was sehr komisch war, und warf das Fleisch dem Schlachter mit vor Abscheu verzerrtem Gesicht wieder zurück. ›Nicht gut‹. Dieses ›Nicht gut‹ wurde auf dem Markt zu einem geflügelten Wort. Kaum betraten wir ihn, riefen uns die Händler zu: ›Kalimera, Madam, nicht gut, nicht gut‹.* Nach fast 15 Jahren Aufenthalt verließ sie Zypern mit ihrem zweiten Ehemann, ging nach London und später nach Berlin. Als Theater-, Tanz- und Pantomimelehrerin hatte sie große Erfolge. Nach dem Tod ihres Mannes begann sie mit über 60 Jahren ein Karriere als Schauspielerin und wurde durch Filme Rosa von Praunheims zum Star.

Namík Kemal (1840 – 1888)

Dichter

Namík Kemal gilt als einer der großen türkischen Volksdichter. Als Sohn einer aristokratischen Beamtenfamilie wurde er am 21. Dezember 1840 in Tekirdağ (Rodostó) geboren und war seit 1857 Beamter in Istanbul. Schon in seiner Jugend einer der schärfsten Gegner der despotischen Sultane, veranlasste ihn seine kritische journalistische Tätigkeit 1867 zur Flucht nach Paris und nach London, wo er eine regimefeindliche Exilzeitung herausgab. Nach seiner Rückkehr 1870 führte die Aufführung seines freiheitlichen Schauspiels »Vatan yahud Silistre« (»Heimat oder Silistria«) 1873 zu Unruhen und zu seiner Verbannung nach Zypern. Die Zeit von 1873 bis 1876 verbrachte er im Gefängnis von Famagusta, das sich in einem Seitentrakt des alten Palazzo del Provveditore befand. Nach seiner Freilassung verließ er Zypern und gründete 1876 in Paris die Partei der Jungtürken. Er starb in Chios an der Tuberkulose.

Namík Kemals Schriften bereiteten die Revolution Atatürks vor, indem sie den osmanischen Patriotismus weckten. Zu Ehren des großen Dichters wurde 1953 gegenüber dem Palast am Eingang zur Lala-Mustafa-Moschee (Nikolauskathedrale) eine Büste aufgestellt.

Glafkos John Klerides (geboren 1919)

Politiker und ehemaliger Staatspräsident

Schon nach Ausrufung der Unabhängigkeit Zyperns 1960 zählte Klerides zu den führenden Persönlichkeiten der griechisch-zyprischen Politik, doch blieb er immer im Schatten des Staatspräsidenten Makarios. Erst 1993 gelang ihm der Schritt an die Spitze. Bis 2003 amtierte er als Präsident der Republik Zypern. Klerides, der der konservativen DISY-Partei angehört, vertrat während seiner Regierungszeit einen Europa-, USA- und NATO-freundlichen Kurs, unterstützte den EU-Beitritt Zyperns und setzte sich für den von Kofí Annan vorgelegten Plan zur Vereinigung Zyperns ein (► Baedeker Special S. 50). Geboren wurde Glafkos John Klerides als Sohn des Politikers Ioannis Klerides (»Sir John«) in Nikosia. Als Jurastudent in London trat er 1939 in die britische Luftwaffe ein und war nach dem Abschuss seines Flugzeugs von 1942 bis 1945 Kriegsgefangener in Deutschland. Im Kampf gegen die britische Herrschaft engagierte er sich in zweierlei Hinsicht: Als Anwalt verteidigte er EOKA-Partisanen vor britischen Kolonialgerichten und unter dem Decknamen »Ypereidis« – nach dem gleichnamigen Athener Politiker und Rhetoriker (389 – 322 v. Chr.) – organisierte er im Auftrag von Georgios Grivas die »Zivilgarde«. Klerides' große Stunde kam nach dem griechischen Militärputsch 1974, als er – bis zur Rückkehr von Makarios – in seiner Funktion als Präsident der griechischen Abgeordnetenkammer und Stellvertreter von Makarios den von den Athener Obristen als Präsidenten eingesetzten Nikos Sampson an der Staatsspitze ablöste.

Hadjigeorgákis Kornesios (nach 1750 – 1809)

Dragoman des Serail

Der Dragoman Hadjigeorgákis Kornesios wurde in der zweiten Hälfte des 18. Jh.s als Sohn eines reichen christlichen Textilkaufmanns geboren. Er erhielt die beste Erziehung, lernte frühzeitig Türkisch und nahm regen Anteil am geistigen Leben Zyperns. 1779 ernannte ihn der Sultan zum »Dragoman des Serail« für Zypern. Ein Dragoman wurde vom Sultan bezahlt und hatte die Aufgabe, zwischen Christen und Sultan zu vermitteln. Er hatte außerdem dafür zu sorgen, dass die Steuern eingetrieben wurden. Kornesios behielt den Titel des Dragoman 30 Jahre lang. Alle öffentlichen und privaten Geschäfte mussten über ihn laufen. Als Dragoman eignete er sich große Besitztümer an, schuf sich durch seinen Reichtum und seine Funktion als Steuereintreiber aber auch viele Feinde. 1804 führten die drückende Steuerlast und eine Hungersnot zu einem Aufstand der Zyperntürken, bei dem das Haus des Dragoman geplündert wurde. Dieser hatte sich schon vorher nach Istanbul begeben, um Hilfe beim Sultan zu erlangen (der Aufstand wurde niedergeschlagen). Kornesios verbrachte seine letzten Lebensjahre in Istanbul, wo er in Intrigen am Hof des Sultans verwickelt und 1809 hingerichtet wurde.

Als erste Amtshandlung nach seiner Wahl zum Staatspräsidenten 1960 legt Erzbischof Makarios Blumen auf die Gräber getöteter Kämpfer der Widerstandsbewegung EOKA.

KIRCHENFÜRST UND LANDESHERR

Eine steile Karriere brachte Makarios III., die bedeutendste zeitgenössische Persönlichkeit Zyperns, an die Macht. Als Erzbischof und Staatspräsident von Zypern bestimmte er die Geschicke der Insel viele Jahre entscheidend mit. In seinen Regierungsjahren entwickelte sich die Insel zum Krisenherd, in der Politik war der Kirchenfürst in vielerlei Hinsicht eine auffällige Persönlichkeit.

»Das Herz Zyperns schlägt nicht mehr«, ließ der zyprische Rundfunk nach Makarios' Tod am 3. August 1977 verbreiten. Als »eine der herausragendsten Persönlichkeiten unserer Zeit« lobte der damalige Bundesratspräsident Vogel den verstorbenen Präsidenten Zyperns, auch Erich Honecker sah in ihm »einen bedeutenden Staatsmann«. Die Zyperntürken hingegen feierten den Tod des Erzbischofs als Erhörung ihrer Gebete.

Steile Karriere

Makarios III., Erzbischof und Staatspräsident von Zypern, hatte eine ungewöhnliche Karriere gemacht. Geboren wurde er unter dem bürgerlichen Namen Michalis Christodoulos Mouskos am 13. August 1913 in Páno Panagiá bei Páfos. Als er 13 Jahre alt war, wurde er von seinem Vater, einem Weinbauern und Hirten, in das reiche und mächtige Kloster Kýkko, das herausragende geistige Zentrum der Orthodoxie auf der Insel, geschickt. Als er 1946 nach seinem Theologiestudium in Athen zum Priester geweiht wurde, nahm er den Namen Makarios (der »Gepriesene«) an.

1948 wurde Makarios Bischof von Kítion und 1950, im Alter von 37 Jahren, Erzbischof von Zypern. Damit war er nicht nur geistliches Oberhaupt der Zyperngriechen, sondern auch deren politischer Führer. Und als solcher verstand er sich auch selbst. Er war ein **glühender Verfechter des Enosis-Gedankens**, d. h. des Anschlusses Zyperns an Griechenland, und versprach bereits in seiner Antrittsrede als Erzbischof, seinen Augen keinen Schlaf und sich keine

Ruhe zu erlauben, »bis der heiß ersehnte Tag der Befreiung« vom britischen Joch anbreche.

Immer wieder brachte er das Zypernproblem vor den Vereinten Nationen, in den USA und in Griechenland zur Sprache. Als alle friedlichen Lösungsvorschläge nichts fruchteten, befürwortete er den bewaffneten Kampf gegen die Briten, den daraufhin die von General Georgios Grivas gegründete **EOKA** im Untergrund begann. Im März 1956 wurde Makarios deswegen von den Engländern auf die Seychellen verbannt.

1959 kam er zurück nach Zypern. Um nicht eine Teilung seiner Heimat zu riskieren, wie sie die türkische Bevölkerung anstrebte, willigte er 1960 in die Unabhängigkeit der Insel ein und wurde **erstes Staatsoberhaupt** der zypriotischen Republik.

Krisenherd Zypern

Zwar hatte sich Makarios bei der Entlassung Zyperns in die Unabhängigkeit gezwungenermaßen von seiner Forderung nach Enosis, die weder die Türken noch die Briten wünschten, distanziert, doch ließ er als Präsident schnell erkennen, dass der Anschluss Zyperns an Griechenland immer noch sein vorrangiges Ziel war. Zeitlebens im elitären Führungsanspruch der orthodoxen Kirche befangen, gab es im Denken von Makarios eigentlich keinen Platz für die Türken. Dabei übersah er nur allzu gern, dass ohne die Hilfe der türkischen Inselherren während der Osmanischen Herrschaft die griechisch-orthodoxe Kirche nie die Macht erlangt hätte, die sie nun – in seiner Person – auf Zypern moralisch und weltlich ausüben konnte.

Als der Erzbischof 1963 eine weit reichende Revision der Verfassung verlangte, durch die die türkische Bevölkerung viele ihrer garantierten Rechte verloren hätte, kam es zu blutigen Ausschreitungen zwischen Griechen und Türken. Jahrelang missachtete Makarios die türkische Minderheit und trug so maßgeblich zur Eskalation von Hass und Gewalt zwischen den beiden Inselvolksgruppen bei.

Nach dem Militärputsch in Athen 1967 wandte sich Präsident Makarios allerdings mehr und mehr von der Idee der Enosis ab, was dazu führte,

Makarios III., als Erzbischof und Staatspräsident bestimmte er die Geschicke Zyperns viele Jahre entscheidend mit.

dass sich sein Verhältnis zu den Obristen in Athen zusehends verschlechterte. Als er 1974 den Abzug von 600 griechischen Offizieren forderte, die die Nationalgarde Zyperns kommandierten, putschte Athen mit Hilfe der zyperngriechischen Nationalgarde gegen den einstigen Verbündeten. Dem Erzbischof gelang jedoch die Flucht nach London. Die Türkei nahm den Staatsstreich als willkommene Gelegenheit, einen Teil der Insel militärisch zu besetzen. Nach dem Sturz der Putschisten kehrte Makarios, von seinen Anhängern frenetisch gefeiert, nach Zypern zurück und blieb bis zu seinem Tod 1977 Präsident der griechischen Restrepublik.

Hart und freundlich

Härte, Zähigkeit, aber auch Freundlichkeit und diplomatisches Verhandlungsgeschick – Makarios beherrschte alle Register des Machtspiels und brachte damit internationale Partner nicht selten zur Verzweiflung. Er war ein gewiefter Taktiker, der es verstand, seine Gegner gegeneinander auszuspielen und seine politischen Freunde zu ignorieren. Von den Zyperngriechen wurde er abgöttisch geliebt, aber es gab auch etliche unter ihnen, die ihn abgrundtief hassten. Makarios liebte Macht und Pracht: Er ließ sich gern im Mercedes 600 herumchauffieren und war auf internationalen Konferenzen in seiner Soutane stets die augenfälligste Erscheinung. Von vielen eher als Zauderer denn als Macher bespöttelt, wusste Zyperns Staatslenker außenpolitisch zu taktieren. Er machte Staatsbesuche in Moskau und Peking, kaufte Waffen in der Tschechoslowakei, was ihm die Bezeichnung »Mittelmeer-Castro« (Henry Kissinger) einbrachte, und er konnte sich 1975 mit Hilfe der kommunistischen AKEL eine linke Parlamentsmehrheit verschaffen. Doch mit »Volksfront« hatte dies alles nichts zu tun, sondern entsprach eher dem taktischen Lavieren des auf Blockfreiheit setzenden Kirchenfürsten. Als Makarios, auf den ein halbes Dutzend Mordanschläge verübt worden war, für immer die Augen schloss, war die Welt erstaunt. Alles hatte man ihm zugetraut, nur nicht, dass er friedlich im Bett sterben würde.

Zenon von Kítion / Zenon der Jüngere (um 333 – 262 v. Chr.)

Philosoph

Zenon von Kítion gilt als Begründer der Philosophenschule der Stoa. Einer phönizischen Familie entstammend, wurde er um 333 in Kítion, dem heutigen Lárnaka, geboren. Mit 22 Jahren kam er nach Athen und schloss sich dort zunächst dem Zyniker Krates aus Theben an. Um 300 begann Zenon seine Lehrtätigkeit in der von Polygnot ausgemalten Stoa Poikile (»bunte Halle«) auf der Agora. Von dieser öffentlichen Halle leitet sich der Name der Philosophenschule ab. Der Stoizismus gliedert seine Lehre in die Bereiche Logik (Grammatik, Rhetorik und Dialektik), Physik und Ethik. Tugenden wie Tapferkeit und Beherrschung, Menschlichkeit und Gerechtigkeit verhelfen dem »Weisen« zum Einklang mit sich selbst und mit der Natur. Da jeder Mensch die Vernunft in sich trägt, kann es nur ein Gesetz, ein Recht und einen Staat geben. Zenon stellte sich einen Weltstaat vor, in dem die Menschen gleichberechtigt in Frieden miteinander leben können. Er entwickelte seine Philosophie in einer Zeit des Umbruchs. Die Polisstaaten begannen auseinander zu fallen, die Menschen waren verunsichert. Vor diesem sozialen Hintergrund erklärt sich der große Erfolg Zenons. Seine Philosophie weist nämlich auf ein von äußeren Umständen unabhängiges Glück hin, das der Mensch in sich selbst finden kann.

Tassos Papadopoulos (geboren 1934)

Präsident der Republik Zypern

Der seit 2003 amtierende Präsident der Republik Zypern, Mitglied der Demokratischen Partei DIKO, kam als Sohn eines Bankmanagers in Nikosia zur Welt. Nach dem Jurastudium in London richtete er eine Anwaltspraxis in Nikosia ein und unterstützte die Untergrundbewegung EOKA im Kampf gegen die Briten. Dabei übernahm er die Leitung der Sektion Nikosia. Papadopoulos arbeitete als Mitglied einer Kommission an der Verfassung der Republik Zypern und gehörte 1960 zur Delegation, die Makarios bei der Unterzeichnung der neuen Verfassung zur Seite stand. Während der folgenden Jahre übernahm er die Posten des Innenministers, des Ministers für Arbeit und Soziales, für Landwirtschaft und Gesundheit. In den Jahren 1976 bis 1978 und ab 2003 war er Leiter der griechisch-zyprischen Delegation bei Gesprächen mit den Zyperntürken. U. a. mit Hilfe der linken AKEL-Partei übernahm er 2003 das Amt des Präsidenten der Republik Zypern. Papadopoulos trat gegen die Wiedervereinigung ein und beeinflusste die Volksmeinung beim Referendum 2004 maßgebend in Richtung einer negativen Entscheidung.

1998
RED DRY WINE
PAPHOS - CYPRUS
SALERA
ΣΑΛΕΡΑ

Praktische Informationen

WO KANN MAN AUF ZYPERN ANGENEHM NÄCHTIGEN UND GUT ESSEN? WAS SIND NETTE MITBRINGSEL? WICHTIGES UND WISSENSWERTES FÜR EINEN GELUNGENEN URLAUB.

Anreise · Reiseplanung

Mit dem Flugzeug Von Deutschland, Österreich und der Schweiz aus gibt es regelmäßig Linien- und Charterflüge nach Lárnaka und Páfos (**Südzypern**). Die nationale Fluggesellschaft Südzyperns ist Cyprus Airways, Charterflüge bietet Eurocypria. Die Flugzeit beträgt ca. 3 bis 4 Stunden. **Nordzyperns** Flughafen Erçan wird aufgrund der politischen Lage nur über die Türkei mit Zwischenstopps (meist in Istanbul) angeflogen. Die Flugdauer ist wegen des Umwegs 3 bis 4 Stunden länger. Zeit und Kosten spart, wer einen günstigen Südzypern-Flug bucht und von dort aus sein Reiseziel in Nordzypern ansteuert.

Mit dem Schiff Fähren verkehren ganzjährig von Athen/Piräus, Rhodos, Kreta (nur im Sommer) und Israel nach Limassol, dem Haupthafen Südzyperns (Dauer: ca. zwei Tage). Fähren nach Nordzypern fahren vom türkischen Taşucu nach Kyrénia/Girne (ca. 7 Std. bzw. 2,5 Std. mit dem Schnellboot), im Sommer auch von Alanya (4 Std.), sowie von Mersin nach Famagusta/Gazimağuşa (10 Std.).

Reisen zwischen den Inselteilen

Hinweise EU-Bürger können sich, unabhängig vom Einreiseort, auf der Insel frei bewegen. Der Übergang über die Green Line ist aber weiterhin nur an bestimmten Übergängen möglich, und das kann sich jederzeit ändern. Bitte vor Ort aktuelle Informationen bei den Touristenämtern einholen. Derzeit gibt es sechs **Übergänge**, allerdings sind nicht alle mit dem Auto passierbar. Weitere sind in Planung.

Über die Green Line ▸
Nikosia, Ledra Palace (nur zu Fuß)
Nikosia, Ágios Dométios (auch mit Auto)
Pérgamos bei Pyla (auch mit Auto)
Strovília bei Ágios Nikólaos (etwa 10 km nordwestlich von Derýneia, auf Höhe von Famagusta; auch mit dem Auto)
Páno Zódhia bei Astromerítis (nordwestlich von Nikosia, nur mit dem Auto)
Nicht vom Auswärtigen Amt aufgeführt, aber laut Aussage von Zyprioten geöffnet: Derýneia bei Paralímni (auch mit dem Auto)

Papiere ▸ Mitzuführen sind ein Personalausweis oder ein Reisepass. In beide Richtungen findet eine Identitätskontrolle statt. Für Nordzypern braucht man ein Visum. Es wird direkt am Übergang ausgegeben und muss bei der Ausfahrt wieder abgegeben werden. Es gibt keine Aufenthaltsbeschränkung (ab drei Monaten braucht man eine Aufenthaltsgenehmigung). **Nicht-EU-Bürger** dürfen die Green Line in Nord-Süd-Richtung nur überqueren, wenn sie ursprünglich über Südzypern eingereist sind oder eine Aufenthaltsberechtigung eines EU-Landes bzw. ein Visum der Republik Zypern haben.

Mit dem Mietfahrzeug ▸ Die Fahrt mit einem Mietwagen vom Süden in den Norden und zurück ist grundsätzlich möglich, vorausgesetzt die Mietwagenfirma

INFORMATIONEN ANREISE

ANREISE MIT DEM FLUGZEUG

▸ **Cyprus Airways und Eurocypria**
Informationen und Reservierung in Deutschland:
Tel. 0 18 05/93 88 03 und
Tel. 069/69 58 93 21
Informationen auf Zypern:
Tel. 80 00 00 08 und
22 36 57 00 (Lárnaka)
www.cyprusairways.com

▸ **Turkish Airlines**
Informationen und Reservierung in Deutschland:
Tel. 069/65 00 74 11/13
(Frankfurt a. M.)
Tel. 0711/225 82 00 (Stuttgart)
Auf Zypern:
Tel. 231 47 90
(Flughafen Erçan)
Tel. 227 10 62 oder 227 13 82
(Nikosia/Lefkoşa)
www.turkishairlines.com

▸ **Cyprus Turkish Airlines**
Informationen und Reservierung in Deutschland:
Tel. 069/25 62 75 60/63
Auf Zypern:
Tel. 231 41 42
(Flughafen Erçan)
www.kthy.net

FLUGHÄFEN AUF ZYPERN

▸ **Lárnaka**
Lage: ca. 5 km südlich vom Stadtzentrum
Bus- und Taxiverbindung ins Stadtzentrum; weitere Busse und Servicetaxen nach Nikosia, Limassol, Páfos, Ágia Nápa und Paralimni-Protáras
Auskunft: Tel. 24 64 30 00

▸ **Páfos**
Lage: 15 km südöstlich
Bus und Taxiverbindung ins Stadtzentrum, außerdem Linienbusse zu den Strandhotels in Geroskípou und Páfos sowie an die Coral Bay; Busse und Servicetaxen nach Limassol, Pólis und den anderen größeren Städten
Auskunft: Tel. 26 42 28 33

▸ **Erçan in Nordzypern**
Lage: 25 km östlich von Nikosia
Nur Taxiverbindungen
Auskunft: Tel. 231 48 06

▸ **Geçitkale**
Lage: 30 km nordwestlich von Famagusta
Nur Taxiverbindungen
Auskunft: Tel. 393 20 84 oder
393 20 58

lässt dies zu. Am Übergang in den Norden muss eine Kfz-Haftpflichtversicherung für die Aufenthaltsdauer abgeschlossen werden. Achtung: Diese umfasst keine Schäden am Mietfahrzeug selbst (Versicherungshäuschen befinden sich an den Übergängen).
Mit Mietwagen, die in Nordzypern angemietet wurden, ist die Überfahrt in den Südteil Zyperns derzeit nicht möglich. Fahrten mit dem Privatwagen sind möglich, sofern eine entsprechende Versicherung in der Republik Zypern abgeschlossen wurde (auch am Übergang erhältlich).

Reisedokumente

Personalpapiere Zypern ist seit 2004 Mitglied der EU. Deutschen, österreichischen und Schweizer Besuchern genügt zur Einreise und zum Übergang zwischen beiden Teilen Zyperns ein Personalausweis. Kinder unter 16 Jahre reisen mit Kinderausweis (ab zehn Jahre mit Lichtbild) oder werden in den Elternpass eingetragen. Wer länger als drei Monate bleiben will, benötigt eine Aufenthaltsgenehmigung.

Anreise mit dem Kraftfahrzeug Der nationale Fahrzeugschein und der Kraftfahrzeugschein müssen mitgeführt werden. Das Nationalitätskennzeichen muss am Fahrzeug angebracht oder im EU-Nummernschild enthalten sein. Die Mitnahme der Grünen Versicherungskarte wird empfohlen, da sie z. B. im Fall eines Unfalls die Abwicklung erleichtert.

Haustiere Haustiere dürfen, ein Erbe der Kolonialzeit, erst nach einer sechsmonatigen Quarantänezeit mit ins Land genommen werden.

Zollbestimmungen

Innerhalb der EU Artikel für den persönlichen Bedarf dürfen zollfrei eingeführt werden. Für folgende Waren gilt (im Verkehr zwischen EU-Ländern) als Richtmenge: 800 Zigaretten, 400 Zigarillos, 200 Zigarren, 1000 g Tabak, 90 l Wein, 10 l Spirituosen.

Hinweis ► Die Ausfuhr von Antiquitäten ist grundsätzlich verboten (Auskunft: Department of Antiquities in Nikosia).

Einreise aus dem Norden in den Süden und umgekehrt Nach der Trennungslinien-Verordnung der EU können Waren für den persönlichen Gebrauch bis zu einem Wert von 135 Euro vom Norden in den Süden mitgenommen werden. Konkret bedeutet das nicht mehr als 40 Zigaretten und ein Liter Spirituosen. Entsprechendes gilt für die Reise vom Süden in den Norden. Weitere Hinweise für den Verkehr über die Green Line ►S. 84.

Zypern – Schweiz und umgekehrt Für die Schweiz gelten folgende Richtmengen: 500 g Bohnenkaffee, 100 g Tee, 200 Zigaretten oder 50 Zigarren oder 250 g Tabak, 2 l Wein oder andere alkoholische Getränke unter 22 Vol.-% bzw. 1 l mit mehr als 22 Vol.-%, 50 g Parfüm, 1/4 l Eau de Toilette. Souvenirs bis zu 100 CHF können zollfrei eingeführt werden.

Krankenversicherung

Staatsangehörige der EU und der Schweiz benötigen für eine ärztliche Behandlung die Europäische Krankenversichungskarte (EHIC). Sie gilt als Anspruchsnachweis für eine medizinische Versorgung nach den Regelungen des jeweiligen Landes. Es ist empfehlenswert, vor Reiseantritt eine private Auslandsreisekrankenversicherung abzuschließen. Sie deckt weitere Leistungen wie z. B. Rettungsflüge ab.

Auskunft

AUSKUNFT IN DEUTSCHLAND

▸ **Fremdenverkehrszentrale Zypern**
Zeil 127
60313 Frankfurt/Main
Tel. 069/25 19 19, Fax 25 02 88
www.visitcyprus.org.cy

▸ **Nordzypern Tourismuszentrum**
UTO Hof
Baseler Str. 35 – 37
60329 Frankfurt/Main
Tel. 069/24 00 79 46
Fax 24 00 79 48
www.nordzypern-touristik.de

AUSKUNFT AUF ZYPERN

▸ **Südzypern • Cyprus Tourism Organisation (CTO)**
Leoforos Lemesou 19
1390 Nikosia/Lefkosía
Tel. 22 33 77 15, Fax 33 16 44
www.cyprustourism.org

▸ **Nordzypern • Ministery of Tourism and Environment**
Nikosia/Lefkoşa
Selcuklu Cad.
Tel. 228 96 29 31, Fax 227 39 76
www.holidayinnorthcyprus.com

▸ **Kaleidoskop-Turizm**
Kyrénia/Girne
Vakiflar Carisisi Kat. 2, No. 10/11
Tel. 815 18 18, Fax 815 18 19
info@kaleidoskop-turizm.com
Reiseagentur mit deutschsprachigen Mitarbeitern

▸ **Lokale Büros auf Zypern**
siehe »Reiseziele von A bis Z«

BOTSCHAFTEN UND KONSULARISCHE VERTRETUNGEN

▸ **Botschaft der Republik Zypern**
Wallstr. 27, 10179 Berlin
Tel. 030/308 68 30, Fax 27 59 14 54
cyprusembassy@t-online.de

▸ **Botschaft der Republik Türkei**
Rungestr. 9
10179 Berlin
Tel. 030/27 58 59
Fax 27 59 09 15

▸ **Deutsche Botschaft**
Nikitaras Street 10
1080 Nikosia/Lefkosía
Tel. 22 45 11 45
www.nikosia.diplo.de
Notfalltelefon: Tel. 99 68 93 25 (außerhalb der Bürozeiten)
Informationsbüro der Botschaft in Nordzypern
28 Kazim 15, Nikosia/Lefkoşa
Tel. und Fax 227 51 61

ZYPERN FÜR BEHINDERTE

▶ **Handicapped-Reisen**
Der im FMG-Verlag erschienene Reiseführer enthält ein Verzeichnis behindertengerechter Unterkünfte und Spezialreiseveranstalter (www.fmg-verlag.de).

▶ **Organisationen**
Weitere Informationen erteilen die nationalen Behinderten-Verbände sowie die beiden Fremdenverkehrszentren in Deutschland.

SÜDZYPERN IM INTERNET

▶ **www.windowsoncyprus.com**
Gut gestaltete Website, die alle touristisch relevanten Informationen präsentiert und Buchungsmöglichkeiten von Hotels, Landhäusern, Ausflügen, Mietwagen und Freizeitaktivitäten bietet; Links zu vielen Reiseveranstaltern.

▶ **www.pio.gov.cy**
Homepage der zyprischen Regierung mit umfassenden Informationen über Wirtschaft, Politik, Bevölkerung, Kultur, Geschichte und Zeitgeschehen.

▶ **www.cyprustourism.org**
Offizielle Website der CTO.

▶ **www.cips.com.cy**
Die informative Website des Cyprus international press service bietet ständig aktuelle Meldungen zu Land und Leuten.

▶ **www.zyperninfos.de**
Wissenswertes zum griechischen Teil der Insel.

▶ **www.cyprushotels.net**
Hier werden Unterkünfte in Südzypern vorgestellt.

NORDZYPERN IM INTERNET

▶ **www.nordzypern-touristik.de**
Offizielle Website des Tourismuszentrums von Nordzypern mit ausführlichen Berichten zu Geschichte, Geografie und Kultur.

▶ **www.schwarzaufweiss.de/Nordzypern/home.htm**
Sehr informativer Regionalführer in digitaler Form.

▶ **www.cypern.de**
Viele Berichte zu Geschichte, Politik, Kultur und aktuellem Geschehen.

Badestrände

Goldene Strände Strand- und Badefreunde kommen an Zyperns sauberen Stränden mit glasklarem Meer auf ihre Kosten. Die Küsten sind vielfältig. So säumen kilometerlange Sandstrände fast die gesamte Ostküste nördlich von Famagusta und die Südküste bei Lárnaka. Sandstrandbuchten gibt es auch im Südosten bei Agía Nápa, nordwestlich von Páfos, in der Nähe von Limassol und auch im Norden bei Kyrénia. Die Westküste bietet vor allem feine Kieselstrände und Felsküste, z. B. bei Pólis. Zwischen Koúrion und den Felsen der Aphrodite im Süden beeindrucken auch Steilküsten.

Blick von Koúrion auf die gleichnamige Bucht und die anschließende Steilküste

Zu den schönsten und beliebtesten Stränden gehören:
Feinster goldgelber Sandstrand und kristallklares Wasser am Nissi Beach, Makrónissos Beach und der Kónnos Bay bei Agía Nápa. Wassersportmöglichkeiten aller Art werden angeboten.
Der 10 km lange Sandstrand Lady's Mile bei Lárnaka ist etwas für Liebhaber von Strandspaziergängen.
Die kilometerlange Koúrion Bay mit ihren drei urigen Fischtavernen und etwas grobkörnigerem Sandstrand.
Der Pissoúri-Strand zwischen Limassol und Páfos – herrliche Sandbucht mit Hotel, Apartments und Tavernen; Wassersport möglich.
Der Aphrodite-Strand am Felsen der Aphrodite aus dicken, vom Meer gerundeten Kieseln eignet sich nicht für Kinder. Wegen seiner herrlichen Lage ist er bei Erwachsenen sehr beliebt. Ein Spaß für Groß und Klein ist das Sammeln der schönen Kiesel.
Die zwei kleinen Buchten der malerischen Coral Bay westlich von Páfos mit feinem Sandstrand und Fischtavernen.
Die Lára Bay auf der Akámas-Halbinsel mit schönem Sandstrand, während der Monate Juli und August wegen Eiablage der Schildkröten gesperrt oder nur bedingt nutzbar. An diesem nicht flach ins Meer verlaufenden Strand ist häufig höherer Wellengang.
Ein Tipp für Individualisten ist der einsam gelegene Golden Beach fast am Ende der Karpaz-Halbinsel in Nordzypern.

Wasserqualität

Mittlerweile weht an 41 Stränden die **»Blaue Flagge«**, das internationale Qualitätssymbol der unabhängigen Foundation for Environmental Education (FEE), die auf sauberes Wasser und eine gute Infrastruktur hinweist (Informationen: www.blueflag.org). Dazu gehören allein bei Agía Nápa über 15 Strände.

Viele der Strände gehören zu Hotels und sind durch Abgrenzungen voneinander getrennt. Sie sind gut gepflegt und verfügen über alle notwendigen Einrichtungen. An schönen Stränden, die nicht zu Hotels gehören, gibt es in der Regel ein Restaurant, in dem man Sonnenschirme und Liegen ausleihen kann. Hierzu zählen die Strände außerhalb von Agía Nápa und die Küste westlich von Páfos und Pólis. **FKK** ist mit den moralischen Vorstellungen der Zyprioten nicht vereinbar (►Knigge, S. 100).

Badesaison

Die Badesaison beginnt im April und dauert bis Ende November. Die Wassertemperatur sinkt auch im Winter nicht unter 16 °C.

Elektrizität

Die Spannung liegt bei 220 bis 240 Volt. Die Steckdosen auf Zypern haben – gemäß englischem Vorbild – drei Einsteckschlitze, für die Benutzung europäischer Elektrogeräte benötigt man häufig einen Adapter, der u. a. in Elektrogeschäften erhältlich oder in den Hotels gegen ein kleines Pfand auszuleihen ist.

Essen und Trinken

Zyperns Küche ist von griechischen, türkischen und arabischen Einflüssen geprägt und basiert auf den Produkten der Insel. Sie ist sehr schmackhaft und deftig, gut gewürzt, jedoch nicht scharf. Gewürzt wird vor allen Dingen mit Petersilie, Knoblauch, Koriander, Zimt und Limonensaft. Vor allem die Süßspeisen lassen türkischen Einfluss erkennen.

Wissenswertes

Die meisten Restaurants sind zwischen 12.00 und 15.00 sowie 19.00 und 23.00 Uhr geöffnet. Tischreservierungen sind nur für größere Gruppen üblich. Die Speisekarten sind fast immer zweisprachig (griechisch oder türkisch und englisch). Zum Essen wird Brot serviert, das auch in Rechnung gestellt wird (auch wenn man nichts davon gegessen hat). Die Rechnung enthält in der Regel Zuschläge von 15 % Mehrwertsteuer für alkoholische Getränke und 10 % für Bedienung, dennoch erwarten Kellner ein zusätzliches Trinkgeld.

Das Angebot an **Tavernen** und Gaststätten verschiedenster Preisklassen auf Zypern ist groß und reicht vom einfachen Sandwichstand über Familientavernen bis

i Preiskategorien

- Preise für ein Hauptgericht

Preiswert	bis 15 Euro
Erschwinglich	bis 25 Euro
Fein & teuer	ab 25 Euro

Gegen den kleinen Hunger unterwegs: Orangen

hin zu Spezialitätenrestaurants mit französischer Küche. **Konditoreien** gibt es nur in den Städten. Auf Griechisch werden sie Sacharoplastío, auf Türkisch Pastahane genannt. Hier gibt es Getränke (keinen Wein), Süßspeisen und orientalischen Kuchen. Allgemeiner Treffpunkt ist das **Kaffeehaus**, griechisch Kafeníon, türkisch Kahvehani. Hier erhält man außer Getränken auch Süßspeisen.

Mezé

Die Vielfalt der zyprischen Küche lernt man am besten bei einem Mezé kennen, das Appetit und Ausdauer erfordert: Nach und nach werden 16 bis 32 kalte und warme Speisen serviert. Es gibt Fleisch-, Fisch-, Meeresfrüchte- sowie (selten) vegetarisches Mezé. Mezé ist auch in Nordzypern beliebt, allerdings ohne Schweinefleischgerichte. Überhaupt entsprechen die Speisen Nordzyperns im Allgemeinen denen des Südens, teils haben sie andere Namen oder sind vom türkischen Festland beeinflusst. Folgende Speisen können in einem Mezé vorkommen oder einzeln bestellt werden:

◀ Mezé-Gerichte

Chiroméri = geräucherter Schweineschinken
Féta = Schafskäse
Halloúmi = typisch zyprischer fester Schafs- oder Ziegenkäse, kann roh, gegrillt oder gebacken gegessen werden
Hoúmous = Püree aus Kichererbsen, Sesam, Olivenöl und Zitrone
Loukánika = würzige geräucherte und mit Koriander verfeinerte Würste

Loúnza = geräucherter Schweineschinken, gegrillt oder gebraten
Manitária = Pilze
Marídes = kleine gebratene Fische
Tachíni = Sesamsoße
Talattoúri/Tsatzíki = Soße aus Joghurt, Gurken und Knoblauch
Taramosaláta = hellrote Soße aus aufgeweichtem Brot und Fischrogen

Salate (Salátes)

Choriátiki = Bauernsalat mit Gurken, Tomaten, Paprika, Zwiebeln, Oliven und Schafskäse
Patatasaláta = Kartoffelsalat
Kapári = in Salz und Weinessig eingelegte zarte Kapernzweige
Melindsanosaláta = Salat aus Auberginen

Suppen (Soúpes)

Psarósupa = Fischsuppe
Supa avgolémono = Hühnersuppe mit Ei und Limonensaft
Supa Húmmi = Kichererbsensuppe

Fleischspeisen (Kréata) und Aufläufe

Afélia = mariniertes, in Rotwein mit Koriander geschmortes Schweinefleisch
Arní me Fassólia = Lammfleisch mit Bohnen
Dolmádes = mit Reis und Hackfleisch gefüllte Weinblätter
Keftédes = Gebratene Hackfleischbällchen

Hier wird Soudzoúko hergestellt, auf Schnüren aufgezogene Mandeln oder Walnüsse.

Kléftiko = Lammfleisch in Alufolie gegart
Kottópoulo Lemonáto = in Zitronensoße gekochtes Huhn
Kunéli stifádo = Kaninchen mit Zwiebeln
Moussakás = Auflauf aus Auberginen, Hackfleisch, Kartoffelscheiben und Bechamelsoße
Paidákia = gegrillte Lammkoteletts
Pastítsio= Nudelauflauf mit Hackfleisch und Kartoffeln
Piperjés jemistés = gefüllte Paprika
Pítta = dünne Brotfladen, die mit Kebab gefüllt werden können
Sheftaliá = gebratene Fleischröllchen mit Minze
Souvlákia = gegrillte Fleischspießchen
Soúvla = große, am Grill gebratene Fleischstücke, meist Lamm
Stifádo = Rindfleisch mit Zwiebeln
Tavás = im Tontopf gekochtes Lamm- oder Rindfleisch mit Zwiebeln
Tomátes jemistés = gefüllte Tomaten

Fisch (Psária)

Barboúnia = Rotbarsch
Garídes = Garnelen
Astakós = Languste
Kalamári = Tintenfisch fritiert
Oktapódi = Oktopus
Péstrofa = Forelle
Tónnos = Tunfisch

Beilagen

Als Beilagen gibt es u.a. frittierte oder Petersilien-Kartoffeln in Olivenöl (Patátes), Reis (Rísi), Kolokasi (eine Pfeilwurz), geschroteter, gekochter Weizen mit kleinen Nüdelchen (Piláffi) oder Talatouri, ein mit Gurken, Knoblauch und Minze zubereiteter Jogurt.

Süßspeisen (glyká)

Baklavás = Blätterteig, gefüllt mit Mandeln und Zimt, mit süßem Sirup übergossen
Dáktyla = fingerförmiges gefülltes Gebäck
Flaoúnes = Kleiner Osterkuchen, gefüllt mit Käse und Pfefferminze
Glykó = eingelegte süße Früchte
Lokoumádes = gebratene Teigbällchen mit Sirup oder Honig
Skámali = mit Mandeln bestreuter Grießkuchen
Soudzoúkos = aufgereihte Mandeln, in Traubenmost getunkt
Vasilópitta = Neujahrskuchen, in den eine Münze eingebacken wird, die dem Finder Glück bringt

Getränke

Nichtalkoholische Getränke

Den Abschluss eines zyprischen Essens bildet häufig eine Tasse Kaffee. Löslicher Kaffee heißt Nescafé, kalt wird er Frappé genannt. Standardgetränk ist der Mokka, der griechisch Kafé, türkisch Kahve heißt. Je nach dem, wie man ihn möchte, bestellt man ihn ohne Zucker skétto, türkisch sade, mit etwas Zucker métrio, türkisch orta, oder mit viel Zucker glikó, türkisch sekerli. Tee (griechisch Tsái, türkisch Çay) wird ebenfalls häufig getrunken. Beliebte kalte Getränke sind u. a. Milch (griechich Gála, türkisch Süt), Orangensaft (griechisch Portokaláda) und Mandelsaft (griechisch Soumáda). Ein beliebtes Getränk in Nordzypern ist Ayran, Jogurt mit Wasser, Salz und Minze.

Alkoholische Getränke

Brandy Sour, der beliebte Longdrink Zyperns, ist eine Mischung aus Brandy, Zitronensaft, Angostura und Sodawasser. In Südzypern werden Oúzo (Anisschnaps, ist allerdings nicht sehr verbreitet), Brandy und Sherry hergestellt. Fílar, ein Likör aus Bitterorangen, gewinnt immer mehr an Popularität. Auf den Dörfern brennen die Bauern einen Tresterschnaps (Dzivanía), dessen Verkauf offiziell verboten ist. In Nordzypern wird wie in der Türkei Rakı getrunken, ein mit Anis versetzter Tresterschnaps. Ebenfalls aus der Türkei wird das Efes-Bier oder Carlsberg-Bier importiert. In Südzypern stellt die KEO-Brauerei ein leichtes, bekömmliches Bier (Bíra) her, als zweite Biersorte wird Carlsberg-Bier gebraut.

? WUSSTEN SIE SCHON ...?

- Dzivanía ist ein wahres Hausmittel. Neben seiner erprobten Wirkung gegen Halsentzündung und Magenschmerzen soll er ohne Weiteres auch zum Fensterputzen verwendbar sein ...

Wein

►dort

Feiertage, Feste und Events

Offizielle Feiertage Südzypern ►

1. Januar = Neujahr
6. Januar = Epiphánias-Fest, orthodoxes Fest der Taufe Christi
25. März = Griechischer Unabhängigkeitstag
1. April = zyprischer Nationalfeiertag, Beginn des Unabhängigkeitskampfes gegen die britische Herrschaft
Ostern (►S. 66)
1. Mai = Tag der Arbeit
15. August = Mariä Himmelfahrt
1. Oktober = Unabhängigkeitstag (Gründung der Republik Zypern)
28. Oktober = »Ochi«-Tag, griechischer Nationalfeiertag
24. Dezember = Heiligabend
25./26. Dezember = Weihnachten
31. Dezember = Silvester

Offizielle Feiertage Nordzypern ►

Die Feiertage Nordzyperns entsprechen im Allgemeinen denen der Türkei.
1. Januar = Neujahr
23. April = Unabhängigkeitstag und Tag des Kindes

1. Mai: Tag der Arbeit
19. Mai: Tag der Jugend und des Sports
20. Juli: Gedenktag an den Einmarsch türkischer Truppen 1974
30. August: Türkischer Nationalfeiertag (Sieg im türkisch-griechischen Unabhängigkeitskrieg 1922)
29. Oktober: Gründungstag der Türkischen Republik
15. November: Proklamation der international nicht anerkannten Türkischen Republik Nordzypern.

Der **Ramadan** (türk. Ramazan) ist der Fastenmonat der Muslime, an dem 30 Tage lang von Sonnenaufgang bis Sonnenuntergang nicht gegessen, getrunken oder geraucht werden darf. Jedes Jahr verschiebt sich der Ramadan um zehn Tage rückwärts gemäß dem islamischen Kalender (Mondkalender). Mit dem dreitägigen **Zuckerfest** (Şeker Bayramı) endet der Ramadan. Das **Opferfest** (Kurban Bayramı) ist das bedeutendste religiöse Ereignis in der Türkei. An dem viertägigen Fest – dem die Geschichte von Abraham zugrunde liegt, der, um Gott seinen Gehorsam zu beweisen, seinen Sohn Isaak opfern will – werden Schafe geschlachtet und Teile davon an Freunde, Nachbarn und Arme verteilt. Auch das Opferfest verschiebt sich jedes Jahr um zehn Tage rückwärts.

VERANSTALTUNGSKALENDER

JANUAR

▸ **Neófytos-Kloster**
Volksfest vor dem Kloster zu Ehren des hl. Neofytos (24. Januar).

FEBRUAR

▸ **Chrysorrogiátissa-Kloster**
Tempelgang Mariens (2. Februar).

▸ **Limassol und andernorts**
Der Karneval wird am prächtigsten in Limassol gefeiert; großer Karnevalsumzug am Rosenmontag.

APRIL

▸ **Lárnaka**
Lazarusfest: Die Ikone des Heiligen wird acht Tage vor Ostern durch die Stadt getragen.

OSTERN

Das orthodoxe Osterfest wird nach dem julianischen Kalender (das katholische und protestantische nach dem gregorianischen Kalender, daher auch die abweichenden Termine) jeweils am ersten Sonntag nach dem ersten Vollmond nach dem Frühlingsanfang (21. März) gefeiert. Am Karfreitag sind die Geschäfte halbtags, am Ostersamstag ganztags geöffnet; Sonntag und Montag sind alle Geschäfte geschlossen.

MAI

▸ **Lárnaka, Limassol, Páfos**
»Anthestiria«, Blumenfest mit prachtvoll geschmückten Wagenparaden – es geht auf die antiken Dionysien zurück.

Kinder auf einem Folklorefest in Nordzypern

► **Bellapais**
Internationales Musikfestival,
►Baedeker Tipp S. 306

► **Mórfou/Güzelyurt Orange Festival**
Die Orange steht im Mittelpunkt dieses einwöchigen Festivals in der zweiten Maihälfte. Umzüge, Konzerte und künstlerische Darbietungen bestimmen die Festlichkeiten.

JUNI

► **Koúrion**
Shakespeare-Festival: Aufführung von Shakespeare-Dramen im antiken Theater.

► **Páfos**
St. Peter und Paul, feierlicher Gottesdienst mit dem Erzbischof in Káto Páfos (29. Juni).

PFINGSTEN

► **Lárnaka, Limassol, Páfos**
Kataklysmósfest, 50 Tage nach dem orthodoxen Osterfest (alle Geschäfte sind geschlossen). Mit einem großen Jahrmarkt, Konzerten, sportlichen Wettbewerben etc. erinnert man an die Errettung Noahs aus der Sintflut.

JUNI BIS NOVEMBER

► **Koúrion (antikes Theater)**
Cyprus Music Days (internationaler Jazz und klassische Musik),
Rhythms of Light (Tanz und Ballettvorführungen jeden Di., Do. und Fr.).

► **Páfos**
Rhythms of Light: kulturelle Darbietungen im Odeon (Ausgrabungsgelände; jeden Mi.).

► **Famagusta Int. Festival**
Von Ende Juni bis Mitte Juli kommen in Famagusta populäre Interpreten der verschiedensten Musikrichtungen zusammen.

JULI

► **Limassol**
Limassol Summer Events: Folkloredarbietungen, Theater und Musik.

► **Lárnaka**
Lárnaka Festival: Kulturfestival mit Musik, Theater, Tanz und Kunstausstellungen.

AUGUST

► **Kýkko-Kloster, Chrysorrogiátissa-Kloster**
Mariä Himmelfahrt: traditioneller Jahrmarkt in vielen Dörfern und bei den Klöstern (14./15. August).

► **Stroumpí (bei Páfos)**
»Dionysia« – Weinfest mit Musik und Tanz.

SEPTEMBER

► **Agía Nápa**
Agía Nápa Festival: Auf dem Platz vor dem Kloster werden antike Dramen und Musik vorgeführt.

► **Limassol**
Weinfest im Stadtpark während der ersten zwei Septemberwochen, ► Limassol und ► Tipp S. 229.

► **Nikosia**
Kunsthandwerksmarkt im Altstadtviertel Chrysaliniotissa.

► **Stavrovoúni**
Feier des Heiligen Kreuzes in Stavrovoúni und Ómodos (14. September).

SEPTEMBER BIS OKTOBER

► **Kyrénia, Bellapais und Salamís**
Musikfestival: Klassik, Flamenco, Rock und Chormusik.

OKTOBER

► **Kalopanagiótis**
Traditioneller Markt zum Festtag des hl. Ioannis Lampadistis in Kalopanagiótis (4. Oktober).

DEZEMBER BIS MÄRZ

► **Agía Nápa**
Cultural Winter: griechische Volksmusik und Volkstänze sowie klassische Musik.

► **Limassol**
European Lemesós Festival: klassische Musik mit Gastspielen.

Geld

Währung

◄ Südzypern

Zwar ist die Einführung des Euro geplant, aber voraussichtlich bleibt bis Ende 2008 das zyprische Pfund (CYP) die Währung der Republik Zypern. Ein Zypern-Pfund sind 100 Cents. Wechselkurse (Anfang 2006):
1 € = 0,57 CYP, 1 CHF = 0,37 CYP, 1 CYP = 1,74 €/2,70 CHF

◄ Nordzypern

Die Währung in Nordzypern ist die Neue Türkische Lira (TRY). Wechselkurse (Anfang 2006): 1 € = 1,63 TRY, 1 CHF = 1,04 TRY, 1 TRY = 0,61 €/0,96 CHF

Devisenbestimmungen Es besteht keine Einfuhrbeschränkung für fremde Währungen. Größere Beträge (mehr als 1000 US-Dollar) sollten jedoch bei der Ankunft deklariert werden. Die Ausfuhr zyprischer Währung ist nur bis zu einem Betrag von 100 Zypern-Pfund erlaubt.

Geldwechsel, Reiseschecks, Kredit- und Bankkarten An den Flughäfen und Häfen gibt es Schalter, an denen man rund um die Uhr bei der Ankunft Geld wechseln kann. Auch die meisten Hotels bieten diesen Service. Reiseschecks werden von allen Banken und den meisten Hotels eingelöst. Internationale Kreditkarten werden von größeren Hotels, Geschäften und Restaurants akzeptiert. Ferner gibt es genügend Geldautomaten – selbst in größeren Dörfern im Gebirge –, an denen man mit Bank- und Kreditkarten in Verbindung mit der Geheimzahl Bargeld abheben kann.

i Karte verloren?

- Seit Mitte 2005 gibt es eine einheitliche Notfall-Nummer zur Sperrung vieler Bank- und Kreditkarten sowie Mobiltelefonen. Aus dem Ausland: Tel. 00 49/116 116.

Öffnungszeiten Banken sind im Allgemeinen geöffnet: Mo. – Fr. 8.30 – 13.00, Mo. auch 15.15 – 16.45 Uhr. Viele Banken in den Touristenzentren bieten zusätzlich einen Nachmittags-Service: 16.00 – 18.30 (Mai – Sept.) oder 15.30 – 17.30 Uhr (Okt. – Apr.).

Gesundheit

Ärztliche Hilfe Die meisten zyprischen Ärzte haben im Ausland studiert und sprechen Englisch, einige auch Deutsch. Anschriften von Ärzten, die die deutsche oder englische Sprache beherrschen, sind u. a. beim ADAC-Ambulanzdienst in München in Erfahrung zu bringen.
Für **stationäre Behandlung** stehen die sog. General Hospitals, staatliche Krankenhäuser, und zahlreiche Privatkliniken zur Verfügung. **Apotheken** erkennt man an einem Schild mit grünem oder rotem

WICHTIGE RUFNUMMERN

ADAC-AMBULANZDIENST

▸ **In München**
Tel. 00 49/89/76 76 76

ERSTE HILFE AUF ZYPERN

▸ **Ambulanz, Polizei, Feuerwehr**
Südzypern: Tel. 199
Nordzypern: Tel. 112 (Erste Hilfe)
Tel. 155 (Polizei),
Tel. 199 (Feuerwehr)

▸ **Apotheken, Nachtdienst**
Südzypern: Tel. 192

▸ **Ärztliche Hilfe**
Südzypern: Dr. Uta Papapetru
(spricht Deutsch)
9 Penelopi Delta
Nikosia/Lefkosía
Tel. 22 37 66 30

Kreuz auf weißem Grund und der Aufschrift ΦΑΡΜΑΚΕΙΟΝ (Farmakeion) oder Pharmacy, im türkischen Teil mit der Aufschrift Ekzane. In den Städten haben immer einige Apotheken **Nachtdienst**. Im Notfall wende man sich an die Hotelrezeption.

Krankenversicherung

►Anreise · Reiseplanung

Mit Kindern unterwegs

Kinderfreundliches Zypern

Zypern ist, wie alle mediterranen Länder, ein sehr kinderfreundliches Land. Ein Kinderlächeln öffnet Türen und Herzen. Die meisten Hotels bieten spezielle Angebote für Familien mit Kindern. Ideal für Kinder sind Klima und Wassertemperatur (►Klima, S. 22 und Reisezeit, S. 107). Die Sandstrände im Süd- sowie Nordteil sind ideal für Kinder, da die meisten flach ins Meer verlaufen. Der feine Sandstrand an Ost- und Südwestküste eignet sich hervorragend zum Bau von Sandburgen. Wassersportarten aller Art beziehen auch Kinder mit ein. Ein besonderes Plus für Kinder sind die Erlebnisparks wie Luna Parks und Wasserwelten, dazu gibt es Kamel- und Straußenparks, Gokartbahnen und vieles mehr.
Besonders interessant ist ein Besuch der Burg von Kyrénia in Nordzypern, kann man hier doch in den Kerker hinabsteigen und die Verteidigungsanlagen erkunden. Ähnliches gilt für die drei großen

HITS FÜR KIDS

- **Yellow Submarine**
  Hafen von ►Agía Nápa
  Ein riesiger Kinderspaß ist die Fahrt mit der Yellow Submarine, einem Schlauchboot mit Unterwassergondel, durch dessen große Glasfenster man die Unterwasserwelt beobachten kann.

- **Waterworld**
  ►Agía Nápa, Baedeker Tipp S. 157

- **Gokartbahnen**
  Dromoláxia und Oroklíni bei ►Lárnaka
  Nahe Lárnaka gibt es gleich zwei Gokartbahnen, in denen Kinder ab neun Jahren fahren können.

- **Aqua Wet'n Wild**
  An der Hotelmeile von ►Limassol
  Preisgekrönter Wasserpark mit Wellenbad und Rutschen – ein Riesenspaß für Kinder.

- **Straußenpark**
  Große Straußenfarm in Ágios Ioánnis bei Nikosia. Man sieht nicht nur Strauße, sondern lernt auch etwas über sie. Im Souvenirshop gibt es Straußeneier (► Baedeker Tipp S. 287).

- **Aphrodite Waterpark**
  ►Páfos – Strand von Geroskípou
  Riesenrutschen versprechen einen Riesenspaß.

Kreuzritterburgen, wo man seiner Fantasie breiten Raum geben kann. Aufgrund häufig fehlender Absperrungen ist jedoch mit entsprechender Vorsicht vorzugehen.
Bei Kindern beliebt ist eine Fahrt mit einem der gemütlichen Holzboote, die in Kyrénias Hafen liegen. Ankern in einer abgelegenen Bucht, Baden vom Boot aus oder einfach in der Hängematte schaukeln – das wissen natürlich auch die Erwachsenen zu schätzen.

Knigge

Klöster, Kirchen und Moscheen

Beim Besuch von Klöstern, Kirchen und Moscheen sollte man auf angemessene Kleidung achten, da z. B. einige Klöster wie das Kýkko-Kloster ansonsten den Eintritt verweigern. Darunter versteht man lange Hosen für Männer und lange Hosen oder knielange Röcke für Frauen. Außerdem sollte man sich auch »klostergerecht« verhalten: Lautes Sprechen und Lachen sind unangemessen; die Gläubigen, die die Ikonen küssen möchten, sollte man nicht durch langes Davorstehen behindern; die Hände sollten vor dem Körper und nicht auf dem Rücken verschränkt gehalten werden und das Überschlagen der Beine beim Sitzen gilt als unziemlich.

Militärische Anlagen auf Zypern dürfen nicht fotografiert werden. Dies gilt aber nicht für den Übergang über die Green Line wie hier in Nikosia.

Beim Besuch einer **Moschee in Nordzypern** zieht man am Eingang die Schuhe aus. Frauen sollten sich ein Tuch über die Haare legen, auch die Arme müssen bedeckt sein. Kirchenwärter in byzantinischen Gotteshäusern, die den Schlüsseldienst machen, sollte man immer mit einem **kleinen Trinkgeld** belohnen.

Als Gast in einem Kafeníon

Wird man in einem Kafeníon zu einem Kaffee eingeladen, so sollte man diese Einladung ruhig annehmen. Allerdings sollte man sich dann auch etwas Zeit nehmen, um mit dem Spender ein paar Worte über Gott und die Welt zu tauschen und seinen Kaffee in Ruhe auszutrinken. Wird man nach Hause eingeladen, so sollte man immer ein kleines Geschenk mitbringen.

Preise

Handeln ist im Süden Zyperns unüblich, die Preise sind in der Regel festgesetzt und entsprechen ihrem Wert. Lediglich im Dorf Léfkara (bei Lárnaka) empfiehlt es sich, beim Kauf von Schmuck oder Hohlsaumstickerei zu handeln, da die Preise manches Mal zu hoch sind.

Fotografieren

Archäologische und kunsthistorische Sehenswürdigkeiten dürfen in der Regel fotografiert werden. In den meisten Scheunendachkirchen des Tróodos-Gebirges und in den meisten Museen ist das Fotografieren allerdings verboten, es sei denn, man hat sich zuvor eine schriftliche Erlaubnis eingeholt. Die meisten Zyprioten lassen sich gerne fotografieren, doch sollte man vorher um Erlaubnis bitten. Streng verboten ist das Fotografieren militärischer Einrichtungen, der Green Line und der Wachposten.

FKK

FKK ist mit den moralischen Vorstellungen der Zyprioten und der islamischen Tradition in Nordzypern nicht vereinbar und sollte daher an den öffentlichen Stränden unterbleiben. »Oben ohne« wird jedoch an einigen Hotelstränden in Südzypern toleriert, so in Agía Nápa, Limassol und Páfos.

Sicherheit

Auf Zypern können Sie sich absolut sicher fühlen. Durch ihre neutrale Position im Irakkrieg ist die Insel kein Ziel von Extremisten. Im Straßenverkehr verhalten sich die Zyprer sehr umsichtig.

Die Kriminalitätsrate auf Zypern (Taschendiebstähle) ist sehr niedrig, trotzdem sollte man nie offen Geld oder Wertsachen liegen lassen. Frauen, die alleine reisen, müssen keine Angst vor tätlichen Übergriffen haben, sich auf »Anmache« aber einstellen.

Vorsicht ist jedoch entlang der Green Line geboten, da Schusswaffengebrauch durch die Sicherheitskräfte beim Betreten der Pufferzone und Gefängnisstrafen nicht ausgeschlossen werden können. Auch ein versehentliches Eindringen in die stellenweise schlecht markierte Zone muss vermieden werden, ebenso die Überquerung auf See mit einem gemieteten Boot.

Militärische Sperrgebiete und ausgewiesene Sicherheitszonen dürfen nicht betreten werden.

Literaturempfehlungen

Sachbücher (teils nur antiquarisch erhältlich)

Heinz A. Richter: Geschichte der Insel Zypern 1878 – 1949; Band I; Peleus, Studien zur Archäologie und Geschichte Griechenlands und Zyperns, Bibliopolis

Andreas and Judith Stylianou: The painted Churches of Cyprus; Trigraph LTD, London 1985

A. Papageorghiou: Ikonen aus Cypern; Verlag des Erzbistums Cypern, Nikosia 1993

Sibylle von Reden: Die Insel der Aphrodite; Dumont Verlag, Köln 1969

Ewald Hein, Andrija Jakovljevic, Brigitte Kleidt: Zypern. Byzantinische Kirchen und Klöster; Melina Verlag 1996

Aphrodites Schwestern und christliches Zypern; Katalog zur Ausstellung; Übersee-Museum Bremen

Sabine Rogge (Hrsg.): Zypern. Insel im Brennpunkt der Kulturen; Waxmann-Verlag

Carolina Petry: Zwischen zwei Welten; Verlag Mensch und Buch, 2000 – Die Autorin beleuchtet Alltagskultur zwischen Tradition und Moderne in Famagusta.

High above Kibris; Verlag Three's Company, London 1987 – Der **Bildband** mit einzigartigen Luftaufnahmen nordzyprischer Landschaften und Städte ist in Nordzyperns Buchhandlungen erhältlich. Die Fotos sind von Sonia Halliday und Laura Lushington, der Text von Tim Dowley.

Belletristik

Colin Thubrun: Zypern; (engl. Titel: Journey to Cyprus); Prestel-Verlag München 1976 – Der Engländer Colin Thubrun erwanderte 1971 die damals noch nicht geteilte Insel. Ein erfrischender Erlebnisbericht.

Lili M. Schultheis: Auf der Insel der Aphrodite. Eine Cypernfahrt; Hans von Hugo-Verlag, Berlin, 1942 – Die Erlebnisse einer reiselustigen Dame auf Zypern.

Johannes Zeilinger; Matthes & Seitz: Cypern. Orient und Okzident. Ein Lesebuch, München 1997 – Erzählungen, Anekdoten und Impressionen über Zypern – von Rimbaud und Seferis bis hin zu Ernst Jünger.

Hans und Niki Eideneier (Hrsg.): Zyprische Miniaturen. Eine Anthologie; Romiosini-Verlag, Köln 1987 — Zyprische Gegenwartsliteratur.

Costas Mondis: Afendi Batistas und das übrige; Romiosini-Verlag, Köln 1988

Lotti Huber: Diese Zitrone hat noch Saft; dtv 1993 – Herrlicher Erlebnisbericht über die 1950er-Jahre auf Zypern.

Lawrence Durrell: Bittere Limonen; Rowohlt 2004 – Der Autor schildert in einfühlsamer Weise die Atmosphäre Zyperns in den 1950er-Jahren aus britisch-kolonialer Sicht. Eine empfehlenswerte Urlaubslektüre.

Dorothy Dunnett: Das Spiel der Skorpione; Wunderlich 1992 – Historienroman über Zypern am Vorabend der venezianischen Herrschaft.

Jetta Sachs-Collignon: Caterina Cornaro; dtv 1998 – Roman über die letzte Königin von Zypern.

Straßenkarten

Empfehlenswert ist die Reisekarte Travelmap Zypern, Cyprus, im Maßstab 1:200 000. Sie erscheint im Verlag Wolfgang Kunth (ISBN 3-936368-98-8). Nordzyperns Orte werden sowohl mit ihren türkischen als auch mit ihren alten griechischen (transkribierten) Namen genannt. Außerdem hat die Karte ein nützliches Ortsnamenregister. Über das Fremdenverkehrsamt (▸ Auskunft) gibt es die kostenlose Nord-Zypern-Karte im Maßstab 1:350 000, die (nur) mit den heute üblichen türkischen Ortsnamen versehen ist.

Maßeinheiten

Auf Zypern gilt das metrische Maß- und Gewichtssystem. Die **Temperatur** wird in Grad Fahrenheit gemessen.
100 °Fahrenheit = 37,8 °Celsius, 32 °Fahrenheit = 0 ° Celsius.

Medien

Rundfunk und Fernsehen in Südzypern

◂ Radio

Die 1952 gegründete »Cyprus Broadcasting Corporation« (CBC) sendet Rundfunkprogramme auf Griechisch, Türkisch und Englisch. Einige Stunden englischsprachige Sendungen strahlt das zweite Programm des CBC täglich auf der Wellenlänge FM 91-1 MHz aus.

Die Sendung »Welcome to Cyprus« informiert täglich zwischen 19.00 und 20.00 Uhr in Englisch und Deutsch über die wichtigsten Ereignisse in der Welt auf den Frequenzen 603 kHz, 498 m, VHF/FM 94,8 MHz.

Die britischen Streitkräfte unterhalten einen eigenen Sender (BFBS), der täglich rund um die Uhr sendet (Kanal 1, MW 1503 kHz, FM 89.9 MHz). Sendungen in englischer Sprache bietet auch die private Rundfunkstation »Radio One«.

Fernsehen ▸ Auch die beiden öffentlich-rechtlichen Fernsehprogramme Südzyperns werden von der CBC ausgestrahlt. Die meisten Spielfilme werden im (englischen) Original mit griechischen Untertiteln, griechische Filme mit türkischen Untertiteln gezeigt. Im 2. Programm werden um 20.00 Uhr englische Nachrichten gesendet. Daneben gibt es u. a. die Privatsender Sigma und Ant.1; die meisten Hotels empfangen auch internationale Satellitenprogramme.

Rundfunk und Fernsehen in Nordzypern

In Nordzypern ist die Bayrak Broadcasting & Television Corporation (BRT, Bayrak Radio ve Teliviziyon) für zwei Rundfunk- und Fernsehsendungen zuständig. Nachrichten in englischer Sprache gibt es im Fernsehen um 18.20 Uhr. Ansonsten werden auf Nordzypern türkischsprachige Sender oder die Programme des türkischen Fernsehens TRT übertragen. Darüber hinaus können alle südzyprischen und englischen Sender empfangen werden.

Zeitungen

in Südzypern ▸ In Südzypern erscheinen zwei englischsprachige Zeitungen, die Tageszeitung »Cyprus Mail« und die Wochenzeitung »Cyprus Weekly«. Zu empfehlen ist die speziell für Touristen herausgegebene Zeitung »Cyprus Tourism« mit Reisebeschreibungen zu Zielen auf der Insel. Deutsche Zeitungen gibt es mit etwas Verspätung an den Kiosken in Nikosia sowie in den größeren Ferienorten.

in Nordzypern ▸ In Nordzypern erscheint wöchentlich die englischsprachige Zeitung »Cyprus today« mit aktuellen Nachrichten zum Nordteil der Insel.

Nachtleben

Beliebt ist der Besuch von **Bouzoúki-Lokalen**, in denen Folkloremusik und Tänze vorgeführt werden. Diese gibt es in den vier großen Städten Nikosia, Lárnaka, Limassol und Páfos sowie in einigen kleineren Fremdenverkehrsorten (z. B. Plátres, Pólis). Daneben bieten die Touristenzentren und größeren Städte zahlreiche Diskotheken, Nachtbars und Cabarets.

Nähere Informationen zu Nikosia und Lárnaka erhält man in den monatlich erscheinenden Touristenzeitschriften »Nicosia • This Month« und »Larnaca • This Month«.

Über 20 **Spielcasinos**, meist angegliedert an größere Hotels, machen in Nordzypern für manchen Besucher die Nacht zum Tage.

Notrufe

NORDZYPERN

Erste Hilfe: Tel. 112
Polizei: Tel. 155
Feuerwehr: Tel. 199

SÜDZYPERN

Notarzt: Tel. 199
Feuerwehr, Polizei: Tel. 199
Apotheken, Nachtdienst: Tel. 192

Pannendienst der Cyprus Automobile Association (CAA) in Nikosia: Tel. 22 31 31 31

ADAC-NOTRUF

ADAC-Notrufstation Athen:
Tel. 00 30/21 09 60 12 66
ADAC-Notrufstation München:
Tel. 00 49/89/22 22 22

Post · Telekommunikation

Öffnungszeiten

Postämter gibt es in allen größeren Städten und Dörfern. Geöffnet sind diese Mo., Di., Do., Fr. 7.30 – 13.30, 15.00 – 18.00, Sa. 8.30 bis 10.30 Uhr. Eine Ansichtskarte ins europäische Ausland kostet 0,26 €, ein Brief 0,31 €. Man erhält zwei Briefmarken, das Geld für die 1-Cent-Marke kommt den Flüchtlingen von 1974 zugute.

Die Postämter erkennt man an der Aufschrift »PTT«, geöffnet sind sie Mo. – Fr. 8.00 – 13.00, 14.00 bis 17.00, die Hauptpost in Nikosia auch Sa. 9.00 – 12.00 Uhr.

Orts-, Fern- und Auslandsgespräche können im Selbstwähldienst von öffentlichen Telefonzellen, vom Hotel oder von den Büros des Fernmeldeamtes (CYTA) aus geführt werden. Zwischen 20.00 und 7.00 Uhr sowie Sa., So. und an nationalen Feiertagen ganztags gelten für Ferngespräche und zwischen 21.00 und 8.00 Uhr für Auslandsgespräche ermäßigte Tarife. Es gibt Münztelefone (Münzen zu 2, 5, 10 und 20 Cents) und Kartentelefone. Telefonkarten sind in Kiosken, Post- und Telefonämtern erhältlich. Beim Telefonieren wird die Leitung in Nordzypern über die Türkei (Mersin) geschaltet.

? WUSSTEN SIE SCHON ...?

- Seit den 1960er-Jahren sind die Zyperntürken vom Postdienst der griechischen Republik Zypern abgeschnitten. Sie hatten nicht nur keine gültigen Briefmarken, auch ihre Briefe aus und nach Nordzypern wurden nicht mehr befördert. Einige Jahre übernahmen die UN-Truppen den Posttransport, später dann das Rote Kreuz. Seit 1974 gehen alle Briefe nach Nordzypern oder von dort ins Ausland über das Postamt der türkischen Hafenstadt Mersin, als Adresse bzw. Absender firmiert Mersin 10/Türkei.

TELEFONIEREN

LÄNDERVORWAHLEN

▶ **Von Deutschland, Österreich und der Schweiz**
nach **Südzypern**: Tel. 00 357
Es gibt Vorwahlnummern für die Distrikte:
Lárnaka: 24
Limassol: 25
Páfos: 26
Nikosia: 22
Agía Nápa: 23
Mobilfunknummern: 99

nach **Nordzypern**: Tel. 00 90 (Türkei) und 392 (Zypern)
Es gibt keine Ortsvorwahlnummern. Die Telefonnummern sind siebenstellig. Die Mobilfunknummern beginnen mit 05 und haben elf Ziffern. Bei Störungen hilft der Operator unter Tel. 192 weiter.

▶ **Von Zypern**
nach Deutschland: Tel. 00 49
nach Österreich: Tel. 00 43
in die Schweiz: Tel. 00 41

▶ **Zwischen den Landesteilen**
Anrufe über die Green Line hinweg, zwischen Süd- und Nordzypern, gelten als Auslandsgespräche. Die Ländervorwahlen müssen mitgewählt werden, d. h. man muss die Vorwahl der Türkei (00 90) und Nordzyperns (392) wählen, um in den Norden zu telefonieren. Direktwahl ist noch nicht möglich. Nur von Handy zu Handy wählt man 9 (für den Süden) und 05 (für den Norden).

▶ **Call Direct Service**
nach Deutschland:
Tel. 080-900 49
in die Schweiz:
Tel. 080-990 41

Mobil telefonieren Handys finden fast überall auf Zypern ein Netz. Türkische Netzbetreiber sind meist deutlich teurer als CYTA in Südzypern.

Call Direkt Service Mit Hilfe des Call Direkt Service kann man kostenlos nach Deutschland und in die Schweiz anrufen, falls der Gesprächspartner die Gesprächsgebühren akzeptiert.

Preise · Vergünstigungen

Eintritte Im Nationalmuseum Nikosia kann man einen Museumspass erstehen, der freien Eintritt in alle staatlichen Museen und archäologischen Stätten im Süden Zyperns ermöglicht. Generell ist der Museums- bzw. Ausgrabungsbesuch sonntags frei.

Youth Card »EURO unter 26« Mit dem Jugend-Ausweis »EURO unter 26«, der in 41 Ländern der Welt gilt, erhalten Jugendliche zwischen 13 und 26 Jahren Ermäßi-

WAS KOSTET WIE VIEL?

Einfache Mahlzeit
ab 10,00 €

Mezé-Essen
ab 15,00 €

Ein kleines Bier
ca. 1,80 €

Tasse Kaffee
ca. 0,80 €

Doppelzimmer
ab 40,00 €

Mietwagen
ab 35,00 €/Tag

gung auf viele Produkte in Bekleidungs- und Sportgeschäften, Buch- und Musikläden sowie auf Flugtickets, bei Veranstaltungen und in Kinos (Informationen: Youth Board of Cyprus, Nikosia, Aglangias Ave. 62, Tel. 22 40 26 14 oder 22 45 24 77, Fax 22 45 24 76, info@youthboard.org.cy, www.euro26.org.cy).

Reisezeit

Reisewetter

Ideale Reisemonate abseits drückender Schwüle und Hitze sind April/Mai (Meer noch recht kühl) sowie Oktober bis Mitte November. Zyperns starke Seite ist aber der Herbst. Auf keiner anderen Mittel-

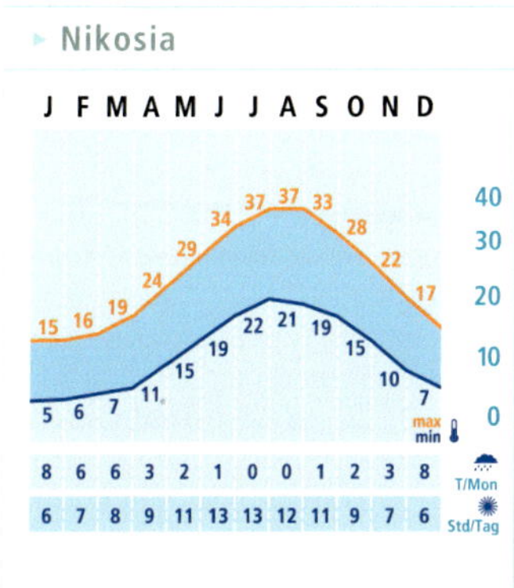

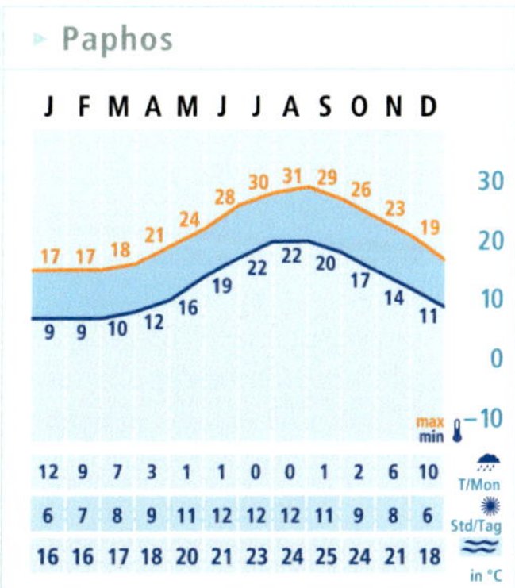

? WUSSTEN SIE SCHON ...?

- Im Frühjahr ist die Insel von einem Blütenmeer überzogen und speziell für Botanik- und Wanderfreunde sehr reizvoll. Im Frühjahr und im Herbst muss mit kleinen Regengüssen gerechnet werden.

meerinsel dauert der Spätsommer so lange und ist das Meer so warm. Deshalb ideal: Zypern als herbstliches Badeziel für Familien mit schulpflichtigen Kindern (Oktober: Luft/Wasser 27 °C/24 °C). Und auch im Winter sind Zyperns Küstenorte eine Reise wert.

Shopping

Einkaufstipps Auf bunten Märkten, in kleinen Altstadtläden und in den Shopping-Zentren der Großstädte werden landestypische Souvenirs, einheimische Produkte sowie Lederwaren, Gold- und Silberschmuck angeboten. Als Mitbringsel eignen sich vor allem kunsthandwerkliche Erzeugnisse wie Web-, Stick- und Holzschnitzarbeiten, Töpferwaren, Mosaik- und Flechtarbeiten. Die Preise stehen in der Regel fest. Einen Überblick über das Angebot und die Preise erhält man in den sog. Handicraft Centres, staatlichen Kunsthandwerkszentren, die es z. B. in Nikosia, Limassol, Lárnaka und Páfos gibt (Mo. – Fr. 7.30 – 14.00, Do. 15.00 – 18.00 Uhr; Juli und August donnerstagnachmittags geschlossen).

Öffnungszeiten Die Geschäfte sind Mo., Di., Do. und Fr. 8.00 – 19.00 (Nov. bis März), von Mai bis Okt. bis 19.30 bzw. 20.30 Uhr geöffnet. Mittwoch- und samstagnachmittags ab 14.00 Uhr sowie im Sommer zwischen 13.00 und 17.00 Uhr sind die Geschäfte geschlossen. Auf dem Land variieren die Geschäftszeiten, manchmal sind sie auch sonntags geöffnet, Gleiches gilt für reine Souvenirshops.

Beliebte Mitbringsel Beliebte Mitbringsel sind traditionelle **Silberarbeiten** und Silberschmuck, die man vor allem in Limassol, Nikosia, Páfos und in Léfkara findet. Nach alten Mustern **handgefertigte Spitzen und Stickereien** werden schon seit Jahrhunderten in Páno Léfkara und Ómodos, aber auch in Nordzypern, z. B. in Çayırova, hergestellt. Die echten Lefkarítika sind teuer, die angebotene Billigware stammt meist aus Fernost oder ist keine Handarbeit. Kleine und größere Webarbeiten gibt es in Páfos und an vielen anderen Orten. **Töpferwaren** werden sowohl im Süden als auch im Norden Zyperns hergestellt. Bekannte Töpferdörfer sind Foiní und Kórnos. Schöne **Körbe** gibt es in Geroskípou, Sotíra (bei Limassol) und Liopétri. Besondere Mitbringsel aus Nordzypern sind z. B. die schönen **Flechtarbeiten** aus Serdarlı am Südhang des Pentadáktylos/Beşparmak-Gebirges oder **Teppiche** aus den Webereien in Yarköy (bei Boğaz) und Mórfou/Güzelyurt. Oft sind vergleichbare Artikel, so z. B. Lederwaren, im Norden preiswerter als im Süden.

Bemalte Ikonen, sicher ein besonderes Souvenir, gibt es in speziellen Geschäften in allen großen Städten und in den Souvenirshops vieler Klöster. In den Klöstern Ágios Minás (Moní Agiu Miná), Chrysorrogiátissa und Agía Varváva (nahe Stavrovoúni) werden noch von Mönchen und Nonnen Ikonen gemalt.

Kulinarisches und andere Souvenirs

Beliebt sind auch kulinarische Souvenirs, u. a. Loukoúmia (englisch Turkish Delight oder Cyprus Delight) – ein in Staubzucker gewendetes Fruchtgelee (türkischer Honig) – und Soudzoúko, in konzentrierten Traubenmost getunkte und auf Schnüren aufgezogene Mandeln (Abb. S. 92). Zu den typischen Spezialitäten gehören aber auch der Cyprus Brandy und der traditionsreiche Dessertwein Commandaría, einer der ältesten Weine der Welt (►Special S. 128).
Zu den wenigen Dingen, die auf Zypern billiger als in Deutschland sind und daher gerne erworben werden, gehören Brillen, geschliffene Brillengläser und Kontaktlinsen.

Antiquitäten

Antiquitäten können nur ausgeführt werden, wenn eine Genehmigung des Ministeriums für Verkehr und Öffentlichkeit vorliegt. Die Ausfuhr alter Ikonen ist jedoch verboten (Auskunf beim Cyprus Department of Antiquities, Mouseiou 1, Nikosia, Tel. 22 86 58 64, Fax 22 30 31 48).

Sie fertigt die traditionsreichen Spitzen: eine Stickerin in Páno Léfkara.

Holzschnitzereien

Wer sich für Holzschnitzereien, u. a. die traditionellen Holztröge (Vournes), Brotbretter (Sanides) und Holztruhen, interessiert, findet dieses Handwerk noch im Tróodos-Dorf Moutoullás (► Kalopanagiótis). Leider ist das **Kupferschmiede-Handwerk** fast ausgestorben, trotzdem kann man in einigen Läden der großen Städte, u. a. in Limassol und Nikosia, schöne Kupferschmiedearbeiten erwerben. Preiswert sind auch Koffer und Reisetaschen, die in allen Touristenzentren angeboten werden, sowie Schuhe von guter Qualität.

Koffer, Reisetaschen ►

Sprache

Verständigung

Zypern stand über 80 Jahre unter britischer Kolonialherrschaft und heute wird Englisch in Südzypern ab der vierten Grundschulklasse unterrichtet. So kommt der Besucher (in Südzypern) mit Englisch fast überall gut zurecht. Auf dem Land und in Nordzypern ist es gut, wenigstens über einige Grundkenntnisse der neugriechischen bzw. türkischen Sprache zu verfügen.

Ortsnamen

Es gibt keine allgemein verbindlichen Richtlinien für die Umschrift der griechischen Buchstaben ins lateinische Alphabet. Ein Problem sind daher u. a. die verschiedenen Schreibweisen für ein und denselben Orts- und Straßennamen, obwohl eine Vereinheitlichung in den letzten Jahren angestrebt wurde. Die Ursachen für die Probleme der Ortsnamen in Nordzypern liegen tiefer. Die Zyperngriechen akzeptieren die türkischen Ortsnamen nicht bzw. halten an den alten griechischen fest. Diese helfen den Reisenden in Nordzypern aber nicht, da hier nur die türkischen Bezeichnungen in Gebrauch sind. In diesem Reiseführer werden meist beide Ortsnamen genannt. In den Fällen Nikosia (griech. Lefkosía, türk. Lefkoşa), Famagusta (griech. Ammochostos, türk. Gazimağusa), Limassol (griech. Lemesós), Kyrénia (türk. Girne) und Mórfou (türk. Güzelyurt) nennen wir zuerst deren neutrale, international geläufige Namen.

Griechisch

Die Sprache im Süden Zyperns ist ein griechischer Dialekt, der je nach Region der Insel unterschiedliche Ausprägung hat. Im zyprischen Dialekt wird beispielsweise das kappa (k) wie tsch gesprochen, so wird das Kloster Kýkko wie Tschýkko ausgesprochen. Dieser Dialekt ist selbst für Griechen vom Festland gewöhnungsbedürftig. Eingeflochten in die Sprache sind viele altgriechische sowie türkische und italienische Wörter, die ihr etwas Altertümliches verleihen. Dass auf Zypern, wie in vielen mediterranen Ländern, die Gebärdensprache sehr reichhaltig ist, lässt sich in jedem Gespräch mit Einheimischen beobachten. Für ein »Nein« reicht das Nachhintenwerfen des Kopfes, begleitet von einem Schnalzen mit der Zunge, oder das Hochziehen der Brauen, ein »Ja« wird durch leichtes Nicken angedeutet. Obwohl fast jeder Zypriote Englisch spricht, öffnen sich nicht nur Türen, sondern auch Herzen schneller, wenn der Besucher ein paar griechische oder türkische Wörter beherrscht. Die hier verwendete Umschrift erfolgt nach einer auch von der UNO verwendeten Transliterationstabelle.

SPRACHFÜHRER GRIECHISCH

Griechisches Alphabet

Buchstaben	Umschrift	Aussprache
Α α (alfa)	a	a
Β β (wita)	v	w
Γ γ (ghamma)	g	gh, vor e und i: j
Δ δ (dhelta)	d	dh (wie in engl. »that«)
Ε ε (epsilon)	e	kurzes e
Ζ ζ (sita)	z	stimmhaftes s
Η η (ita)	i	i
Θ ϑ, θ (thita)	th	th (wie in engl. »thing«)
Ι ι (iota)	i	i
Κ κ (kappa)	k	k
Λ λ (lamvda)	l	l
Μ μ (mi)	m	m
Ν ν (ni)	n	n
Ξ ξ (xi)	x	ks
Ο ο (omikron)	o	o
Π π (pi)	p	p
Ρ ρ (rho)	r	r
Σ σ, ς (sigma)	s	stimmloses s
Τ τ (tav)	t	t, nach d: d
Υ υ (ipsilon)	y	i
Φ φ (fi)	f	f
Χ χ (chi)	ch	vor a, o, u wie in »ach«; vor e, i wie in »ich«
Ψ ψ (psi)	ps	ps
Ω ω (omega)	o	o

Buchstabenkombinationen

αι	e	e
γγ	ng	ng
ει	i	i
ευ	ev/ef	ev/ef
μπ	b	b (am Wortanfang)

ντ	d	d (am Wortanfang)
ντ	nt	nd (im Wortinneren)
οι	i	i
ου	ou	u

Das Allerwichtigste

der/die/das	i/i/to	o/n/to
Ja/Nein	nä/óchi	Ναί/Όχι
Vielleicht	'issos	Ίσως
Bitte	paraka'lo	Παρακαλώ
Danke (sehr)	äfchari'sto (pol'i)	Ευχαριστώ (πολύ)
Entschuldigung!	si'njomi!	Συγγνώμη!
Ich verstehe Sie nicht.	ðä sass katala'wäno. paraka'lo.	Δε σας καταλαβαίνω. παρακαλώ.
Sprechen Sie …	mi'late …	Μιλάτε …
Deutsch?	jermanik'a?	γερμανικά;
Englisch?	angglik'a?	αγγλικά;
Ich möchte …	'θälo …	Θέλω …
Haben Sie … ?	'ächätä … ?	Έχετε …;
Wie viel kostet es?	'posso ko'stisi?	Πόσο κοστίζει;
Wie viel Uhr ist es?	ti 'ora 'inä?	Τι ώρα είναι
Heute/Morgen	'simära/'awrio	Σήμερα/Αύριο

Grüßen

Guten Morgen!	kali'mära (su/sas)!	Καλημέρα (σου/σασ)!
Guten Tag!	kali'mära!/'chärätä!	Καλημέρα/Χαίρετε!
Guten Abend!	kali'spära!	Καλησπέρα!
Gute Nacht!	kali'nichta!	Καληνύχτα!
(allgemeiner Gruß)	'jassas!	Γειά σας!
Hallo! Grüß dich!	'jassu!	Γειά σου!
Danke. Und Ihnen/dir?	äfchari'sto. äs'sis/äs'si?	Ευχαριστώ. Εσείς/Εσύ;
Auf Wiedersehen!/Tschüs!	a'dio!/'jassu!	Αντίο/Γειά σου!

Zahlen

0	mi'ðän	μηδέν	8	o'chto	οχτώ
1	'äna	ένα	9	ä'näa	εννέα
2	'ðio	δύο	10	'ðäka	δέκα
3	'tria	τρία	11	'ändäka	ένδεκα
4	'tässära	τέσσερα	12	'ðoðäka	δώδεκα
5	'pändä	πέντε	100	'äka'to	εκατό
6	'äksi	έξι	1000	'chilia	χίλια
7	ä'fta	εφτά			

Auskunft unterwegs

links/rechts	aristä'ra/ðäks'ja	αριστερά/δεξιά
geradeaus	efθia	ευθεία
nah/weit	ko'nda/makri'a	κοντά/μακριά
Ist das die Straße nach …?	'Ine af'tos o 'dromos ja… ?	Είναι αυτός ο δρόμος γιά;

Wichtige Aufschriften

ΑΝΔΡΩΝ	Herren	ΓΥΝΑΙΚΩΝ	Damen
ΕΙΣΟΔΟΣ	Eingang	ΕΞΟΔΟΣ	Ausgang
ΚΛΕΙΣΤΟ	Geschlossen	ΑΝΟΙΧΤΟ	Offen
ΤΑΧΥΔΡΟΜΕΙΟΝ	Post	ΤΡΑΠΕΖΑ	Bank
ΝΟΣΚΟΜΕΙΟΝ	Krankenhaus	ΦΑΡΜΑΚΕΙΟΝ	Apotheke
ΜΟΝΗ	Kloster	ΟΔΟΣ	Straße
ΤΟΧΛΕΤΤΑ	Toilette		

Einkaufen

Wo finde ich …?	pu θa wro …?	Πού θα βρω …;
eine Apotheke	'ena farma'kio	ένα φαρμακείο
eine Bäckerei	'ena artopo'lio	ένα αρτοπολείο
ein Lebensmittelgeschäft	'ena ka'tastima tro'fimon	ένα κατάστημα τροφίμων
den Markt	tin ajo'ra	την αγορά

Arzt

Können Sie mir einen guten Arzt empfehlen?	bo'ritä na mu siss'tissätä 'änan ka'lo ja'tro?	Μπορείτε να μου συστήσετε έναν καλό γιατρό;
Ich habe hier Schmerzen.	'ächo 'ponnus ä'ðo.	Έχω πόνους εδώ.

Essen gehen (Speisen bei ► Essen und Trinken)

Messer	ma'chäri	μαχαίρι
Gabel	pi'runi	πηρούνι
Löffel	ku'tali	κουτάλι
Prost	Jamas	Γαμας

Übernachten

das Hotel	to ksänoðo'chion	to ξενοδοχείor
die Pension	i pan'sjon	n πανσιόν
die Nacht	i 'nichta	γ νύχτα;

der Tage	i 'märäs	γ μέρα
die Woche	i wðo'maða	γ βδομάδα;
Frühstück	proi'no	πρωινό;
Halbpension	'mäna 'jäwma	μένα γεύμα;
die Rechnung	to logariasmos	το λοαρίασμός

Post

Was kostet …	'posso ko'stisi …	Πόσο κοστίζει …
… ein Brief …	… 'äna 'gramma	… ένα γραμμα
… eine Postkarte …	… mja 'karta	… μια κάρτα
… nach Deutschland/ Österreich/Schweiz?	… ja ti järma'nia/ afs'tria/elwe'tia?	… γιά τη Γερμανία / Αυστρία/Ελβετία;
Eine/zwei Briefmarken, bitte.	'äna/'ðio grammat'osimo/ grammat'osima, paraka'lo.	Ένα/δύο γραμματόσημο / γραμματόσημα, παρακαλώ.

Türkisch

Türkisch

Amts- und Umgangssprache ist das Türkische, der westlichste Ausläufer der türkisch-tatarischen Sprachfamilie. Man nimmt an, dass die türkische Sprache mit den ural-altaischen Sprachen verwandt ist, die nicht zur Gruppe der indoeuropäischen Sprachen gehören.

Zur Erleichterung der Aussprache:
ı nur angedeutetes »e« wie in »bitt**e**n, dank**e**n«, Bsp.: ırmak
c wie in »**Dsch**ungel« oder engl. Aussprache von »**J**ohn«, Bsp.: cam
ç wie in »**Tsch**eche«, deu**tsch**«, Bsp.: çan
h wie in »Ba**ch**, no**ch**«, Bsp.: hamam
ğ »Dehnungs-g«, wird nicht ausgesprochen. Entspricht deutschem »Dehnungs-h« in »Za**h**n«, Bsp.: yağmur
j wie in »Gara**g**e, Lo**g**e«, Bsp.: jilet
ş wie in »**sch**ön, Ti**sch**«, Bsp.: şeker
v wie in »**W**asser, **V**ioline«, Bsp.: vermek
y wie in »**j**eder«, Bsp.: yok
z wie in »le**s**en, rei**s**en«, Bsp.: deniz

SPRACHFÜHRER TÜRKISCH

Auf einen Blick

Ja/Nein	Evet./Hayır.
Bitte/Danke	Lütfen./Teşekkür ederim.

Entschuldigung!	Afedersiniz!/Özür dilerim.
Wie bitte?	Efendim?/Nasıl?
Ich verstehe Sie/dich nicht.	Sizi/Seni anlayamıyorum.
Ich spreche nur wenig ...	Biraz ... konuuyorum.
Können Sie mir bitte helfen?	Lütfen bana yardım eder misiniz?
Ich möchte ...	... istiyorum.
Haben Sie ... ?	Sizde ... var mı?
Wie viel kostet es?	Bu kaça?
Wie viel Uhr ist es?	Saat kaç?

Kennenlernen

Guten Morgen!	Günaydın!
Guten Tag!	Iyi günler!/Merhaba!
Guten Abend!	Iyi akamlar!
Hallo! Grüß dich!	Merhaba!/Selâm!
Wie ist Ihr Name, bitte?	Isminiz nedir?/Adınız nedir?
Mein Name ist ...	Ismim ...
Wie geht es Ihnen/dir?	Nasılsınız?/Nasılsın?
Danke. Und Ihnen/dir?	Teekkür ederim. Siz nasılsınız?/ Sen nasılsın?
Auf Wiedersehen!	Allaha ısmarladık!
Tschüss!	Eyvallah!/Hoça kal!

Unterwegs

Auskunft

links/rechts	sol/sa
geradeaus	doru
nah/weit	yakın/uzak
Wie weit ist das?	ne kadar uzaklıkta?
Ich möchte für zwei Tage ... mieten.	Iki günlüüne ... kiralamak istiyorum.
... einen Wagen ...	... bir araba ...
... ein Fahrrad ...	... bir bisiklet ...
Bitte, wo ist ... ?	Affedersiniz, ... nerede?
Zum ... Hotel.	... oteline.

Einkaufen

Wo finde ich ... ?	Nerede ... bulabilirim?
... eine Apotheke	... eczane ...
... eine Bäckerei	... fırın, ekmekçi ...
... ein Lebensmittelgeschäft	... bakkal, gıda satı maazası ...
... den Markt	... pazar/çari ...

Arzt

Können Sie mir einen guten Arzt empfehlen?	Bana iyi bir doktor tavsiye edebilir misiniz?
Ich habe Kopfschmerzen.	Benim baım arıyor.
Ich habe Fieber.	Ateim var.
Ich habe hier Schmerzen.	Buram arıyor.

Post

Was kostet ...	Bir ... kaça gidiyor?
... ein Brief ...	... mektup ...
... eine Postkarte ...	... posta kartı ...
... nach Deutschland?	... Almanyá ya?

Zahlen

1	bir	8	sekiz
2	iki	9	dokuz
3	üç	10	on
4	dört	11	on bir
5	beş	12	on iki
6	altı	100	yüz
7	yedi	1000	bin

Türkische Speisen

Ayran	mit Wasser vermischter Joghurt
Baklava	süßes, pastetenartiges Gebäck
Balık Füme	Räucherfisch
Biber Dolması	gefüllte Paprikaschoten
Burma Sarık	süße Nachspeise (»gedrehter Turban«)
Cacık	Gurkensalat
Çerkez Tavuu	Huhn auf Tscherkessenart
Döner Kebabı	gebratenes Lamm- oder Hammelfleisch
Düün Çorbası	Hochzeitssuppe
Güllaç	gefüllte Waffeln
Hamsı Tava	gebratene Sardellen
Hünkâr Beendi	Fleischgulasch mit Püree aus Auberginen (»Seiner Majestät hat es geschmeckt«)
Hurma Tatlısı	süße Nachspeise
Iç Pilâv	Reis mit Gewürzen, Rosinen und Pistazien
Imam Bayıldı	Auberginen, Zwiebeln, Tomaten und Olivenöl, kalt (»Der Imam fiel in Ohnmacht«)
Ikembe Çorbası	mit Ei legierte Suppe aus fein geschnittenen Kutteln

Kabak Dolması	mit Reis und Fleisch gefüllter Kürbis
Kabak Kızartması	gebratene Kürbisscheiben
Kabak Tatlısı	mit Zucker gekochter Kürbis
Kadın Budu	mit Ei panierte, gebackene Hackfleischklöße (»Frauenschenkel«)
Kadın Göbei	süße Nachspeise (»Frauennabel«)
Kılıç i	gebratener Schwertfisch
Kuzu Dolması	Lammbraten mit gewürztem Reis
Midye Dolması	mit gewürztem Reis gefüllte Muscheln
Revani	mit Sirup getränkte Grießspeise
Patlıcan Kızartması	gebratene Auberginen
Piyaz	Salat aus Bohnenkernen mit hart gekochten Eiern und Zwiebeln
i Kebabı	Fleischspießchen (Schaschlik)
Su Börei	Pastete aus Strudelteigblättern, gefüllt mit gehacktem Fleisch oder geriebenem Käse
Tarama	Fischrogen
Vezir Parmaı	gebackene süße Nachspeise (»Wesirfinger«)
Zeytinyalı Patlıcan Dolması	mit Olivenöl zubereitete und mit Reis gefüllte Auberginen

Übernachten

Hotels

Die Hotels in **Südzypern** sind mit einem bis fünf Sternen klassifiziert und entsprechen internationalem Standard. Im Übernachtungspreis sind Frühstück, Service und alle Steuern enthalten. Die Preise sind amtlich genehmigt und hängen in den Zimmern aus. In der Nebensaison (an der Küste von November bis März, in den Bergen von Oktober bis Juni) sind Preisminderungen von 20 bis 50 % möglich, wobei die höchsten Ermäßigungen im Januar und Februar zu verzeichnen sind. Ein Hotelverzeichnis erhält man bei der Fremdenverkehrszentrale (► Auskunft S. 87). Während der Hauptsaison ist es schwierig, ohne vorherige Anmeldung ein Hotelzimmer zu finden. Buchungen sind auch beim zyprischen Hotelverband und bei

i Preiskategorien Hotels

- 2 Personen im Doppelzimmer mit Bad und Frühstück:

Günstig	bis 60 Euro
Komfortabel	von 60 bis 120 Euro
Luxus	über 120 Euro

INFORMATIONEN

SÜDZYPERN

- **Cyprus Hotel Association**
  Lárnaka International Airport
  Tel. 24 64 31 86, Fax 24 64 30 58

- **Cyprus Hotels**
  P. O. Box 40218, Lárnaka
  Tel. 24 66 54 08, Fax 24 62 74 89
  info@cyprus-hotels.com
  www.cyprus-hotels.com
  (Detaillierte Darstellung mit Preisangaben und Bildern)

- **Cyprus Youth Hostels Association**
  34 Th Theodotu Street
  P. O. Box 24040
  1700 Nikosia
  Tel. 22 67 00 27 oder 22 67 55 74
  Fax 22 67 28 96
  montis@logos.cy.net
  Auskunft auch unter
  www.hostelsclub.dom

- **Deutsches Jugendherbergswerk**
  Bismarckstr. 8
  32756 Detmold
  Tel. 0 52 31/74 01-0
  www.djh.de

- **Cyprus Agrotourism Company**
  Leoforos Lemesou 19
  P. O. Box 24535
  1390 Nikosia
  Tel. 22 34 00 71, Fax 22 33 97 23
  helpdesk@agrotourism.com.cy
  www.agrotourism.com.cy

- **Cyprus Villas**
  P. O. Box 40218, Lárnaka
  Tel. 24 33 29 98
  info@cyprus-villas.com
  www.cyprus-villages.de
  Vermittelt ausgesuchte Landhäuser

NORDZYPERN

- **Northern Cyprus Hoteliers Association**
  Kordonboyu Street Kordon Apt., Floor 3
  Kyrénia/Girne
  Mersin 10 Turky
  Tel. 815 87 58
  Fax 815 80 52
  mail@northcyprus.net
  www.northcyprus.net

JUGENDHERBERGEN

- **Nikosia**
  Tefkrou Street 5 (nahe dem Freiheitsplatz)
  Tel. 22 6748 08 oder
  22 99 43 83 60

- **Lárnaka**
  Nikolaou Rossou 27 (nahe der Kirche Ágios Lazaros)
  Tel. 24 62 11 88

- **Páfos**
  Leoforos Eleftheriou Venizelou 37
  Tel. 26 93 25 88

- **Tróodos-Gebirge**
  Etwa 400 m außerhalb von Tróodos Richtung Kakopetriá
  Tel. 25 42 02 00

- **Westliches Tróodos-Gebirge**
  Im westlichen Tróodos-Gebirge gibt es in der Forststation Stavrós tis Psókas ein sog. Rest House, in dem sehr einfache Zimmer vermietet werden (bitte voranmelden, Tel. 26 99 91 44 oder 26 35 23 24).

CAMPINGPLÄTZE

- **Governors Beach Camping Site**
  Östlich von Limassol
  Tel. 25 63 28 78, Fax 25 63 28 78

► **Geroskipoú Zenon Gardens Camping Site**
Bei Páfos
Tel. 26 94 22 77

► **Pólis Camping Site**
Bei Pólis, Akámas-Halbinsel
Tel. 26 81 50 80
Fax 26 81 50 81

► **Feggari Camping Site**
Nahe Coral Bay
nordwestlich von Páfos
Tel. 26 62 15 34

der Organisation Cyprus Hotels möglich. Es gibt auch nichtklassifizierte Hotels und sog. Guest Houses, in der Regel einfache Quartiere. Ferienwohnungen und Apartments sind für Familien oft eine preiswerte Alternative. Apartments sind in vier Kategorien (de luxe, A, B, C) eingeteilt und teilweise ebenfalls im Unterkunftsverzeichnis aufgeführt. Auch die örtlichen Fremdenverkehrsämter helfen bei der Vermittlung.

◄ Ferienwohnungen, Appartements

Nordzypern verfügt über ca. 12 000 Hotelbetten. Auch hier sind die Häuser mit einem bis fünf Sternen versehen. Die Preise sind meist etwas günstiger als im Süden und auch hier gewähren die Hoteliers außerhalb der Saison Preisnachlässe bis zu 50 %. Dazu gibt es gute und preiswerte Pensionen, Bungalowanlagen und Apartments. Die meisten liegen um Kyrénia/Girne und Famagusta/Gazimağusa. Das Hotelverzeichnis »Cyprus Hotel and Tourist Service« gibt es bei der Fremdenverkehrszentrale (►Auskunft).

Agrotourismus

Das ursprüngliche Zypern lernt man am besten in einem der **landestypischen Dorfhäuser** im Landesinnern kennen. Diese mit Unterstützung der Fremdenverkehrszentrale CTO restaurierten sog. Traditional Houses sind als Hotel oder Hotel-Apartment klassifiziert und zu mieten. Einen Überblick über alle Häuser in Südzypern vermittelt die reich bebilderte Broschüre »Agrotourismus – Traditionelle Ferienhäuser«. Man erhält sie bei der Fremdenverkehrszentrale (►Auskunft).

Jugendherbergen und Rest Houses

Um in einer Jugendherberge Südzyperns (im Norden gibt es keine) zu wohnen ist ein Jugendherbergsausweis vonnöten bzw. es kann eine Besucherkarte vor Ort ausgestellt werden. Die Jugendherbergen sind ganzjährig geöffnet und bieten auch Kochmöglichkeiten. Die Übernachtung kostet zwischen 7 und 10 € (ohne Frühstück).

Camping

Freies Campen ist in Südzypern nicht erlaubt. Die Campingplätze unterstehen der Cyprus Tourism Organisation (CTO). Die Preise liegen zwischen 2 und 4 € am Tag für Zelt oder Caravanaufstellung, dazu 2 bis 3 € für die Nutzung der Sanitäranlagen. Informationen über die Öffnungszeiten erhält man bei der Fremdenverkehrszentrale (►Auskunft) oder vor Ort. In Nordzypern ist freies Camping erlaubt; Campingplätze gibt es bei Famagusta und Kyrénia.

Urlaub aktiv

Eldorado für sportliche Besucher

Dank der abwechslungsreichen Naturlandschaften auf kleinem Raum und 340 Sonnentagen ist Zypern ein Dorado für Aktivurlauber. Vor allem Wassersportler kommen auf ihre Kosten.

Angeln ►

Das Angeln von Süßwasserfischen in Stauseen ist erlaubt. Eine Angelausrüstung kann man in den Städten und in einigen Hotels erwerben. Eine gebührenpflichtige Genehmigung (ca. 20 €) bekommt man in den Büros des Departments of Fisheries in Nikosia, Lárnaka, Limassol, Páfos und Paralímni. Angling Tours of Cyprus in Limassol bietet auch Tagestouren für Angler an. Im Meer darf jeder angeln. Das Fischerei-Department verkauft eine bunt bebilderte Broschüre in Englisch mit allen notwendigen Informationen.

Golf

Die erst in den letzten Jahren angelegten Golfplätze **Südzyperns** gehören zu den besten im Mittelmeerraum. Der **Tsáda Golf Club**, 12 km nördlich von Páfos, liegt in einem stillen Hochtal auf 550 m Höhe auf dem Gebiet eines mittelalterlichen Klosters, der **Secret Valley Golf Club** 18 km östlich von Páfos. Der **Aphrodite Hills Golf Club** auf grünen Hügeln nahe den Felsen der Aphrodite ist der jüngste Golfplatz Zyperns. Bei Pareklisía nahe Limassol ist der **Elias Beach Country Club** zu finden. Besonders preisgünstig ist der 20 km von Limassol entfernte **Vikla Country Club** bei Kelláki. In **Nordzypern** gibt es in Gemikonaği bei Lefke den 7-Loch **CMC-Golf-Club**.

! *Baedeker* TIPP

Rallye und Marathon für Zweiradfans

Jedes Jahr im März findet der Páfos-Marathon statt (voll, halb und 10 km), an dem jeder teilnehmen kann. In den Bergregionen wird im Mai oder Juni die Zypern-Rallye veranstaltet, an der häufig bekannte Ralley-Fahrer teilnehmen. Nähere Informationen dazu gibt es beim Fremdenverkehrsamt oder unter www.ultrasports pafosmarathon.com und www.cyprusrally.org.cy.

Egal, ob ambitionierte Sportler, Mountainbiker oder Freizeitradler, die spezielle Inseltopografie bietet **Radfans** eine große Auswahl an verschiedenen Routen. Aber Vorsicht, es herrscht Linksverkehr! In fast allen größeren Orten kann man in den Hotels oder bei Verleihfirmen Fahrräder mieten (zwischen 8 und 20 € am Tag). Eine besonders schöne Radfahrregion ist die Gegend um Pólis. Dort bieten sich für Freizeitradler Möglichkeiten, auf ebenen Straßen Richtung Bäder der Aphrodite oder in die entgegengesetzte Richtung nach Pachíamos zu fahren, Mountainbiker können sich auf die Akámas-Halbinsel und in die Ausläufer des Tróodos begeben. Direkt am Dorfplatz von Pólis befindet sich der Fahrradanbieter Jannis Petridis, Tel. 26 32 15 78. Mehrmals im Jahr werden auf Zypern internationale Mountainbikerennen veranstaltet, bei denen jeder mitmachen kann. Vom Fremdenverkehrsamt CTO gibt es eine Broschüre »Zypern, Fahrradrouten« mit rund 40 Routenvorschlägen.

Reiten wird bei Zypern-Urlaubern immer beliebter. Reitställe gibt es u. a. in Kalavassós (bei Lárnaka), Limassol, Agía Nápa und Protarás sowie in Páfos. **Reiten**

INFORMATIONEN AKTIVURLAUB

▶ Angeln

Ministry of Agriculture and Natural Resources
Fisheries Department
Aiolou 13, Nikosia
Tel. 22 80 78 30 und 22 80 78 61
Fax 22 77 59 55
http:/fishing.agrino.org und
www.smiley.cy.net/basspro

▶ Golf

Secret Valley Golf Club und
Tsáda Golf Club
Tel. 26 64 27 74
www.cyprusgolf.com

Aphrodite Hills Golf Club
Tel. 26 81 87 00
www.aphroditehills.com

Elias Beach Country Club
Tel. 25 63 60 00
www.eliasbeach.com

Vikla Country Club
Tel. 25 62 28 94
www.viklagolf.net

▶ Radfahren

Cyprus Cycling Federation
Kimonos Street 1, Nikosia
Tel. 22 66 33 44
Fax 22 66 11 50
ccf@cytanet.com.cy

Einige Radvermieter:
Cyprus Villages Bike Centre,
Tóchni, Tel. 24 33 29 98
www.cyprus-villages.com
www.bikecyprus.com

Thomas Wegmüller Sstw Ltd
Hawai Grand and Resorts,
Limassol, Tel. und Fax 25 63 40 93
wegmueller@cytanet.com.cy

The Aliathon Holiday Village Bike Centre, Poseidonos Av., Páfos
Tel. 26 96 44 00
www.aliathonvillage.com

▶ Skifahren

Cyprus Ski Club
Nikosia
Tel. 22 67 53 40, Fax 22 66 96 81
www.cyprusski.com

▶ Reiten

Informationen über Reitställe:
www.windowoncyprus.com und weiter auf Riding klicken.

▶ Tauchen

Cyprus Federation of
Underwater Activities
P. O. Box 21503
1510 Nikosia
Tel. 22 75 46 47, Fax 22 75 52 46

Scuba Diving Center Amphora
Yavuz Cikarma Plaji
Tel. 851 49 24, Fax 228 28 41
www.amphoradiving.com

▶ Tennis

Cyprus Tennis Federation
Nikosia, Tel. 22 66 68 22
www.cyprustennis.com

▶ Wandern

Siehe S. 123

Bungeejumping Das Zentrum des Bungeejumping ist Agía Nápa mit mehreren Bungeekränen, u. a. auch am Nissi Beach. Der Luna Park von Agía Nápa besitzt einen »Sling-Shot«, hier wird ein Doppelsitz zwischen zwei Kränen in den Himmel befördert. Die Anlage »Skycoster« lässt den freien Fall in Bauchlage genießen.

Segeln Zypern bietet ganzjährig ideale Bedingungen zum Segeln. Die größten Jachthäfen sind in Lárnaka, Limassol und Páfos. Die Marinas in Lárnaka und Limassol verfügen über Reparatur- und Versorgungsanlagen. Segel- und Motorjachten können in allen größeren Touristenorten gemietet werden.

Ski fahren Die besten Skimöglichkeiten bieten sich im Tróodos-Gebirge zwischen Januar und März. Auf dem höchsten Berggipfel, dem Olympos (1951 m ü. d. M.), gibt es vier Skilifte und Langlauf-Loipen. Der zyprische Skiclub verleiht Skiausrüstungen.

Tennis Öffentliche Tennisplätze gibt es in allen größeren Städten. Viele Hotels vermieten Tennisplätze nicht nur an die eigenen Gäste.

Wassersport Viele Hotels und private Anbieter an den öffentlichen Stränden verleihen Surfbretter, Wasserski, See-Kajaks, Tauchgeräte, Schnorchelbrillen sowie Segel- und Motorboote; ferner organisieren sie Bootsausflüge. Am besten ausgerüstet sind die Strände von Geroskípou, Limassol, Agía Nápa und Lárnaka. Trotz geringer Vielfalt an Meeresfauna und -flora ist Zypern wegen seines kristallklaren Wassers ein beliebtes Tauchreiseziel. Tauchschulen und -stationen gibt es in allen Badeorten Zyperns. Die schönsten Tauchgründe findet man in den kleinen Buchten bei Agía Nápa am Kap Gréko. Sehr reizvoll sind Tauchgänge bei Lárnaka, wo die Wracks des 197 m langen Frachters »Zenobia« und des britischen Kriegsschiffes »H. M. S. Cricket« auf dem Meeresgrund liegen. Eine Dekompressionskammer gibt es im Krankenhaus von Lárnaka, ein vollständiges Verzeichnis aller Tauchschulen Südzyperns bei Cyprus Federation of Underwater Activities. Auch in Nordzypern gibt es Tauchschulen, z. B. Scuba Diving Center Amphora in Alsancak bei Kyrénia/Girne. Achtung: Es ist verboten, Antiquitäten oder Schwämme vom Meeresboden zu entfernen!

Tauchen ▸

Idylle auf der Akámas-Halbinsel

Wandern

Zypern bietet unzählige Wandermöglichkeiten. In **Südzypern** hat die CTO (Cyprus Tourism Organisation) in Zusammenarbeit mit dem Forestry Department Naturlehrpfade verschiedener Schwierigkeitsgrade angelegt. Diese verlaufen durch die landschaftlich reizvollsten Regionen der Insel und sind mit Wegweisern versehen, die auf Pflanzen oder geologische Formationen hinweisen.

Seit wenigen Jahren führt auch der Europäische Fernwanderweg (E 4) durch Zypern. Dieser startet in Gibraltar und zieht sich durch Europa hindurch bis nach Kreta und Zypern. In Zypern verbindet er die beiden internationalen Flughäfen Lárnaka und Páfos miteinander, verläuft durch das Tróodos-Gebirge und über die Akámas-Halbinsel. Nordzypern berührt er derzeit noch nicht.

> ! *Baedeker* TIPP
>
> **Vorsicht vor Jägern!**
>
> In der Jagdsaison (November bis April) sind sonntags und mittwochs Jäger unterwegs. Auch wenn in der Nähe von Naturlehrpfaden offiziell nicht geschossen werden darf, sollte man sich als Wanderer an diesen Tagen bemerkbar machen.

Die CTO-Broschüre »European long Distance Path E 4 and other Nature Trails« informiert über den Fernwanderweg sowie über die Naturlehrpfade. Diese ist beim Zyprischen Fremdenverkehrsamt in Frankfurt (► Auskunft) zu erhalten oder vor Ort bei den lokalen Touristeninformationen. Außerdem gibt es eine Broschüre »Die Wanderwege Zyperns« und spezielle Broschüren über Wanderwege im Tróodos-Gebirge (siehe auch: www.visitcyprus.org.cy).

Geführte Wanderungen im Tróodos-Gebirge – besonders schön im Frühjahr – bietet das Hotel Forest Park in Páno Plátres seinen Gästen. Wanderwochen mit deutschsprachigen Führern und Naturwanderungen mit verschiedenen Themen organisiert Christos Charalambous, Ecologia Tours, Tel. 26 94 88 08, www.wandern-zypern.de.

Die schönsten Wandergebiete in **Nordzypern** sind die Karpaz-Halbinsel und das Pentadáktylos/Beşparmak-Gebirge, hier verläuft u. a. ein fast 50 km langer Höhenweg entlang dem Gebirgskamm. Die Mountain Climbing Sport Association organisiert geführte Wanderungen (Mustfa Cemal, Tel. 05 42 851 18 00, www.tourism.trnc.net). Geführte Tageswanderungen bietet auch die unter deutscher Leitung stehende Reiseagentur Kaleidoskop Turizm in Kyrénia/Girne an (► Auskunft S. 87).

Verkehr

Straßenverkehr • Linksverkehr

Verkehrsregeln

In Zypern herrscht Linksverkehr. Vorfahrt hat, wenn nicht anders ausgeschildert, wer von rechts kommt. Es gelten die internationalen

Verkehrsregeln. Die Hauptverbindungsstraßen sind in einem guten Zustand. Auch Nebenstraßen sind asphaltiert und mit dem Auto befahrbar. Die meisten Wegweiser und Straßennamen sind zweisprachig, englisch und griechisch bzw. türkisch.
Die Höchstgeschwindigkeiten betragen auf Autobahnen 100 km/h, 80 km/h außerhalb und 50 km/h in Ortschaften. Es besteht Gurtpflicht (auf Vorder- und Rücksitzen). Kinder unter fünf Jahren dürfen nicht vorne sitzen. Beim Motorradfahren herrscht Helmpflicht. Die Promillegrenze liegt bei 0,9, in Nordzypern bei 0,0.

Tankstellen Das Tankstellennetz ist dicht. In Südzypern sind Tankstellen Mo. – Fr 6.00 – 19.00 (im Winter 18.00), Mi. 6.00 – 14.00 (Distrikt Nikosia), Do. 6.00 – 14.00 (Distrikt Limassol, Lárnaka, Páfos und Famagusta), Sa. 6.00 – 15.00 Uhr geöffnet (außerhalb dieser Öffnungszeiten kann man an großen Tankstellen mit Bargeld oder Kreditkarte an Automaten tanken. Ein Liter Super kostet zurzeit ca. 0,96 €, Diesel ca. 0,88 €, in Nordzypern etwas mehr.

Benzinpreise ►

Mietwagen

Formalien Wer einen Wagen oder ein Motorrad mieten möchte, muss mindestens 21 Jahre alt sein und ein Jahr Fahrpraxis vorweisen können. Der nationale Führerschein reicht aus. Eine Kreditkarte als Kaution ist unerlässlich. Mietwagenfirmen findet man in größeren Städten und auf den Flughäfen. Bei den internationalen Autovermietern ist es meist günstiger, das Fahrzeug bereits von zu Hause aus zu mieten. Günstiger sind in der Regel einheimische Anbieter.
Eine Liste örtlicher Mietwagenagenturen bekommt man beim Fremdenverkehrsamt. Mietwagen sind leicht am roten Nummernschild mit dem Anfangsbuchstaben »Z« zu erkennen (das ihnen auch die Bezeichnung »Z-Cars« beschert hat.

i Mietwagen

- Mit Mietwagen aus Südzypern kann die gesamte Insel befahren werden, d. h. auch der Norden. Allerdings sollte man sich vorher beim Vermieter erkundigen, da nicht alle Firmen bereit sind, ihr Auto im Norden fahren zu lassen. Am Übergang in den Norden muss eine zusätzliche KFZ-Versicherung abgeschlossen werden, die jedoch keine Schäden am eigenen Auto und Personenschäden deckt! Mietautos aus dem Norden dürfen aus versicherungstechnischen Gründen im Inselsüden nicht gefahren werden (siehe Anreise, S. 84).

Finanziell auf der sicheren Seite ist, wer bei der Haftpflichtversicherung die Selbstbeteiligung durch eine **Zusatzversicherung** ausschließt und zusätzlich eine Vollkaskoversicherung abschließt (CDW, Collison Damage Weaver). Und noch etwas: Auf Zypern sollte man das Mietauto unbedingt vollgetankt zurückgeben, ansonsten kann es passieren, das mehr Sprit zum Auftanken berechnet wird, als der Wagen eigentlich fassen kann.

Privat- und Sammeltaxi

Privattaxi

Taxifahren ist erschwinglich, die Tarife sind staatlich festgelegt, Wartezeiten und viel Gepäck müssen extra bezahlt werden. Die Taxen im Süden und neuerdings auch die im Norden sind mit Taxameter ausgestattet. Im Zweifelsfall sollte man den Fahrpreis vor

UNTERWEGS AUF ZYPERN

AUTOMOBILCLUB

Der Automobilclub Cyprus Automobile Association (CAA) in Nikosia hilft bei Pannen und nennt günstige Abschlepp- und Reparaturfirmen. Dort erhält man auch Informationen über die Haftpflichtversicherung, die für das eigene Fahrzeug benötigt wird.
Cyprus Automobile Association
Chrysanthou Mylona 12
2014 Nikosia, Tel. 22 31 32 33
www.cyprusaa.org

AUTOVERMIETER

▶ **Avis**
Tel. 0 18 05/55 77 55
www.avis.de

▶ **Budget**
Tel. 0 18 05/24 43 88
www.budget.de

▶ **Europcar**
Tel. 0 18 05/ 80 00
www.europcar.de

▶ **Hertz**
Tel. 0 18 05/33 35 35
www.hertz.de

▶ **Sixt**
Tel. 0 18 05/25 25 25
www.e-sixt.de

▶ **Holidayautos.de**
Tel. 0 18 05/17 91 91
www.holidayautos.de

ÖRTLICHE AUTOVERMIETER

▶ **Südzypern**
Helen Court, Shop 6, Artemidos Avenue, Lárnaka, Tel. 24 62 36 17
www.demis.com.cy

Andreas Petsas & Sons, Leoforos Kostaki Pantelidi 24 A-B, Nikosia
Tel. 22 66 26 50
www.petsas.com.cy

Nova RentaCar in Agáa Nápa, in den Flughäfen Lárnaka und Páfos
www.rentacar-europe.com/cyprus

▶ **Nordzypern**
Sunrent a Car
Zafer apt. 20 Temmuz
Kordonboyu Avenue
Kyrénia/Girne
Tel. 815 23 02
info@sunrentacar.com

Oscar Car Rentals
P. O. Box 195
Kyrénia/Girne
Tel. 815 22 72 und 851 07 02
www.oscarrental.com

BUSSE UND SAMMELTAXIS

▶ **Inter City Buses**
Tel. 24 64 34 92 und 24 72 27 00
www.intercitybuses.com

▶ **Travel & Express Sammeltaxi**
Zentrale Rufnummer in Südzypern: Tel. 22 73 08 88 oder
77 77 74 74

dem Fahrtantritt vereinbaren. Nachtfahrten von 20.30 bis 6.00 Uhr werden ebenfalls mit einem Aufpreis berechnet. Taxifahrer erwarten 5 bis 10 % **Trinkgeld**.

Sammeltaxi

Sammeltaxen, auch Service- oder Linientaxis genannt, können vier bis acht Personen befördern. Sie verkehren von 6.00 bis ca. 18.00 Uhr alle halbe Stunde auf den vier Autobahnstrecken zwischen Lárnaka, Nikosia, Limassol und Páfos. An Samstagnachmittagen und Feiertagen ist der Verkehr stark eingeschränkt (7.00 – 17.00 Uhr). Da man immer nur den Preis für einen Sitzplatz, unabhängig von der Zahl der Mitreisenden zahlt, ist die Fahrt mit dem Sammeltaxi relativ preisgünstig. Man wird nach Vorbestellung an gewünschter Stelle abgeholt und am Zielort ebenfalls an jedem beliebigen Platz abgesetzt. Allerdings verkehren die Sammeltaxen nur zwischen den großen Städten. **Achtung**: Am Flughafen Lárnaka dürfen Sammeltaxen zwar Fahrgäste absetzen, aber keine abholen. In **Nordzypern** verbinden Sammeltaxen (Dolmus) und Busse nach festen Zeiten Nikosia, Kyrénia/Girne, Famagusta/Gazimağusa und Mórfou/Güzelyurt.

Busverkehr

Da es auf Zypern keine Eisenbahn gibt, sind Linienbusse das preisgünstigste Transportmittel, gefolgt von den Sammeltaxen. Die sog. Inter-City-Busse verkehren nicht nur zwischen größeren Städten und kleineren Ortschaften, sondern fahren häufig auch die nahe gelegenen Strände an. Gebirgsorte werden in der Regel nur einmal täglich angefahren. Zwischen den Dörfern verkehren gelegentlich noch dic alten Bedford-Busse, die nicht nur Passagiere, sondern auch Postsendungen und Gepäck transportieren. In **Nordzypern** verbinden Busse nach festen Zeiten Nikosia, Kyrénia/Girne, Famagusta/Gazimağusa und Mórfou/Güzelyurt. Allerdings ist der öffentliche Verkehr sonntags stark eingeschränkt.

? WUSSTEN SIE SCHON ...?

- Fernbusse verkehren weder sonntags noch samstagnachmittags. Stadtbusse fahren sonntags, allerdings seltener. An Feiertagen verkehren gar keine Busse. An Samstagnachmittagen und Feiertagen ist auch der Verkehr der Sammeltaxen stark eingeschränkt.

Nordzypern

Die sehr preisgünstigen Linienbusse verkehren auch in Nordzypern (nur bis 20.00 Uhr) zwischen allen größeren Orten. An den Busabfahrtsstellen kann man die genauen Abfahrtszeiten erfragen. In Nikosia/Lefkoşa befindet sich der zentrale Busbahnhof an der Kemal Asik Cad. in der Neustadt (neben dem Hotel Lapethos), von hier fahren Busse und Service-Taxen nach Kyrénia/Girne, Famagusta/Gazimağusa und Mórfou/Güzelyurt. In Famagusta befindet sich der Busbahnhof außerhalb der Mauern beim Atatürk-Denkmal an der Straße nach Nikosia (Gazi Mustafa Kemal Bul.) und in Kyrénia am Stadtrand abseits der Umgehungsstraße nach Nikosia.

Wein

Die Weinherstellung im Süden der Insel (in Nordzypern wird kaum Wein, Sarap, angebaut) wird gleichzeitig durch zwei Superlative gekennzeichnet: Zypern ist zum einen eines der ältesten Weinbauländer der Welt, zum anderen nimmt es weltweit mit seiner Traubenproduktion pro Kopf einen der ersten Ränge ein. Nicht zuletzt liegt dieser seit mehreren Jahrzehnten andauernde Erfolg an den fortschrittlichen Techniken der Weinherstellung. Ein Drittel aller in der Landwirtschaft tätigen Bauern lebt vom Weinbau. Wichtigste Anbauregionen sind die relativ niederschlagsreichen Südhänge des Tróodos-Gebirges, gefolgt von den Küstenebenen zwischen Limassol und Pólis.

Eines der ältesten Weinbauländer der Welt

◄ Baedeker Special S. 128

Die heimischen Rebsorten, die übrigens nie von der Reblaus heimgesucht wurden, sind der rote Mavro und der weiße Xynistéri.

Traubensorten

Der älteste Wein der Insel wurde im 12. Jh. von den Kreuzrittern gekeltert. Benannt nach ihrem Ordenshaus, der Kommende (lat. commandaría), stellten die Johanniter bei Kolóssi den Commandaría her: aus den roten Mavro-Trauben und den weißen Xynistéri-

Commandaria

Weintraubenernte in Südzypern

Weinkeller in Ómodos Auch heute werden die großen Tongefäße und alten Weinpressen noch genutzt.

EINFACH GÖTTLICH

Zypern ist eines der ältesten Weinanbaugebiete der Welt. Schon antike Dichter schwärmten vom zyprischen Rebensaft, bekannt unter dem Namen »Nama-Wein«. Im Mittelalter sorgte der Commandaria für Furore und zyprische Rebstöcke sollen neue Weinkulturen begründet haben. Zyperns Weinwirtschaft erlebte so manches Auf und Ab, doch kleinzukriegen war sie nie.

»Die Süße deiner Liebe ist wie zyprischer Wein«, flüsterte Marcus Antonius seiner Kleopatra ins Ohr, als er der ägyptischen Herrscherin Zypern zum Geschenk machte.

Schon lange vor dem 1. Jh. v. Chr. war der Traubensaft aus Zypern, einem der ältesten Weinanbaugebiete der Welt, über alle Maßen gepriesen worden. **Homer** besang im 8. Jh. v. Chr. den süßen zyprischen Wein, auch **Hesiod** schwärmte um 800 v. Chr. von diesem Tropfen (»Wenn ich mich erhebe, will ich entweder niedermetzeln oder meinen Durst mit zyprischem Wein stillen«), **Plinius** gar hielt ihn für den besten. Und bei den im Tempel König Salomons dargebrachten Gaben des jüdischen Hohepriesters durfte nie der berühmte Wein »Yen Cafrissin« aus Zypern fehlen. Die Weinwirtschaft auf der Insel florierte auch das ganze 1. Jahrtausend n. Chr. hindurch, doch erst durch die Kreuzzügler erfuhr Europa von dem süffigen, einem Göttertrank ähnlichen zyprischen Rebensaft, »der im Munde süß schmeckt, aber tötet, wenn er nicht durch Wasser gemäßigt wird«.

Angetan von diesem edlen Trunk war auch der englische König und Kreuzritter **Richard Löwenherz**. Noch Jahre nach seiner Zypern-Expedition im Jahr 1191, bei der er die Insel dem selbsternannten Kaiser Isaak Komnenos abgerungen hatte, hegte er den Wunsch, auf das Eiland zurückzukehren, »nur um den Wein dort wieder zu kosten«.

Wie Honig

Was Richard Löwenherz begeistert hatte und was Wilbrand von Oldenburg 1212 als so dickflüssig beschrieb, dass es »wie Honig mit Brot genossen wurde«, war wohl die Krone der zypriotischen Weinschöpfungen, ein süffiger roter Apéritif- und Dessertwein mit 15 % Alkoholgehalt, der, so alt wie die Mythen Zyperns, erst in der Zeit nach Löwenherz seinen noch heute gültigen Namen erhielt: **Commandaría**. Abgeleitet wurde dieser Name von der Großkomturei (commandaría) der Johanniter in Kolóssi, die hier in der fruchtbarsten Region der Insel ab dem 13. Jh. die besten Weinberge des südlichen Tróodos-Gebirges unterhielten. Die Herstellung des **süßen Weins** hatte bereits Hesiod 800 v. Chr. beschrieben: »Trauben zehn Tage in der Sonne liegen lassen, dann zehn Nächte, daraufhin fünf Tage im Schatten und weitere acht im Krug.«

Auch heute hat für die Herstellung des Commandaría Hesiods Anweisung Gültigkeit: Die vollreifen Trauben mit einem hohen Zuckergehalt werden zwei Wochen in die Sonne gelegt, um einen konzentrierten Zuckergehalt zu erzielen; nach dem abgeschlossenen Gärungsprozess reift der Wein dann mindestens zwei Jahre lang in Eichenfässern, die niemals völlig geleert werden, sodass ständig junger Wein mit jahrzehntealtem vermischt wird. An den Fürstenhöfen Europas galt der Commandaría seit den Kreuzzügen als ein Zeichen besonderer Lebensart, wurde er zum Synonym für Kultur und Aristokratie. Heute ist dieser in alle Welt exportierte Tropfen der einzige Wein auf Zypern, der die Qualitätsbezeichnung »Appellation contrôlée« tragen darf.

Ur-Champagner?

Doch nicht nur der Commandaría erfreute sich nach den Kreuzzügen allergrößter Beliebtheit, begehrt waren in Europa auch die zyprischen Weinstöcke, mit denen man einheimische Traubensorten auffrischte oder die als **Grundstock für neue Weinkulturen** dienten. Trauben von Zypern gelangten an den Rhein, nach Ungarn (Tokay) und Sizilien (Marsala). Auf Madeira soll damit im 14. Jh. der Weinbau begonnen worden sein.

Sorgte schon im Mittelalter für Furore: der Commandaría

Auch ist die Rede davon, sie hätten die ersten Champagner-Trauben getragen. So soll Graf Thibaut IV. de Champagne im 13. Jh. während seines Aufenthalts auf Zypern einen jungen einheimischen Adligen, dem wegen gefährlicher Liebeshändel die Hinrichtung drohte, vor dem Tod gerettet haben; der junge Zypriote begleitete daraufhin seinen Retter nach Frankreich – mit den edelsten Weinstöcken der Insel im Gepäck, die, auf den Kalkklippen der Marne gepflanzt, angeblich zu den ersten Champagner-Trauben heranwuchsen.

Nicht kleinzukriegen

Auch unter der Herrschaft der Lusignans und Venezianer genoss zyprischer Wein einen hervorragenden Ruf und zwar einen so ausgezeichneten, dass sich der türkische Sultan Selim II., besser bekannt als »Selim der Säufer«, angeblich wegen dieses Weins entschloss, Zypern zu erobern.

Während der türkischen Zeit wurde weiterhin Wein produziert, doch ließ seine Qualität stark nach. Zu Hilfe kam den Weinbauern Zyperns die in Europa grassierende **Reblausplage** Mitte des 19. Jh.s, die einen Großteil des Rebenbestandes vernichtet hatte. Aufgrund der nun einsetzenden **Nachfrage aus Europa** erweiterten die zyprischen Winzer ihre Anbauflächen, was jedoch zu Problemen führte, als sich die Lage in den europäischen Weingegenden wieder entspannte und man auf den Ernteerträgen sitzen blieb. Ein Todesstoß für manchen Weinbauer war auch der Geschmackswandel in Europa: Verlangt wurden zunehmend trockene Weine, die traditionell süßen Rebensäfte fanden immer weniger Abnehmer.

In den 1980er-Jahren begannen zyprische Winzer ihre Weine zu verbessern und die Keltereien zu modernisieren. Auch wurden »fremde« Sorten wie Cabernet Sauvignon, Grenache, Carignan Noir, Chardonnay oder Semillon importiert und erfolgreich mit den heimischen Sorten Maratheftiko, Mavro und Ophtalmo (rot) und Xynisteri und Promara (weiß) gemischt. Neben den großen (KEO, ETKO, SODAP und LOEL) gibt es auf der Insel über 50 kleinere Kellereien mit interessanten Weinen (siehe auch S. 131).

Trauben (im Verhältnis neun zu eins). Das Etikett ziert heute ein berittener Ordensbruder. Elf Dörfer dürfen die Ursprungsbezeichnung Commandaría führen, u. a. Gerasa und Kalokoria.

Weinkellereien

Viele Weißweine (Áspro krasí), Rotweine (Kókkino krasí) und Sherry-Weine werden in Limassol abgefüllt, und zwar in den vier großen Weinkellereien »Keo«, »Sodap«, »Etko« und »Loel«. Die Kellereien, die alle am Hafen liegen, können vormittags besichtigt werden, auch Weinproben sind möglich. Nach dem jeweiligen Termin sollte man sich in den Hotels oder bei der Touristinformation erkundigen.

! *Baedeker* TIPP

Geschichte des Weinbaus

Das besuchenswerte **Weinmuseum** in Erími lädt zu einer Reise durch die Weinbaugeschichte Zyperns ein (siehe S. 235).

Auf dem Land entstanden in den letzten Jahren eine Menge regionaler Weinbaubetriebe, die hervorragenden Wein produzieren und mit Stolz ihre Weine zur Probe anbieten. Die Broschüre des zyprischen Fremdenverkehrsvereines »Die Geschichte des zyprischen Weines« gibt nicht nur Auskunft über Geschichte und Rebsorten, sondern enthält auch die Adressen aller Weinkellereien.

Wein aus dem Kloster

Seit Jahrhunderten haben sich in Europa bestimmte Klöster durch die Produktion guter Weine hervorgetan. Auf Zypern gilt dies besonders für das Kloster Chrysorrogiátissa (Monte Royia Winery, Tel. 26 72 24 55, Fax 26 72 28 19, Mo. – Fr. für Publikum geöffnet).

Weiß- und Rotweine

Unter den verschiedenen Weißweinsorten sind besonders die trockenen Weine zu empfehlen wie »Aphrodite«, »Palomino«, »White Lady«, »Keo Hock«, »Thisbe« und »Arsinoe 62«. Etwas weniger trocken sind die Weine »St. Hilarion« und »Blonde Lady«. Von den trockenen Rotweinen gelten »Othello«, »Afames«, »Keo Claret«, »Dark Lady«, »Hermes«, »Negro« und »Olympus« als die beliebtesten. In **Nordzypern** wird der Wein zum größten Teil aus der Türkei importiert, u. a. »Doluca« und »Kavaklıdere«, beide sind als Rot- und Weißweine erhältlich.

Zeit

Osteuropäische Zeit

Auf Zypern gilt das ganze Jahr unsere Mitteleuropäische Zeit (MEZ) plus 1 Stunde.

Touren

ZYPERN MAG EIN KLEINES LAND SEIN, ABER ES IST EINE GROSSE INSEL – HIER DIE AKÁMAS-HALBINSEL. IM FOLGENDEN FINDEN SIE VORSCHLÄGE FÜR ENTDECKUNGSFAHRTEN AUF SCHÖNEN STRECKEN.

TOUREN DURCH ZYPERN

Unsere Tourenvorschläge führen zu schönen Sandstränden, Steilküsten, Kulturschätzen der Antike, einsamen Klöstern, stillen Bergdörfern und quirligen Metropolen. Lassen Sie sich Zeit, es lohnt sich.

TOUR 1 **Von Limassol über Kakopetriá nach Nikosia**
Durch das Tróodos-Gebirge mit seinen byzantinischen Kirchen bis hinunter in die Metropole Zyperns. ► **Seite 139**

TOUR 2 **Von Nikosia nach Tamassós und Machairás**
Antike Grabanlagen, blumengeschmückte Klöster und traditionelle Dörfer. ► **Seite 140**

TOUR 3 **Von Limassol nach Choirokitía, Léfkara und zum Kloster Stavrovoúni**
Durch die Ausläufer des Tróodos-Gebirges mit neolithischer Siedlung, Hohlsaumstickerei und Kreuzesreliquien. ► **Seite 141**

TOUR 4 **Von Limassol nach Plátres und zum Olympos**
Landschaftliche Höhepunkte im Tróodos-Gebirge. ► **Seite 142**

TOUR 5 **Von Limassol über Kolóssi und Koúrion nach Koúklia**
Johanniterarchitektur, antikes Stadtkönigtum, zauberhafte Küstenlandschaft und Aphrodites mythischer Geburtsort. ▸ **Seite 143**

TOUR 6 **Von Lárnaka in den äußersten Osten**
Rundfahrt an die schönsten Badestrände Zyperns und unvergessliche Wandermöglichkeiten im Südosten der Insel. ▸ **Seite 144**

TOUR 7 **Von Lárnaka zum Kloster Stravrovoúni und nach Choirokitía**
Im Hinterland von Lárnaka zu Kreuzesreliquien und neolithischen Siedlungsresten. ▸ **Seite 145**

TOUR 8 **Rundfahrt durch das Tróodos-Massiv**
Unterwegs zum höchsten Berg der Insel, über bewaldete Hügel, durch weite Täler und zu byzantinischer Kirchenpracht. ▸ **Seite 146**

TOUR 9 **Ins östliche Tróodos-Gebirge**
Durch karge, aber malerische Landschaft zu den Höhepunkten byzantinischer Freskenmalerei. ▸ **Seite 147**

TOUR 10 **Von Páfos zur Akámas-Halbinsel**
Durch alte Dörfer auf zauberhafter Route zur Akámas-Halbinsel mit den Bädern der Aphrodite, Bade- und Wandermöglichkeiten. ▸ **Seite 148**

TOUR 11 **Von Kyrénia in den Westen Nordzyperns**
Am Vorzeigedorf Karaman vorbei zu dem im Westen gelegenen Provinzstädtchen Girne/Güzelyurt und zu den Ausgrabungen von Sóloi und Vouní. ▸ **Seite 149**

TOUR 12 **Von Famagusta auf die Karpaz-Halbinsel**
Zu den archäologischen Höhepunkten Nordzyperns und zu einsamen, herrlichen Stränden im Nordosten der Insel. ▸ **Seite 150**

Unterwegs auf Zypern

Vorbemerkung

Zypern ist eine äußerst facettenreiche Insel mit zauberhafter Natur, abwechslungsreichen Küstenstrichen, herrlichen Sand- und Kieselstränden und einer über 9000 Jahre alten Kultur.
An erster Stelle auf der Beliebtheitsskala steht sicherlich das **Baden** an den weiten Sand- und Kieselstränden sowie den kleinen Buchten mit ihrem türkisblauen Meer. Touristische Ballungszentren sind Agía Nápa, Lárnaka, Limassol und Páfos, in Nordzypern warten Kyrénia und Famagusta mit wachsender touristischer Infrastruktur auf.
Wer aber **Land und Leute** und vor allem die reichhaltige **Kultur** der Insel kennen lernen möchte, der sollte sich Museen und historische Bauten der Küstenstädte nicht entgehen lassen. Das Hinterland wartet mit landschaftlichen Reizen, freskierten byzantinischen Kirchen und Klöstern und malerisch gelegenen Kreuzritterburgen auf.

Am besten mit einem Mietwagen

Um die kulturellen und landschaftlichen Höhepunkte der Insel zu erleben, sollte man sich ein Auto mieten. Aber Vorsicht! Es herrscht Linksverkehr in beiden Landesteilen. Das Mietwagenangebot ist groß, Autos jeder Kategorie sind erhältlich. Empfehlenswert ist eine Reservierung vom Heimatort aus, um das Fahrzeug direkt am Flughafen in Empfang zu nehmen. Doch wetteifern in den Touristenstädten unzählige Vermieter um die Gunst der Kunden und eine Buchung ist auch von jedem Hotel aus zu tätigen.
Da Zypern trotz des EU-Beitritts 2004 immer noch geteilt ist, trennt die sog. Green Line den Norden vom Süden. Es gibt aber die Möglichkeit, in den jeweils anderen Landesteil zu wechseln. Mehrere Durchgänge ermöglichen derzeit das Überschreiten der Grenze mit dem Fahrzeug (► S. 84). Aus versicherungstechnischen Gründen ist es zur Zeit nur erlaubt, mit dem Mietwagen vom Süden in den Norden zu fahren. Für die umgekehrte Richtung benötigt man ein Taxi. Übernachtungen im jeweils anderen Landesteil sind kein Problem. Autobahnen verbinden die großen Städte Nikosia, Lárnaka, Limassol und Páfos. Wer aber genug Zeit mitbringt und landschaftliche Hochgenüsse nicht verpassen möchte, sollte die alten, mittlerweile verkehrsarmen Landstraßen zwischen den Städten befahren.

Im Inselsüden

Einige Quartiervorschläge

Für Badetouristen bietet sich der Aufenthalt in einer der Küstenstädte an. **Agía Nápa** liegt für Ausflüge ins Hinterland etwas abgelegen, bietet jedoch die schönsten Sandstrände. Rund um das Kap Gréko führen Naturlehrpfade, die eindrucksvolle Ausblicke auf die zerklüftete Küstenlandschaft geben. Von hier aus lässt sich ein Ausflug nach **Famagusta** über den Durchgang Derýneia unternehmen, um die Altstadt mit ihren Festungsmauern, den Othello-Turm und die in Mo-

scheen umgewandelten gotischen Kirchen zu besichtigen oder sich in der Konditorei Petek eine Süßigkeit munden zu lassen.
Von **Lárnaka** aus lohnen sich Ausflüge nach Agía Nápa an die weißen Sandstrände, nicht weit ist es nach Nikosia mit seinen Museen und der malerischen Altstadt. Die Ausläufer des Tróodos-Gebirges liegen vor der Tür. Eindrucksvoll ist die Fahrt hinauf zum Kloster Stavrovoúni oder nach Léfkara, das Dorf der berühmten Hohlsaumstickereien. Ein idealer Bade- und Ausflugsstandort ist **Limassol**, eine lebendige Hafenstadt mit einer guten touristischen Infrastruktur. Schöne Sandstrände liegen nur wenige Kilometer entfernt und von hier lassen sich lohnenswerte Ausflüge nach Nikosia, Lárnaka und Páfos machen. Eine gut ausgebaute Straße führt außerdem ins Tróodos-Gebirge. Naturlehrpfade informieren über die Pflanzenwelt und bieten großartige Ausblicke. Unvergesslich werden die byzantinischen Kirchen mit ihrer Freskenpracht bleiben. An der kleinen, sandigen Bucht von **Pissoúri** – zwischen Limassol und Páfos – gibt es ein großes Wassersportangebot; Tavernen sorgen für das kulinarische Wohl. Von hier ist es nicht weit ins Tróodos-Gebirge, nach Limassol und Páfos.
Besonders beliebt ist **Páfos**, das trotz einer ausgezeichneten Hotelinfrastruktur und pulsierendem Leben seinen kleinstädtischen Charakter behalten hat. Die römischen Mosaike und hellenistischen Königsgräber sind eine archäologische Sensation. Nur einen Katzensprung entfernt liegt die als Nationalpark geführte **Akámas-Halbinsel**, ein Bade- und Wanderparadies. Lange, unberührte Sandstrände, tiefe Schluchten und zerklüftete Felsen prägen das Bild. Die Bäder der Aphrodite an der Nordküste sind ein auch bei Zyprioten beliebtes Ausflugsziel, von hier führen Naturlehrpfade in eine verwunschene Natur. Besonders in den Frühlingsmonaten, wenn alles blüht und grünt, schlagen Botanikerherzen hier höher. Übernachtungsmöglichkeiten findet man in Droúseia, Pólis und in Latsí. Außerdem bieten sich von Páfos Ausflüge ins Tróodos-Gebirge mit dem berühmten Zedernwald und dem bedeutenden Kloster Kýkko an.

Nikosia, Stadt der Moderne

Nikosia ist die Stadt der Moderne, der Intellektuellen, der Kultur. Neben den großartigen Museen bietet die Stadt malerische Altstadtgassen, Einkaufsstraßen mit modernsten Geschäften, Cafés und Restaurants, Theater und Musik. Dazu kommt die Atmosphäre einer geteilten Stadt mit an Wachposten endenden Straßen. Wohl an keinem anderen Ort der Insel wird man sich der Teilung Zyperns so bewusst. Und fast nirgendwo sonst leben Zypern-Griechen und -Türken so nah beieinander, ohne miteinander leben zu dürfen.

Ausflüge in den Norden

Von Nikosia aus bieten sich Ausflüge in den türkischen Norden an. Man passiert entweder die Green Line am Ledra Palace Hotel zu Fuß und nimmt sich anschließend ein Taxi oder man wechselt am Übergang Agios Dométios mit dem eigenen Mietauto hinüber in den Norden (►S. 84).

Im Gebirge Das **Tróodos-Gebirge** lohnt ebenfalls einen Aufenthalt. Die beste touristische Infrastruktur hat Páno Plátres, ein in den Sommermonaten lebendiger Luftkurort mit Hotels, Tavernen und Bars. Die frische Bergluft des Gebirges animiert zu Wanderungen um den Olympos, den höchsten Berg der Insel, oder zu den romantisch gelegenen Kalidonia-Wasserfällen. Kulturelle Höhepunkte des Gebirges bilden Zyperns byzantinische Kirchen und Klöster mit ihrer Freskenpracht.

Im Inselnorden

Einige Quartiervorschläge Strand- und Badefreunde kommen auch in Nordzypern voll auf ihre Kosten. Einsame Sandstrände mit dahinter liegenden Dünenketten sind ebenso zu finden wie kleine Buchten und Kiesstrände. Noch sind die Strände während der Hauptreisezeit nicht überfüllt! Allein der Sandstrand zwischen Famagusta und Bogaz ist 25 km lang und erst an einigen Stellen von Hotels und Ferienanlagen besetzt. Letzteres gilt auch für die **Karpaz-Halbinsel**. Zentrum des Badetourismus ist das Hafenstädtchen **Kyrénia/Girne**, in dessen Umgebung sich die meisten Hotelanlagen befinden. Und vom Tourismus noch fast völlig unentdeckt sind die langen Strände in der Bucht von **Mórfou/Güzelyurt**.

Reiches Erbe Für Abwechslung in Nordzypern sorgt ein reiches kulturelles Erbe, dessen Zeugnisse bis in die frühe Steinzeit zurückreichen. Die hoch gelegenen Ruinen der drei **mittelalterlichen Burgen** Kantara, Buffavento und St. Hilarion im Pentádaktylos-/Beşparmak-Gebirge lassen so manche Ritterträume auferstehen und sind häufig Ziel von Wanderern. Kaum ein Tourist versäumt es, hoch über Kyrénia/Girne das gotische Kleinod **Bellapais** zu besuchen, eine seit Jahrhunderten verlassene Prämonstratenser-Abtei.

Die frühe Geschichte der Insel erschließt sich in und um **Famagusta/Gazimağusa**. Der spätmittelalterliche Altstadtkern verbindet fränkische Gotik mit venezianischem und osmanischem Erbe, die nördlich der Stadt gelegenen Ausgrabungsstätten der antiken Großstadt **Salamís**, der Königsgräber und der bronzezeitlichen Siedlung **Énkomi** bieten einen Einblick in Höhepunkte der Inselgeschichte.

Das quirlige **Nikosia** schließlich vereint in seinem Nordteil Baudenkmäler aus osmanischer Zeit und christlichem Mittelalter. Die touristische Infrastruktur des Nordens hat in den letzten Jahren enorm aufgeholt und bietet vom einfachen Zimmer bis hin zur vornehmen Hotelunterkunft eine breite Palette an Unterkunftsmöglichkeiten. Vielfältige kulinarische Genüsse, viel Raum für einen ruhigen Urlaub sowie eine weithin unverfälschte Gastfreundschaft lassen dabei über manche Unvollkommenheit hinwegsehen.

Tour 1 Von Limassol über Kakopetriá nach Nikosia

Start und Ziel: Limassol – Nikosia
Länge: 150 km
Dauer: 1 Tag und eine Übernachtung in Nikosia

Die Route beeindruckt durch großartige landschaftliche Eindrücke. Sie führt hinauf ins Tróodos-Gebirge, das grüne Herz Zyperns, lässt vom Olympos einen Blick auf die gesamte Bergwelt zu und bietet Abstecher zu den sehenswertesten byzantinischen Kirchen Zyperns mit reicher Freskenbemalung. Später geht es mit Blick auf das im Norden liegende Pentadáktylos-Gebirge hinab in die weite Mesaoría-Ebene bis nach Nikosia.

Von ① ✶ **Limassol** steigt die Straße auf einer landschaftlich schönen Strecke allmählich ins ② ✶✶ **Tróodos-Gebirge** (►Tour 4) bis Tróodos, dem höchstgelegenen Ort der Insel, der unterhalb des Olympos liegt an. Bald führt die Passstraße bergab bis zu dem bei Zyprioten beliebten Ferienort ③ **Kakopetriá**. Hier kann man durch die denkmalgeschützte Altstadt bummeln, in einer der Tavernen oder Kafenía eine Pause einlegen und anschließend die 3 km außerhalb gelegene Scheunendachkirche ✶ ✶ **Ágios Nikólaos tis Stégis** mit wundervollen Fresken besuchen.

In ④ **Galáta**, das einst sieben Kirchen besaß, sollte man die direkt nebeneinander liegenden Scheunendachkirchen ✶ **Panagía tis Podíthou** mit außergewöhnlich gut erhaltenen Fresken und ✶ **Panagía Theotókos** besuchen. Ca. 15 km hinter Galáta biegt man auf die Abzweigung nach Nikitári. Vorbei an der kleinen Scheunendachkirche von Vizakiá, gelangt man nach

Nikitári und weiter zu der 4 km außerhalb gelegenen Kirche von 5 ✶✶ **Asínou** (Panagía Forviótissa) mit ihren prächtig restaurierten Fresken aus dem 12. und 14. Jahrhundert. Zurück auf der Hauptstraße, erreicht man nach 13 km 6 **Peristeróna** mit der architektonisch bedeutsamen Fünfkuppelkirche ✶ **Ágios Várnavas tis Iláris.** Endstation dieser Route ist die knapp 28 km entfernte geteilte Inselhauptstadt 7 ✶✶ **Nikosia** mit einer gut erhaltenen Altstadt und mehreren sehenswerten Museen. Der Höhepunkt jedes Stadtbesuchs ist das reich ausgestattete Archäologische Museum, wo die bedeutendsten archäologischen Funde der Insel zu sehen sind.

! *Baedeker* TIPP

Die besten Forellen Zyperns

Im Bergdorf Kakopetriá gibt es die besten und frischesten Bachforellen der Insel im Restaurant Maryland. Nicht abschrecken lassen von der Größe der Taverne, die einen zauberhaften Blick auf die Altstadt von Kakopetriá bietet.

Tour 2 Von Nikosia nach Tamassós und Machairás

Start und Ziel: Nikosia
Länge: ca. 80 km
Dauer: 1 Tag

Eine Tour in eine vielfach unberührte Berglandschaft: Landschaftseindrücke pur, malerische, alte Dörfer am Wegesrand und antike Königsgräber für archäologisch Interessierte, ein Nonnenkloster, in dem die frommen Frauen Blumen züchten, und ein in einsamer Berglandschaft gelegenes Männerkloster, das Unterschlupf für die EOKA-Kämpfer der 1950er-Jahre bot.

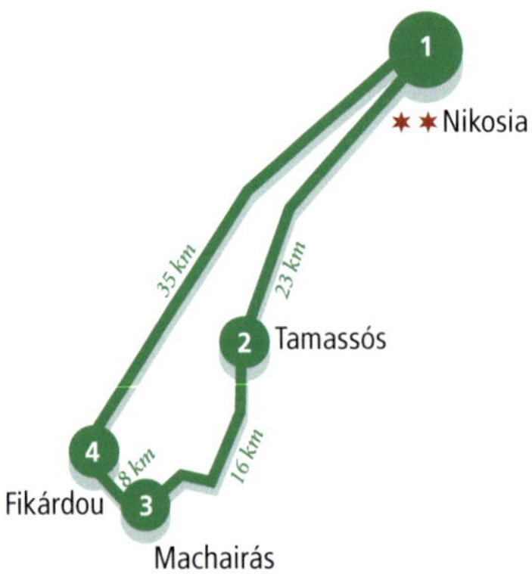

1 ✶✶ **Nikosia** ist ein guter Ausgangspunkt für eine Fahrt ins östliche Tróodos-Gebirge. Die Landstraße Richtung Palaichóri führt südwestlich aus der Stadt hinaus bis Káto Defterá, wo in einer Felswand rechts von der Straße die Höhlenkirche der Panagía Chrysospiliótissa einen Besuch lohnt. An der Hauptstraße Richtung Péra folgen die Ausgrabungen des antiken Stadtkönigtums von 2 ✶ **Tamassós** mit Gräbern und Tempel-

ruinen aus dem 7. Jh. v. Chr. Etwa 1 km westlich von Péra liegt im Ort Politikó das Nonnenkloster des hl. Herakleidios (**Tamassós**), ein Ort der Ruhe und Beschaulichkeit.

Von Péra aus erreicht man über Kambiá und Kapédes nach 16 km das in den Ausläufern des Tróodos malerisch gelegene ❸ **Kloster Machairás**. Seine Gründung im 12. Jh. geht auf eine wieder entdeckte legendäre Marienikone zurück. Nun schraubt sich die Straße hoch bis zum Bergdorf ❹ **Fikárdou**, wo man die typische Dorfarchitektur des 18. Jh.s bewundern kann. Der Rückweg führt auf einer gut ausgebauten Straße direkt nach Nikosia zurück.

Tour 3 Von Limassol zum Kloster Stavrovoúni

Start und Ziel: Limassol **Dauer:** 1 Tag
Länge: ca. 150 km

Die ältesten menschlichen Siedlungen Zyperns aufspüren, in Léfkara den Frauen beim Hohlsaumsticken und den Männern bei der Herstellung von Silberschmuck zuschauen, vom Kloster Stavrovoúni aus einen weiten Blick über die zu Füßen liegende Küstenlandschaft genießen.

Von ❶ ✶ **Limassol** aus folgt man zunächst der alten Küstenstraße in Richtung Osten entlang der Hotelmeile bis zu den 8 km außerhalb des Stadtzentrums gelegenen Ruinen von Amathoús, einem der antiken Stadtkönigtümer Zyperns. Jetzt nimmt man entweder die Autobahn oder bleibt auf der landschaftlich weitaus reizvolleren alten Landstraße. Nach 17 km passiert man das kleine, linker Hand liegende Ausgrabungsareal von Kalavasós/Tenta. Nach weiteren 5 km

nimmt man die Abfahrt zur neolithischen Siedlung von ❷ ✶ **Choirokitía**, einer der ältesten Ausgrabungen der Insel. 5 km später folgt die Abfahrt nach ❸ ✶ **Léfkara** in den Ausläufern des Tróodos-Gebirges. In Léfkara werden nach alter Tradition Hohlsaumstickereien gefertigt. Von hier führt eine 16 km lange, einsame und großartige Bergstraße nach ❹**Kórnos**, einem alten Töpferdorf. Außerhalb des Dorfes liegt der Kórnos-Forest-Picknick-Platz im Schatten großer Bäume. Man quert die Autobahn, um auf der Landstraße etwa 2 km zurück Richtung Limassol zu fahren und dann zum ❺ ✶ **Kloster Stavrovoúni** abzubiegen. Schon von weitem erblickt man den hohen Bergkegel, auf dessen Gipfel das älteste und strengste Kloster Zyperns thront. Frauen ist der Zutritt nicht erlaubt, der Ausflug lohnt sich aber wegen des eindrucksvollen Rundblicks. Zurück geht es über die Autobahn nach Limassol.

✔ NICHT VERSÄUMEN

- Die Ausgrabungen von Choirokitía zeigen den Beginn der menschlichen Sesshaftwerdung, rekonstruierte neolithische Häuser vermitteln einen lebendigen Eindruck der damaligen Lebensweise.
- Léfkara mit seinen roten Ziegeldächern und den malerischen Holzbalkonen.

Tour 4 Von Limassol nach Plátres und zum Olympos

Start und Ziel: Limassol
Länge: ca. 100 km
Dauer: 1 Tag

Ausflug ins grüne Herz des Tróodos, landschaftliche Höhepunkte, Wandermöglichkeiten auf Naturlehrpfaden rund um den Olympos, den höchsten Berg der Insel, zu den romantisch liegenden Kalidonia-Wasserfällen und weiter zum malerischen Weindorf Ómodos.

Von ❶ ✶ **Limassol** fährt man auf der Stadtautobahn bis zur Ausfahrt Tróodos und gelangt nach einer 33 km langen, landschaftlich schönen Strecke zum Luftkurort ❷ ✶ **Páno Plátres** im ❸ ✶✶ **Tróodos-Gebirge** mit einladenden Kafenía und Tavernen. Oberhalb von Páno Plátres beginnt ein Naturlehrpfad, der zu den berühmten Kalidonia-Wasserfällen führt. Weitere 7 km bergauf folgt der nur aus Hotels und Tavernen bestehende, nicht sehr reizvolle Ort Tróodos (auch Tróodos-Platz genannt). Dieser höchstgelegene Ort der Insel bietet in den heißen Sommermonaten angenehme Kühlung und ist Ausgangspunkt für zahlreiche Wandertouren. Man fährt von hier Richtung Pródromos und biegt links auf eine Stichstraße, die zum höchsten Gipfel des Tróodos-Massivs, dem Olympos (1951 m), führt. Von hier hat man einen herrlichen Blick über die gesamte

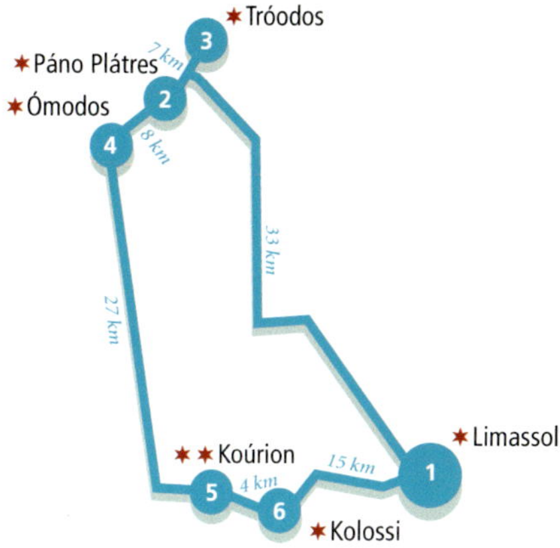

Bergkette, bei klarer Sicht sogar bis zur Küste.

Auf dem Rückweg folgt man kurz nach Páno Plátres der Straße zum malerischen Bergdorf ❹ ✶ **Ómodos** mit hübschen Gassen und Lauben und seinem alten Heiligkreuz-Kloster. Von Ómodos führt die Straße durch Weinfelder über Kissoúsa, Ágios Amvrósios und Káto Kivídes auf die Küstenstraße. Das besuchenswerte **Weinmuseum** direkt an der Kreuzung zur Küstenstraße in Erími lädt zu einer Reise durch die Weinbaugeschichte Zyperns ein. Ein möglicher Abstecher führt zu den Ausgrabungen von ❺ ✶✶ **Koúrion** und auf dem Rückweg zur Johanniterburg von ❻ ✶ **Kolóssi**. Zurück geht es auf der Küstenstraße durch die Zitrusplantagen nach Limassol.

Tour 5 Von Limassol über Kolóssi und Koúrion nach Koúklia

Start und Ziel: Limassol
Länge: ca. 110 km
Dauer: 1 Tag

Archäologie pur im antiken Stadtkönigtum von Koúrion, traumhafter Blick auf Aphrodites Geburtsplatz an einem Felsen im Meer, Badespaß am Kieselstrand des Aphroditefelsens, das Heiligtum der Göttin erhebt sich oberhalb der Küste.

An der Strecke zwischen Limassol und Páfos, die man auf der Hinfahrt auf der Küstenstraße B 6 zurücklegen sollte, gibt es mehrere archäologische Ausgrabungsstätten und historische Bauten ersten Ranges, die das Herz des Kunstinteressierten höher schlagen lassen. Über die Straßen Arch. Makariou oder Franklin Roosevelt verlässt man ① ✶ **Limassol** Richtung Páfos. Vorbei an großen Zitrusplantagen, erreicht man nach etwa 10 km die Johanniterburg ② ✶ **Kolóssi**. Zurück auf der B 6, nimmt man nach 2 km die Zufahrt zu den weitläufigen Ausgrabungen der antiken Stadt ③ ✶✶ **Koúrion**, die auf einem Hochplateau liegt, von dem man den kilometerlangen Strand von Koúrion und die weiße Felsküste überblickt. Nur wenige Kilometer weiter westlich folgen an der Hauptstraße Richtung Páfos die Überreste des antiken Apollon-Heiligtums, das zu den beliebtesten Fotomotiven Zyperns zählt.

! Baedeker TIPP

Baden und speisen ...

... am Sandstrand von Koúrion: kilometerlanger, unbebauter Sandstrand, tiefblaues Meer, drei Fischtavernen und eine zauberhafte Küstenkulisse im Hintergrund. Zu einem Bad lädt auch der Kieselstrand am Aphroditefelsen ein.

Die Strecke bis zu dem schön am Hang gelegenen Bergdorf ✶ **Pissoúri** führt durch das Gebiet der britischen Episkopi-Garnison mit im englischen Stil gebauten Häusern. Ein Abstecher zu dem 3 km entfernt gelegenen kleinen Badeort Pissoúri Beach ist zu empfehlen. Nach 7 km auf der Küstenstraße passiert man den mythenumrankten Felsen ④ ✶ **Pétra tou Rominoú**, bei dem Aphrodite dem Schaum des Meeres entstiegen sein soll. Unweit westlich folgt bei ⑤ ✶ **Koúklia** das wichtigste Aphrodite-Heiligtum der Antike. Auf der Autobahn geht es zurück nach Limassol.

Tour 6 Von Lárnaka in den äußersten Osten

Start und Ziel: Lárnaka
Länge: 120, mit Abstecher 170 km
Dauer: 1 Tag

Zu den schönsten goldschimmernden Sandstränden an der Südostküste, Badespaß für Groß und Klein, durch fruchtbare Ebenen mit intensivem Kartoffel- und Gemüseanbau auf roter Erde, Wanderungen rund um das Kap Gréko, nach Famagusta zum Othello-Turm und zu den malerisch am Meer gelegenen Ruinen von Salamís.

Von ① ✶ **Lárnaka**, dem wichtigsten Ankunftsflughafen der Insel, folgt man der Autobahn oder der landschaftlich schöneren Landstraße über 40 km zum einstigen Fischerdorf ② ✶ **Agía Nápa**, dem heute beliebtesten Badeort an der Südküste. 8 km entfernt ragt am südöstlichsten Punkt der Insel aus dem Meer Kap Gréko empor. Die Küstenstraße führt weiter über die Hotelstadt ❸ ✶ **Protarás** nach Paralímni, vorbei an unzähligen Windrädern, die einst Grundwasser zur Bewässerung der ausgedehnten Getreide- und Gemüsefelder zu Tage förderten. Von Derýneia aus, das direkt an der Trennungslinie nach Nordzypern liegt, blickt man auf die wenige Kilometer entfernt liegende Geisterstadt Varósia, Famagustas einstige Hotelstadt bis zur Invasion der türkischen Truppen im Jahr 1974. Vom nahe gelegenen Strovília bietet sich ein Ausflug nach ✶ ✶ **Famagusta** und ✶ ✶ **Salamís** (ca. 30 km) an.

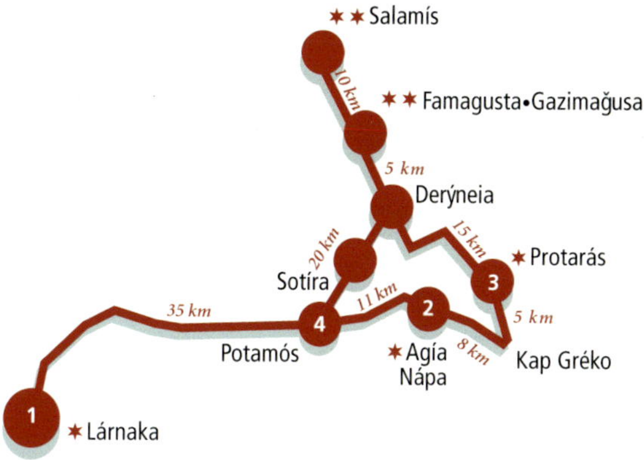

Der Rückweg empfiehlt sich über Sotíra und Liopétri mit dem idyllischen Flusshafen ❹ **Potamós**. Ist Agía Nápa der Ausgangsort dieser Tour, ist die Rundfahrt etwa 55 km lang.

✓ NICHT VERSÄUMEN

- Die Sandstrände des Nissi und Makrónissos Beach mit vielen Wassersportmöglichkeiten.
- Wanderungen um das Kap Gréko auf angelegten Naturlehrpfaden.
- Famagusta und seine Altstadt mit gotischen Kirchen und venezianischer Festungsmauer.
- Die Ausgrabungen von Salamís mit Theater und Gymnasium.
- Ein Fischessen am verträumten Hafen von Potamós.

Tour 7 Von Lárnaka zum Kloster Stavrovoúni und Choirokitía

Start und Ziel: Lárnaka
Länge: ca. 120 km
Dauer: 1 Tag

Zu den Mönchen vom Kreuzesberg, Hohlsaumstickereien im malerischen Dorf Léfkara und auf den Spuren der ersten sesshaften Siedler Zyperns. Die Mosaikenpracht von Kíti und das islamische Pilgerheiligtum Chala Sultan Tekke am Salzsee von Lárnaka.

Die Sehenswürdigkeiten westlich von Lárnaka sind schnell auf der Autobahn Richtung Limassol zu erreichen. Kurz nach ❶ ✶ **Lárnaka** verlässt man die Autobahn bei Kalo Chório und gelangt über Agía Anna nach 21 km zum kleinen Ort ❷ **Pýrga** mit der ebenfalls kleinen, aber kunsthistorisch bedeutsamen Königlichen Kapelle. Von hier folgt man der Landstraße Nikosia – Limassol nach Süden. Lohnenswert ist ein Abstecher auf einem 7 km langen, steil ansteigenden Weg zum Kloster ❸ **Stavrovoúni** (► Tour 3). Nach weiteren 14 km biegt man nach ❹ ✶ **Léfkara** ab, wo heute noch handgefertigte Spitzen und Stickereien in alter Tradition hergestellt werden. Von ❺ ✶ **Choirokitía**, der ältesten Siedlung Zyperns, führt der Rückweg über die Autobahn Richtung Lárnaka. Nach etwa 7 km biegt man bei Kofínou rechts in eine Landstraße Richtung Menogía ab. Dieser Strecke folgt man über Alaminós und Mazotós nach ❻ ✶ **Kíti**. An den Kirchenbau vom 6. Jh. erinnert ein auf Zypern einmaliges Mosaik. Von Kíti gelangt man zum Salzsee von Lárnaka, an dessen Ufer die ❼ ✶ **Chala Sultan Tekke** nicht nur islamische Pilger zum Verweilen einlädt. Von hier geht es dann zurück nach Lárnaka.

✔ NICHT VERSÄUMEN

- Léfkara mit seinen roten Ziegeldächern und kunstvoll geschnitzten Balkonen.
- Choirokitía, die erste menschliche Siedlung Zyperns.
- Das frühchristliche Mosaik von Kíti.

Tour 8 Rundfahrt durch das Tróodos-Massiv

Start und Ziel: Páno Plátres
Länge: ca. 120 km
Dauer: 1 Tag

Aussichtsreiche Fahrt durch die Bergwelt des Tróodos, malerische Ortschaften in den Tälern des Tróodos, byzantinische Freskenpracht in Asínou, frische Forelle in Kakopetriá.

Von 1 ★ **Páno Plátres** folgt man der Straße Richtung Tróodos im ★ **Tróodos-Gebirge**, danach über 2 ★★ **Kakopetriá** und ★ **Galáta** in Richtung Nikosia. Bei Káto Koutrafás biegt eine Straße rechts ab nach Nikitári und führt weiter zur 4 km außerhalb gelegenen Kirche von 3 ★★ **Asínou**. Auf dem Rückweg lohnt sich ein Abstecher nach 4 **Vizakiá**, wo ein Scheunendachkirchlein naive Wandmalereien von großer Aussagekraft besitzt. Die Hauptstraße Tróodos – Nikosia führt nach Kakopetriá zurück. Nach 6 km biegt man rechts ab und folgt der Straße nach 5 **Kalopanagiótis**. Das Kloster des Ágios Ioánnis Lampadistís birgt wertvolle Fresken. Weiter geht es das Marathása-Tal hinauf, bis man Richtung 6 ★★ **Kloster Kýkko** abbiegt. Zurück geht es über Pedoulás und Pródromos.

Tour 9 Ins östliche Tróodos-Gebirge

Start und Ziel: Páno Plátres
Länge: ca. 100 km
Dauer: 1 Tag

Landschaftliche Höhepunkte durch eine ursprüngliche Landschaft mit einsamen Tälern und schroffen Berghängen, Wein-, Mandel- und Walnussanbau, malerische alte und teilweise verlassene Bergdörfer, zauberhafte byzantinische Kirchen mit Freskenpracht.

Von 1 ★ **Páno Plátres** aus folgt man der Straße hinauf nach Tróodos. Dort schlägt man den Weg Richtung Kakopetriá ein, um nach etwa 7 km von der Hauptroute Tróodos – Nikosia nach 2 **Kyperoúnta** und Chandriá abzubiegen. Weiter geht es nach 3 ★★ **Lagouderá**, einem schön gelegenen Bergdorf, dessen Klosterkirche die schönsten Fresken der Insel aufweist. Vorbei an Hängen mit Wein- und Obstanbau führt die Straße zurück Richtung Chandriá und über Polýstypos nach 4 ✶ **Platanistása**. Im Dorf muss man den Wärter der 5 km außerhalb gelegenen Scheunendachkirche ✶ **Stavrós tou Agiasmáti** abholen. Von Platanistása aus folgt man einer kleinen Straße über Alona und Askás nach 5 **Palaichóri** (schöne Fresken). Zurück geht es über Chandriá nach Páno Plátres.

NICHT VERSÄUMEN

- Den Papás (Priester) von Lagouderá und die Fresken seiner Klosterkirche.
- Das alte malerische Dorf Platanistása.

Tour 10 Von Páfos zur Akámas-Halbinsel

Start und Ziel: Páfos
Länge: ca. 100 km
Dauer: 1 Tag

Fahrt zu einem der letzten unberührten Landstriche der Insel, Wandermöglichkeiten auf der Akámas-Halbinsel auf drei verschiedenen Naturlehrpfaden, Badespaß am Meer bei den Bädern der Aphrodite, Fischessen am Hafen von Latsí und die Höhlenkirche des Eremiten Neofytos mit byzantinischen Wandmalereien.

Auf der Straße Tafon ton Vasileon verlässt man 1 ✶✶ **Páfos** und kommt – vorbei an den ✶✶ **Königsgräbern** – zu den rekonstruierten jungsteinzeitlichen Häusern von Lémpa. Nach etwa 10 km gelangt man zu dem an einem Berghang gelegenen 2 ✶ **Neófytos-Kloster** mit der Wohnhöhle (Enkleistra) des hl. Neofytos aus dem 12. Jahrhundert. Zurück zur Küstenstraße, kann man entweder weiter zur malerischen 3 **Coral Bay** und der 4 **Lara-Bucht** fahren, ein Schutzgebiet für Meeresschildkröten (eine Schotterpiste führt weiter Richtung Akámas-Halbinsel), oder man folgt der auf das Laóna-Hochplateau ansteigenden Straße nach 5 **Pégeia**. Mehrere Dörfer an der landschaftlich eindrucksvollen Strecke eröffnen herrliche Ausblicke über die Weinfelder, zur steil abfallenden Felsküste und auf das ✶✶ **Tróodos-Gebirge**.
Bei dem im Gegensatz zu den übrigen Küstenorten vom Touristenrummel verschont gebliebenen Städtchen 6 **Pólis** gelangt man wie-

NICHT VERSÄUMEN

- Die griechischen und verlassenen türkischen Dörfer oberhalb der Bucht von Pólis, die heute teilweise restauriert werden: Káthikas, Pano und Kato Aródes, Ineia, Krítou Terra, Terra.
- Die Bäder der Aphrodite im Schatten eines Feigenbaumes.
- Die Höhlenkirche des hl. Neofytos.

der zur Küste. Von hier geht die Fahrt vorbei am kleinen Hafen von ❼ ✶ **Latsí** zu den 6 km entfernten, sagenumwobenen ❽ **Bädern** der Aphrodite auf der wildromantischen ✶ ✶ **Akámas-Halbinsel**. Hier kann man mehrere schöne Wanderungen auf markierten Wegen unternehmen oder den Küstenweg bis zur Fontana Amorosa nahe des Kap Arnaúti gehen. Zurück nach Páfos fährt man auf der Hauptstraße über Skoúli (Schlangenfarm) und Stroumpí.

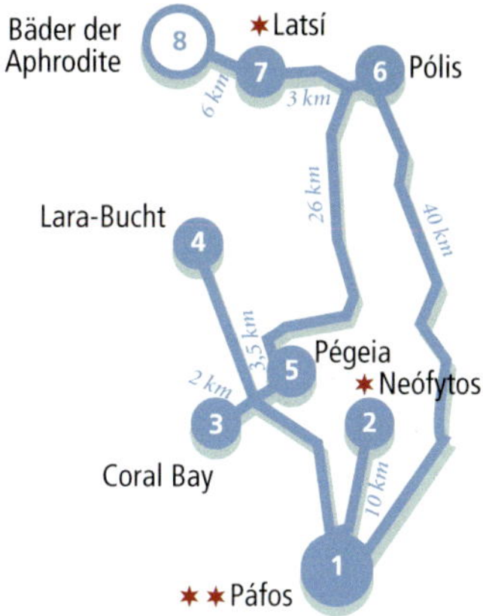

Tour 11 Von Kyrénia in den Westen Nordzyperns

Start und Ziel: Kyrénia/Girne
Länge: 200 km ohne Abstecher
Dauer: 1 Tag

Über das idyllische Bergdorf Karaman und den historisch bedeutsamen Ort Lapta geht es in den grünen Westen der Insel, wo duftende Orangen- und Zitronenhaine den Besucher erwarten. Mit den Ausgrabungsstätten von Soli und Vouní wird auch der Wunsch nach großer Kultur erfüllt.

Begleitet von den Felsen des Pentadáktylos-/Beşparmak-Gebirges zur Linken fährt man von ❶ ✶✶ **Kyrénia • Girne** auf der Küstenstraße Richtung Westen, bis nach 5 km im Dorf ❷ **Karaoğlanoğlu** eine kurvenreiche Straße zum malerisch gelegenen Bergdorf **Karaman** abgeht, einem touristischen Vorzeigedorf, das vor allem von Ausländern bewohnt ist. Zurück zur Küstenstraße, erreicht man nach wenigen Kilometern das in einer fruchtbaren Gartenlandschaft gelegene ❸ **Lapta**. Hier am Ufer erstreckte sich einst die Stadt **Lambousa**, deren Reste erkundet werden können.

10 km von Lapta entfernt biegt eine schmale Straße in nordwestlicher Richtung ab. Dieser

Abstecher führt über die Dörfer Kayalar und Sadrazamköy zum einsamen **Kap Kormakiti** (türk. Koruçam Burnu), nur ein Leuchtturm markiert diesen wildromantischen Ort. Zurück zur Küstenstraße, überquert man die Ausläufer des Pentadáktylos-Gebirges und gelangt nach 4 **Mórfou • Güzelyurt**, dem größten Ort im Westen Nordzyperns, 68 km von Kyrénia entfernt. Hier sollte man auf jeden Fall der Klosterkirche des hl. Mammas einen Besuch abstatten sowie dem angeschlossenen Archäologischen Museum.
Vorbei an den langsam vor sich hinrostenden, weit ins Meer reichenden Erzverladebrücken durchquert man eine fruchtbare Schwemmlandebene mit riesigen Zitrusplantagen. Kurz hinter den Verladebrücken erreicht man das Ausgrabungsgelände von 5 **Sóloi**, wo den Besucher u. a. Reste einer dreischiffigen Basilika mit farbigen Mosaiken sowie ein römisches Theater aus dem 2. Jh. erwartet. 12 km weiter westlich führt ein schmales Sträßchen auf ein Bergplateau mit den Ruinen des Palastes von 6 **Vouní**, wo sich ein herrlicher Rundblick eröffnet. Der Rückweg führt zunächst nach Mórfou, wo zwei Alternativen als Rückweg zur Verfügung stehen: dieselbe Strecke zurück wie bei der Hinfahrt (ca. 50 km) oder über Nikosia (ca. 65 km).

Tour 12 Von Famagusta auf die Karpaz-Halbinsel

Start und Ziel: Famagusta/Gazimağusa **Dauer:** 2 Tage
Länge: 260 km ohne Abstecher

Die Tour in den nordöstlichsten Zipfel Nordzyperns führt zunächst zu einigen archäologischen Höhepunkten der Insel: die Ausgrabungen von Salamís, die Königsgräber und das Barnabas-Kloster. Die stille Karpaz-Halbinsel mit ihren einsamen Sandstränden und kleinen Dörfern ist das Ziel der Reise.

8 km nördlich von 1 ✶✶ **Famagusta** erstreckt sich das Ausgrabungsgebiet von 2 ✶✶ **Salamís**. Einen ganzen Tag lang könnte man durch die verstreuten Reste dieser einstigen Großstadt laufen, doch die Höhepunkte des Geländes liegen direkt hinter dem Eingang und können in schneller erkundet werden. Direkt an das Ausgrabungsgelände grenzt die einstige Nekropole der Stadt, die sog. Königsgräber. Sie gestatten einen Einblick in den Totenkult und die Bestattungsbräuche vornehmer Bürger zwischen dem 8. und 6. Jh. v. Chr. In Sichtweite der Königsgräber liegt das dritte Highlight dieses archäologischen Trios, das ✶ **Barnabas-Kloster**. Das dort untergebrachte Museum präsentiert einen sehenswerten Querschnitt archäologischer Funde aus mehreren Jahrtausenden. 22 km nördlich von Famagusta, in 3 **Tríkomo • Iskele** sollten Kunstinteressierte der Kirche des hl.

Theodokos einen Besuch abstatten, die nicht nur interessante Freskenfragmente birgt, sondern auch eine Ikonenausstellung. Ein Abstecher von 22 km führt von hier zur östlichsten der drei Bergfestungen Nordzyperns, zur ✶ **Burg Kantara**, die auf einem 630 m hohen Felsplateau errichtet wurde und einen der schönsten Panoramablicke der Insel zu bieten hat.

Wieder auf der Küstenstraße zurück, kommt man 7 km hinter Iskele ins Fischerdorf 4 **Boğaz**, wo mehrere Tavernen zu einer zünftigen Fischmahlzeit einladen. Im Tabakdorf Ziyamet führt ein kurzer Abstecher zur Kirche Panagía Kanakariá in Lythrágkomi/Boltaşlı, deren Ursprung bis ins 5. Jh. zurückreicht. Fast wie eine kleine Stadt wirkt das in einer fruchtbaren Ebene gelegene 5 **Yenierenköy**. 3 km hinter dem Ort lädt der Malibou-Strand zum Baden ein. Von der Hauptküstenstraße sind es nur wenige Kilometer nach **Sipahi**, wo die Reste der frühchristlichen Basilika Agía Triás aus dem 6. Jh. vor allem durch die erhalten gebliebenen Mosaiken beeindrucken. Mit 6 **Rizokárpaso • Dipkarpaz**, 80 km von Famagusta entfernt, erreicht man den größten Ort der ✶✶ **Karpaz-Halbinsel**. Im Ort und in dessen unmittelbarer Umgebung gibt es mehrere einfache Übernachtungsmöglichkeiten, sodass man die Halbinsel am nächsten Tag in aller Ruhe erkunden kann. Nur ein paar Minuten von Dipkarpaz entfernt an der Nordküste ragen die malerischen Ruinen von **Ágios Phílon** in den Himmel, einige Kilometer weiter östlich erzählen die Kirchenruinen von **Afendriká** von besseren Zeiten, als die Halbinsel noch dicht besiedelt war.

25 km sind es von Rizokarpaso zum 7 **Andreas-Kloster**, das seit der Grenzöffnung wieder von zahlreichen Griechen aus dem Süden der Insel besucht wird. Nach weiteren 5 km ist die östlichste Spitze Nordzyperns erreicht, das 8 **Kap Andreas • Zafer Burnu**, ein wellenumtoster Ort, der bereits im Neolithikum besiedelt war. Zurück nach Famagusta geht es auf derselben Strecke.

Reiseziele in Südzypern

KUNST UND KULTUR ZWISCHEN SONNE UND MEER – WIE IN DER ANTIKEN STADT KOÚRION – DAZU WANDER- UND NATURPARADIES, LEBENDIGE STÄDTE UND UNGETRÜBTE BADEFREUDEN

★ Agía Nápa

F 11/12

Griechisch: Αγία Νάπα
Einwohnerzahl: 2500
Höhe: Meereshöhe

Agía Nápa, das Eldorado für Badeurlauber, liegt etwa 45 km östlich von Lárnaka in einer Bucht, die im Südosten vom Kap Gréko und im Westen vom Kap Pýla begrenzt wird. Hier gibt es türkisblaues Wasser und schöne Sandstrände und die Club-, Musik- und Tanzszene soll sogar die der meisten Partystädte des Mittelmeerraums übertreffen.

Vom Fischerdorf zum beliebten Strandbad

Jenseits der sog. Green Line liegt nur etwa 15 km nördlich die ehemalige Hotelstadt Varósia (türk. Varosha) bei Famagusta (griech. Ammóchostos; türk. Gazimağusa), heute eine Geisterstadt (►S. 311). Um 1974 den Verlust der besten Urlaubsorte und der schönsten Strände wettzumachen, verwandelte sich das bis dato verschlafene Fischerdorf Agía Nápa in kürzester Zeit in den beliebtesten Badeort Südzyperns. Unzählige Hotelburgen bieten heute mehr als 15 000 Übernachtungsmöglichkeiten. Herrliche Strände mit feinem gelben Sand – eine Seltenheit auf der Insel – und alle möglichen Wassersportarten lassen die Badeurlauber tagsüber voll auf ihre Kosten kommen. Vor allem jüngere Urlauber, die ein intensives Nachtleben mit unzähligen Bars, Diskotheken und Nachtclubs schätzen, fühlen sich hier pudelwohl. An vergangene Zeiten erinnern lediglich der alte, idyllische Fischerhafen mit einigen Tavernen und das ehemalige Kloster.

> ! *Baedeker* TIPP
>
> **Stadt im Diskofieber**
>
> Nachts schlagen die Wogen in Agía Nápa höher als am Tag. Vor allem zwischen Mai und Oktober kennt Zyperns beliebtestes Strandbad keine Ruhezeit. Diskotheken und Bars sind an jeder Ecke zu finden, ebenso griechische Live-Musik. Die Diskomeile schlechthin ist die Louka Street, die von der Plateia Sefereis abgeht.

Sehenswertes in Agía Nápa

★ Kloster Agía Nápa

Mitten im Ort liegt unterhalb des Seferis-Platzes das Kloster Agía Nápa, das der »hl. Mutter vom Walde« geweiht ist und laut einer Inschrift 1530 gegründet wurde. Heute beherbergt es ein ökumenisches Konferenzzentrum für die christlichen Kirchen des Nahen und Mittleren Ostens, u. a. der Maroniten (►S. 31). In der Klosterkirche werden auch Gottesdienste in Deutsch abgehalten. Einer Legende zufolge steht die Klosterkirche an der Stelle, an der ein Jäger eine **Marienikone** in einer Grotte fand. Die heutigen Gebäude stammen vorwiegend aus venezianischer Zeit. Der Glockenturm ist jünger. In der Mitte des Klosterhofes überwölbt ein Kuppelbau einen acht-

AGÍA NÁPA ERLEBEN

AUSKUNFT

Leoforos Kryou Nerou Avenue 12
Tel. 23 72 17 96
www.discoverayianapa.com

VERANSTALTUNGEN

Zwischen April und Oktober finden jeden Sonntag auf dem Agrotospitos-Platz unterhalb des alten Klosters kostenlose Folklorevorführungen statt. Im Mai (variabel) wird das Anthestiria-Fest, ein Blumenfest, mit einem großen Umzug gefeiert. Im Sommer finden Konzerte, Ausstellungen und Folklorevorführungen statt (Auskunft: Tel. 23 81 63 00). Im September werden klassische Konzerte und antike Dramen aufgeführt.

GUT ZU WISSEN

Die schönsten Strände

Die schönsten Sandstrände befinden sich westlich von Agía Nápa. Ein kleiner Fußweg führt vom alten Hafen dorthin. Feinster Sandstrand, seichtes und tiefblaues Meer machen das Baden nicht nur für Erwachsene, sondern auch für Kinder zum Vergnügen: Nissi Beach, erster touristisch erschlossener Strand Agía Nápas mit kleiner Insel, Wassersportangebot und Snackbars; Adams Beach, kleiner Strand am Adams Beach Hotel, teilweise unerschlossen; Landa Beach, schöner Sandstrand, Snackbars, Wassersport; Makrónisos Beach, zwei Sandstrände an einer malerischen Halbinsel, auf der hellenistische Gräber liegen; Agía Thékla Beach, kilometerlanger, schmaler Strand, an dem wenig los ist, kleines Felseninselchen im Meer.
Sandy Beach, östlich von Agía Nápa, zieht sich über ca. 9 km östlich vom alten Hafen an der Küste entlang.

Agía Nápa aktiv

Wassersport aller Art wird von den meisten Hotels und an vielen Stränden angeboten. Ein kleines *Tauchparadies* ist das Meer rund um das Kap Gréko. Diverse Tauchschulen bieten Kurse an, u. a.:
Lucky Divers, Nissi Avenue 77
Tel. 23 72 42 27, Fax 23 72 32 27
lucky@cylink.com.cy
Yellow Submarine, Hafen von Agía Nápa, Tel. 23 65 82 80 – ein riesiges Schlauchboot mit Unterwassergondel, durch große Glasfenster kann man die Unterwasserwelt beobachten.
Waterworld, siehe Baedeker Tipp S. 157
Agía Nápa besitzt *Radwege*! Außerdem lassen sich von hier hervorragend Radtouren rund um das Kap Gréko organisieren (siehe S. 120). Entlang der Hotelmeile, der Nissi Avenue westlich vom Zentrum, gibt es neben unzähligen Auto- und Motorradvermietern auch Radverleih.

ESSEN

Die meisten Restaurants, Bars und Pubs liegen an der Plateia Seferis, dem zentralen Platz beim alten Kloster, entlang der in der Hauptsaison zur Fußgängerzone umgestalteten Agias Mavris Street und der zum alten Hafen führenden Arch. Makariou III Avenue. In der Nebensaison sind viele Lokale geschlossen.

► Fein & teuer

Marquise »de Napa«

Kriou Nerou Avenue 22
Tel. 23 72 36 10
www.marquis-de-napa.com
Gutes Restaurant in Zentrumsnähe, landestypische und internationale Küche.

► **Erschwinglich**

Petinos Restaurant
Oktovriou Street 1
Tel. 23 72 16 45
Zentrumsnah, Parallelstraße zur Makariou Avenue; traditionelle Küche in schönem Ambiente, Spezialitäten sind Fleisch- oder Fisch-Mezé.

Im Hafen von Potamós

Oleander
Leoforos Kryou Nerou Avenue 10
Wenige Meter von der Touristeninformation entfernt; gemütliche Taverne mit guter Grillküche.

Koutouki Tavern
Nissi Avenue
Tel. 23 72 28 39
www.koutoukitavern.com
Traditionelle zyprische Taverne gegenüber vom Sunwing-Hotel mit hervorragendem Essen (Kleftiko und gute Steaks), griechische Live-Musik und Tanzvorführungen.

Napa House Taverna
Demokratias Street 4
Tel. 23 72 21 74
Zentrumsnahe in traditionellem Haus des 19. Jh.s, angenehme Atmosphäre und herrliche Terrasse, hervorragend ist das zyprische Mezé.

Baedeker-Empfehlung

Vassos Fish Harbour
Makariou Avenue 51, am alten Hafen
Tel. 23 72 18 84
www.vassosfishrest.com
Gutes Fischlokal, direkt am alten Hafen mit Blick auf die malerischen Fischerboote.

ÜBERNACHTEN

Die Auswahl an Hotels ist groß, von Luxushotels bis zu Bed & Breakfast ist alles vorhanden. Es empfiehlt sich, an den schönen Sandstränden des Nissi Beach, westlich von Agía Nápa, oder östlich Richtung Kap Gréko sein Quartier zu nehmen. Will man nahe an der Amüsiermeile im Zentrum nächtigen, empfehlen sich kleine Pensionen, Guesthouses und B & B in der Arch. Makariou III Avenue.

► **Luxus**

Aeneas Hotel
Tel. 23 72 40 00
Fax 23 72 36 77
www.aeneas.com.cy
2 km vom Zentrum beim Nissi Beach, weitläufige Hotelanlage mit gepflegtem Garten und Bungalows, großer Swimmingpool, 100 m bis zum Strand.

Grecian Bay
Tel. 23 72 13 01
Fax 23 72 13 07
www.grecianbay.com
Luxushotel an weißem Sandstrand östlich vom alten Hafen; schöne,

geräumige Zimmer, Swimmingpool, zwei Hallenbäder, Fitness-Center.

► Komfortabel

Nissi Beach Hotel
Nissi Av., westlich von Agía Nápa
Tel. 23 72 10 21, Fax 23 72 16 23
www.nissi-beach.com
Direkt am weißen Sandstrand, weitläufige Parkanlage mit Haupthaus und Bungalows, großes Sportangebot.

Nissi Park Hotel
Westlich von Agía Nápa
Tel. 23 72 16 06, Fax 23 72 21 96
www.nissi-beach.com/park
Freundliches kleineres Hotel (80 Zimmer) mit landestypischem Ambiente, alle Zimmer zum Innenhof mit schönem Pool, Zugang zum Nissi Beach Hotel und dessen Strand.

Crown Resorts Yianoulla-Beach-Hotel
Westlich von Agía Nápa
am Adams Beach
Tel. 23 72 33 30, Fax 23 72 27 32
Gutes Preis-Leistungsverhältnis, direkt an einer kleinen Bucht gelegen.

► Günstig

Maroulla
Nissi Av. 95, westlich von Agía Nápa
Tel. 23 72 13 30, Fax 23 72 13 58
Freundliches kleines Haus, persönlich geführt, 3 km vom Zentrum entfernt.

eckigen Brunnen. Sein Girlanden- und Erotenschmuck wird unterbrochen durch die Köpfe eines Paares, vermutlich die Klostergründer. Der Innenhof wird von Gebäuden mit spitzbogigen Arkaden umsäumt, einem typischen Element der Kreuzfahrergotik. Gegenüber dem Südeingang liegt ein doppelgeschossiger Torbau, dessen Fenster in Renaissancemanier geschmückt sind. In der Klosterkirche führt eine Treppe zur Höhlenkirche hinunter, in der einst die Marienikone gefunden wurde. Heute finden hier Ikonenausstellungen statt.
Vor dem Kloster steht eine jahrhundertealte **Sykomore** (Ficus Sycomorus, Maulbeerfeigenbaum). Das sehr widerstandsfähige Holz der aus Nordafrika stammenden Feigenart wurde einst zum Bau von Schiffen und von Sarkophagen verwendet. Ihre Früchte sind zwar essbar, jedoch schwer verdaulich.

! *Baedeker* TIPP

Wasserrutsche

Angesichts des chronischen Wassermangels, unter dem Zypern leidet, ist der laut eigenen Aussagen größte Themen-Wasserpark Europas am westlichen Stadtrand, Waterworld, eine richtige Verschwendung. Doch es macht Spaß, die Wasserrutschen und Whirlpools, die nach Helden der griechischen Antike benannt sind, zu benutzen (18, Agia Thekla, Tel. 23 72 44 44, www.waterworldwaterpark.com).

Marine Life Museum

Beim Rathaus in der Agias Mavris 25 eröffnete die Pierides-Stiftung (► Lárnaka) vor einigen Jahren das Marine Life Museum mit einer Sammlung von Muscheln, Fossilien und ausgestopften Wasservögeln (Mo. – Fr. 9.00 – 14.00, Sa. bis 13.00, im Sommer auch Mo. und Do. 15.00 – 17.30 Uhr; Tel. 23 72 34 09).

Agía Nápa ist mit seinen herrlichen Sandstränden der beliebteste Badeort Zyperns. Vor allem Urlauber, die ein intensives Nachtleben schätzen, kommen auf ihre Kosten.

Nissi Bay mit Marine Park

Etwa 2 km westlich vom Ortskern befindet sich an einer der schönsten Badebuchten der Insel mit dem flach abfallenden, feinsandigen Nissi-Strand eine weitere Attraktion, die besonders für Kinder geeignet ist: das Delphinarium Marine Park. Hier führen Delfine und Seelöwen ihre Künste vor. Für Schwindelfreie besteht an der Nissi Bay und anderen Stränden auch die Möglichkeit, Bungeesprünge zu unternehmen.

Umgebung von Agía Nápa

Agía Thékla

Folgt man der küstennahen Staubstraße Richtung Westen, vorbei an den Stränden Golden Sands und Makrónissos, gelangt man oberhalb des Strandes Agía Thékla zur gleichnamigen neuen Kapelle. Einige Meter südwestlich kann man bei einem weißen Kreuz eine Höhlenkirche betreten, die in frühchristlicher Zeit in einem antiken Felsgrab eingerichtet wurde.

Gemüseanbau in der Kókkinochória

Agía Nápa liegt in einem der fruchtbarsten Gebiete der Insel. In den rotbraunen, eisenhaltigen Äckern der Kókkinochória (= rote Dörfer) gedeihen besonders Kartoffeln sehr gut, die im Frühsommer auch in deutschen Supermärkten zu kaufen sind. Ferner werden Oliven, Getreide, Melonen und Gemüse angebaut. Früher förderten Windräder Grundwasser für die Bewässerung der Felder – im »Tal der Windmühlen« bei Paralímni sind sie heute noch zu sehen. Heute wird die Bewässerung mit Motorpumpen gewährleistet.

! *Baedeker* TIPP

Fischessen in Potamós (Ποταμόσ)

Wer es gerne etwas ruhiger hat und guten Fisch in malerischer Umgebung genießen möchte: Am Hafen von Potamós (14 km westlich von Agía Nápa) bieten zwei Fischlokale fangfrischen Fisch und Meeresfrüchte.

Etwa 8 km östlich von Agía Nápa erhebt sich die steil aus dem Meer ragende Südostspitze der Insel, an deren Felsklippen viele Schiffe zerschellten. Um und über den imposanten Karstfelsen, den so genannten Mount 100, führen Naturlehrpfade durch eine urwüchsige Landschaft, die nach dem Abbau der britischen Radarstation zum Naturpark erklärt wurde. Weitere Wanderwege verlaufen vom **Kap Gréko** Richtung Protarás, vorbei an einem natürlichen Felsentor im Meer, zur kleinen, weißen Kirche Agíoi Anárgyroi und zur Kónnos Bay. Das eigentliche Kap Gréko, eine sehr flache Landzunge, ist heute militärisches Sperrgebiet.

Folgt man der Küstenstraße weiter nach Norden, gelangt man zu den seit Anfang der 1990er-Jahre aus dem Boden gestampften Touristenburgen Paralímni, **Protarás** und Pernéra. Protarás ist im Vergleich zu Agía Nápa großzügiger und lockerer bebaut, mit viel Grünflächen und gepflegten Hotelanlagen. Malerisch ist auch die so genannte Fig Tree Bay, der Hauptstrand von Protarás.

Paralímni besitzt den größten Dorfplatz der Insel mit zahlreichen Cafés und Geschäften, ist ansonsten jedoch recht gesichtslos. Von einem Aussichtsturm kann man nach Famagusta hinüberblicken (Auskunft: Leoforos Protara, Kavo Gkreko 356, Tel. 23 83 28 65).

Kap Gréko, die Südostspitze Zyperns

Ocean Aquarium Im Ocean Aquarium erwarten den Besucher nicht nur Fische, Seeanemonen und Korallen aus allen Weltmeeren, sondern auch Pinguine aus der Antarktis und in dem schön angelegten Garten mehrere Seen mit Fischen, Krokodilen und Schildkröten. Es liegt in der Nähe der Kirche Agía Triáda und man erreicht es von Protarás oder Paralímni aus in wenigen Minuten mit dem Bus (tgl. ab 10.00 Uhr).

! *Baedeker* TIPP

Frauenpower in Xylofágou

In Xylofágou (ca. 15 km westlich von Agía Nápa) gibt es das einzige Frauen-Kaffeehaus Zyperns. Männer haben keinen Zutritt. Damit wehrten sich die Frauen des Dorfes gegen das traditionelle Männer-Monopol in den Kafenía.

Ca. 4 km nördlich von Paralímni liegt das große Dorf **Derýneia** fast unmittelbar an der Trennungslinie. Hier kann man von mehreren Aussichtsterrassen mit bereitliegenden Ferngläsern (z. T. gebührenpflichtig) die Stadt Famagusta mit den verlassenen, verfallenen Hotels von Varósia/Varosha erblicken. Ein so genanntes Cultural Center informiert zum Thema Trennungsline (Mo. – Fr. 7.30 – 16.30, Sa. 9.30 – 16.30 Uhr, Tel. 23 74 08 60). Rund 10 km nordwestlich, in Strovília, gibt es einen Übergang nach Nordzypern (►S. 84).

Übergang Strovília ►

Liopétri (Λιοπέτρι) Im landeinwärts gelegenen Dorf Liopétri widmen sich heute noch häusliche Werkstätten der Korbflechterei. Unweit des Dorfplatzes erinnert die Akyronas-Scheune (Barn of Liopétri) an vier Freiheitskämpfer, die hier 1958 im Kampf gegen die Briten starben. Die Dorfkirche Ágios Andrónikos stammt aus dem 15. Jahrhundert.

Dekéleia (Δεκέλεια) Westlich von Agía Nápa erstreckt sich bei Dekéleia eine britische Militärbasis. Die Küstenstraße B 3 ist in diesem Gebiet nicht passierbar; man wird jedoch umgeleitet.

Übergang Pérgamos ► Bei Pyla, etwas nordwestlich von Dekéleia, gibt es einen Übergang in den Norden (►S. 84).

★★ Akámas-Halbinsel

1/2 E/F

Griechisch: Ακάμασ **Höhe:** 0 – 668 m ü. d. M.

Die Akámas-Halbinsel steigt im äußersten Nordwesten Zyperns vom Meer steil zu einem mächtigen Bergrücken an. Benannt ist sie nach Akamas, Sohn des Theseus, der hier auf dem Rückweg von Troja an Land gegangen sein soll.

Bedrohte Naturlandschaft Die menschenleere Halbinsel mit idealen Wandermöglichkeiten ist die landschaftlich unberührteste Region Südzyperns. Bis vor einigen Jahrzehnten sah man an der Felsküste noch Mönchsrobben. Bedingt

Zum Malen schön: Landschaft in der Nähe vom Bad der Aphrodite

durch den zunehmenden Wander- und Jeeptourismus gibt es sie kaum noch. Seit Jahren bemühen sich Umweltschützer, unterstützt von der Europäischen Union und der Weltbank, die Halbinsel zu einem Nationalpark umzuwandeln, um ihre wilde Schönheit zu bewahren. Dem stehen jedoch knallharte ökonomische Interessen entgegen. In dem ökologisch empfindlichen Naturpark sind Hotelneubauten zwar strikt verboten, doch rückt die Bebauung immer näher an die geplante Schutzzone. Den »Durchbruch« schaffte der ehemalige Außenminister Aleco Michaelides mit der Errichtung seines Luxushotels Anassa westlich von Latsí (► S. 164). Die Strände der Akámas-Halbinsel gehören zu den letzten Brutgebieten der vom Aussterben bedrohten **Meeresschildkröten** im Mittelmeerraum (►Baedeker Special S. 326). Naturschützer verdammen den uneingeschränkten Jeep-Tourismus auf den unbefestigten Pisten der Akámas-Halbinsel.

! *Baedeker* TIPP

Radeln zur Liebesquelle

Da das Gefälle auf der Akámas-Halbinsel nicht so groß ist wie im Tróodos-Gebirge, empfiehlt sich hier eine Radtour. Wunderschön ist eine Fahrt mit dem Mountainbike von Pólis (diverse Radvermieter vorhanden) auf der Staubstraße entlang der Steilküste zu der 12 km entfernten Fontana Amorosa. Immer wieder öffnen sich herrliche Aussichten auf die weit geschwungene Chrysochoús-Bucht. Vorsicht ist jedoch geboten, da hier viele Wanderer und gelegentlich auch Geländewagen unterwegs sind.

★ Naturlehrpfade Die Fremdenverkehrszentrale (CTO) und die Forstverwaltung haben auf der Akámas-Halbinsel verschiedene zwischen 2 und 7 km lange Naturlehrpfade angelegt. Ideale Bedingungen bieten die blütenreichen Monate von November bis April mit ihrem milden Klima. Die gut markierten Naturlehrpfade Aphrodite und Adonis starten bei den Aphrodite-Bädern und sind mit informativen Hinweistafeln versehen. **Festes Schuhwerk** ist unbedingt erforderlich. Gut trainierte Wanderer sollten die Kombination Adonis- und Aphrodite-Pfad wählen und etwa 200 m vor dem Restaurant »Bath of Aphrodite« starten. In umgekehrter Richtung (beginnend beim Aphrodite-Bad) muss man den steil ansteigenden Serpentinenweg am Nordhang des Moúti tis Sotíras bewältigen.

Auf der Akámas-Halbinsel

Pólis (Πόλισ) Das kleine Städtchen Pólis (= Stadt; 1800 Einw.) liegt 2 km von der Küste entfernt am östlichen Rand der Akámas-Halbinsel und bedeckt die Ruinen des antiken Stadtkönigtums Márion (sehenswerte Ausgrabungen sind jedoch nicht vorhanden). Die abgelegene Kleinstadt mit schönen Stränden an der weit geschwungenen Chrysochoús-Bucht blieb bisher von verunzierenden Hotelhochhäusern weit gehend verschont, obwohl immer mehr kleine Hotels und Apartmentanlagen entstehen. Auch heute noch halten sich hier überwiegend Individualtouristen auf, die vor allem Ruhe in naturnaher Umgebung suchen. Die Anfahrtswege zu den kunsthistorisch bedeutsamen Stätten sind sehr weit, sodass Pólis als Ausgangspunkt für Besichtigungsfahrten weniger geeignet ist.

Ein Tipp für Naturliebhaber: die Akámas-Halbinsel

In der späten Bronzezeit gründeten vermutlich achäische Einwanderer die Siedlung Márion, die um 1000 v. Chr. zu einem – recht unbedeutenden – Stadtkönigtum ernannt wurde. Erst durch den Abbau von Kupfer erwarb die Stadt im 5. Jh. ein gewisses Ansehen. Während der Auseinandersetzungen mit den Persern um 499 stellte sich Márion zunächst auf deren Seite. Im 4. Jh. verweigerte es – wie andere Stadtkönigtümer auch – die Tributzahlungen. Bei den Thronstreitigkeiten nach dem Tod Alexanders des Großen ergriff Márion Partei für Antigonos. Nach dem Sieg von Ptolemaios I. wurde das abtrünnige Márion Ende des 4. Jh.s dem Erdboden gleichgemacht. Ptolemaios II. ließ die Stadt jedoch wieder aufbauen und nannte sie Arsinóe. Unter

AKÁMAS ERLEBEN

AUSKUNFT

Pólis
Vasileos Stasioikou 2
nahe dem Hauptplatz
Tel. 26 32 24 69

AKÁMAS AKTIV

Glasbodenbootfahrten entlang der Akámas-Halbinsel:
Alkion II, Latsí, Tel. 26 32 14 11; die Route des großen Ausflugsbootes führt in die malerischen Buchten der Akámas-Halbinsel und zur Fontana Amorosa.
Kaptain Morgan, Latsí, Besitzer Spyros, Tel. 99 64 79 13; kleineres Boot, eignet sich gut für individuellere Fahrten, Badestopps unterwegs und persönlichere Betreuung.
Latchi Diving Centre, am Hafen von Latsí, Tel. 26 32 20 95, Fax 26 32 20 95, lwsports@cyculture.net
International Water Sports & Diving Centre, Latsí, Tel. 26 32 20 95; unter holländischer Leitung.

ESSEN

► Fein & teuer

Porto Latchi
Latsí
Tel. 26 32 15 29 oder 30
Gutes Fischrestaurant in einer alten, ausgebauten Johannisbrotscheune mit traditioneller Arkaden-Architektur, Terrasse zum Meer (auf der anderen Straßenseite). Abends in der Saison griechische Live-Musik oder Jazz. Im oberen Stockwerk eine gemütliche Café-Bar.

Archontariki Tavern
Pólis
Makarios Av.
Tel. 26 32 13 28
www.archontariki.com.cy
Nur wenige Gehminuten vom Hauptplatz entfernt, in einem ehem. Herrenhaus mit zauberhaftem Innenhof und traditionellem Interieur. Hervorragendes Mezé-Essen mit besonders abwechslungsreichen Gerichten. Ausgezeichnet sind auch die empfohlenen Weine.

► Erschwinglich

Bath of Aphrodite Seafood Restaurant
Tel. 26 32 14 57 oder
Tel. 26 32 20 70
Direkt bei den Bädern der Aphrodite gelegenes Restaurant mit schöner Gartenterrasse und Terrasse zum Meer. Gutes, vielseitiges Fisch-Mezé. In der Hochsaison vom Bustourismus überlaufen, in der Nebensaison jedoch ein zauberhafter Platz.

Baedeker-Empfehlung

Yiangos und Peter
Am alten Hafen von Latsí
Tel. 26 32 14 11
Das älteste Fischrestaurant von Latsí hat eine schöner Terrasse direkt zum malerischen Fischerhafen. Hervorragender fangfrischer Fisch und Deutsch sprechende Bedienung.

Restaurant Finikas
Pólis
Direkt in der Fußgängerzone
Gute landestypische Gerichte, vor allem das Lamm mit Bohnen ist empfehlenswert.

Arouzos Tavern
Káthikas
Zwischen Pólis und Páfos auf der Nebenstrecke
Tel. 26 63 20 76
Rustikale Taverne in traditionellem Ambiente mit Kaminfeuer im Winter, schöner schattiger Innenhof. Gute landestypische Küche, hervorragendes Mezé.

Fischrestaurant Kanalli
Pomós
Tel. 26 34 21 91 oder 26 34 21 93
Oberhalb des malerischen Hafens bietet das Restaurant frischen Fisch und einen herrlichen Blick aufs Meer.

ÜBERNACHTEN

► Luxus

Hotel Anassa
Zwischen Latsí und den Bädern der Aphrodite
Tel. 26 32 28 00, Fax 26 32 29 00
www.thanoshotels.com
Das 1998 eröffnete Hotel, dessen Name »Königin« bedeutet, ist *das* Luxushotel Zyperns. Direkt oberhalb des Meeres, einen schönen Sandstrand zu Füßen, gilt es als Treffpunkt der Reichen und des Jet-Sets. Mosaiken, Keramiken, Marmorinkrustationen und andere edle Materialien schmücken den prachtvollen Bau, der aus verschiedenen Wohneinheiten, Fitness- und Spa-Bereich besteht und einen prachtvollen Garten aufweist.

► Komfortabel

Natura Beach Hotel
Pólis
Tel. 26 32 31 11
Fax 26 32 28 22
www.natura.com.cy
Das etwas am Rande von Pólis direkt am Strand gelegene Hotel bietet sich als ruhige Oase für Ausflüge auf die Akámas-Halbinsel und gen Osten Richtung Káto Pýrgos an.

Drouseia Hights Hotel
Droúseia
Tel. 25 33 23 51
www.polipafo.com/droushia_heights_hotel-pphtm
Das oberhalb der Bucht von Pólis Richtung Páfos an der Nebenstrecke gelegene Hotel bietet den zauberhaftesten Blick auf die Akámas-Halbinsel und die große, sichelförmige Bucht zu Füßen. Ruhig gelegen, einfach eingerichtet, bietet es typisch zyprisches Interieur und gute landestypische Küche. In nur 15 Minuten erreicht man das Meer.

Elia Latchi Aparthotel Resort
Latsí, am östlichen Ortsrand
Tel. 26 32 10 11
elialaki@logos.cy.net
Schöne, strandnahe Anlage aus Apartments mit blumengeschmücktem Gartenbereich.

► Günstig

Stefanos Aparthotel
Pólis
Arsinoe Str. (nahe Zentrum)
Tel. 26 32 24 11
Fax 26 32 25 82
Nette, familiär geführte Anlage aus verschiedenen Apartmentblocks.

Follow the Sun Apartments
Pólis
Bei der Hauptkirche
Tel. 26 32 15 43, Fax 26 32 21 13
Sympathische, familiär führte Anlage, die Besitzerin spricht Deutsch.

der byzantinischen Herrschaft erhielt sie den Namen Pólis tis Chrysochoús (= Stadt des goldhaltigen Landes). Während der Konflikte in den 1960er-Jahren zwischen der griechischen und der türkischen Bevölkerungsgruppe wurde Pólis durch türkische Luftangriffe abermals schwer beschädigt.
Das in der Makarios Av. gelegene **Archäologische Museum** präsentiert Funde des Stadtkönigtums Márion und der Umgebung, Keramik vom Neolithikum bis zum Mittelalter. Besonders beachtenswert sind die archaischen Free-Field-Gefäße mit Vogel- oder Fischmotiven (Raum I). Interessant sind außerdem die Rekonstruktion eines Schiffsrumpfes mit Amphoren, Münzen, Tonfiguren und Schmuck (Mo. – Fr. 8.00 – 14.00, Do. auch 15.00 – 18.00, Sa. 9.00 – 17.00 Uhr).

✶ Latsí (Λατσί)

Der kleine Ort Latsí liegt wenige Kilometer westlich von Pólis. Bis Anfang der 1990er-Jahre war Latsí ein verträumter, malerischer Fischerhafen mit bunten Booten. Die alten Lagerhäuser, in denen Karoben (Früchte des Johannisbrotbaumes) für den Export zwischengelagert wurden, sind vor einigen Jahren in schicke Restaurants und Tavernen umgestaltet worden. Heute reisen in der Hochsaison Hunderte von Tagesurlaubern mit Reisebussen an, um an der belebten Strandpromenade entlang zu bummeln. Abends gibt es zyprische Live-Musik. Von Latsí aus kann man schöne Bootsausflüge zur Fontana Amorosa und dem Kap Arnaúti auf der Akámas-Halbinsel unternehmen.

> ! *Baedeker* TIPP
>
> **Spaß über und unter Wasser**
>
> Auf keinen Fall sollte man ein Fisch-Mezé bei Yiangos am Hafen von Latsí und anschließend eine Fahrt mit dem Glasbodenboot zur Fontana Amorosa versäumen.

✶ Bäder der Aphrodite

Von Pólis aus erreicht man nach ca. 8 km das Restaurant Bath of Aphrodite, wo die Asphaltstraße endet. Ein von Zypressen, Johannisbrot-, Feigen- und Eukalyptusbäumen überschatteter Pfad führt zu den 200 m entfernten Bädern der Aphrodite (Loutrá tis Afrodítis). Aus einer Felsnische tritt Süßwasser in einen kleinen Teich, wo Aphrodite in mythischer Vorzeit im Schatten eines Feigenbaumes badete (heute ist das Baden hier jedoch verboten). Dabei wurde sie von Akamas, dem Sohn des Theseus, überrascht. Sie verliebten sich ineinander. Das Liebesabenteuer wurde jedoch durch den Verrat einer alten Frau, der personifizierten Verleumdung, jäh beendet und Aphrodite musste auf den Olymp zurückkehren.

Fontana Amorosa

Rund 5 km von den Bädern der Aphrodite entfernt Richtung Kap Arnaúti, entspringt in einer Sandbucht Aphrodites Liebesquelle, die heute jedoch verschüttet ist. Lokaler Überlieferung zufolge soll jugendliche Liebesglut den erfassen, der aus ihr trinkt. Die Strecke bis zur Fontana Amorosa kann man mit einem geländegängigen Fahrzeug zurücklegen; da die Schotterpiste jedoch sehr schmal und gewunden ist (Gegenverkehr!), sollte man eine Wanderung vorziehen, die schöne Ausblicke auf die steile Felsküste bietet. Alternativ ist eine Bootsfahrt von Latsí oder Pólis aus möglich. An der Fontana Amorosa gibt es auch einen schönen Badeplatz.

Östlich von Pólis

Östlich von Pólis liegen die ehemaligen Kupferbergwerke, deren Produktion 1979 eingestellt wurde. Noch heute sieht man verlassene Lagergebäude und Verladeanlagen der Límni-Mine. Die gut ausgebaute, jedoch kaum befahrene Küstenstraße um die Bucht von Chrysochoús führt entlang eines vom Tourismus noch wenig berührten Küstenstreifens. Die Dörfer waren bis zum Beginn des Bürgerkrieges griechisches und türkisches Siedlungsgebiet. Seit der Flucht und Vertreibung der türkischen Bewohner stehen viele Häuser leer und verfallen zunehmend. Vereinzelt siedelten sich griechische Familien hier an, die vom Ertrag der Avocado- und Zitrusplantagen leben. In **Pomós** findet man kleine Buchten und einen malerischen Hafen vor einsamer Bergkulisse, vor 1974 ein wichtiger Fischerhafen.

! *Baedeker* TIPP

Die Bäder des Adonis

Zwischen Páfos und Pólis liegt seitlich der Hauptstraße das »Konkurrenzunternehmen« zu den Bädern der Aphrodite (erreichbar über Koíli oder Akoúrsos): zwei von Felsen umgebene, etwa 10 m hohe Wasserfälle, die in Teiche mit smaragdgrünem Wasser fallen. Taue an den Bäumen erlauben dem Besucher, sich wie Tarzan über das Wasser zu schwingen. Eine Idylle ohnegleichen, die jedoch Eintritt kostet.

Zu den wenigen Sehenswürdigkeiten dieser Strecke zählt die in den 1990er-Jahre errichtete **Pilgerkirche Ágios Raffaíl** in Pachýammos mit Fresken im traditionellen Stil, die die Geschichte des erst 1959 auf Lesbos entdeckten Heiligen erzählen. Der im 15. Jh. von den Türken zu Tode gefolterte Heilige ist hier mit seinen Leidensgenossen Nikolaos und Irini dargestellt. Auffallend ist die Darstellung schnurrbärtiger böser Türken in den Fresken. Vor der Kirche erinnert ein Denkmal an 60 griechische Zyprioten, die bei den Kämpfen um Kókkina/Erenköy starben.

Die Küstenstraße endet 22 km nordöstlich von Pólis bei der türkischen Enklave **Kókkina** (türk. Erenköy), die seit 1974 von türkischen Soldaten gehalten wird. Sie zwingt den Reisenden auf schmalen, steil ansteigenden Straßen in die Berge. Wo die Straße bei **Káto Pýrgos**, einem bescheidenen Badeort mit Kieselstrand, wieder in die Küstenstraße mündet, beginnt die Pufferzone. 4 km landeinwärts schwelen im Bergdorf Páno Pýrgos im Sommer Holzkohlenmeiler, die beinahe den gesamten zyprischen Bedarf an Holzkohle abdecken. Von hier führt eine neue, kurvenreiche Straße zum Kloster ►Kýkko.

! *Baedeker* TIPP

Erschwinglich übernachten

In Káto Pýrgos gibt es ein paar einfachere Hotels, direkt am Meer gelegen. Freundlich geführt, wenn auch ein wenig karg eingerichtet, ist das Tylos Beach, Tel. 26 52 23 48, Fax 26 52 21 36.

Droúseia (Δρούσεια)

Etwa 10 km südlich von Pólis, an einer Nebenstraße Richtung Páfos, liegt malerisch auf einer Anhöhe Droúseia (700 m ü. d.M.), ein altes Dorf in traditioneller Bauweise mit einem Drei-Sterne-Hotel (► S. 164). Von hier bietet sich ein herrlicher Blick auf die Bucht von Pólis. Ein kleines Webmuseum informiert über dieses Handwerk, das jahrhundertelang von den Frauen des Dorfes ausgeübt wurde (Mo. – Sa. 8.00 – 12.00, Mo. – Fr. auch 14.00 – 16.00 Uhr).

Laóna-Projekt

Um die Abwanderung aus den Dörfern zwischen Páfos und Pólis zu verhindern, begannen 1980 die »Friends of the Earth«, eine zyprische Umweltorganisation, unterstützt durch die EU und die Leventis-Stiftung, den sanften Tourismus auf dem Laóna-Plateau zu etablieren: In den Dörfern Káthikas, Páno und Káto Akourdáleia, Milioú und Krítou Térra, deren einzige Einnahmequelle bisher die Landwirtschaft, v. a. der Weinbau war, werden alte Häuser restauriert und in Ferienwohnungen umgewandelt, ohne den Charakter des Dorfes zu zerstören. Damit schuf man eine Alternative zum Massentourismus. Das Umweltzentrum (Environmental Studies Centre) bietet in **Krítou Térra** in der restaurierten Volksschule Lehrgänge und Exkursionen an (www.esc.com.cy; Tel. 26 33 25 32).

★ Ávagas-Schlucht

Einen weiteren Zugang zur Akámas-Halbinsel gibt es von Süden her. Die asphaltierte Küstenstraße endet knapp 25 km nördlich von Páfos hinter dem Ort Ágios Geórgios (► Páfos). Von hier gelangt man mit dem Geländewagen oder zu Fuß zur 3 km langen Ávagas-Schlucht, durch die der gleichnamige Bach führt – streckenweise fließt er unter der Erdoberfläche. Man sollte festes Schuhwerk tragen, denn die Felsen sind oft glitschig. Atemberaubend ist die etwa 500 m lange, manchmal nur 1 bis 2 m breite Hauptschlucht mit bis zu 250 m hoch aufragenden Felswänden. Beindruckende Tropfsteine, seltene Pflanzen wie die nur hier vorkommende Centauria acamantis, wilde Johannisbrot-, Feigen- und Olivenbäume, Zypressen sowie Oleander machen diese Schlucht für jeden Naturfreund zum Erlebnis (bis zur Hauptschlucht und zurück ca. 2 Std.).

Auf abenteuerlichem Weg durch die Ávagas-Schlucht

Mit einem geländegängigen Fahrzeug oder mit dem Mountainbike kann man auf einem 5 km langen, staubigen Feldweg von Ágios Geórgios bis zur **Lára-Bucht** fahren. An diesem felsigen Strandabschnitt betreibt die zyprische Fischereibehörde seit 1976 ein Projekt zum Schutz von Meeresschildkröten (► Baedeker Special S. 326). Im Sommer darf der Strand nur mit Einschränkung betreten werden; Sonnenschirme oder Zelte sind nicht erlaubt.

Asínou

E 5/6

Griechisch: Ασίνου **Höhe:** 450 m ü. d. M.

Auf halber Strecke zwischen Nikosia und Tróodos, etwa 13 km südwestlich von Peristeróna, biegt eine Nebenstraße nach Nikitári ab. Rund 4 km südlich dieses Dorfes steht einsam und völlig unscheinbar eine mit Fresken ausgekleidete Kirche, die kunsthistorisch bedeutendste aller Scheunendachkirchen im Tróodos und UNESCO-Weltkulturerbe.

An Sonn- und Feiertagen ist sie ein beliebtes Ausflugsziel, so haben sich hier einige Tavernen etabliert, die während der Saison und an Feiertagen geöffnet haben. Im Mittelalter gab es hier einen kleinen Ort namens Asínou, der vermutlich schon im 11. Jh. v. Chr. von Siedlern der antiken Stadt Asine in der Argolis (Peloponnes) gegründet worden war.

Die Fresken von Asínou gehören zu den wertvollsten byzantinischen Wandmalereien in Zyperns Bergkirchen.

★★ Panagía Forviótissa

Öffnungszeiten:
tgl. 9.00 – 17.00
im Winter bis 16.00

Die im 12. Jh. erbaute Kirche gehörte zu dem bis ins 18. Jh. existierenden »Kloster der Forvia«. Der Name Forvia rührt von den hier in großen Mengen wachsenden Euphorbiaceae (Wolfsmilchgewächse) her. Die Kirche besitzt nur ein Schiff mit Ostapsis und ist mit einem Tonnengewölbe versehen. Der Ende des 12. Jh.s hinzugebaute Narthex erhielt im Süden und Norden apsisartige Ausbuchtungen. Während der Bau des frühen 12. Jh.s aus Bruchsteinen und Kalkmörtel gemauert worden war, benutzte man für den Narthex schon behauene Sandsteinquader.

ASÍNOU

ESSEN

► Erschwinglich

Asineon
Tel. 22 85 21 42
Gute zyprische Kost.

Kentro Forviotissa
Tel. 22 85 28 22
Gute traditionelle Küche.

Eine **Inschrift** unter der Darstellung der hll. Konstantin und Helena besagt, dass Nikiphoros Magistros um 1105/1106 die Kirche stiftete und ausmalen ließ (der Titel eines Magistros entsprach in byzantinischer Zeit dem eines hohen Beamten oder Richters). Der Ende des 12. Jh.s angebaute Narthex trägt unter der Darstellung des heiligen Georg eine weitere Inschrift mit dem Stifternamen Nikiphoros, dem »Heiler und Betreuer von Pferden«. Eine Inschrift über der Narthextür nennt das Datum 1333 und den Stifter Theophilos. In dieser Zeit wurden Kirche und Narthex erneut ausgemalt. Ein Stifterbildnis des frühen 14. Jh.s über der Südtür der Kirche zeigt Nikiphoros Magistros während der Übergabe der Kirche an die Muttergottes: Deutlich zu erkennen ist, dass die Kirche zunächst noch keinen Narthex besaß, jedoch schon mit einem Satteldach aus Holz gedeckt war. Hinter Magistratos ist seine früh verstorbene Tochter Jefira zu sehen.

Fresken

Die Malereien von Asínou sind aufgrund hervorragender Restaurationsarbeiten des Dumbarton-Oaks-Instituts der Harvard-Universität Mitte der 1960er-Jahre in klaren Farben erhalten. Die Fresken vom Beginn des 12. Jh.s befinden sich im Altarraum und im Westteil des Naos. Die Bewegungen der Gestalten sind rythmisch und zeigen Adel und Vergeistigung, das entsprach dem klassisch-höfischen Stil der Komnenenzeit. Die Farben sind zart und pastellfarbig. In der Wölbung der Apsis ist der byzantinischen Tradition entsprechend Maria mit erhobenen Händen als Theotókos (Gottesgebärerin) abgebildet, flankiert von zwei Engeln (im 14. Jh. nochmals übermalt). Unter ihr weist die Apostelkommunion auf das Abendmahl hin. Jesus verteilt Brot und Wein. Judas dreht ihm den Rücken zu und nimmt das Brot wieder aus dem Mund. Die ganz unten abgebildeten

Kirchenväter sollen die Zeitlosigkeit der Kirche versinnbildlichen. In den Nischen des Altarraums sind die Geburt und der Tempelgang Mariens zu erkennen.

Das durch pfeilerartige Vorlagen abgetrennte Westjoch birgt ebenfalls Fresken des 12. Jahrhunderts. Im Gewölbe ist die Darstellung des Pfingstwunders zu sehen. An der Südwand erscheint die Auferweckung des Lazarus sowie Konstantin und Helena. Die Westwand zeigt den Einzug in Jerusalem, das letzte Abendmahl und den Tod Mariens. An der Nordwand sind unter der Fußwaschung die 40 Märtyrer von Sebaste erkennbar, die auf einem zugefrorenen See den Erfrierungstod erlitten.

Die Malereien des 14. Jh.s unterscheiden sich deutlich von den frühen Fresken. Die gedrungenen, rustikal wirkenden Figuren gehören dem sog. Paläologenstil an und sind dunkler und kontrastreicher. Der Einfluss westlicher Vorbilder ist an der Bekleidung z. B. der Soldaten deutlich erkennbar. Im Gewölbe über der Südtür beginnen die Szenen mit der Geburt Christi, der Präsentation im Tempel, der Taufe und der Verklärung. Auf der anderen Seite sind der Judaskuss, die Kreuztragung, die Kreuzigung und die Grablegung dargestellt. Die unterste Zone bilden Darstellungen verschiedener Heiliger der Ostkirche. Auf den pfeilerartigen Vorlagen, die zum Westjoch überleiten, sieht man die Apostelfürsten Petrus und Paulus. Im Narthex sind die Heiligen Georg, Mamas auf dem Löwen und Anastasia abgebildet. In der Kuppel thront der Pantokrator, umgeben von Engeln. Unter ihm sind einzelne Szenen des Jüngsten Gerichtes zu erkennen.

! *Baedeker* TIPP

Panoramawandern auf Naturlehrpfad

Von Asínou aus verläuft ein Naturlehrpfad mit zauberhaften Ausblicken auf die Mórfou-Bucht im Norden bis nach Ágios Theódoros (Länge: 5,6 km, Dauer: 2 Std.).

Umgebung von Asínou

Vizakiá (Βυζακιά)

Ca. 6 km nördlich von Asínou liegt die kleine Erzengelkirche (Archángelos Michail) von Vizakiá (Schlüssel beim Dorfpfarrer; im Kafeníon fragen) mit Fresken des 16. Jh.s, die aufgrund ihrer naiven, aber eindrucksvollen Malweise einen Besuch wert sind. Sie stammen aus der venezianischen Epoche und lassen deutlich westlichen Einfluss erkennen. Dargestellt ist die Lebensgeschichte Christi. Die Südwand ist mit der Verkündigung, der Geburt Christi, der Darbringung im Tempel, der Taufe und der Auferweckung des Lazarus geschmückt. Die Westwand zeigt die Kreuzigung. Der Soldat, der Christus den Speer in die Seite stößt, ist hier in venezianischer Adelstracht dargestellt. Unter dieser Szene ergänzen die Fußwaschung, das Abendmahl, der Verrat und die Kreuzesabnahme die Leidensgeschichte Christi. Ein Beispiel für die volkstümliche, lebendige Erzählweise ist das Abendmahl: Die Apostel halten Gabeln in den Händen. Beim Judaskuss halten die Soldaten venezianische Schwerter.

★ Choirokoitía

G 7/8

Griechisch: Χοιροκοιτία **Höhe:** 100 – 200 m ü. d. M.

Die aus neolithischer Zeit, ca. 7. Jtd. v. Chr., stammende Ausgrabungsstätte von Choirokoitía (sprich: Chirokitía), seit 1999 UNESCO-Weltkulturerbe, gehört zu den ältesten Siedlungen nicht nur des Mittelmeerraums, sondern der Welt.

Sie befindet sich etwa 7 km von der Südküste entfernt zwischen Lárnaka und Limassol, unweit der Autobahn. Nachdem die Menschen zuvor Nomaden und Jäger waren, wurden sie in der Jungsteinzeit allmählich sesshaft und widmeten sich dem systematischen Ackerbau und der Domestizierung von wilden Tieren, wie die Knochenfunde von Schafen, Ziegen und Tauben beweisen. Die ersten Besiedler Zyperns kamen aus Syrien und Kilikien und ließen sich an den wasserreichen Ausläufern der Gebirge nieder. Weitere neolithische Siedlungen befinden sich in Kalavasós/Tenta bei Choirokoitía, Pétra tou Limníti an der Nordküste und Sotíra bei Koúrion.

In solchen (hier rekonstruierten) Rundhäusern lebten die Menschen in der Jungsteinzeit.

Choirokoitía • Neolithische Siedlung Orientierung

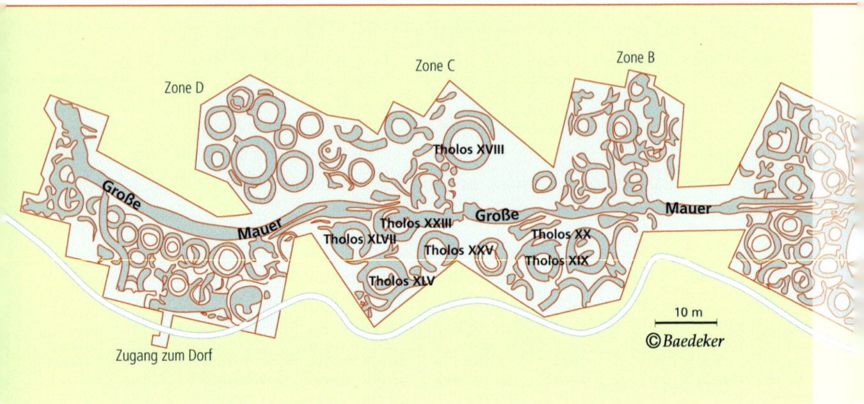

✶ Ausgrabungen

Öffnungszeiten:
Sept. – März
tgl. 9.00 – 17.00
Apr. – Aug.
Mo. – Fr.
9.00 – 19.30
Sa., So.
9.00 – 17.00

Am Fuß des Südhanges, an dem sich Choirokoitía hinaufzieht, sicherte der Fluss Maróni die Wasserversorgung der Siedlung. Kurz hinter dem Kartenhäuschen wurden fünf neolithische Bauten mit sonnengetrockneten Lehmziegeln, gestampfter Erde, Kalksteinblöcken und Flusskieseln rekonstruiert. Im Inneren erkennt man die Herdstellen und Schlafzonen. Ebenfalls rekonstruiert wurde die Rampe, über die man das Ausgrabungsgelände betritt. In dem schätzungsweise 1,5 ha großen Dorf lebten vermutlich 300 Menschen.

Entlang der Mauer, die vom Fluss Maróni den steilen Hügel hinaufführt, reihen sich zu beiden Seiten Rundhäuser, sog. Thóloi. Die größten Steinhäuser besitzen einen Durchmesser von ca. 5 bis 8 m und konnten zwei bis drei Personen beherbergen, während die kleineren Häuser (2 bis 3 m) möglicherweise als Stall oder Vorratskammer dienten. Familien haben wohl mehrere Häuser in einer Art Gehöft bewohnt. Die vermutlich flach gedeckten Gebilde besitzen ein bis heute erhaltenes, etwa 0,5 m dickes Fundament aus aufgeschichteten Flusssteinen. Darüber setzte man einen flachen Aufbau aus Lehmziegeln. Einige Häuser besaßen pfeilerartige Stützen im Inneren, die ein Zwischengeschoss trugen. Der Boden bestand aus gestampftem Lehm. Eine Sitzbank, Tische und eine Herdstelle waren die einzigen Einrichtungsgegenstände.

! *Baedeker* TIPP

Über Stock und Stein

Erfahrene Reiter finden in dem 2 km nördlich von Kalavasós gelegenen Pferdegestüt Drapia Farm eine hervorragende Möglichkeit, unter der Leitung einer Engländerin Ausritte durch die ländliche Idylle der Tróodos-Ausläufer zu unternehmen. Auch Anfänger haben eine Chance, außerdem wird Reitunterricht angeboten (Auskunft und Buchung: Tel. 29 43 71 88, www.cyagroturismo.com).

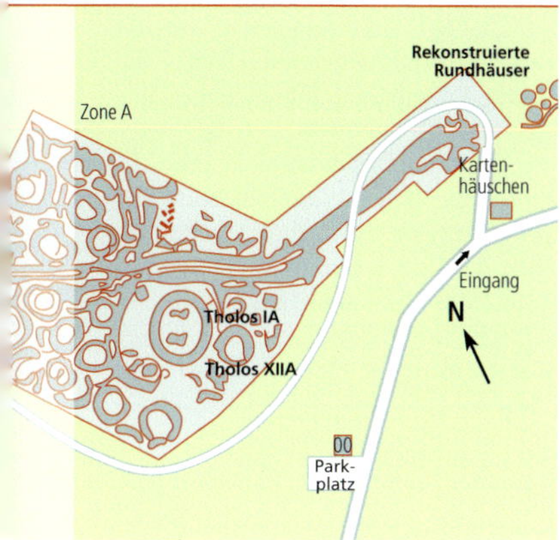

Bestattungs-rituale

Die Steinzeitmenschen bestatteten ihre Toten unter dem Lehmboden. Da mehrere Generationen im gleichen Haus begraben wurden, fand man in einigen Häusern bis zu 26 Skelette. Die Verstorbenen wurden in Hockstellung auf der Seite liegend begraben. Da man wohl an ein Weiterleben nach dem Tode glaubte, bedeckte man die Leichen aus Angst vor einer Wiederkehr mit einem schweren Stein. Schmuck, Vorratsgefäße, Opferschalen, Werkzeuge und Waffen gehörten zu den bevorzugten Grabbeigaben und bestätigen den Glauben an ein Leben im Jenseits. Die Gräber der Frauen waren reicher ausgestattet als die der Männer; hier fand man Ketten aus Karneol und Klingen aus Obsidian, einem harten, glasartigen Lavagestein. Der Altersdurchschnitt der Menschen lag bei 33 bis 35 Jahren.

Mauer

Ein 2 m breites und 3 m hohes Mauerband schlängelt sich vom Fluss den Hügel hinauf und auf der anderen Seite wieder zum Fluss hinab. Es gehört zu einer Befestigungsmauer, die das erste Dorf schützte. Als das Dorf im 4. Jtd. v. Chr. neuen Zulauf erhielt, wurden jenseits dieser Mauer weitere Thóloi errichtet. Einen neuen Befestigungswall fügte man später hinzu. So gibt die Mauer Aufschluss über zwei Besiedlungsschübe, eine keramiklose Phase, beginnend mit dem 7. Jtd. v. Chr., und nach einer rätselhaften Pause von 1500 Jahren im 4. Jtd. die Epoche der Kammstrich-Keramik. Bis heute ist nicht geklärt, warum Choirokoitía nach dem 4. Jtd. v. Chr. nie mehr bewohnt war.

! *Baedeker* TIPP

Ferien auf dem Lande

Die restaurierten Dörfer Tóchni und Kalavasós mit traditioneller zyprischer Einrichtung liegen eingebettet in den Ausläufer des Tróodos und bieten authentische Dorfstrukturen, alte Tavernen und Ruhe. Bis zum Strand sind es nur 7 km (Auskunft: www.agrotourism.com.cy).

Umgebung von Choirokoitía

Kalavasós (Καλαβασόσ)

Eine weitere neolithische Siedlung gibt es bei dem 10 km südwestlich von Choirokoitía gelegenen Ort Kalavasós. Kurz vor Kalavasós fährt man links über die Brücke, die den Vasilikós-Fluss überquert. Hier sieht man noch einige alte Waggons vom Erzabbau rund um Kalavasós. Schon von weitem erblickt man unweit der Autobahn ein gro-

ßes gelbes Zelt mit einer kunstvollen Holzkonstruktion, das die gut erhaltenen jungsteinzeitlichen Rundbauten von Ténta vor allen Witterungseinflüssen schützt. Der Sage nach soll hier die hl. Helena, die Mutter Konstantins des Großen, um 327 ein Zelt aufgeschlagen haben, bevor sie die Kreuzesreliquie nach ► Stavrovoúni trug. Unter dem Fußboden der Thóloibauten fand man ebenfalls Skelette. Zu den interessantesten Funden gehören die ersten Wandmalereien aus vorgeschichtlicher Zeit auf Zypern (sie sind heute im Archäologischen Museum in Nikosia zu sehen) und ein vollkommen erhaltenes Kinderskelett aus dem 7. Jtd. v. Chr. (Mo. – Fr. 9.00 – 16.00 Uhr).
Einige hundert Meter weiter Richtung Autobahn liegen die bronzezeitlichen Ausgrabungen von Kalavasós/Ágios Demítrios, die eine längere Besiedlungskontinuität beweisen als die der Siedlung von Choirokoitía.

Chrysorrogiátissa-Kloster

F 3

Griechisch: Μονή Χρυσορρωγιάτισσασ

Höhe: 850 m ü. d. M.

Durch abwechslungsreiche Landschaft mit grünen Grasmatten, Weinreben und idyllischen Bergdörfern gelangt man zu dem malerisch gelegenen Kloster, das griechisch Moní Panagías Chrysorrogiátissas genannt wird. Von hier oben bietet sich ein herrlicher Ausblick auf die sanft geschwungenen Weinberge der Umgebung.

★ **Lage und Gründungslegenden**

Von Páfos fährt man über die Hauptstraße Richtung Pólis bis kurz vor Stroumpí, wo man rechts nach Polémi abbiegt. Man folgt einer gut ausgebauten Straße, die allmählich ins Tróodos-Gebirge ansteigt. Das Kloster liegt etwa 3 km südlich vom Ort Páno Panagiá. Vor dem Kloster steht eine 110 Jahre alte Pinie.
Seine Ursprünge gehen auf das Jahr 1152 zurück. Damals soll der Mönch Ignatius in einer Höhle bei Geroskípou eine Ikone unversehrt aus den Gluten eines Feuers gerettet haben. Eine zweite Variante besagt, dass eine Frau diese Ikone während des Bilderstreits im 8./9. Jh. bei Konstantinopel ins Meer warf. Von den Wellen des Meeres in Zypern an Land gespült, fand ein Fischer die Ikone und versteckte sie in einer Höhle. Später führte diese Ikone, die vom Evangelisten Lukas gemalt sein soll, zur Gründung eines Klosters, das der »Heiligen Jungfrau Maria vom Berg des goldenen Granatapfels« geweiht wurde. Während der türkischen Herrschaft verfiel das Kloster. Erst im 18. Jh. ließ der Bischof von Páfos es erneuern. Als der Klosterabt 1821 den griechischen Freiheitskampf auf dem Festland unterstützte, gingen die Türken mit Militärgewalt gegen das Kloster vor und zerstörten Teile der Anlage.

Die Ursprünge des Chrysorrogiátissa-Klosters gehen auf das Jahr 1152 zurück.

Klosterkirche

In der Klosterkirche, die von einem zweistöckigen Zellentrakt umgeben wird, befindet sich die wundertätige Ikone der Muttergottes, die Kranke heilen und Verbrechern Schutz gewähren soll. Jährlich am 15. August wird hier der höchste Festtag der Muttergottes, Mariä Himmelfahrt, prachtvoll gefeiert. Die geschnitzte Ikonostasis stammt aus dem 18. Jahrhundert. Bemerkenswert ist ein silberbeschlagenes Kreuz, das erst 1970 von einem Hirten in der Umgebung des Klosters entdeckt wurde. Im Klosterhof gibt es ein kleines Ikonenmuseum (tgl. 9.30 – 12.30, 13.30 – 18.30, im Winter nur bis 16.00 Uhr).

! *Baedeker* TIPP

Klosterwein

Die Klostertaverne ist ein Ort, um die Seele baumeln zu lassen: unter Lauben sitzen, den Blick auf das weite Weintal zu Füßen und den großartigen Klosterwein genießen.

Weinkellerei

Baedeker Special S. 128 ►

Sehr malerisch ist der reich mit Blumen geschmückte Innenhof des Klosters mit einem kleinen Weinladen. Das Kloster besitzt 84 Weinberge in Lagen von bis zu 1500 m ü. d. M. Im Klosterkeller kann man einen Blick auf die Weinkellerei mit ihren großen Eichenfässern werfen. Nach überlieferten Methoden wird hier sehr guter Wein gekeltert aus heimischen Rebsorten: die weiße Xynisteri und die roten Ophthalmo, Mavro und Maratheftiko. Fünf verschiedene Weiß-, Rot- und Roséweine der Marke Monte Rogia werden gekeltert, darunter der berühmte trockene Rotwein Ágios Elías mit der Abendmahlszene auf dem Etikett.

Umgebung von Chrysorrogiátissa

Agía Moní (Αγία Μονύ)

Das kleine Kloster Agía Moní, knapp 2 km südlich, gehört zum Kloster Chrysorrogiátissa. Es soll im 4. Jh. vom hl. Nikolaus auf den Ruinen eines antiken Heiligtums gegründet worden sein. Antike Spolien sind in die Mauern der im 17. und 19. Jh. erneuerten Anlage eingefügt worden.

Páno Panagiá (Πάνω Παναγιά)

Im 800 m hoch gelegenen kleinen Winzerort Páno Panagiá 3 km nördlich von Chrysorrogiátissa wurde der Erzbischof und spätere Staatspräsidenten Makarios III. geboren. Das aus zwei Räumen bestehende, fensterlose Haus mit gestampftem Lehmboden, in dem Makarios am 13. August 1913 zur Welt kam, kann besichtigt werden. Den Schlüssel dazu erhält man im kleinen Makarios Cultural Centre am Dorfplatz, an dem eine große Bronzestatue an den Erzbischof erinnert. Der vordere Raum diente der gesamten Familie als Ess-, Wohn- und Schlafzimmer. Im hinteren Raum war das Vieh untergebracht. Fotos und Gebrauchsgegenstände dokumentieren das Leben des großen Kirchenfürsten. Im Makarios Cultural Centre sind außerdem Familienfotos und Kleidung von Makarios zu sehen (Di. – So. 9.00 – 13.00, 14.00 – 17.00 Uhr).

Fikárdou

F 7

Griechisch: Φικάρδου **Höhe:** 886 m ü. d. M.

Das Bergdorf Fikárdou, 8 km nordwestlich vom ► Machairás-Kloster, ist nach einer adligen mittelalterlichen Familie benannt, die um 1500 sogar Verbindungen zum englischen Hof hatte.

Museumsdorf

Dank seiner authentischen Dorfarchitektur aus der Zeit vom 18. bis zum beginnenden 20. Jh. wurde es 1978 unter Denkmalschutz gestellt. Das zum Großteil verlassene Dorf wurde in Zusammenarbeit mit den Hausbesitzern systematisch restauriert. Als eines der wenigen zyprischen Bergdörfer blieb es vom rasanten Fortschritt der letzten Jahrzehnte mit modernen, großzügigen Wohnhäusern verschont. Hier bekommt man noch eine Vorstellung vom früheren Dorfleben. Außer Menschen können nur Tiere die schmalen, gepflasterten Gässchen passieren, sodass Esel und Maultiere die wichtigsten Transportmittel sind und gleichzeitig für landwirtschaftliche Arbeiten eingesetzt werden. 1946 lebten noch 120 Menschen in diesem Dorf, heute sind es nur noch fünf bis sechs allesamt ältere Einwohner. Sie beschäftigen sich hauptsächlich mit Weinbau und brennen Dzivanía (Tresterschnaps). Doch wird der Traubensaft auch für die Herstellung von Süßigkeiten verwendet. In der **gemütlichen Taverne** bei der Dorfeinfahrt wird zyprische Hausmannskost serviert.

Dorfarchitektur

Die meisten Steinhäuser sind zweistöckig. Die Räume des Erdgeschosses dienen gewöhnlich als Lagerräume und Ställe. Eine Ecke ist immer für eine kleine Weinpresse vorgesehen. Das Flachdach der unteren Räumlichkeiten wird u. a. zum Trocknen von Weintrauben genutzt. Ein Teil des Flachdaches dient als Veranda für den Wohntrakt im Obergeschoss. Dieses besteht aus einem einzigen großen Raum, der lediglich durch Holzpfeiler unterteilt wird. Meist gehört ein kleiner Hof, begrenzt von einer Steinmauer, zum Haus.

◄ Häuser des Katsinioros und Achilleas Dimitri ⏲

Die zwei wichtigsten Gebäude, das Haus des Katsinioros (am Nordrand des Dorfes) und dahinter das Haus des Achilleas Dimitri, bieten anhand ihrer ursprünglichen Einrichtung und Fotos Einblick in das traditionelle Leben eines zyprischen Dorfes (Mai – Sept. Di. – Fr. 9.00 – 16.30, Sa. 9.00 – 16.00, So. 10.00 – 13.30, Okt. – Apr. Di. – Fr. 9.00 – 16.00, Sa. 9.00 – 15.30, So. 10.30 – 14.00 Uhr).

Galáta

E/F 5

Griechisch: Γαλάτα **Höhe:** 600 – 620 m ü. d. M.

Das von Obst- und Gemüsegärten umgebene Bergdorf Galáta an der Hauptstraße Richtung Tróodos ist mit seinen zum Teil denkmalgeschützten Häusern wie das benachbarte ► Kakopetriá eine beliebte Sommerfrische.

Von den einst sieben Kirchen sind Panagía tis Podíthou und Panagía Theotókos (Archángelos) nördlich von Galáta hervorzuheben. Die Kirchenschlüssel sind im Dorf-Kafeníon am Dorfplatz zu erfragen.

✶ Panagía tis Podíthou

Die zum einstigen Klosterkomplex der Panagía tis Podíthou gehörende Kirche der Eleoúsa (= die Barmherzige) wurde kurz nach 1500 errichtet. Sie besitzt ein Satteldach, das auf einer die Kirche umgebenden Mauer aufliegt, sodass sich ein zusätzlicher Umgang um

Panagía tis Podíthou: eine typische Scheunendachkirche mit tief heruntergezogenem Dach, wie man sie im Tróodos-Gebirge vielfach sieht.

den Kirchenbau ergibt. Die Fresken zeigen deutlich den Einfluss der italienischen Renaissance. Der strenge byzantinische Malstil wird durch stärker individualisierte Darstellungen aufgelockert. Eine Inschrift an der Westfassade nennt das Baudatum 1502. Abgebildet sind die Stifter Demetre de Coron, ein französischer Adeliger, und seine Frau Helena. Der Stifter übergibt das Kirchenmodell der Muttergottes. Links gesellen sich Bildnisse weiterer Stifter hinzu.

Die Apsis zeigt die thronende Muttergottes mit dem Kind, flankiert von zwei Engeln. Stilistisch erinnert diese Darstellung an die Fresken des Klosters von ► Kalopanagiótis. Darunter folgt die Szene der Apostelkommunion; die schönen, klassischen Gesichter der Apostel zeigen deutlich westlichen Einfluss. Am Ostgiebel ist Moses, der die Gesetzestafeln empfängt und den brennenden Dornbusch sieht, dargestellt. Szenen der Geschichte Joachims und Annas zieren die Nord- bzw. Südwand des Bemas. Die dynamisch wirkende Kreuzigungsszene an der Westwand stellt durch ihre perspektivische Darstellung am deutlichsten die Verbindung mit der Renaissance her.

✶ Panagía Theotókos

Die Kirche Panagía Theotókos (= die Gottesgebärerin) oder Archángelos (Erzengelkirche) von 1514, etwa 100 m südlich, war früher Familienkapelle. An der Nordtür sind die Stifter Stefano Zacharia und seine Frau zu sehen; die Malereien spendeten Polos Zacharias, seine Frau Madelena und ihre Kinder. Letztere sind bildlich unter dem thronenden Christus der Déesis, der Fürbitte an Gott, dargestellt. Madelena lässt einen Rosenkranz durch ihre Hände gleiten, was darauf schließen lässt, dass sie der römisch-katholischen Glaubensrichtung angehörte. Die hinter ihr kniende Tochter hält ein Buch mit den Versen des Akáthistoshymnos, einem orthodoxen Marienhymnus, in den Händen. Vermutlich wurden die Kinder orthodox erzogen. Der Name des Malers wird ebenfalls genannt, Symeon Axéndi. Er malte auch die Kirche des hl. Sozómenos aus (►unten).

◄ Fresken

Die Fresken sind rustikaler als die der Panagía Podíthou. An der Südwand zieht sich der neutestamentliche Zyklus entlang, beginnend mit der Verkündigung. Es folgen die Geburt Christi, Jesu im Tempel, die Auferweckung des Lazarus, der Einzug in Jerusalem, die Verklärung Christi und das Abendmahl. Die Westwand ist mit der Kreuztragung, der Kreuzigung und der Kreuzabnahme geschmückt. Daneben sieht man die Fußwaschung, Jesus am Ölberg, den Judaskuss, Christus vor den Hohepriestern, vor Pilatus und die Verleugnung Petrus. An der Nordwand folgen Verspottung, Geißelung, Beweinung, Auferstehung, Begegnung Christi mit Maria Magdalena und Abstieg Christi in die Vorhölle (Anástasis) sowie die Marienlegende. Im Altarraum befindet sich die Himmelfahrt Christi, das Pfingstwunder, das Gastmahl Abrahams und die Opferung Isaaks.

Ágios Sozómenos

Oberhalb der alten Straße von Galáta nach Kakopetriá liegt rechts hinter der neuen Dorfkirche die Kirche des hl. Sozómenos (Schlüssel im Dorf-Kafeníon von Galáta) mit einem sehenswerten Freskenzyklus. Im 16. Jh. ließen 13 Dorfbewohner den Bau errichten, die Malereien stiftete ein Mann namens Ioánnis (Inschrift über der Westtür). Szenen aus dem Neuen Testament zieren den oberen Teil der Wand. Der Zyklus beginnt über der Südtür mit der Verkündigung. Unter den Heiligen an der unteren Wandhälfte sind der hl. Mamas und der hl. Georg hervorzuheben. Neben dem Bildnis des hl. Georg werden der Stifter des Freskos und der Maler Symeon Axéndi genannt. Darüber sind Szenen aus dem Leben des hl. Georg und die Geschichte Mariens dargestellt. An der Nordwand erkennt man Soldatenheilige. Die Außenseite der Kirche war ebenfalls bemalt. An der Nordwand sind das Weltgericht und die sieben Kirchenkonzilien, darunter der Triumph der orthodoxen Kirche, abgebildet. In der Mitte der Geistlichen ist das thronende Kirchenoberhaupt zu sehen.

Geroskípou

G 2

Griechisch: Γεροσκήπου
Einwohnerzahl: 1800
Höhe: 50 m ü. d. M.

Der Name des heute fast mit ►Páfos zusammengewachsenen Dorfes ist vom altgriechischen Hierós Kípos (= heiliger Garten) abgeleitet. Wahrscheinlich befanden sich hier die Gärten des nahebei in Paläa Páfos (heute ►Koúklia) gelegenen Aphrodite-Heiligtums.

Vom Aphrodite-Heiligtum zum wohlhabenden Dorf

Vielleicht gab es in Geroskípou selbst ein kleines Aphrodite-Heiligtum; antike Spolien im Kirchhof könnten ein Hinweis dafür sein. Die Pilger, die im Hafen von Páfos an Land kamen, wanderten vermutlich durch den Heiligen Garten hinauf zum Heiligtum von Paläa Páfos. Vom Mittelalter bis zum Zweiten Weltkrieg war die Seidenraupenzucht wichtigster Wirtschaftszweig von Geroskípou. Heute profitiert das wohlhabende Dorf vom Tourismus des nur 3 km nordwestlich gelegenen Páfos.

Geroskípou ist bekannt für seine Töpferwaren und seine Süßigkeiten. In den Gassen um die Dorfkirche und an der Durchgangsstraße kann man Türkischen Honig, englisch Turkish Delight oder Cyprus Delight (= Zyperns Wonne), erstehen. Auf Griechisch heißt diese typisch zyprische Nascherei aus Fruchtgelee, die mit Puderzucker bestäubt ist, Loukoúmia. Probieren Sie auch die wurstartigen Soudzoúko, die es überall auf Zypern gibt: Mandeln oder Walnüsse, die in angedickten Traubensaft getunkt und auf Schnüre aufgezogen wurden (Bild S. 92).

✶ Agía Paraskeví

Öffnungszeiten:
Apr. – Okt.
Mo. – Sa.
8.00 – 13.00
14.00 – 17.00
Nov. – März
Mo. – Sa.
8.00 – 13.00
14.00 – 16.00
So. 10.00 – 13.00

Mitten im Ort liegt die geduckt wirkende Fünfkuppelkirche Agía Paraskeví, die auf die Zeit des Bilderstreits im 9. Jh. zurückgeht und eine der ältesten Kirchen Zyperns ist. Nur noch eine weitere Fünfkuppelkirche ist auf Zypern erhalten: die Kirche der hll. Hilarion und Barnabas von ► Peristeróna. Die dreischiffige Anlage besitzt drei Kuppeln über dem Mittelschiff sowie je eine über den Seitenschiffen. Südlich der Apsis baute man zusätzlich eine überkuppelte Kapelle an. Der Glockenturm entstand im 19. Jh., der Westteil der Kirche erst 1931. Sie ist der hl. Paraskeví (= Freitag) geweiht, die von Gläubigen mit Augenleiden um Heilung angerufen wird. Der Legende zufolge wurde die hl. Paraskeví im 2. Jh. n. Chr. an einem Freitag auf Zypern geboren, zur großen Freude ihrer bis dahin kinderlosen Eltern. Nach deren Tod verschenkte sie alles und lebte fortan in einer

Kirche der Agía Paraskeví

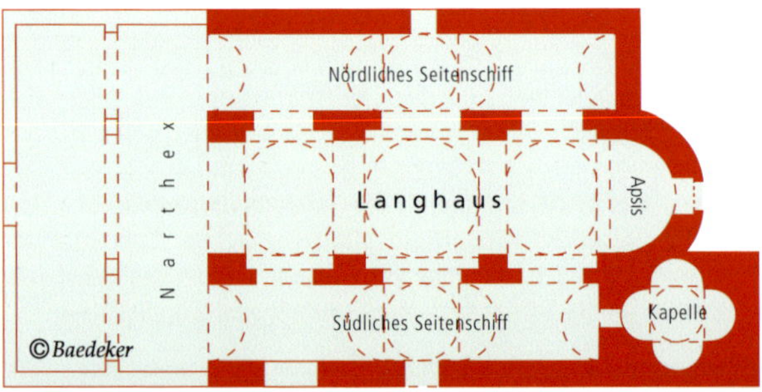

christlichen Gemeinde in Rom. Während der Christenverfolgung unter Antonius stach man ihr die Augen aus und enthauptete sie.
In der Ostkuppel über dem Altar entdeckte man ein Fresko, ein Kreuz mit floraler und geometrischer Dekoration, das in die Zeit des Bilderstreits im 8./9. Jh. datiert wird. Die Szene wurde im 15. Jh. mit der Kreuzigung übermalt. Die späteren Fresken stammen aus dem 12. Jh. – z. B. die Koímisis-Darstellung (= Tod der Gottesmutter) an der Nordwand unter der mittleren Kuppel – und vor allem aus dem venezianischen 15. Jahrhundert. An der Überfülle abgebildeter Personen der Fresken des 15. Jh.s erkennt man den westlichen Einfluss. Die mittlere Kuppel ist mit der betenden Muttergottes, die westliche mit Christus als Pantokrator geschmückt. Bemerkenswert ist die Darstellung der Taufe Christi an der Südwand unter der mittleren Kuppel. Zu Füßen Christi erkennt man einen bärtigen Mann, die Personifizierung des Jordans, der vor Christus zurückweicht. Rechts davon sitzt eine alte Frau in einem Nachen, der von zwei Meerestieren gezogen wird. Sie stellt das Meer dar gemäß Psalm 114,3: »Das Meer sah es und floh, der Jordan wandte sich zurück.« An der nördlichen Mittelwand hängt eine Doppelikone des 15. Jh.s. mit Maria und der Kreuzigung.

GEROSKÍPOU

ESSEN

► Erschwinglich
Oi 7' Aigiordies
Tel. 26 96 31 76
Landestypische Speisen, je nach Saison wird nur Selbstangebautes serviert.

Fresken in der Kirche Agía Paraskeví

★ **Volkskundemuseum**

Das kleine Volkskundemuseum nahe der Kirche in der Leondiou Street zeigt traditionelle Wohnkultur und Volkskunst im 19. Jahrhundert. Untergebracht ist es in dem 1799 gebauten Haus des britischen Konsuls von Westzypern, Andreas Zimboulakis. Ausgestellt sind hauswirtschaftliche Gegenstände in einer komplett eingerichteten Küche, landwirtschaftliche Geräte, die Rekonstruktion der Seidenverarbeitung mit Spinn- und Webutensilien, ein Hochzeitsraum mit wertvollen Truhen und Handarbeiten, Töpferwaren und Trachten aus dem Distrikt Páfos (Mo. – Fr. 9.00 – 14.30, Do. auch 15.00 bis 18.00 Uhr).

Kakopetriá

F 5

Griechisch: Κακοπετριά **Höhe:** 670 m ü. d. M.

Kakopetriá liegt an den Nordhängen des ► Tróodos, im fruchtbaren, malerischen Kargótis-Tal. Vor allem die Bewohner aus dem nur 60 km entfernten Nikosia suchen im Schatten der Pappeln, Apfel- und Walnussbäume Zuflucht vor der flirrenden Sommerhitze.

Beliebter Ferienort im Tróodos

Kakopetriá (= schlechter Fels) schließt sich unmittelbar an ► Galáta an und ist mit mehreren Hotels und zahlreichen Tavernen und Kafenía, die sich um den großen Dorfplatz scharen, einer der beliebtesten Ferienorte im Tróodos. Neben dem Tourismus ist der Anbau von Apfelbäumen eine wichtige Einkommensquelle der Dorfbewohner. Der Ort ist auch bekannt für seine ausgezeichneten Glykó, eingelegte Früchte, Gemüse und Walnüsse. Lohnend ist ein Rundgang durch den denkmalgeschützten Ortskern, der sich auf einem Berggrat oberhalb des Flusses hinzieht. Die aus dem 18./19. Jh. stammenden Häuser mit Steinfundamenten, verputzten Lehmziegelwänden und kunstvoll geschnitzten Holzbalkonen wurden mit staatlicher Unterstützung restauriert.

? WUSSTEN SIE SCHON ...?

- ... dass man Walnüsse auch mit Schale verspeisen kann? Sind die Nüsse noch grün, sind die Schalen weich und werden in einem Sirup eingekocht zu den berühmten »Glykó«.

★★ Ágios Nikólaos tis Stégis

Öffnungszeiten:
Di. – Sa.
9.00 – 16.00
So. 11.00 – 16.00

Die bedeutendste Sehenswürdigkeit von Kakopetria ist die zum Weltkulturerbe der UNESCO zählende Kirche Ágios Nikólaos tis Stégis, die 3 km südwestlich am Ufer des Klários liegt (vom Dorfplatz Richtung Tróodos, ausgeschildert). Der Namenszusatz tis Stégis (= vom Dach) weist auf den Typus der Scheunendachkirche hin, denn im 12. Jh. wurde die Kreuzkuppelkirche des 11. Jh.s mit einem Satteldach überzogen und mit einem Narthex versehen.

Die restaurierten Fresken stammen aus sechs Jahrhunderten, beginnend mit dem frühen 11. Jh. – sie gehören damit zu den frühesten Zyperns. Hierzu zählen die Fresken im Westen des Naos mit der Verklärung Christi, der Auferweckung des Lazarus auf der südlichen Seite und dem Einzug in Jerusalem auf der nördlichen Seite, ebenso die Fragmente des Marientodes und, überdeckt von Malereien des 14. Jh.s, die Muttergottes zwischen Engeln, die Himmelfahrt und das Pfingstwunder im Bema.

▶ KAKOPETRIÁ

AUSKUNFT

www.kakopetria.org.cy

ESSEN UND ÜBERNACHTEN

Siehe Tróodos erleben S. 294

»Die 40 Märtyrer von Sebaste« in der Kirche Ágios Nikólaos tis Stégis

Aus dem frühen 12. Jh. sind Wandmalereien an der Südwestwand der Kirche: eine Marienszene und die 40 Märtyrer von Sebaste, die wegen ihres Übertritts zum Christentum den Erfrierungstod erleiden mussten. Die Darstellung des hl. Nikolaus nahe der Ikonostasis ist eine ausgesprochen qualitätsvolle Arbeit. Als kleine Figur steht der Stifter der Fresken neben ihm. Im Narthex wird das Jüngste Gericht dargestellt. Wie im Falle von ►Asínou werden diese Fresken der mittelbyzantinischen Epoche zugerechnet.
Anfang des 14. Jh.s während der Herrschaft der Lusignans entstanden die Kreuzigung und die Auferstehung im Nordtrakt. In der Kuppel thront Christus als Pantokrator. Die Geburt Christi im Südtrakt der Kirche ist anders als damals üblich mit einer sitzenden Muttergottes vom Typus der Galaktotrophoúsa, der »Milch gebenden Mutter« dargestellt – vermutlich unter östlichem Einfluss. Weitere Szenen zeigen Jesus im Tempel und die Verkündigung.

Panagía Theotókos

Kleine Scheunendachkirche

Am Ortsrand von Kakopetriá, rechts der alten Straße nach Galáta, neben der BP-Tankstelle, erhebt sich in einem Friedhof ein kleines, unscheinbares Scheunendachkirchlein aus dem 16. Jh. (Schlüssel im Haus links der Tankstelle). Die bemalten Wände der Panagía Theotókos (= die Gottgebärende) bestehen aus Lehmziegeln, das Fundament aus Steinen. Über dem Eingang sind die Stifterbildnisse von Leontios und seiner venezianischen Frau Lucrezia sowie das Erbauungsdatum 1520 zu sehen.

Fresken ► Die Nordwand zeigt Szenen wie die Grablegung, die zwei Marien am leeren Grab, die Auferstehung, das Pfingstwunder und den Tod Mariens. Ins Auge fällt bei Letzterer die den apokryphen Schriften entstammende Szene des kleinen Juden Jephonias: Dieser versuchte durch Berühren des Todeslagers die Gottesmutter zu entehren. Ein Engel schlug ihm jedoch zuvor die Hände ab. Im Bema zieren die Opferung Isaaks, das Gastmahl Abrahams, die Himmelfahrt Christi und Propheten die Seitenwände. Das Gastmahl Abrahams, bei dem drei Engel Abrahams Gäste sind, steht in der orthodoxen Kirche symbolisch für die Dreifaltigkeit. Im Gewölbe der Apsis ist die Muttergottes mit erhobenen Händen und ohne Christuskind (Typus der Blacherniótissa) dargestellt, begleitet von den Erzengeln Gabriel und Michael, darunter die Apostelkommunion und die Kirchenväter.

Kalopanagiótis

F 4

Griechisch: Καλοπαναγιώτησ **Höhe:** 720 m ü. d. M.

An den Nordhängen des Tróodos, ca. 20 km vom Ort Tróodos entfernt, erstreckt sich im unteren Marathása-Tal das Bergdorf Kalopanagiótis mit dem einstigen Kloster des hl. Ioánnis Lampadistís.

Innenhof des Klosters Ágios Ioánnis Lampadistís

Gebirgsdorf

Im Dorf geht es über die Setrachos-Brücke zu schwefelhaltigen Thermalquellen. In der Nähe liegt das Kloster des hl. Ioánnis Lampadistís, eine außergewöhnliche Sehenswürdigkeit und UNESCO-Weltkulturerbe (Schlüssel beim Dorfpfarrer).

✶ Ágios Ioánnis Lampadistís

Unter einem Dach

Unter einem gemeinsamen Dach sind drei Kirchen zusammengefasst: die Kreuzkuppelkirche des Ágios Irakleídios (hl. Herakleidios) aus dem 11. Jh. im Süden, die dem hl. Ioánnis Lampadistís geweihte Kirche des 18. Jh.s in der Mitte und die Lateinische Kapelle aus dem 15. Jh. im Norden (Di. – So. 8.00 – 13.00, 14.00 – 16.00, im Sommer bis 19.00 Uhr, Mo. geschl.).

Ágios Irakleídos

Die dem hl. Herakleidios, dem ersten Bischof von ► Tamassós, geweihte Kreuzkuppelkirche wurde erstmals im frühen 13. Jh. in der Tradition der Komnenenzeit ausgemalt. In der Kuppel thront der von Engeln und Propheten umgebene Pantokrator. In den Zwickeln sind die vier Evangelisten abgebildet. Im Westarm erkennt man die Auferweckung des Lazarus, das Opfer Isaaks und die Kreuzigung. Das wertvollste Fresko ist »Der Einzug in Jerusalem« mit einem ungewöhnlichen Detail: die Knaben, die Palmzweige abschneiden, tragen Lederhandschuhe. Ungewöhnlich ist auch die Platzierung der Opferung Isaaks, die sich üblicherweise im Bema befindet. Das Gewölbe des Südarms zeigt die Himmelfahrt Christi.
Die zweite Serie von Fresken im spätbyzantinischen Stil mit rustikalem Charakter stammt aus dem 15. Jh. und stellt 30 Szenen aus der Lebensgeschichte Christi dar, von der Verkündigung und der Geburt an der Ostwand über dem Altar bis zur Grablegung. Das Apsisgewölbe schmückt das Bild Mariens vom Typus der Blacherniótissa, der stehenden und betenden Gottesmutter, zwischen den Erzengeln.

Malereien in der Lateinischen Kapelle

In der tonnengewölbten **Ágios Ioánnis Lampadistís**, die Anfang des 18. Jh.s an Stelle eines Gebäudes aus fränkischer Zeit errichtet wurde, befindet sich das Grab des Lokalheiligen Ioannis, dessen Schädelreliquie in einem Silbergefäß ruht. Die Legende erzählt, dass ein junger Mann namens Ioannis im 11. Jh. ein Leben im Kloster einer Eheschließung vorzog, sodass die enttäuschten Brauteltern durch Zauberei seine Erblindung verursachten. Sein Grab im Herakleidios-Kloster wurde entdeckt, als ein Epileptiker durch eine zufällige Berührung des Grabes geheilt wurde. Daraufhin errichtete man hier im 12. Jh. eine Kirche, zu der Tausende von Pilgern in der Hoffnung auf Heilung von Krankheiten strömten.

Gemeinsamer Narthex

Beide Kirchen besitzen einen gemeinsamen Narthex, der im 15. Jh. wegen der großen Pilgerströme errichtet wurde. Die kranken Pilger lagerten zum Teil mit ihren Betten im Narthex. So ist es nicht verwunderlich, dass die Fresken u. a. Szenen der Wunderheilungen Christi zeigen. In der oberen Zone der Ostwand erkennt man das Treffen Jesu mit der Samariterin am Brunnen, es folgen die Heilung eines Lahmen, die Heilung eines Wassersüchtigen, dessen aufgedunsenen Bauch Jesus mit seiner Hand berührt, und die Heilung eines Blindgeborenen. In der mittleren Zone berichtet Maria Magdalena zwei Aposteln vom leeren Grab Christi. Die nächste Bildfolge zeigt Maria Magdalena nochmals am leeren Grab, ihre Begegnung mit Christus, den ungläubigen Thomas und die »Erscheinung am See«, bei der Jesus den Fischern zu einem vollen Netz verhilft. An der Südseite der Ostwand sind das Weltgericht und vier Stifterfiguren dargestellt. Über der Tür der Südwand erkennt man die alttestamentlichen Szenen »Drei Jünglinge im Feuerofen« und »Daniel in der Löwengrube«. Eine Inschrift über dem Südeingang erwähnt einen Maler aus Konstantinopel, der vermutlich 1453 nach der Eroberung Konstantinopels durch die Türken nach Zypern geflohen war.

Lateinische Kapelle

Im Unterschied zu den byzantinischen Wandmalereien der ersten beiden Kirchen weisen die Fresken der Lateinischen Kapelle aus dem 15./16. Jh. deutliche Einflüsse der italienischen Renaissance auf, wobei das byzantinische Bildprogramm in der Ikonografie bewahrt wurde. Keine andere zyprische Kirche entfernt sich so auffallend von der traditionellen byzantinischen Symbolsprache; beispielsweise erscheinen nicht nur Verräter, sondern auch Christus im Profil. Thema der Malereien ist der **Akáthistoshymnos**, der berühmteste Marienhymnus der Ostkirche (akáthistos = im Stehen gesungen). Der Hymnus besteht aus 24 Strophen, von denen jede mit einem der 24 Buchstaben des griechischen Alphabets beginnt. Erzählt werden die Begebenheiten der Geburt Christi nach den Überlieferungen in den apokryphen Schriften. Es beginnt an der Südwand mit der Verkündigung und endet an der Nordwand mit der thronenden Muttergottes, der sich zwei Päpste nähern. In der Apsis ist dem byzantinischen Freskenkanon entsprechend die Muttergottes mit dem Kind dargestellt. An den Seitenwänden erkennt man links Moses, der die Gesetzestafeln empfängt, rechts Moses vor dem brennenden Dornbusch. In der Lünette der Apsis ist das Gastmahl bei Abraham abgebildet.

Das Bergdorf Moutoullás

In der alten Dorfschule neben dem Kloster wurde 2001 ein von der Leventis-Stiftung finanziertes kleines **Ikonenmuseum** eröffnet (es gelten die gleichen Öffnungszeiten wie für die Kirchen).

Umgebung von Kalopanagiótis

Moutoullás (Μουτουλλάσ)

Der nächste Ort talaufwärts ist das 2 km südlich auf 760 m Höhe gelegene Gebirgsdorf Moutoullás. Sein klares Quellwasser wird, in Flaschen abgefüllt, in ganz Zypern verkauft. Soudzoúko, eine zyprische Süßwarenspezialität, wird hier in großen Mengen hergestellt: auf Schnüren gereihte, in angedickten Traubenmost getunkte Mandeln. Die Birnen von Moutoullás sollen ebenfalls besonders gut schmecken. Das Dorf ist auch für die Pflege handwerklicher Traditionen bekannt. Hier werden noch die alten Holztröge zum Teigkneten (Vournes) und die langen Bretter mit muldenartigen Vertiefungen, in denen das Brot zum Backofen getragen wird (Sanides), hergestellt. Bekannt ist Moutoullás auch für seine unzähligen Kirschbäume.

◄ Panagía tou Moutoullás

Besichtigen kann man die kleine Kirche Panagía tou Moutoullás von 1280 am Ortsende (Schlüssel im Kafeníon gegenüber). Sie gilt als älteste Scheunendachkirche Zyperns und gehört zum UNESCO-Weltkulturerbe. Die stark beschädigten Fresken sind im üblichen Schema byzantinischer Gotteshäuser mit Heiligen in der unteren Zone und Szenen aus dem Leben Christi in der oberen Zonen gestaltet.

Pedoulás (Πεδουλάσ)

Nach weiteren 6 km erreicht man am oberen Ende des Marathása-Tals den 1100 m hoch gelegenen Ferienort Pedoulás mit kleinen Hotels, mehreren Tavernen und unzähligen Wellblechdächern. Beliebt sind Ausflüge nach Pedoulás vor allem im Frühjahr, wenn über 100 000 Kirschbäume ihre weiße Pracht entfalten.

Archángelos Michail ► Sehenswert ist die kleine Satteldachkirche Archángelos Michail aus dem 15. Jh. im unteren Teil des Dorfes (Schlüssel im Haus nebenan), ebenfalls UNESCO-Weltkulturerbe. Die etwas naiv und volkstümlich wirkenden, gut erhaltenen Malereien lassen auf einen lokalen Künstler schließen. Auffallend ist die überlebensgroße Figur des Erzengels Michael. Über der Nordtür ist der Stifter Basileos mit seiner Familie dargestellt – er überreicht dem Erzengel Michael das Kirchenmodell. Die Gewänder der Frauen sind mit Stickereien versehen, wie man sie heute in Léfkara findet. Vorherrschend ist ein rustikaler Stil, nur die Kleidung der Soldaten beim Judaskuss zeugt von westlichem Einfluss. Das Wappen der Lusignans in der Ikonostasis lässt darauf schließen, dass der Grund und Boden der Kirche vom fränkischen Adelshaus gestiftet wurde.

Neben der Michaelskirche befindet sich ein byzantinisches **Museum** mit alten Ikonen (tgl. 10.00 – 18.00, Dez. – Febr. nur bis 16.00 Uhr).

Kíti

F 9

Griechisch: Kíti **Höhe:** 50 m ü. d. M.

Die Kirche der Panagía Angelóktistos (= von den Engeln erbaut) birgt in ihrer Apsis das bedeutendste frühchristliche Mosaik der Insel und eines der wenigen erhaltenen vorikonoklastischen Mosaiken der Ostkirche. Sie gehört zum UNESCO-Weltkulturerbe.

Von Lárnaka gelangt man nach 11 km auf der Hauptstraße B 4 Richtung Flughafen, vorbei an der Chala Sultan Tekke, nach Kíti. Der Dorfname wird vom antiken Kítion, dem heutigen Lárnaka, abgeleitet. Die Bewohner dieser Hafenstadt flohen vermutlich im 6./7. Jh. vor den Arabern ins Hinterland.

✶ **Panagía Angelóktistos** Die der Muttergottes geweihte Kirche wurde in mehreren Bauabschnitten errichtet, beginnend mit der aus dem 6. Jh. erhalten gebliebenen Ostapsis mit den Mosaiken. Nach der Zerstörung durch die Araber wurde die Kirche im 11./12. Jh. als Kreuzkuppelkirche neu errichtet, später fügte man weitere Kapellen und Anbauten hinzu. Der heute als Narthex benutzte Südannex wurde im 13. Jahrhundert als Privatkapelle der Familie de Gibelet errichtet, deren Familienwappen unterhalb des Glockenturmes angebracht ist. Das Kreuzrippengewölbe zeugt von der fränkischen Herkunft der Stifter. An der Westwand weist eine Grabplatte mit ei-

KAP KÍTI

ÜBERNACHTEN

► Komfortabel

Faros Village
Tel. 24 42 21 11
www.farosvillage.com
Direkt am Strand in ländlicher Umgebung mit gepflegtem Garten.

Einer Legende nach wurde sie von Engeln erbaut: Panagía Angelóktistos

ner Inschrift die Verstorbene als »Madame Simone, Frau des Sire Renier de Gibelet« aus. Das aus dem 6. Jh. stammende eindrucksvolle Mosaik der stehenden Muttergottes vom Typus der Hodegetría (= die Wegweisende) mit dem Christuskind auf dem linken Arm wird von den Erzengeln Michael und Gabriel flankiert. Es ist das einzige vorikonoklastische Beispiel der Panagía Hodegetría auf Zypern. Das Mosaik wird von einem farbenfrohen Fries eingefasst, auf dem Papageien, Enten und Hirsche zwischen Akanthusblättern dargestellt werden (Mo. – Sa. 8.00 – 12.00, 14.00 – 17.00, So. 8.00 – 12.00 Uhr).

Terpentinpistazie

Vor der Kirche stehen mehrere Terpentinpistazien (Pistacia terebinthus) mit duftenden Zweigen und essbaren Früchten. Aus der Rinde der schätzungsweise über 300 Jahre alten Bäume wurde ein wohlriechendes Terpentin gewonnen.

Umgebung von Kíti

Kap Kíti

Von Kíti führt eine Stichstraße über das Dorf Perivólia zum Kap Kíti mit einem Leuchtturm aus der britischen Kolonialzeit und zwei kleinen Badebuchten mit dunkelbraunem Sand. Apartmentsiedlungen und ein Hotel bieten Unterkunft. Etwas weiter nördlich steht ein restaurierter venezianischer Wachturm.

Tersefánou (Τερσεφάνυ)

Ca. 2 km nordöstlich von Kíti liegt in der Nähe des Staudammes für den Tremithós-Fluss (hinter der Brücke rechts abbiegen) die kleine Kirche Ágios Geórgios tis Arperá aus dem 18. Jh. (Schlüssel im

Bauernhof neben der Kirche). Unter den Wandmalereien sticht das Stifterbildnis des griechischen Dragoman Christophakis über der Nordtür hervor. Die Ikonostasis enthält eine Ikone, die den hl. Christophoros mit einem Hundekopf darstellt. Einer byzantinischen Legende nach soll er vor seiner Bekehrung dem Volk der Menschen fressenden Hundeköpfigen (Kynokephalen) angehört haben.

Kolóssi

G 5

Griechisch: Κολόσσι **Höhe:** Meereshöhe

Wein, soweit das Auge reicht – Kolóssi, die einstige Kommende der Johanniter, ist Hauptanbaugebiet des Commandaría, eines süßen Dessertweines, den schon die Götter liebten und von dem der griechische Dichter Euripides (5. Jh. v. Chr.) berichtete, dass Pilgerscharen Zypern nur seinetwegen aufsuchten. Dazu gibt es spannende Kreuzritterarchitektur und eine mittelalterliche Zuckerrohrfabrik, ca. 10 km westlich von Limassol.

✶ Johanniterburg

Öffnungszeiten:
tgl. 9.00 – 17.00
Juni – Sept.
9.00 – 19.30

Bereits um 1210 schenkte der fränkische König Hugo I. den Johannitern fruchtbare Ländereien um Kolóssi, wie er schon zuvor Bellapais (► Nordzypern, Bellapais) den Prämonstratensern überließ. Selbst nachdem die Johanniter ihren Hauptsitz von Zypern nach Rhodos verlegten, blieb Kolóssi Komturei (Kommende) der Johanniter. Der fruchtbare Ackerboden ermöglichte einen reichen Ertrag an Weizen, Wein, Baumwolle, Öl und Rohrzucker. 1373 griffen die Genuesen die Burg an, konnten sie jedoch nicht erobern. Mitte des 15. Jh.s begann man unter dem Großkomtur Louis de Magnac die Burganlage zu renovieren und ihr das heutige Aussehen zu verleihen.

! Baedeker TIPP

Süß und stark ...

... köstlich und unvergesslich schmeckt der Commandaría, der in der Antike Nama hieß. In jeder Bar Zyperns und auch im kleinen Kiosk vor der Burganlage kann man ihn kosten. Aber Vorsicht, er hat 15 % Vol. Alkohol!

Von der einst großen Wehranlage aus dem Jahr 1454 blieb nur der 21 m hohe, quadratische (16 x 16 m) Hauptbefestigungsturm (Donjon) intakt. Auf Höhe des ersten Obergeschosses ist an der Ostseite das königliche Wappen der Lusignans unter einer Krone zu sehen: Es besteht aus dem Wappen der Königreiche Jerusalem und Zypern, dem Familienwappen der Lusignans und dem Wappen von Kleinarmenien. Darunter und daneben sind die Wappen verschiedener Großmeister dargestellt.

Man betritt den Turm über eine hoch gelegene neue Zugbrücke, die zum **ersten Stockwerk** führt. Über dem Eingang prangt eine kunstvoll verzierte Pechnase. Im Erdgeschoss befanden sich die Lager- und Vorratsräume sowie Zisternen, im ersten Geschoss vermutlich Küche und Aufenthaltsraum. In einem der zwei Räume sorgte ein Kamin für die Heizung. Ein Fresko links des Eingangs zeigt eine Kreuzigungsszene mit dem Wappen von Louis de Magnac.
Über eine Wendeltreppe gelangt man in das **zweite Geschoss** mit den Repräsentationsgemächern. Große Balkenlöcher in der oberen Wandhälfte zeigen, dass sich hier ein Zwischengeschoss aus Holz befunden hat, das wohl als Schlafgemach diente. Die Kamine sind mit dem Wappen des Louis de Magnac verziert. Von der Wehrplattform des obersten Stockwerkes hat man einen schönen Rundblick über die Weinfelder bis nach Limassol.

Kolóssi Johanniterburg

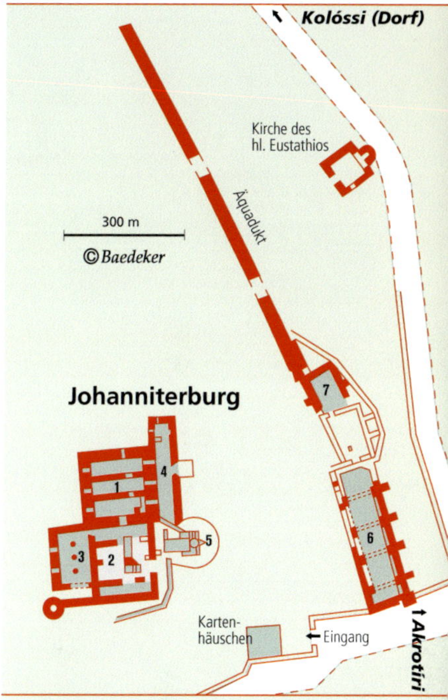

1 Donjon (15. Jahrhundert)
2 Hof mit Stallungen (15. Jahrhundert)
3 Halle
4 Reste der Burganlage (13. Jahrhundert)
5 Brunnen
6 Zuckerrohrfabrik
7 Ehemalige Wassermühle

Im Osten liegen die Ruinen der alten **Zuckerrohrfabrik**, bestehend aus einem rechteckigen, tonnengewölbten Hauptgebäude und weiteren Räumen, die wohl eine Wassermühle beherbergten. Der **Machärionbaum** (Machaerium tipu) unweit des Aquäduktes, aus Nordamerika stammend, gehört zur Familie der Schmetterlingsblütler. Er ist über 160 Jahre alt und inzwischen 27 m hoch. Benannt wurde er nach seinen scharfen Schoten (griech. macheri = Messer).

Ágios Eustáthios

100 m von der Burganlage steht die byzantinische Kirche des hl. Eustathios (Schlüssel im Wärterhäuschen von Kolóssi). Eustathios, einer der großen Reiterheiligen und Märtyrer der orthodoxen Kirche, diente als Offizier unter Kaiser Trajan (1./2. Jh. n. Chr.). Die legendäre Begegnung mit einem Hirsch, der ein weißes Kreuz im Geweih trug, soll ihn bekehrt haben. Die im 12. Jh. errichtete und im 15. Jh. restaurierte Kreuzkuppelkirche diente vermutlich den Johannitern als Gotteshaus. Wenige Reste eines Freskos zeigen den hl. Eustathios.

Ehemalige Zuckerrohrfabrik in Kolóssi. Die Johanniter waren sehr erfolgreiche Geschäftsleute und bauten ein Zuckerimperium auf.

DIENST AM KRANKEN UND GEGEN DEN »UNGLAUBEN«

Zypern war für die Johanniter nur eine Zwischenstation. Ihr Engagement auf der Insel beschränkte sich nicht nur auf karitative Dienste, auch in der Landwirtschaft und auf militärischem Gebiet waren sie erfolgreich. Willkommen waren sie trotzdem nicht.

Entstanden ist der St. Johannesorden bereits im 11. Jh., als während der Kreuzzüge in Jerusalem ein Johannes dem Täufer geweihtes Pilgerhospiz gegründet wurde. Nachdem der Papst 1113 den Johanniterorden anerkannt hatte, begann dieser entlang der Pilgerstraßen Tochterhospize zu gründen. Bald wandelte sich der ursprünglich karitative in einen **»militärischen« Orden**, der gegen die »Ungläubigen« kämpfte. Nach dem Fall von Akkon 1291 mussten die Johanniter wie auch die anderen Kreuzfahrerorden das Heilige Land verlassen. Ihren Hauptsitz verlegten sie für 19 Jahre nach Zypern, anschließend nach Rhodos und nach der Vertreibung durch die Türken 1522 auf die Insel Malta. Während der Reformation spaltete sich der Orden in einen evangelischen (Johanniter) und einen katholischen (Malteser) Zweig. Während der Französischen Revolution von Malta vertrieben, fand der Orden Aufnahme im russischen St. Petersburg, bis er sich in Rom niederließ. Nach seiner Reorganisation im 19. Jh. wurde er meist **Malteserorden** genannt. In Deutschland leben die Johanniter u. a. in der Johanniter-Unfallhilfe fort.

Nicht nur Caritas

Als die Johanniter 1291 das Heilige Land räumen mussten, ließen sie sich auf Zypern nieder, wo der Orden Ländereien in Limassol und Nikosia und bei Kolóssi sogar eine Burg besaß. Hier besannen sie sich auf ihre ursprüngliche Berufung, Diener der Armen und Kranken zu sein, und errichteten ein Hospital. Außerdem

Der Wehr- und Wohnturm der Johanniterfestung Kolóssi

engagierten sie sich in der Zuckerherstellung. Schon seit dem 7. Jh., als Araber das Zuckerrohr eingeführt hatten, wurde auf Zypern **Zucker** gewonnen. Diese Produktion nahm nun einen enormen Aufschwung. Die Johanniter bauten in ihrer Großkommende Kolóssi ein Imperium auf. Zwischen dem ausgehenden 13. und dem 16. Jh. war die Insel für ihren Zucker im ganzen Abendland bekannt. Auch im **Weingeschäft** erwiesen sich die Ritter als geschickte Produzenten, den Commandaría (►S. 128) stellten sie sogar in großen Mengen her. Der Ordenswein scheint es aber in sich gehabt zu haben. In einem Bericht über einen Weinberg in der Diözese Páfos empfahl der Jerusalempilger Ludolf von Sudheim 1336: »Zu einem Teile Wein neun Teile Wasser« zuzugeben, denn »wenn aber jemand ein Fass voll von diesem Weine tränke, so wird ihn derselbe nicht bloß berauschen, sondern seine Eingeweide verbrennen und vernichten.« Auch ihren Kampf gegen die »Ungläubigen« setzten die Johanniter fort. Als Inselbewohner musste der Orden allerdings neue Wege beschreiten. Innerhalb kurzer Zeit kaufte er gut ausgerüstete Galeeren, sodass bereits um 1300 von einer kleinen kampfbereiten Ordensflotte die Rede war. Eine Quelle bezeichnet ihre Flotte sogar als **stärkste Seestreitmacht** des Mittelalters.

Nur geduldet

Durch die kluge Politik seines Großmeisters Wilhelm von Villaret vermehrte der Orden auf Zypern und in Europa seine Privilegien und Besitztümer. Dies missfiel Heinrich II., dem fränkischen König von Zypern. Er verbot dem Orden den Erwerb weiterer Ländereien und verdeutlichte den Rittern vom hl. Johannes, dass sie auf Zypern nur geduldet seien. Als sich diesen dann 1306 die Gelegenheit bot, mit päpstlicher Zustimmung und genuesischer Piratenhilfe den byzantinischen Statthalter von Rhodos zu vertreiben, griffen sie zu. In einem dreijährigen Krieg eroberten sie Rhodos und errichteten dort 1310 ihr Hauptquartier. Auf Zypern behielten sie jedoch noch einige Zeit ihre Besitztümer und produzierten weiter Zucker und Wein.

Koúklia · Paläa Páfos

G 3

Griechisch: Κούκλια • Παλάια Πάφοσ **Höhe:** 100 m ü. d. M.

Das heute unscheinbare Dorf Koúklia, einst griechisch-türkisch gemischt, war in der Antike Schauplatz der großen Aphrodisien, Feierlichkeiten zu Ehren der Göttin der Liebe, Erotik und Fruchtbarkeit. Heute zeugen nur noch wenige Reste von der Bedeutung des wichtigsten Aphrodite-Heiligtums der Antike.

Das alte Dorf, ca. 15 km südöstlich von Páfos, lebt hauptsächlich vom Anbau und der Verarbeitung von Erdnüssen. Sein Name leitet sich von der fränkischen Festung Covocle ab. Hier befand sich das antike Paläa Páfos mit dem berühmtesten Aphrodite-Heiligtum der altgriechischen Welt. Um nicht mit dem an der Küste gegründeten Néa Páfos (Neu-Páfos) verwechselt zu werden, wurde die Anlage im 4. Jh. v. Chr. Paläa Páfos (Alt-Páfos) genannt. Die große Bedeutung als religiöses Zentrum der Insel vom 13. Jh. v. Chr. bis zum 4. Jh. n. Chr. ist auf den nahe gelegenen Geburtsort der Aphrodite zurückzuführen: Einige Kilometer südöstlich soll die Göttin bei Pétra tou Romioú dem Schaum des Meeres entstiegen sein.

Das Dorf Koúklia vor 1974

Der englische Schriftsteller Colin Thuborn, der 1971 vier Monate auf Zypern wanderte, beschreibt Koúklia in seinem Buch »Zypern« folgendermaßen: *Das Dorf Kouklia schien zu schlafen, als wir hindurchgingen. Aber es war eine optimistische, zukunftsgläubige Gemeinschaft, in der Griechen und Türken noch zusammenlebten. Das türkische Viertel war, wie stets, ärmer als das griechische, aber seine Armut war von der sauberen, ländlichen Art, und das ganze Dorf war, wie Giorgos gesagt hatte, aus den Steinen des Aphrodite-Tempels zusammengefügt. Die Straßen waren von unansehnlichen Häusern mit Ziegeldächern gesäumt und liefen alle auf einen winzigen Platz zu, wo sich die Kirche und die Cafés befanden. In den Außenbezirken liefen sie in Wege und Pfade aus, und in den Höfen wimmelte es von Pflügen, Viehtrögen, die aus Benzinkanistern zusammengehämmert waren, Truthähnen und Backöfen und hunderterlei improvisiertem Kram. Esel standen geduldig in diesem schäbigen Surrealismus herum, und die Frauen in ihren Kopftüchern und strengen europäischen Kleidern beugten sich über ihre Waschzuber, sodass man die dicken langen Strümpfe sah, die sie ganz unverlockend bis über die Knie gezogen hatten.*

✶ Aphrodite-Heiligtum

Vom Aphrodite-Tempel am südlichen Ortsrand ist außer einigen Grundmauern aus der späten Bronzezeit und aus der Römerzeit nichts erhalten geblieben, da die Steine in späteren Jahrhunderten beim Bau von Häusern oder des in fränkischer Zeit entstandenen Château de Covocle verwendet wurden. Letzteres wurde zur Überwachung der Zuckerrohrplantagen von den Lusignans erbaut. Die Ruinen der mittelalterlichen Zuckerrohrfabrik liegen unterhalb des Kastells. Außerhalb des Ortes sind die Reste einer alten Belagerungsrampe zu erkennen, die im 5. Jh. v. Chr. von den Persern angelegt wurde.

Öffnungszeiten:
tgl. 9.00 – 17.00, im Sommer bis 19.30

Dem kleinasiatischen Schriftsteller Pausanias (2. Jh. n. Chr.) zufolge wurde das Heiligtum vom arkadischen König Agapenor von Tegea gegründet, der hier auf dem Rückweg von Troja landete. Eine zweite Legende schreibt dies dem sagenumwobenen Priesterkönig Kinyras zu, Sohn des Pafos. Historisch belegt ist eine Siedlung seit dem 15. Jh. v. Chr. Während der Hellenisierung Zyperns ließen sich im 12. Jh. achäische Siedler in Páfos nieder. Sie fanden den Kult der Muttergottheit Ischtar-Astarte vor, die in Form eines konischen schwarzen Steines verehrt wurde. Aus dieser Magna Mater (Große Mutter) wurde im Lauf der Jahrhunderte die griechische Göttin Aphrodite.

Paläa Páphos Aphrodite-Tempel

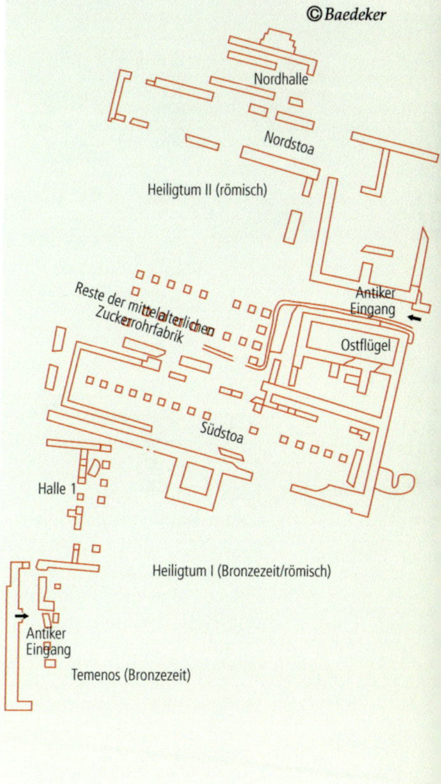

Die Könige von Páfos waren sowohl politische als auch religiöse Oberhäupter ihres Staates. Der erste namentlich genannte König von Páfos, Eteandros, war im 7. Jh. v. Chr. den Assyrern tributpflichtig. Während des ionischen Aufstands (499 v. Chr.) erhob sich Páfos gegen die Perser, musste jedoch 498 v. Chr. nach einer Belagerung aufgeben. In archaischer und klassischer Zeit stand Páfos auf seinem Höhepunkt. Nikokles, der letzte unabhängige Priesterkönig von Páfos, gründete Ende des 4. Jh.s Néa Páfos am Meer. Als kurz darauf unter den Ptolemäern die Stadtkönigtümer aufgelöst wurden, behielten die Könige von Paläa Páfos die Funktion der Hohepriester der Aphrodite. Néa Páfos übernahm politisch und wirtschaftlich die Rolle von Paläa Páfos, dessen Ruhm sich nur noch auf das Heiligtum bezog. Auch in römischer Zeit zog das Heiligtum Pilger aus aller

Heiligtum I und II des antiken Paläa Páfos mit Resten der Kyklopenmauer. Im Hintergrund sieht man das Château de Covocle.

Welt an, so besuchte beispielsweise Kaiser Titus den Tempel der Aphrodite. Bis ins 4. Jh. n. Chr. blühte Paläa Páfos, erst die Ausbreitung des Christentums wirkte sich nachteilig auf den Kult aus. In byzantinischer Zeit war Alt-Páfos nur noch ein unbedeutendes Dorf.

Aphrodite-Kult

Jedes Frühjahr wurden in Paläa Páfos die großen **Aphrodisien** abgehalten, die Festtage zu Ehren der Göttin. Aus aller Welt kamen Pilger nach Néa Páfos, um von dort in einer großen Prozession durch die Heiligen Gärten nach Paläa Páfos zu ziehen. Vor dem Heiligtum pflanzte man der Göttin junge Bäumchen als Weihgaben. Die Mysterienfeiern dauerten mehrere Tage an. Dabei wurde zunächst ein rituelles Meeresbad genommen. Wettstreite lockerten die Feierlichkeiten auf. In die Aphrodisien wurde auch der Kult des Adonis einbezogen, des schönen Liebhabers der Aphrodite. Höhepunkt der Feierlichkeiten war die Heilige Hochzeit, eine Vereinigung des Priesterkönigs mit der Göttin in Gestalt einer Priesterin. Den heiligen Stein salbte man mit Öl und brachte Aphrodite Opfer aus Weihrauch, Parfums, Balsam und Honigplätzchen dar.

! *Baedeker* TIPP

Abendsonne

Den Aphrodite-Felsen sollte man am späten Nachmittag besuchen, dann sind die Lichtverhältnisse zum Fotografieren am besten. Als Standort eignet sich der Aussichtspunkt an der Küstenstraße etwa 100 m westlich vom Touristenpavillon. Der Sonnenuntergang an diesem mythischen Ort gehört zu den eindrucksvollsten Erlebnissen auf Zypern.

Ein wichtiger Bestandteil der Aphroditefeiern war die sog. Tempelprostitution, die Herodot (5. Jh. v. Chr.) beschreibt. Jede Frau hatte sich vor ihrer Ehe in der Nähe des Tempelbezirks einem Fremden hinzugeben. »Hat sich eine Frau hier niedergelassen, so darf sie nicht eher nach Hause zurückkehren, als bis ein Fremder ihr Geld in den Schoß geworfen und ihr außerhalb des Heiligtums beigewohnt hat« (Herodot 1,119). Diese Sitte war wohl ein Initiationsritus für die Männer, während die Jungfräulichkeit der Frau eine Weihgabe für Aphrodite darstellte. Außerdem brachten sie dem Heiligtum wichtige Einnahmen. In römischer Zeit soll sich im heiligen Bezirk ein Orakel befunden haben; Verfolgten wurde hier Asyl gewährt.

Tempelprostitution

Sehenswertes auf dem Ausgrabungsgelände

Archäologisches Museum im Château de Covocle

Durch einen großen Torturm betritt man den Innenhof des Kastells, das unter den Lusignans im 13. Jh. zur Verwaltung der Zuckerrohrfabrik errichtet wurde. Die Zuckerrohrplantagen waren ein ertragreicher Wirtschaftszweig. Nur noch das gotische Strebewerk in der großen Halle unterhalb des Museums erinnert an die fränkische Zeit, denn das Kastell wurde unter den Türken baulich stark verändert. Das Museum ist im oberen Kastelltrakt untergebracht. Im ersten Raum befindet sich der schwarze Kultstein der Aphrodite, außerdem Abbildungen römischer Münzen mit dem Heiligtum, ein großer Krug aus der Bronzezeit und eine kleine Badewanne aus der Eisenzeit. Der zweite Raum zeigt Funde vom Chalkolithikum bis zum Mittelalter, vielfach Weihgeschenke an die Göttin oder Funde, die man in der persischen Belagerungsrampe gemacht hat. Interessant sind die Elfenbeinarbeiten der Bronzezeit, Skulpturfragmente der archaischen Zeit, die Rekonstruktion der persischen Belagerungsrampe von Paläa Páfos und das römische Mosaik »Leda mit dem Schwan«.

! *Baedeker* TIPP

Kiesel sammeln

Der mythische Geburtsort der Aphrodite bietet einen herrlichen Kieselstrand, der sich zum Sammeln verschiedenfarbigster und schön geformter Steine eignet. Der Volksmund erzählt, dass ein heimlich im Gewand eines geliebten Menschen versteckter Kiesel vom Strand der Aphrodite ewige Liebe garantiert.

Heiligtum I und Heiligtum II

Auf dem Ausgrabungsgelände außerhalb des Kastells stehen heute noch einige riesige Kalksteinblöcke aus der späten Bronzezeit, die Temenosmauer. Die Funktion der Löcher in der Kyklopenmauer ist bis heute nicht geklärt. Im heiligen Bezirk stand vermutlich der Kultstein der Göttin unter einem dreigeteilten Baldachin, wie ihn römische Münzen zeigen (Abbildungen im Museum). Im Nordwesten wurde der Temenosbereich von einer Halle abgegrenzt, deren Pfeilerbasen noch zu sehen sind. Das Heiligtum II aus römischer Zeit entstand vermutlich nach einem Erdbeben im 1. Jh. n. Chr. Im Norden wurden zwei Säulenhallen angebaut, die einen Hof umgaben.

◄ Kultstein der Aphrodite

»Leda und der Schwan« Etwa 40 m westlich des Heiligtums ist auf dem Boden eines römischen Peristylhauses, das wohl den Priesterinnen als Wohnraum diente, in situ die Kopie des berühmten Mosaiks »Leda und der Schwan« zu sehen, dessen Original sich im Museum im Kastell befindet.

Katholiki-Kirche Östlich des Heiligtums II liegt die kleine Katholiki-Kirche oder Panagía Chrysopolítissa des 12. Jh.s, die bis Anfang des letzten Jahrhunderts noch Panagía Afrodítissa hieß und mit Schnüren umwickelt ist. Sie wird teilweise von einer spitzbogigen Arkadenmauer umgeben, die von einem früheren Klosterkomplex stammt. Die Kreuzkuppelkirche ist mit einem Tonnengewölbe versehen. Von den wenigen aus dem 15. Jh. erhaltenen Fresken sind der Pantokrator in der Kuppel, die Darstellung des Jüngsten Gerichts und die Personifizierung der Flüsse Euphrat und Tigris als wasserspeiende Masken an der Westwand hervorzuheben (Schlüssel beim Kassenhäuschen des Aphrodite-Heiligtums erfragen).

? WUSSTEN SIE SCHON ...?

- ... dass Schnüre böse Geister von Kirchen fernhalten oder dafür sorgen, dass diese sich in ihnen verfangen und so keinen Schaden mehr anrichten können?

Stille Zweisamkeit bei den Felsen der Aphrodite

PISSOÚRI ERLEBEN

ÜBERNACHTEN

► Komfortabel
Columbia Pissoúri Beach
Pissoúri
Tel. 25 22 12 01
www.columbia-hotels.com
An der idyllischen Bucht von Pissoúri liegt dieses vor allem bei deutschen Gästen beliebte, erstklassige Hotel mit viel Flair. Es ist geschmackvoll eingerichtet, bietet eine gute Küche und einen großen Wellness-Bereich.

ESSEN UND TRINKEN

► Erschwinglich
Pétra tou Romioú
Tel. 26 43 23 17
Das Restaurant-Café liegt oberhalb des Aphrodite-Felsen. Von der Terrasse genießt man atemberaubende Ausblicke auf die Küste und den Felsen der Aphrodite. Gute zyprische Speisen, erfrischender Wein und ein traumhafter Sonnenuntergang machen diesen Platz unvergesslich.

Umgebung von Koúklia

✶ Pétra tou Romioú (Πέτρα του Ρωμιού)

Etwa 7 km südöstlich von Koúklia liegt der berühmte Felsen an einer weit geschwungenen Bucht, wo Aphrodite dem Schaum des Meeres entstiegen sein soll (► Geschichte: Mythologie). Der mythische Geburtsort der Göttin erhielt den Namen Pétra tou Romioú, Fels der Römer, denn Türken und Araber bezeichneten die Griechen des oströmischen Reiches als Römer. Eine weitere Legende rankt sich um diesen Felsen: Der byzantinische Held Digenis soll die Landung arabischer Piraten verhindert haben, indem er riesige Felsen auf die feindlichen Schiffe schleuderte und sie im Meer versenkte.
Man parkt am besten beim Touristenpavillon und geht durch den schmalen Durchgang unter der Küstenstraße hindurch zum Kieselstrand mit den aus dem Meer ragenden weißen Kalksteinfelsen.

Pissoúri (Πισσούρι)

Weitere 7 km östlich liegt das malerisch an einem Steilhang gelegene Dorf Pissoúri mit einem stimmungsvollen Dorfplatz. Weitab vom Bergdorf gelangt man nach etwa 3 km zu dem vom Massentourismus bisher verschonten Badeort Pissoúri Beach mit zahlreichen Restaurants, einigen Apartmenthäusern und einem kleinen Sandkiesstrand. Das einzige Hotel an diesem Küstenabschnitt ist das erstklassige Columbia Pissoúri Beach (►oben)
Von Pissoúri Beach kann man westwärts wunderschöne Spaziergänge entlang des einsamen Küstenabschnitts machen. Die weißen Kalksteinfelsen bilden zuweilen bizarre Formationen.

! Baedeker TIPP

Kunst mit Meerblick

In Pissoúri werden in den Sommermonaten im modernen Theater vor bis zu 1000 Zuschauern antike Dramen und Shakespeare-Stücke aufgeführt. Darüber hinaus hat man von hier einen herrlichen Blick auf die Küstenlandschaft und das Meer.

★★ Koúrion

G 5

Griechisch: Κούριον **Höhe:** 70 – 80 m ü. d. M.

Auf einem der schönsten Hochplateaus der Südwestküste, mit Blick weit über das Meer, zu Füßen einen herrlichen Sandstrand, ruhen die Ruinen von Koúrion. Nicht einmal Götter hätten einen malerischeren Platz aussuchen können. Ein Erbeben im 4. Jh. n. Chr. legte die Stadt in Schutt und Asche.

Eine der eindrucksvollsten archäologischen Stätten Zyperns

Der überwiegende Teil der freigelegten Bauten, etwa 16 km westlich von Limassol, stammt aus römischer (Theater, Patrizierhäuser) und frühchristlicher Zeit (Basilika). Der berüchtigte US-amerikanische Konsul L. Palma di Cesnola (►Lárnaka) soll die antike Stadt Koúrion 1873 erstmals untersucht haben. Systematische Ausgrabungen begannen 1933 und dauern bis heute. Etwas weiter westlich liegen die Ruinen eines Apollon-Heiligtums und antiker Sportanlagen.

Geschichte

Funde bei Sotíra beweisen, dass das Gebiet um Koúrion seit dem Neolithikum besiedelt ist. Die vom Geschichtsschreiber Herodot (5. Jh. v. Chr.) überlieferte Gründungslegende besagt, dass Koúrion durch Krieger der Stadt Argos (Peloponnes) gegründet wurde, die hier auf dem Rückweg von Troja an Land gingen. Seit dem 8. Jh. existierte nahe der Stadt ein Apollon-Heiligtum. Im 7. Jh. wurde Koúrion Stadtkönigtum und den Assyrern tributpflichtig. Als sich die griechischen Städte im 5. Jh. unter Onesilos von Salamís gegen die persische Herrschaft auflehnten, lief Stasanor, der König von Koúrion, in der Schlacht bei Salamís zu den Persern über und verhalf ihnen schließlich zum Sieg. Unter ptolemäischer und römischer Herrschaft war Koúrion eine bedeutende Stadt. Im 4. Jh. machten schwere Erdbeben die Stadt dem Erdboden gleich. Die in frühchristlicher Zeit z. T. wieder aufgebaute Stadt wurde Sitz des Bischofs. Arabereinfälle im 7. Jh. führten zu dessen Verlegung nach Episkopí (epískopos = Bischof). Unter den Kreuzrittern ging Koúrion in den Besitz der Cornaros über. Berühmt waren damals die großen Zuckerrohrplantagen der Gegend, die im 16. Jh. von Baumwollplantagen abgelöst wurden.

Antikes Stadtkönigtum

Öffnungszeiten: tgl. 8.00 – 17.00, im Sommer bis 19.30

★ **Theater**

Durch den auf halber Höhe am Berg gelegenen Eingang zur antiken Stadt Koúrion gelangt man zum Theater an der südlichen Spitze des Hügels. Es wurde von amerikanischen Archäologen ausgegraben, die 1961 Teile des stark zerstörten Baus rekonstruierten. Im Sommer finden hier Aufführungen antiker Schauspiele statt. Das Theater wurde im 2. Jh. n. Chr. auf einem hellenistischen Vorgängerbau aus dem 2. Jh. v. Chr. errichtet, der etwas kleiner war. Die halbrunde Spielfläche

Koúrion Theater und Haus des Eustólios

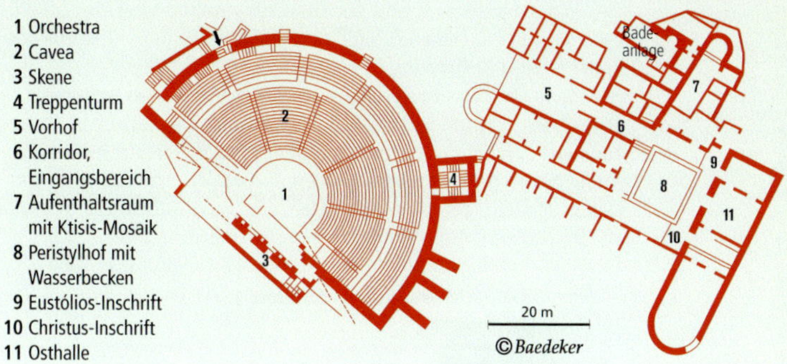

(Orchestra) des Theaters wird von einem halbrunden Zuschauerraum (Cavea) für 3500 Menschen umschlossen. Dahinter erhob sich einst die Skene (Bühnenwand) bis zur vollen Höhe der Sitzreihen. Von einem überwölbten Korridor hinter dem Theater aus konnte man über fünf Gänge die Sitzreihen erreichen. Eine Kolonnade überragte die obersten Sitzreihen. Anfang des 3. Jh.s entfernte man die untersten Sitzreihen und brachte ein Metallgitter an, was auf die bei den Römern so beliebten Tierhetzen schließen lässt. Die Erdbeben des 4. Jh.s n. Chr. hinterließen einen Trümmerhaufen.

✶ Haus des Eustólios

In direkter Nachbarschaft zum Theater liegt ein frühchristliches Peristylhaus aus dem 4./5. Jahrhundert mit Badeanlagen. Der Eingangsraum begrüßt den Gast mit der Inschrift (Mosaik) »Tritt ein ... Glück für das Haus«. Von dort gelangt man in einen ehemals von Säulen umgebenen Innenhof, in dessen Mitte ein Impluvium Wasser auffing. An der höchsten Stelle des Areals liegt der Badetrakt. Der große zentrale Raum, wohl der Aufenthaltsraum, ist mit Mosaiken geschmückt. Besonders ins Auge fällt die Darstellung der Ktisis, der Personifizierung des Schöpferischen Geistes, mit dem Maß eines römischen Fußes in der Hand (Abb. S. 205). Im Westen liegen die Hypokausten, die dem Beheizen der Bäder dienten. Im Norden schließt ein halbrundes Wasserbecken an.

Weiter geht es zu den Mosaiken des den Hof umgebenden Peristyls. Eine fragmentarische Inschrift nennt den Namen Eustolios als den Erbauer dieser »kühlen, windgeschützten Zuflucht«. Eine zweite Inschrift vor einem Mosaikfeld mit christlichen Tiermotiven besagt: »Anstelle von großen Steinen und solidem Eisen, glänzender Bronze und Diamant ist dieses Haus umgürtet von den viel verehrten Symbolen Christi«. Der Fisch als frühchristliches Christussymbol ist gleich zweimal abgebildet, Vögel wie Graugans, Fasan, Rebhuhn und Perlhuhn stehen für das Paradies.

Akropolis-Bezirk

Auf angelegten Pfaden gelangt man vom Theater nordwärts durch das Ausgrabungsareal und zu Aussichtspunkten über das Meer. Hält man sich etwas links, gelangt man zu den Ruinen eines **Hauses mit Spuren eines Erdbebens** (►3D S. 204).

Nördlich an der Straße liegen rechts weitere Ausgrabungen. Eine große Stoa mit monolithischen Säulen und korinthischen Kapitellen aus dem 3. Jahrhundert n. Chr. gehörte zu einem römischen Forum. Auch Mauern von hellenistischen Gebäuden wurden entdeckt. Im Osten schließt ein römisches Gebäude, vermutlich ein Wohnhaus, an die Stoa an. Ein Nymphäum des 1. Jahrhunderts n. Chr. diente als Wasserspeicher der Stadt Koúrion. Im Anschluss folgen große Bäderanlagen. Einige Säulen im Akropolis-Bezirk wurden wieder aufgerichtet.

Haus der Gladiatoren

Das Haus der Gladiatoren, ein Atriumhaus einer reichen Patrizierfamilie aus dem 3. Jh. n. Chr., ist nach seinen Mosaiken im Innenhof benannt. Das nördliche Mosaik zeigt zwei voll bewaffnete Gladiatoren mit stumpfen Schwertern beim Übungskampf. Ihre Namen sind über ihren Häuptern zu lesen: Margareitis und Ellinikos. Das zweite Mosaik stellt einen schwer bewaffneten Kämpfer (Lytras) dar, der mit einem gebogenen Dolch in der Hand auf seinen Gegner (Mosaik beschädigt) losgeht. Eine unbewaffnete Figur in einer weißen Toga, wohl der Schiedsrichter (Dareios), versucht den Kämpfer zu beruhigen.

Gladiatorenmosaik

Achilles-Mosaik

Unweit der Straße Richtung Páfos liegen die Reste eines römischen Gebäudes aus dem 4. Jahrhundert n. Chr. Der Hof wird an zwei Seiten von Zimmern und einem Portikus mit dem stark beschädigten Achilles-Mosaik begrenzt. Im antiken Mythos wird Achilles von seiner Mutter Thetis an den Hof des Königs Lykomedes von Skyros geschickt, um dort verkleidet unter den Töchtern des Königs aufzuwachsen. Damit wollte Thetis verhindern, dass ihr Sohn gemäß seiner Bestimmung bei Troja fiel. Da Troja jedoch ohne Achilles nicht besiegt werden konnte, bediente sich Odysseus einer List. Mit Geschenken beladen, unter denen sich auch Waffen befanden, trat er vor den König von Skyros. Als er plötzlich das Kriegshorn blasen ließ, griff Achilles zu den Waffen und verriet sich damit. Genau diesen Moment stellt das Mosaik dar.

Im anschließenden Gebäude zeigt das reich ornamentierte Bodenmosaik Bildfragmente mit dem Raub des Ganymed durch Zeus in Gestalt eines Adlers.

Koúrion • Antikes Stadtkönigtum Orientierung

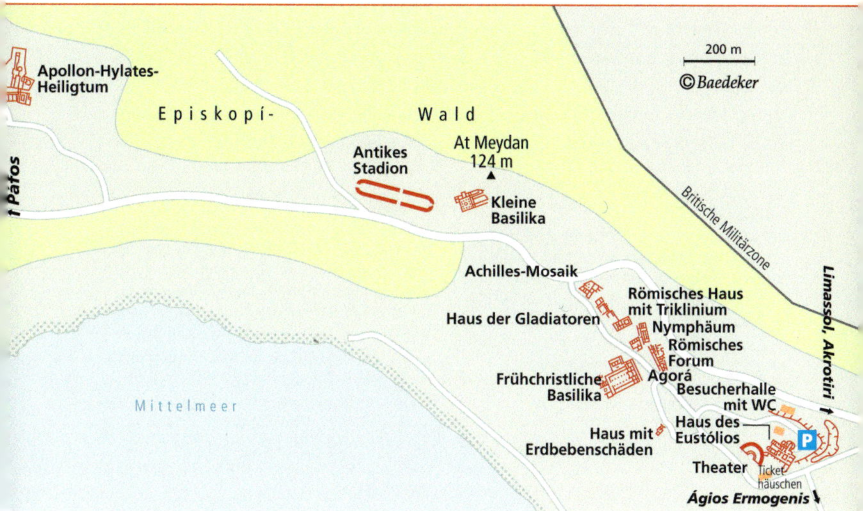

Frühchristliche Basilika

◄ Karte S. 60

Gegenüber dem römischen Forum legt die frühchristliche Basilika Zeugnis ab von der erneuten Besiedlung Koúrions nach dem Erdbeben. Von hier hat man eine schöne Aussicht auf den Strand von Koúrion. Die gut erhaltenen Fundamente der Kirche deuten auf eine dreischiffige Basilika (55 m lang, 37 m breit) mit einer halbrunden Apsis, die von zwei Pastophorien (Räume für die Priester) flankiert wird. Im Osten der Apsis befand sich ein Portikus, durch den man über die seitlichen Nebenräume die Basilika betrat. Ein Baldachin, getragen von vier Säulen, deren Fundamente noch an Ort und Stelle sind, überspannte den Altar. Eine Chorschranke, deren Einlassungen noch deutlich erkennbar sind, trennte den Altarraum vom Kirchenraum. An die Seitenschiffe schlossen sich die den Ungetauften vorbehaltenen Katechuména an, bestehend aus je einem Korridor mit Sitzbänken. Im Westen der Kirche ziert ein sechseckiger Reinigungsbrunnen das Atrium. Im Norden schlossen sich die Räumlichkeiten für den Bischof an.
Unterhalb des Stadtbergs von Koúrion sind auf Höhe der Basilika Fundamente einer zweiten Basilika am Strand ausgegraben worden.

> **!** *Baedeker* TIPP
>
> **Baden pur**
>
> Unterhalb der Ausgrabung von Koúrion erstreckt sich der Courion Beach, ein langer, unbebauter Strand mit drei Fischtavernen. Baden pur ist hier angesagt.

Baptisterium

Nördlich der Basilika lag das ebenfalls dreischiffige Baptisterium, die Taufkirche des Bistums, mit Atrium, Reinigungsbrunnen und einem

HAUS MIT SPUREN DES ERDBEBENS

✶✶ Nach Angaben des spätantiken Historikers Ammianus Marcellinus ereignete sich das Erdbeben, das die Stadt Koúrion zerstörte, in den frühen Morgenstunden des 21. Juli 365 n. Chr. und überraschte die meisten Menschen im Schlaf. Bei Ausgrabungen 1934 und 1984–1987 entdeckte man die Reste eines Wohnhauses sowie die Skelette seiner einstigen Bewohner.

1 Innenhof

Das weiträumige Haus aus schweren Steinblöcken stammte vermutlich aus dem späten 1. oder frühen 2. Jh. n. Chr. Wenige Jahre vor dem Erdbeben war es in mehrere Wohneinheiten umgebaut worden. Von der Straße aus betrat man es durch einen langen Durchgang und gelangte zunächst in einen gepflasterten Innenhof mit dorischen Säulen.

2 Größter Raum

Der größte Raum mit einer zentralen Säule besaß ein Ziegeldach.

3 Tablinum

Im 4. Jh. war der ehemalige Speisesaal (Tablinum) in einen Stall und ein Schlafzimmer umgebaut worden. In diesem Raum fanden die Archäologen die Skelette einer Kleinfamilie, die später »Romeo und Julia« genannt wurde. Der Mann hatte vergeblich versucht, mit seinem Körper seine Frau und das Kleinkind vor den herabfallenden Steinen zu schützen. Die Frau war etwa 19, der Mann um die 25 Jahre, das Kind höchstens eineinhalb Jahre alt (Abb. S. 206; im Museum Episkopí, S. 208).

4 Stall

In dem Stall lagen die Skelette eines Esels und eines etwa 13-jährigen Mädchens. Die Untersuchungen ergaben, dass das Mädchen bereits vor dem Erdbeben tot war. Vermutlich war der Esel vor Ausbruch der Katastrophe unruhig geworden. Das Mädchen wollte nach ihm schauen und wurde durch Hufschläge des sich aufbäumenden Tieres getroffen, bevor der Stall dann über ihnen einstürzte. Der Esel war noch mit einer Eisenkette an einem 360 kg schweren Futtertrog aus Kalkstein angebunden. Die beiden Halfterringe, einer aus Eisen, einer aus Bronze, waren an seinem Maul.

5 Weitere Funde

In den übrigen Räumen wurden noch drei männliche Skelette, eine außergewöhnliche Bronzelampe in Form einer Ente, Ton- und Glasvasen, Bronzemünzen und Haushaltsgeschirr gefunden (heute im Museum Episkopí).

Von dem Apollon-Heiligtum mit seinen zahlreichen Bauten beiderseits der heiligen Straße reicht der Blick bis zur Halbinsel Akrotíri.

schmalen Narthex. Das große Taufbecken, an der Südwand deutlich erkennbar, war für die damals übliche Erwachsenentaufe gedacht. Die zwei lang gezogenen Räume links und rechts dienten dem Umkleiden und Salben des Täuflings.

Antikes Stadion Rund 1 km westlich der Ausgrabungen von Koúrion liegt an der Straße Richtung Páfos das antike Stadion aus dem 2. Jh. n. Chr. Bis ins 5. Jh. veranstaltete die Stadt Koúrion hier Wettkämpfe zu Ehren von militärischen Siegen oder bei religiösen Festen. Neben Stadienläufen gab es Diskuswerfen und Ballspiele.
Der Name Stadion wurde abgeleitet von einem griechischen Längenmaß gleichen Namens, das 192,27 m betrug, in Koúrion jedoch auf 186 m verkürzt wurde.Etwa 150 m östlich des Stadions findet man die Grundmauern einer dreischiffigen **Basilika** des späten 5. Jahrhunderts.

✶ Apollon-Hylátes-Heiligtum

Öffnungszeiten: tgl. 9.00 – 17.00, im Sommer bis 19.00

Nach weiteren 2 km auf der Straße nach Páfos führt eine Stichstraße zum Heiligtum des Apollon Hylátes (griechisch Ierón Apóllonos Ylátou). Hier wurde der griechische Gott Apollon als Beschützer des Waldes und der Tiere verehrt. Das heutige Erscheinungsbild des Heiligtums geht auf die römische Zeit zurück, doch entdeckte man auch Reste einer sakralen Stätte aus dem 7. Jh. v. Chr. Zwei Tore führten in der Antike in den heiligen Bereich.

Palästra Vor dem östlichen Koúrion-Tor liegt außerhalb des heiligen Bereiches die antike Palästra vom 1. Jh. n. Chr., wo Ringkämpfe und Ballspiele veranstaltet wurden. Der große, sandbedeckte Hof wird von Säulengängen umschlossen. Diese führen zu sieben Räumen, die dem Umkleiden, Einölen und Waschen der Athleten dienten. In dem großen Steinpithos in der Nordostecke des Hofes befand sich Wasser zum Erfrischen der Athleten.

Badeanlagen Ebenfalls außerhalb des heiligen Bezirks liegen die Bäder aus trajanischer Zeit. Deutlich sind die Hypokausten erkennbar, die ähnlich einer Fußbodenheizung dem Erwärmen der Bäder dienten.

Heiligtum Durch das Koúrion-Tor betritt man den heiligen Bezirk. Linker Hand liegt die große Südhalle mit fünf gleichförmigen Räumen, verbunden durch einen Säulengang. Durch den Portikus betritt man die einzelnen Räume, die an drei Seiten von einem erhöhten Säulenumgang dorischer Ordnung begrenzt werden. In diesen Räumen ruhten sich vermutlich die Pilger aus und stellten ihre Weihgaben auf. Eine Inschrift über einer der Türen besagt, dass zwei der Räume durch den römischen Kaiser Trajan im Jahre 101 n. Chr. errichtet wurden. Die gegenüberliegende Nordwesthalle ist nur noch in ihren Fundamenten erhalten.

Haus des Eustólios
Im zentralen Raum fällt die Darstellung der Ktisis besonders ins Auge. Die Personifizierung des Schöpferischen Geistes hält einen Messstab in der Länge eines römischen Fußes in der Hand.

Haus des Eustólios
Die Mosaiken entstanden nicht spontan. Meist wurden den Bauherren Muster und Themen vorgelegt, aus denen sie dann die Auswahl trafen; hier das Fußbodenmosaik eines Fisches, ein frühes Christussymbol.

»Romeo« trug einen Ring mit der Inschrift »X P« (gesprochen Chi-Rho), den ersten beiden griechischen Buchstaben des Namens Christi.

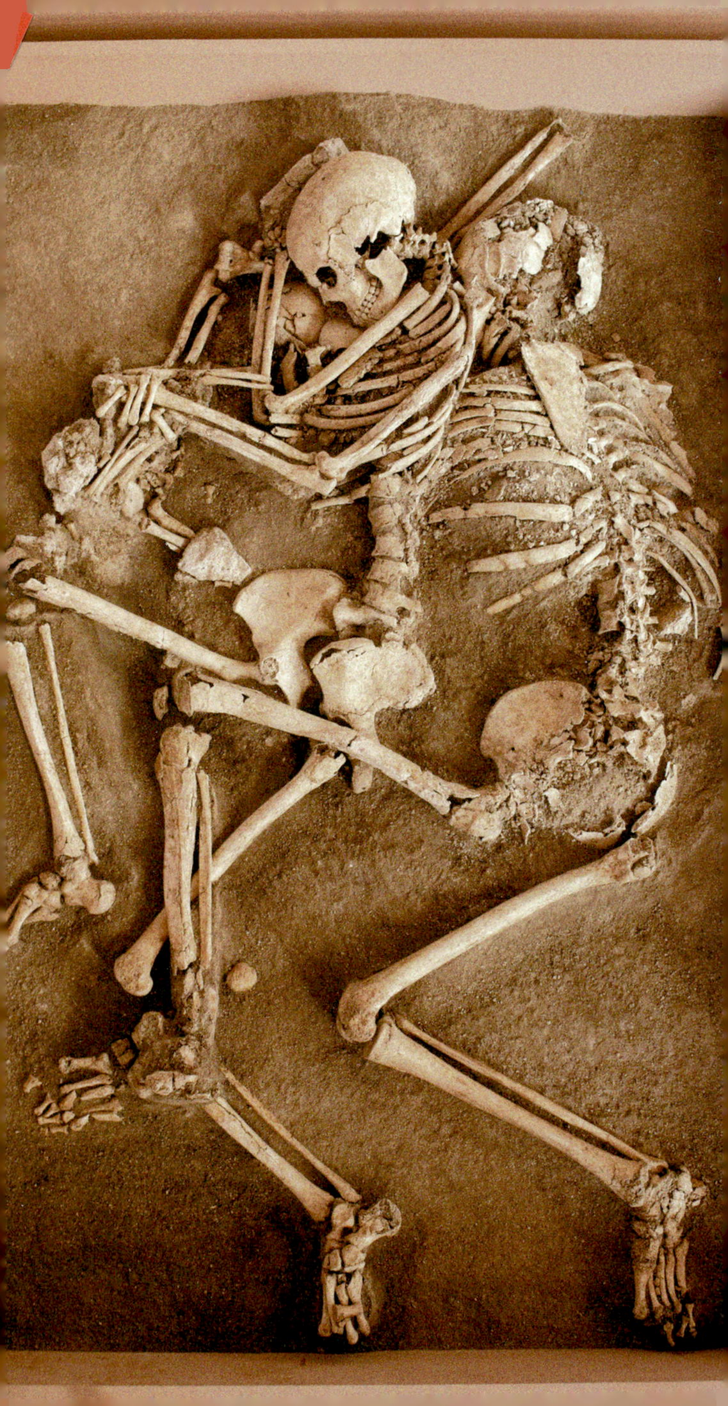

Koúrion Apollon-Hylátes-Heiligtum

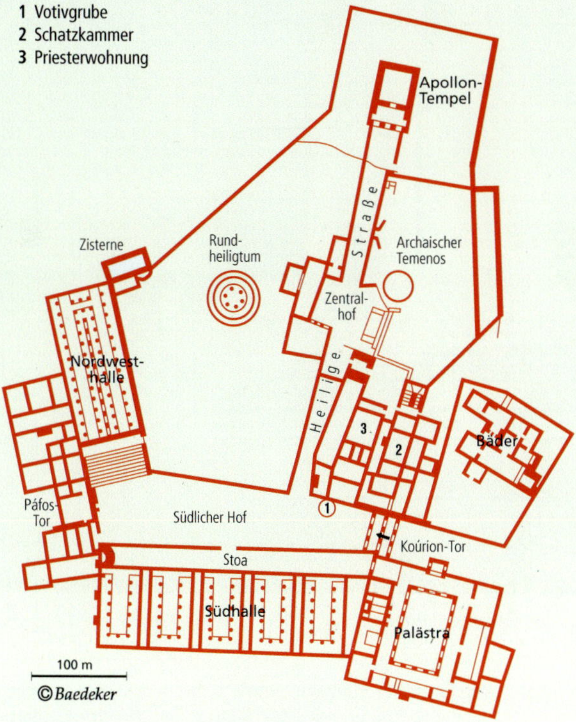

Heilige Straße

Die lange, gepflasterte Heilige Straße führt zum Tempel, vorbei an den Priesterwohnungen und der Schatzkammer. Ein archaischer Steinaltar aus dem 7. Jh. ist das älteste Relikt des Heiligtums.

Apollon-Tempel

Der rekonstruierte Tempel des Apollon Hylátes aus dem 1. Jh. n. Chr. wurde auf den Fundamenten eines spätklassischen oder hellenistischen Vorgängerbaus errichtet. Eine breite Treppe führt zum römischen Podiumstempel vom Typus des Prostylos, dessen Vorhalle von vier Säulen mit den selten vorkommenden nabatäischen Kapitellen (benannt nach den Nabatäern, die einst in Petra im heutigen Jordanien lebten) getragen wird.

Rundheiligtum

Zum ältesten Teil des heiligen Bezirkes zählt das archaische Rund- oder Baumheiligtum (6. Jh. v. Chr.). Um dieses von einem Kiesweg ringförmig umschlossene Heiligtum führten Prozessionen zu Ehren des Waldgottes. Sieben Gruben im Fels weisen auf Bäume hin, die im Mittelpunkt der Kulthandlungen standen.

Apollon-Tempel: die Säulen erstanden wieder neu.

Votivgrube Am Ende der Heiligen Straße nahe dem Ausgang liegt eine kleine, halbrunde Opfergrube für Votivgaben (Vothros). Seit dem 5. Jh. v. Chr. häuften die Priester hier die Apollon geweihten Geschenke auf, die nicht vernichtet werden durften.

Koúrion-Museum in Episkopí

Öffnungszeiten: Mo. – Fr. 9.00 – 14.30, Do. auch 15.00 – 17.00

Rund 1,5 km östlich von Koúrion befindet sich im ehemaligen Wohnhaus des amerikanischen Koúrion-Ausgräbers George McFadden gegenüber der Dorfkirche von Episkopí das kleine Koúrion-Museum mit archäologischen Funden. Zu sehen sind Weihgeschenke aus dem Apollon-Heiligtum wie der steinwerfende Apoll, Männer mit Stiermasken oder Krieger auf Streitwagen, ferner Inschriften und Münzen, die Zeugnis von der Besiedlung dieser Gegend vom Neolithikum bis in die frühchristliche Zeit ablegen. Höhepunkt des Museumsbesuchs sind die bei Ausgrabungen im Akropolis-Bezirk von Koúrion gefundenen Skelette von »Romeo und Julia von Koúrion«, einer jungen Familie (►S. 204).
Nördlich von Episkopí sind britische Soldaten in einer Siedlung mit eigenen Schulen, Sportanlagen und einem Krankenhaus stationiert.

★★ Kýkko-Kloster

F 4

Griechisch: Μονή Κύκκου **Höhe:** 1140 m ü. d. M.

Reichtum und Macht verbinden sich seit jeher mit dem Namen des Klosters Kýkko, birgt es doch eine Marienikone, die vom hl. Lukas gemalt worden sein soll, außerdem war es das Lieblingskloster von Erzbischof Makarios. Erst vor wenigen Jahren erhielt es ein »neues Kleid«, Mosaiken und Malereien überziehen die klösterlichen Wandelgänge. Außerhalb des Klosters geht es häufig zu wie auf dem Jahrmarkt. Eine besondere Spezialität ist der klostereigene Dessertwein »Kyprion Nama«.

Mächtigstes Kloster Zyperns

Etwa 12 km westlich von Pedoulás erreicht man über eine kurvenreiche Straße das in der gesamten orthodoxen Welt berühmte Kloster Kýkko. Dieses reichste und mächtigste Kloster Zyperns verdankt sein hohes Ansehen der angeblich vom Evangelisten Lukas gemalten, Regen spendenden Marienikone, die mit Silber beschlagen und in einen kostbaren Rahmen eingefasst ist. Außerdem war **Erzbischof Makarios** Novize in Kýkko, später wurde das Kloster zu seinem bevorzugten Rückzugsort.

Der heute noch große Grundbesitz des Klosters und die zahlreichen Landwirtschaftsbetriebe werden zentral von Nikosia aus verwaltet. Das Kloster fördert soziale Einrichtungen wie Krankenhäuser, Schulen und Museen und besitzt erheblichen politischen Einfluss auf der Insel. Besonders an Sonn- und Feiertagen, bei Taufen und Hochzeiten herrscht hier reger Betrieb. Mit hotelähnlichen Pilgerherbergen, die aber Zyprioten (manchmal auch Wanderern) vorbehalten sind, einem großen Restaurant und Imbissbuden ist das Kloster für den Andrang der Besucher gewappnet. Es wird auf **angemessene Kleidung** geachtet, d.h. lange Hosen für Männer und knielange Röcke für Frauen (am Eingang auszuleihen).

! *Baedeker* TIPP

Naschereien

Unterhalb des Kýkko-Klosters neben dem Restaurant gibt es zahlreiche Stände, in denen man frische und gebrannte Mandeln, Walnüsse, Erdnüsse, Pastelláki (Sesamkaramell), Loukoumi (Türkischer Honig), Trockenobst, hausgemachte Soudzoúko, Glykó (eingelegte Früchte und Walnüsse) sowie Dzivanía (Tresterschnaps) kaufen kann. Im Kloster selbst gibt es Wein und Schnaps aus eigener Herstellung.

Das Kloster wurde Ende des 11. Jh.s von dem Einsiedlermönch Isaias gegründet. Der Legende zufolge wurde dieser vom byzantinischen Gouverneur Zyperns, Manuel Voutoumetes, der bei der Jagd vom Wege abkam, in der Einsamkeit des Tróodos gestört. Als sich Isaias weigerte, Manuel den Weg zu weisen, versetzte dieser dem Mönch einen Fußtritt. Nach seiner Heimkehr erkrankte der Gouverneur schwer und bat Isaias, von Gewissensbissen geplagt, ihm zu verzeihen und ihn von der Krankheit zu befreien. Auf Geheiß der Muttergottes, die ihm im Traum erschien, heilte Isaias den Gouverneur und erhielt als Gegenleistung die vom Evangelisten Lukas gemalte Marienikone aus dem Besitz des Kaisers von Konstantinopel.

Klostergänge, Klosterkirche

Die heutigen Klosterbauten stammen aus dem 19. und 20. Jahrhundert. Die erst in den 1990er-Jahren geschaffenen Fresken der Klostergänge und die unwesentlich älteren Mosaiken und Wandmalereien der Klosterkirche erstrahlen in voller Pracht orthodoxer Kunstfertigkeit. Der schwarze Bronzearm neben der Marienikone soll an die Legende erinnern, derzufolge ein Schwarzer den Frevel beging, sich eine Zigarette an der Öllampe vor der Ikone anzuzünden. Als Strafe verwandelte sich sein Arm in Bronze. Erwähnenswert ist ferner das Schwert eines Schwertfisches, gespendet von einem Seemann, der aus Seenot errettet wurde.

★★ Museum des Kýkko-Klosters

Mitte 1997 wurde im Nordwesttrakt des Klosters ein sehr umfangreiches, wundervoll gestaltetes Museum eröffnet. Beim Betreten wird man sofort von der feierlichen, sakralen Atmosphäre gefangen ge-

Die prächtig verzierte Ikonostasis in der Klosterkirche

nommen. Die aus verschiedenfarbigem Granit und Marmor gestalteten Fußböden, die mit verziertem Nussbaumholz verkleideten Decken, die dezente Beleuchtung und die vom Band erklingenden liturgischen Gesänge stimmen den Besucher bald auf die kirchlichen Kleinode von unschätzbarem Wert ein, die die Mönche im Laufe der Jahrhunderte gesammelt haben. Zu den ältesten Handschriften gehört eine beidseitig beschriftete, 4 m lange Pergamentrolle aus dem 12. Jh. mit der sog. Chrysostomos-Liturgie, die bis heute im orthodoxen Gottesdienst am häufigsten gefeiert wird.

Öffnungszeiten:
tgl. 10.00 – 16.00
Juni – Okt.
bis 18.00

Umgebung von Kýkko

Grabmal von Makarios III.

Etwa 2 km westlich erblickt man auf einer Anhöhe das Grab von Erzbischof Makarios III., an dem Soldaten Ehrenwache halten. Makarios verbrachte mehrere Jahre als Novize im Kýkko-Kloster und ließ hier schon zu Lebzeiten eine Kapelle errichten, in deren Nähe er seine letzte Ruhestätte fand. Während der Freiheitskämpfe der 1950er-Jahre unterstützte das Kloster die Untergrundbewegung EOKA. Etwa 2 km entfernt befand sich der Unterschlupf des EOKA-Führers General Grivas.

✶ Tal der Zedern Koiláda tou Kédrou (Κοιλάδα του Κέδρου)

Nach weiteren 16 km auf der kurvigen, teils unbefestigten Waldstraße gelangt man in das abgeschiedene Tal der Zedern (1100 m) auf den südlichen Hängen des Trípylos (1408 m). Im Volksglauben ist die Zeder ein Symbol des Todes. Geheimnisvoll, ja sogar unheimlich wirkt diese unberührte Landschaft. Der Eindruck einer Urlandschaft täuscht nicht, denn diese Baumart, die hier mit schätzungsweise 40 000 Exemplaren vertreten ist, soll in der Antike auf der gesamten Insel verbreitet gewesen sein. Das Zedernholz war damals hervorragendes Baumaterial für Schiffe und Häuser. Die auf Zypern heimische Baumart (Cedrus brevifolia) ist eine Unterart der unter Naturschutz stehenden Libanonzeder. Äußerst selten sieht man hier die unter Artenschutz stehenden Mufflons (►S. 26), die nur noch in dieser einsamen Gegend wild vorkommen. Die Weiterfahrt vom Tal der Zedern bis Stavrós tis Psókas führt über eine Schotterpiste.

Viel schneller erreicht man die einsam gelegene Forststation **Stavrós tis Psókas** (800 m) jedoch auf der Asphaltstraße, die vom Kýkko-Kloster durch Zedern-, Pinien-, Zypressen- und Eichenwälder über Ágios Nikólaos führt. Die Forststation ist von vulkanischen Berggipfeln umgeben, die als Feuerwachstellen dienen und ein hervorra-

! *Baedeker* TIPP

Wandern im Páfos-Wald

Die Forststation Stavrós tis Psókas ist Ausgangspunkt für drei gut markierte Wanderwege von insgesamt 9,5 km Länge: der Rundwanderweg Horteri beginnt auf halbem Weg zwischen der Forststation und Selládi tou Stavroú (5 km, anstrengend), gleich zwei Wanderwege starten in Selládi tou Stavroú, ein 2,6 km langer Rundwanderweg und der Wanderweg Selládi – Heliport (1,9 km).

gendes Panorama des Páfos-Waldes, des größten zusammenhängenden Kiefernwaldes der Insel, bieten. Sehenswert ist das Wildgehege für Mufflons oberhalb des gut ausgestattenen Picknickplatzes. Die Forststation bietet auch Unterkunft (Anmeldung empfohlen: Tel. 26 99 91 44 oder 26 35 23 24) und eine einfache Gaststätte.

Lagouderá

F 5/6

Griechisch: Λαγουδερά **Höhe:** 1000 m ü. d. M.

Das in herber Berglandschaft liegende Dorf Lagouderá birgt eine Klosterkirche mit sensationellen Fresken. Sie zählen zu dem Schönsten, was Zypern zu bieten hat.

Das abgelegene Gebirgsdorf Lagouderá liegt 25 km östlich vom Ort Tróodos, auf halber Strecke zwischen Nikosia und Limassol. Um der seit Jahrzehnten andauernden Landflucht in den etwa 40 Bergdörfern der östlichen Tróodos-Region Pitsiliá Einhalt zu gebieten, wurde ein ausgeklügeltes Bewässerungssystem entwickelt. Durch das sog. Pitsiliá-Projekt wurden die landwirtschaftlichen Nutzflächen vergrößert und die Trinkwasserversorgung verbessert.

★★ Moní Panagías tou Arakoú

Oberhalb des kleinen Ortes, an der Straße nach Saránti steht eine unscheinbar wirkende Scheunendachkirche, die zu einem ehem. Kloster gehört (Schlüssel beim Dorfpfarrer im Klosterbereich) und den umfangreichsten Freskenzyklus der mittelbyzantinischen Zeit auf Zypern besitzt (UNESCO-Weltkulturerbe). Wie im Fall von ►

***Lagouderá** Moní Panagías tou Araka*

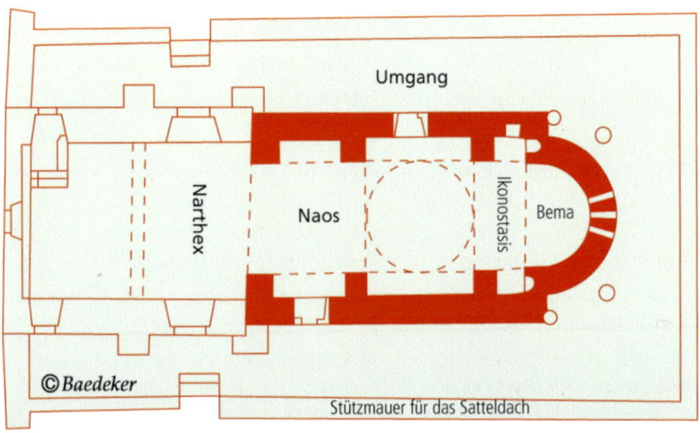

Asínou (Forviótissa) besitzt die Gottesmutter, der diese Kirche geweiht ist, den Beinamen einer Pflanze (griech. arakás = Erbse). Die einschiffige, Ende des 12. Jh.s entstandene Anlage weist eine Kuppel auf, über die in späterer Zeit ein Satteldach auf Stützmauern gezogen wurde. Hinzu kam auch der nicht ausgemalte Westteil der Kirche.

Die gut erhaltenen **Fresken** zählen zu den ausdrucksvollsten Wandmalereien Zyperns und erstrahlen seit der Restaurierung von 1973 in leuchtenden Farben. Einer Inschrift zufolge wurden die Malereien 1192 geschaffen, also kurz nach der Eroberung Zyperns durch die Kreuzritter. In der mittelbyzantinischen Periode entstanden, wurden die dynamisch wirkenden Bilder wahrscheinlich von Künstlern aus Konstantinopel im klassischen Stil der Komnenenzeit angefertigt. Die Figuren besitzen durch die Überlänge und die hellen Pastellfarben eine große Aussagekraft. An der Nordwand befindet sich eine Stifterin-

LAGOUDERÁ

ESSEN

► Preiswert

Madari-Restaurant

Tel. 22 65 28 77 oder
22 65 29 82

Ganz einfache Taverne mit Terrasse, an der Straße oberhalb von Lagouderá, nur kleine Speiseauswahl. Empfehlenswert sind gegrillter Halloúmi (Ziegenkäse) und Loúnza (Schinken) sowie ein guter griechischer Salat (nur in der Saison geöffnet).

Unter den prächtigen Fresken der Kirche Panagías tou Arakoú fällt »Die Geburt Christi« besonders auf.

Hl. Antonis

schrift unterhalb der Darstellung des Keramídions (= Ziegel mit dem Abbild Christi), die einen Mann namens Leon nennt.
Die Wölbung des Bemas wird geschmückt durch die thronende Gottesmutter mit Kind, umgeben von den Engeln Gabriel und Michael; darunter die Büsten zyprischer Geistlicher und die Kirchenväter der orthodoxen Kirche. Hervorzuheben sind an den Seiten des Bemas zwei Säulenheilige, die in frühchristlicher Zeit im syrischen Raum als Eremiten auf Säulen lebten. Im Gewölbe erkennt man die Himmelfahrt Christi. In der Kuppel der Kirche erblickt man das Bild des von Engeln umgebenen Pantokrators, zwischen den Fenstern die Propheten des Alten Testaments, in den westlichen Zwickeln die vier Evangelisten und in den östlichen die Verkündigung.
Unter der Kuppel an der Nordwand der Kirche ist in einer Lünette der Tempelgang Mariens dargestellt. Den apokryphen Schriften zufolge wurde Maria von ihren Eltern in den Tempel gebracht, wo sie entsprechend einem Gelübde Gott dienen sollte. Sieben reich gekleidete Jungfrauen aus dem Hause Juda begleiteten sie. Unter dieser Darstellung sind der hl. Nikolaus, das Keramídion und die Darbringung Christi im Tempel abgebildet. Die Darbringung zeigt den alten Priester Simeon mit dem Kind auf dem Arm und Johannes den Täufer mit einer nach oben weisenden Geste.
Im Gewölbe des Naos folgt die Anástasis, der Abstieg Christi in die Vorhölle, darunter die Taufe Christi. An der Südwand erkennt man in der Nische unter der Kuppel den Tod Mariens, darunter die schlanke, stehende Gestalt der Muttergottes mit dem Kind auf dem Arm, neben ihr der überlebensgroße Erzengel Michael. Besonders schön ist die Geburt Christi, die sich gegenüber der Anástasis befindet. Unten bilden Heilige den Abschluss der Malereien.

Von hier führen **Naturlehrpfade** zur einsam gelegenen Kirche Stavrós tou Agiasmáti bei ►Platanistása (7 km; ca. 3 Std.) und weiter nach Agrós (►Tróodos, 6 km; ca. 2,5 Std.).

★ Lárnaka · Lárnax

F 9

Griechisch: Λάρναξ
Einwohnerzahl: 80 000
Höhe: Meereshöhe

Lárnaka hat sich gemausert: Die einst seelenlose Uferpromenade ist heute palmenbestanden und besitzt Flair, die Altstadt wurde renoviert und hat Tavernen und Cafés zu bieten. Hinzu kommt das kulturelle Angebot mit Museen, Kirchen und Ausgrabungen.

Drittgrößte Stadt Zyperns

Die drittgrößte Stadt Zyperns liegt an einer großen Bucht im Südosten der Insel auf den Ruinen der antiken Stadt Kítion. Im 17. Jh. erhielt sie ihren heutigen Namen, abgeleitet von den vielen Sarkopha-

gen (griech. Lárnax), die hier gefunden wurden. In der Frankenzeit nannte man sie wegen des nahe gelegenen Salzsees (►S. 223), der bereits in der Antike zur Salzgewinnung genutzt wurde, auch Salines. Der friesische Landvermesser Carsten Niebuhr, der 1766 Zypern besuchte, beschreibt Lárnaka in seinen »Entdeckungen im Orient. Reise nach Arabien und anderen Ländern 1761–1767«:
Ich wunderte mich, nachdem ich von Bord gegangen war, nicht wenig, als ich eine hübsche englische Kutsche erblickte, ein Fahrzeug, das ich seit vielen Jahren nicht gesehen hatte. Noch mehr aber wunderte ich mich, als ein Europäer auf mich zutrat und mich einlud, beim hiesigen Konsul, Herrn Turner, Quartier zu nehmen. Der Konsulatssekretär, der mich empfing, hieß Mariti, und wurde später durch seine ›Viaggi per l'isola di Cipro‹ bekannt, ja berühmt. ... Etwa die Hälfte der Einwohner besteht aus Mohammedanern, welchen für ihre religiösen Übungen zwei prachtvolle Moscheen zur Verfügung stehen. Auch die Franziskaner und Kapuziner haben hier Kirchen, welche von den morgenländischen, mit der römischen Kirche vereinigten Christen fleißig besucht werden. Das Klima von Larnaca war einstmals sehr ungesund, unzählige Einwohner wurden von einem bösartigen Fieber hinweggerafft. Schuld daran war vor allem das schlechte Trinkwasser. Dass es anders wurde, verdanken die Bewohner der Stadt dem Bekir Pascha, der eine von dem Dorf Arpera nach Larnaca und Saline führende Wasserleitung errichten und die Sümpfe ringsum zuschütten ließ.

Die breite Strandpromenade wird von hohen Dattelbäumen und Bauten im Kolonialstil wie dem Four Lanterns Hotel gesäumt.

LÁRNAKA ERLEBEN

AUSKUNFT

Plateia Vasileos Pavlou
Tel. 24 65 43 22 und
im Flughafen
Tel. 24 64 35 76 oder 77
www.larnaka.com

Kostenlose Stadtführungen auf Englisch werden jeden Mittwoch und Freitag um 10.00 Uhr von der Touristeninformation angeboten.

VERANSTALTUNGEN

Anthestiria-Fest: Im Mai (variabel) wird das Blumenfest mit einem großen Umzug gefeiert. Kataklysmos: Pfingstmontag, großes religiöses Fest mit feierlicher Messe, Umzug, Bootsparaden, folkloristischen Vorführungen (siehe S. 218). Lárnaka-Kulturfestival: Im Juli gibt es Musik-, Theater- und Tanzvorführungen.

GUT ZU WISSEN

Theater und Kleinkunst

Antidote English Language Theater
M. Paridi Street 10, Tel. 24 82 26 77
www.theatreantidote.com; unmittelbar hinter der Lazarus-Kirche, Kleinkunsttheater mit Kabarett-, Jazz-, Filmverstaltungen, Café.

Strände

Der Mackenzie Beach, südwestlich von Lárnaka in der Einflugschneise des Flughafens, bietet Wassersportmöglichkeiten und eine Reihe von Restaurants. Einen schmalen, aber ruhigen Strand findet man südlich von Lárnaka rund um das Kap Kíti. Am Lárnaka Public Beach, 10 km östlich vom Stadtzentrum, liegen viele Hotels.

Shopping

Die Markthallen im Zentrum sind sehr touristisch geworden, nur noch wenige Obsthändler bieten hier ihre Waren feil. Erwerben kann man jedoch Souvenirs jeder Art (Schwämme, Ikonen, Süßigkeiten, Spirituosen). Boutiquen und Fachgeschäfte finden sich in der Ermou Street und der Zinonos Kitieos Street.

ESSEN

Wie in allen Touristenorten gibt es auch in Lárnaka unzählige Restaurants von Fast Food bis zu asiatischer Küche, die sich hauptsächlich entlang der Uferpromenade vom Hafen bis zum Kastell etabliert haben. Hinter dem türkischen Kastell, in der Piyale Paşa Street, befinden sich einige gute Fischrestaurants.

► Fein & teuer

① ***Vienna Restaurant***
Promenade, nahe dem Hafen
Tel. 24 64 18 23
Gute zyprische und internationale Gerichte.

► Erschwinglich

③ ***Taratsa Tavern***
Gegenüber der Lazarus-Kirche
Tel. 24 62 17 82
Speisen mit Blick auf die alte Kirche, traditionelle zyprische Küche.

Baedeker-Empfehlung

② ***Art Café 1900***
Stasinou Street 6, nahe Pierides-Museum
Tel. 24 65 30 27
Café und Restaurant in einem Altstadthaus aus dem 19. Jh., hervorragende Küche, hausgemachte Kuchen und verschiedenste Teesorten, vegetarische Speisen, Livekonzerte.

④ ***Black Turtle Tavern***
Mehmet Ali Street 11
Tel. 24 65 06 61
Griechische Musiktaverne in einem historischen Altstadthaus, gutes Mezé-Essen.

► **Preiswert**

⑤ ***Kalifatzia Grill***
Faneromenis Street/Istanbul Street
Tel. 24 65 37 07
Abseits vom großen Tourismus, einfaches Restaurant mit guten Grillgerichten.

ÜBERNACHTEN

► **Luxus**

② ***Palm Beach Hotel***
Dekelia Road
Tel. 24 64 45 00
www.palmbeachhotel.com
Schönes Strandhotel 5 km östlich von Lárnaka mit prachtvoller, exotischer Gartenanlage, Fitness-Center, Wassersportmöglichkeiten.

► **Komfortabel**

① ***Four Lanterns***
Leofóros Athinon 19
Tel. 24 65 20 11
www.crownresortsgroup.com.cy
Traditionshotel, direkt an der Promenade gelegen.

► **Günstig**

③ ***Sand Beach Hotel***
Piyale Paşa Street
Tel. 24 65 54 37
www.castlehotel.com.cy
Kleines, familiäres Hotel direkt am Strand westlich von Lárnaka.

Wirtschaftsboom nach 1974

Anfang des 20. Jh.s verlor die einst zweitgrößte Stadt der Insel an Bedeutung. Nach der türkischen Invasion 1974 und dem Verlust des Hafens von Famagusta erlebte Lárnaka mit dem Ausbau des Seehafens zum zweitwichtigsten Exporthafen der Insel einen neuen Aufschwung, obwohl die Stadt kein Hafenbecken für größere Schiffe besitzt. Lárnaka wurde zur Drehscheibe im Nahostverkehr. Zahlreiche westeuropäische Firmen und arabische Geschäftsleute haben sich hier niedergelassen. Seit dem großen Flüchtlingsstrom 1974 wuchs die Bevölkerung Lárnakas um das Vierfache an. Neue Siedlungen entstanden in aller Eile und prägen auch heute noch das Gesicht der Außenviertel. Hinzu kamen Tausende von Bürgerkriegsflüchtlingen aus dem Libanon nach Lárnaka.

Stadtbild

In Lárnaka landen auch die meisten Zypern-Urlauber. Hier musste nach dem Verlust des Flughafens von Nikosia, der nun in der Pufferzone liegt, nach 1974 ein neuer internationaler Flughafen gebaut werden. Der erste Eindruck von Lárnaka mit dem seichten Salzsee direkt neben dem Flughafen ist wenig einladend. Zudem führt die belebte Durchgangsstraße direkt durch das Hotelviertel, das sich 5 km nordöstlich Richtung Agía Nápa erstreckt. Doch wenn man die breite Strandpromenade mit den hohen Dattelpalmen und klassizistischen Kolonialbauten, unzähligen Restaurants und Cafés entlangschlendert, entdeckt man den Charme der Stadt. Die kleinen Gässchen im ehemaligen Türkenviertel, die vielfach noch die alten türkischen Namen tragen, laden mit zahllosen Schmuck- und Lederwarengeschäften zum Einkaufsbummel ein. Lárnaka besitzt einen modernen Jachthafen.

Pfingstfest Am Pfingstmontag strömt die Landbevölkerung der Umgebung nach Lárnaka zum Kataklysmos-Fest, das zu Ehren der Rettung Noahs vor der Sintflut abgehalten wird. Man bespritzt sich gegenseitig mit Was-

Larnaka Orientierung

Essen
① Vienna Restaurant
② Art Café 1900
③ Taratsa Tavern
④ Black Turtle Tavern
⑤ Kalifatzia Grill

Übernachten
① Hotel Four Lanterns
② Palm Beach Hotel
③ Sand Beach Hotel

Finikoudes, die palmenbestandene Uferpromenade Lárnakas

ser, um sich von den Sünden zu befreien. Dabei sind Anklänge an antike Bräuche nicht zu übersehen. In der Antike feierte man Wasserfeste zu Ehren der Aphrodite, die dem Meer entstiegen war und als Schutzgöttin der See galt.

Geschichte

◄ Antikes Kítion

Gräber aus der frühen Bronzezeit lassen auf eine Siedlung im Raum Lárnaka schließen. Bereits im 1. Buch Mose wird eine Stadt namens Kittim erwähnt, die von einem Enkel Noahs gegründet worden sein soll. Funde aus dem 14. und 13. Jh. v. Chr. lassen auf große Kupferverarbeitungsstätten und eine rege Handelstätigkeit schließen. Ende des 13. Jh.s v. Chr. besiedelten die griechischen Achäer das Stadtgebiet. Im 11. Jh. richtete ein Erdbeben große Schäden an. Phönizische Siedler übernahmen um 800 v. Chr. die zerstörte Stadt. Sie bauten die Heiligtümer wieder auf und gründeten einen großen Astarte-Tempel. Kítion wurde zu einem der wichtigsten Stadtkönigtümer Zyperns. Ein Bündnis mit den Persern half Kítion bei der Eroberung anderer Stadtkönigtümer. In Kítion wurde 336 v. Chr. der berühmte Philosoph Zenon geboren, der Begründer der stoischen Philosophenschule in Athen (►Berühmte Persönlichkeiten).

◄ Christianisierung

Das Christentum soll der Legende nach durch den hl. Lazarus nach Kítion gelangt sein. Der von den Toten Auferweckte soll in seinem zweiten Leben von den Juden in einem segel- und ruderlosen Boot ausgesetzt und in Kítion an Land getrieben worden sein. Lazarus wurde erster Bischof der Stadt. Im Mittelalter war die Stadt ein bedeutender Einschiffungshafen für Kreuzritter und Pilger.

Während der Türkenherrschaft spielte Lárnaka eine wichtige Rolle als Handelsstadt und wurde diplomatischer Mittelpunkt der Insel. Einen zweifelhaften Ruf erwarb der US-amerikanische **Konsul Luigi Palma di Cesnola**, der 1865 bis 1876 in Lárnaka weilte und mit Billigung der türkischen Behörden die antiken Stätten plünderte und viele Fundstücke nach New York schaffte (heute im Metropolitan Museum zu sehen). Seine Reiseeindrücke veröffentlichte er in seinem Buch »Cypern, seine alten Städte, Gräber und Tempel« (1879):

Ich werde niemals den ersten Eindruck vergessen, den ich von der Stadt Larnaka, meinem zukünftigen amtlichen Wohnsitz empfing, als das Schiff langsam dem Ankerplatz zudampfte. Der Tag war wolkig und die See war rauh. Es wurde etwa eine englische Meile von der Küste der Anker ausgeworfen, weil sich daselbst kein Hafen, sondern nur eine offene Bucht befand. In dieser Entfernung sah die Stadt just wie das Bild der Zerstörung aus: kein Lebenszeichen, keine Vegetation sichtbar, mit Ausnahme einiger einsamer Palmbäume, deren lange Blätter gleichsam trauernd herabhingen. In der Tat war mein erster Gedanke, an Bord zu bleiben und nicht auf einer so verlassen erscheinenden Insel zulanden... Ein grosser Lichterkahn, von Eingeborenen ›Mahóna‹ genannt, näherte sich alsbald mit fliegenden amerikanischen Farben unserm Dampfer. Das Fahrzeug enthielt ungefähr zwanzig Personen, von denen einige mit altertümlichen Waffen, andere mit Yataganen bewaffnet waren oder sechs Fuss lange Stäbe mit silbernem Knopfe trugen. Alle waren mit dem rothen Fez bedeckt, der gewöhnlichen Kopfbedeckung sowohl der Muslimen als der Christen auf der Insel.

Sehenswertes in Lárnaka

Kastell

Öffnungszeiten:
Mo. – Fr.
9.00 – 17.00
im Sommer bis
19.00

Am südlichen Ende der Uferpromenade erhebt sich direkt am Strand (Ankara Street) das wuchtige türkische Kastell. Es wurde 1625 auf den Mauern eines venezianischen Vorgängerbaus errichtet. Durch eine zweistöckige Toranlage gelangt man in den Innenhof. Rechts des Eingangs führt ein Aufgang in das obere Geschoss, in dem ein kleines Museum Funde aus dem antiken Kítion, aus einer spätbronzezeitlichen Stadt nahe der Chala Sultan Tekke sowie aus fränkischer und osmanischer Zeit zeigt. Links des Torbaus grenzt lediglich eine Mauer das Kastell vom Meer ab. Eine offene Halle birgt deutsche Kanonen (Firma Krupp, Anfang 20. Jh.). Eine Treppe im hinteren Teil des Hofes führt auf den Wehrgang, von dem sich ein schöner Blick auf das Meer und den Hafen bietet. Von diesem Kastell aus wurden in der türkischen Zeit Böllerschüsse zur Begrüßung vorbeifahrender Schiffe abgefeuert. Unter den Briten diente es als Gefängnis.

Al Kebir Camii

Eine Inschrift datiert die Moschee gegenüber dem Kastell auf das Jahr 1835, allerdings errichtete man sie auf den Fundamenten einer lateinischen Kirche des 16. Jahrhunderts. Der Reinigungsbrunnen stammt aus dem 18. Jahrhundert.

Über 2000 Jahre alt: die Lazaruskirche

Vom Hafenkastell aus gelangt man über die Lazarou Street zur Kirche Ágios Lázaros aus dem 10. Jh., eine der vier byzantinischen Mehrkuppelkirchen Zyperns. Der hohe Turm mit filigranen Steinmetzarbeiten und die spitzbogige Loggia im Süden wurden erst im 19. Jh. hinzugefügt. Im 9. Jh. entdeckte man an dieser Stelle einen Sarkophag mit der Aufschrift Lazarus. Anfang des 10. Jh.s errichtete man eine Kirche und weihte sie dem ersten Bischof von Kítion. Die Reliquien wurden zunächst nach Konstantinopel gebracht, dort 1204 von Kreuzfahrern geraubt und nach Marseille verschleppt. Heute werden sie in der Kirche St. Lazare in Autun / Burgund verehrt.
Die dreischiffige Anlage war bis ins 20. Jh. eine Klosterkirche. Drei Kuppeln überwölben das Mittelschiff. Beachtung verdienen die als Spolien verwendeten korinthischen Kapitelle des antiken Kítion an den Vierungspfeilern und die prachtvolle Ikonostasis aus dem 18. Jahrhundert. Eine Ikone des 17. Jh.s am Pfeiler nahe dem Südeingang zeigt die Auferweckung des hl. Lazarus. Rechts der Ikonostasis führt eine Treppe zur Grabkammer hinunter, wo mehrere Sarkophage zu sehen sind. Das Haupt des Heiligen wird in einem goldenen Schrein am Eingang der Kirche verehrt (Mo. – Sa. April – Aug. 8.00 – 12.30, 15.30 – 18.30 Sept. – März 8.30 bis 12.30, 14.30 – 17.00 Uhr).

✶ **Ágios Lázaros**

In einem kleinen **Museum** hinter der Kirche sind wertvolle Ikonen zu sehen (Mo. – Sa. 8.30 – 13.00, Mo., Di., Do., Fr. 15.00 – 17.30 Uhr).

Panagía i Faneroméni

Von der Lazaruskirche gelangt man durch die Faneroménis-Straße zur gleichnamigen Kirche. Die tonnengewölbte, frühchristliche Höhlenkapelle unterhalb der modernen Kirche wurde an der Stelle eines vorhellenistischen Kammergrabes errichtet und birgt mehrere Ikonen. Einer lokalen Überlieferung zufolge hilft die Ikone der hl. Faneroméni (= Offenbarung) bei schweren Krankheiten.

✶ **Pierides-Sammlung**

Zurück zur Lazaruskirche, gelangt man vorbei an der Markthalle durch die Zinonos Kitieos zu dem kleinen Pierides-Museum, das neben dem Archäologischen Museum in Nikosia die bedeutendste archäologische Sammlung Zyperns birgt. Untergebracht ist es in der

Öffnungszeiten:
Mo. – Do.
9.00 – 16.00
Fr. – Sa.
9.00 – 13.00

herrschaftlichen Villa des 1811 geborenen Diplomaten und Kaufmanns Dimitrios Pierides, der aus einer der einflussreichsten Familien Zyperns stammt. Um den Ausverkauf des zyprischen Kulturerbes zu verhindern, erwarb er zahlreiche archäologische Funde aus der Zeit des Chalkolithikums bis zum Mittelalter. Seine Sammlung wurde von den folgenden Generationen erweitert und 1974 in eine Stiftung überführt. Auch seine Nachkommen vertraten verschiedene Länder konsularisch, so zwischen 1907 und 1937 das Deutsche Reich, wie Urkunden von Kaiser Wilhelm II. und von Hindenburg beweisen. Der derzeitige Pierides ist schwedischer Honorarkonsul.

Chalkolithische Terrakottafigur im Pierides-Museum

Im ersten Raum links sind Funde aus dem Chalkolithikum, der Bronzezeit und der geometrisch-archaischen Epoche ausgestellt. Neben verschiedenen Idolen ist vor allem Keramik der Bronzezeit zu sehen. Interessant ist eine männliche Terrakottafigur aus Soúskiou aus chalkolithischer Zeit (4. Jtd. v. Chr.): Die 36 cm hohe, auf einem Hocker sitzende Figur stützt ihren Kopf auf die Hände. Das große Loch am Hinterkopf (zum Einfüllen einer Flüssigkeit) und das kleinere Loch am Penis lassen auf ein Rython (Spendgefäß) schließen. In der gleichen Vitrine ist eine Pyxis in Form eines Sarkophages aus der geometrischen Epoche zu sehen.

Der nächste Raum bietet Keramik der geometrischen und archaischen Zeit. Die Vasen des sog. Free-Field-Stils gehören wegen ihrer schönen Bemalung zu den sehenswertesten Exponaten. Im dritten Raum sind neben schwarz- und rotfigurigen Vasen Terrakottafiguren ausgestellt. Der letzte Raum zeigt Glasgegenstände aus der Römerzeit und Sgrafitto-Keramik des Mittelalters. Interessant sind auch die historischen Landkarten im Treppenaufgang.

Städtische Galerie, Paläontologisches Museum

Die am Nordende der Strandpromenade (Plateia Dimokratias) stehenden, nach der Verlegung des Handelshafens überflüssig gewordenen Lagerhallen von 1880 wurden aufwändig renoviert. Seit 1996 befinden sich hier die städtische Galerie mit Wechselausstellungen (Di. – Sa. 10.00 – 13.00, Di. – Fr. auch 17.00 – 19.00 Uhr) und das Paläontologische Museum (Di. – Fr. 9.00 – 14.00, Sa., So. 9.00 – 12.00 Uhr; Juni – Aug. So. geschl.). Kinder werden sicherlich ihre Freude an den rekonstruierten Skeletten von Zwergelefanten und Zwergflusspferden haben, die in grauer Vorzeit auf Zypern lebten.

Archäologisches Distriktmuseum

Durch die Lordou Vyronos (Lord Byron Street) gelangt man vom Pierides-Museum zum archäologischen Distriktmuseum in der Kalograion Street. Es enthält neolithische Funde aus Choirokoitía und Kalavasós, bronzezeitliche Metallwerkzeuge, Tonwaren aus Kítion und Arsós und mykenische und bronzezeitliche Keramik. Hervorzuheben ist eine Vase, die aus sieben zusammengefügten kleineren Vasen besteht. Zu sehen ist auch ein ägyptischer Sarkophag aus dem 7. Jh. v. Chr. (Mo. – Fr. 9.00 – 14.30, Do. auch 15.00 – 17.00 Uhr).

Ausgrabungsstätte Kítion

Durch die Kímonos Street gelangt man vorbei an den Resten der antiken Akropolis zur Archiepiskopou Kyprianou Avenue, in deren Nähe die spärlichen Reste des antiken Kítion zu sehen sind. Der Großteil der antiken Stadt befindet sich unter dem heutigen Zentrum von Lárnaka, sodass nur das so genannte Areal II für den Besucher von Interesse ist. Die aus dem zweiten vorchristlichen Jahrtausend stammenden zwei Heiligtümer und der heilige Garten dazwischen wurden nach ihrer Zerstörung um 1200 v. Chr. in einen neuen Tempelkomplex (33 x 22 m) einbezogen. Von diesem führte einst ein Durchgang zu den unmittelbar nördlich an der Stadtmauer gelegenen Kupferwerkstätten, wo u. a. Schmelzöfen und Brunnenschächte entdeckt wurden. Zu den interessantesten Funden gehören eine Elfenbeinfigur des ägyptischen Gottes Bes und eine Opiumpfeife aus Elfenbein, die vermutlich bei den religiösen Zeremonien geraucht wurde (Mo. – Fr. 9.00 – 14.30, Do. auch 15.00 – 17.00 Uhr).

Antikes Kítion Orientierung

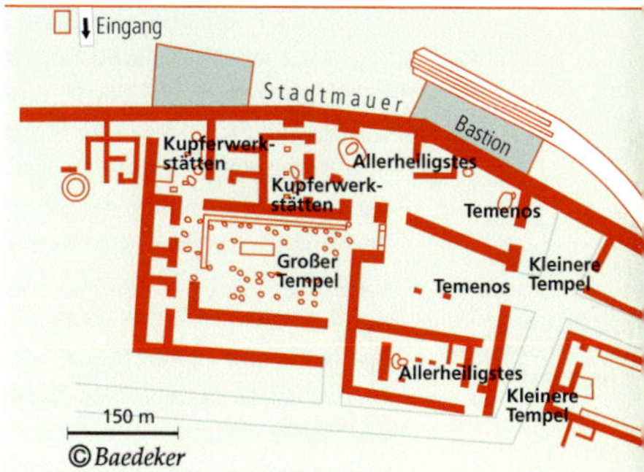

Umgebung von Lárnaka

Aquädukt

An der Straße nach Limassol liegt das 1745 vom türkischen Gouverneur Abu Bekir Paşa errichtete Aquädukt. Die einst 10 km lange Wasserleitung brachte Wasser aus dem südwestlich gelegenen Trémithos-Fluss. Bis 1939 war sie in Betrieb.

Salzsee

Neben dem Weg von Lárnaka zum Flughafen erstreckt sich der etwa 3 km^2 große Salzsee, wo zwischen November und März Flamingos vom Kaspischen Meer und andere Zugvögel überwintern. Da der Salzsee bis zu 2 m unter dem Meeresspiegels liegt sickert im Winterhalbjahr Meerwasser durch die Dünen in die Senke, verdunstet bis August und bildet eine bis zu 3 cm dicke Salzschicht, die schon in der Antike abgebaut wurde. Bei Bedarf leitete man früher zusätzlich Meerwasser durch Pipelines in den See. Mit Hilfe von Eseln, später auch mit kleinen Traktoren wurde das Salz abgetragen und in großen Haufen am Rand des Sees gelagert. Vom Mittelalter bis zu Beginn des

? WUSSTEN SIE SCHON ...?

- Im Volksmund wird die Entstehung des Salzsees mit einer Gottesstrafe erklärt. Der hl. Lazarus kam eines Tages hungrig und durstig an einem großen, reich tragenden Weinfeld vorbei. Als er die Besitzerin um ein paar Trauben bat, wies diese ihn mit der Begründung ab, dass alle Trauben vertrocknet seien. Daraufhin sprach Lazarus einen Fluch aus und der Weingarten verwandelte sich in einen Salzsee.

20. Jh.s war das Salz ein wichtiges Exportgut nach Europa und in die Nachbarländer. Wegen der zunehmenden Luftverschmutzung durch den nahen Flughafen wird seit 1992 kein Salz mehr abgebaut.

★ Chala Sultan Tekke (Τεκκε Χαλα Σούλταν)

Jenseits des großen Salzsees erblickt man die Grabmoschee der Chala Sultan (türk. Hala Sultan). Von Lárnaka kommend, biegt man kurz nach der Zufahrt zum Flughafen rechts ab zu der von Palmen und Zypressen umgebenen klosterähnlichen Anlage (= Tekke), eine der wichtigsten islamischen Pilgerstätten nach der Kaaba in Mekka und dem Grab des Propheten Mohammed in Medina. Hier soll der Legende nach die mutmaßliche Pflegemutter oder Tante Mohammeds begraben sein. Chala Sultan (arab. Umm Haram), soll einer weiteren Version gemäß die Tante eines engen Vertrauten Mohammeds gewesen sein. Als Frau des Statthalters von Palästina kam sie während des Eroberungszuges 647 n. Chr. im Gefolge des Sultans nach Zypern und stürzte an dieser Stelle vom Maultier zu Tode. Während der türkischen Herrschaft mussten hier alle vorbeifahrenden türkischen Schiffe zu Ehren der Umm Haram die Flagge senken. Die heutige Moschee, die das Grab der Chala Sultan birgt, stiftete der damalige türkische Gouverneur Seyyit Emir Effendi 1816.

Ausstattung ▶ In der Gartenanlage steht der übliche Reinigungsbrunnen. Gemäß der klassischen Moscheenarchitektur wird der quadratische Unterbau von einer runden Kuppel überwölbt. Getragen wird die Kuppel von acht reliefartigen Pfeilern. Die karge Ausstattung der weiß getünchten, mit Matten und Teppichen ausgelegten Moschee besteht aus einer nach Mekka gerichteten Gebetsnische (Mihrab) und einer Kanzel (Minbar).

Chala Sultan Tekke am Salzsee von Lárnaka

Neben der Gebetsnische führt ein Durchgang in die Grabkammer. Das Grab hinter einem schmiedeeisernen Gitter wird von einem Monolithen, der auf zwei Stützen ruht, überwölbt. Der Legende nach flog der Stein am Todestag der Umm Haram von Mekka nach Zypern und schwebte eine Zeitlang über dem Sarg. Um die Trauernden nicht zu gefährden, baute man ihm seitliche Stützen. Eine andere Legende erzählt, dass sich drei Steine am Vorabend des Todes aus Jerusalem lösten und durch das Meer nach Zypern schwammen. Eine dritte Version will wissen, dass Engel den Stein vom Sinai hierher brachten. In einem Nebenraum stehen Sarkophage moslemischer Prominenter, darunter der Sarg der Urgroßmutter von König Abdullah von Jordanien. ◄ Grabkammer

Kelliá (Κελλιά)

Rund 7 km nordöstlich von Lárnaka gelangt man zum Dorf Kelliá, das seit dem frühen Mittelalter besteht. Die Kirche des hl. Antonius (Schlüssel im Kafeníon) liegt auf einem kleinen Hügel. Sie setzt sich in ihrer heutigen Gestalt aus einem Konglomerat von Bauteilen des 11. und 15. Jh.s zusammen. Das Kircheninnere ist mit Fresken des frühen 11. bis 13. Jh.s ausgekleidet. Von besonderer Schönheit ist dabei die Szene der Opferung Isaaks am Südwestpfeiler, die stilistische Ähnlichkeit mit den Malereien der Kirche Ágios Nikólaos tis Stégis in ►Kakopetriá aufweist.

Pýla (Πύλα)

Von Lárnaka erreicht man das kleine Dorf Pýla über eine Stichstraße in nordöstlicher Richtung. UN-Soldaten wachen über den Frieden des Dorfplatzes, der auf der einen Seite von einer griechischen Taverne, auf der anderen Seite von einem türkischen Kaffeehaus begrenzt wird. Das kleine Dorf besitzt insofern eine politische Brisanz, als es auf der Green Line, der Pufferzone zwischen beiden Landesteilen liegt. Von den rund 1000 Einwohnern sind etwa 300 Zypern-Türken, die übrigen Zypern-Griechen. Beide Volksgruppen leben friedlich nebeneinander, besitzen eigene Bürgermeister und eine eigene Volksschule. Bei Pýla liegt der **Übergang** Pérgamos (►S. 84).

✶ Léfkara

F 7/8

Griechisch: Λέυκαρα   **Höhe:** 600 – 650 m ü. d. M.

Die gute Bergluft, das malerische Dorf mit roten Ziegeldächern und verzierten Holzbalkonen und die berühmten Lefkarítika, Hohlsaumstickereien, machen den Besuch von Léfkara zu einem Muss.

An den Südausläufern des Tróodos, zwischen Limassol und Lárnaka, trifft man auf das große, wohlhabende Doppeldorf Léfkara, das aus einem unteren Ortsteil (Káto Léfkara) und dem wunderschön gelegenen Bergdorf Páno Léfkara (= oberes Léfkara) besteht. Die steinzeit-

LÉFKARA

ÜBERNACHTEN

► **Komfortabel**

Agora
An der Hauptstraße
Tel. 24 34 29 01, Fax 24 34 29 05
hotelagora@hotmails.com.cy
Will man Léfkara am Abend ohne Touristenrummel genießen, bietet das in einem historischen Gebäude gelegene kleine Hotel mit schönem Innenhof und Pool eine zauberhafte Unterkunft.

liche Ausgrabungsstätte ► Choirokoitía ist etwa 15 km entfernt. Trotz des Touristenrummels in der Reisesaison ist **Páno Léfkara** mit seinen liebevoll gepflegten alten Häusern einer der malerischsten Orte Zyperns. Die verschnörkelten Holzbalkone oder Erker im ersten Stock spenden in der warmen Jahreszeit angenehmen Schatten. Léfkara besucht man am besten morgens, bevor die Touristenbusse aus den Badeorten eintreffen. Dann kann man die Schönheit des Ortes mit seinen schmuck renovierten Häusern so richtig genießen.

✶ **Léfkara-Spitzen**

An den beiden Hauptstraßen befindet sich in fast jedem Haus ein Souvenirladen, wo Léfkara-Spitzen und kunstvolle traditionelle Silberarbeiten wie Besteck, Tabletts oder Schmuck zum Verkauf angeboten werden. Man muss schon standhaft sein, um den zuweilen aggressiv werbenden Händlern zu widerstehen. Frauen sitzen vor den Häusern und fertigen die traditionsreichen Spitzen und Stickereien mit geometrischen Mustern, die Léfkara weit über die Inselgrenzen hinaus berühmt gemacht haben. Noch bis Mitte des 20. Jahrhunderts verkauften Händler die Stickereien in europäischen Großstädten und kehrten mit viel Geld wieder nach Hause zurück. Die Anfertigung der Lefkarítika kann bis in die venezianische Zeit zurückverfolgt werden, als das kühle Bergdorf den venezianischen Adelsdamen als Sommerfrische diente. Sie verbrachten ihre Zeit mit Hohlsaumstickereien und unterwiesen ihre ortsansässigen Hausbediensteten in diesem Kunsthandwerk. Erzählt wird auch, dass Leonardo da Vinci 1481 nach Léfkara kam und hier ein Altartuch für den Mailänder Dom erwarb.

Da die Stickereien oft überteuert sind und manchmal Billigware aus Taiwan angeboten wird, sollte man sich vorher in einem der staatlichen Kunsthandwerkszentren über das Preisniveau informieren.

! *Baedeker* TIPP

Geschichte in Wachs

Im Fatsa-Wachsmuseum in der Georgiou Papandreou Street geben etwa 150 Wachsfiguren und -bilder einen Überblick über die historische und kulturelle Entwicklung Zyperns (tgl. Nov. bis Apr. 9.00 – 17.00, Mai – Okt. bis 19.00 Uhr).

Volkskundemuseum

In dem restaurierten Patsalos-Haus ist ein Volkskundemuseum mit Einrichtungsgegenständen vom ausgehenden 19. Jh. sowie typischen Stickereien und Silberarbeiten aus Léfkara untergebracht (Mo. – Do. 9.30 – 16.00, Fr., Sa. 10.00 – 16.00 Uhr).

Die malenden Nonnen tragen zum Unterhalt des Klosters bei.

Moní Agou Miná (Μονή Αγίου Μινά)

Von Páno Léfkara führt ein Sträßchen über Káto Drýs, dem Geburtsort des hl. Neofytos (► Neófytos-Kloster), zu dem 8 km südwestlich gelegenen Kloster des hl. Minas, einem der wenigen Frauenklöster Zyperns. Heute unterhalten die Nonnen das 1670 gegründete Kloster hauptsächlich durch den Verkauf von selbst gemalten Ikonen. Die Klosterkirche entstand 1754 und besitzt eine schöne holzgeschnitzte Ikonostasis. Die Hauptikone stellt den hl. Minas dar, einen orthodoxen Reiterheiligen und einstigen Soldaten der römischen Armee in Phrygien (Kleinasien). Er bekannte sich zum Christentum und wurde deshalb unter Diokletian (3. Jh.) hingerichtet.

★ Limassol · Lemesós

G/H 6

Griechisch: Λεμεσός
Einwohnerzahl: 157 000
Höhe: Meereshöhe

Die größte Hafenstadt Zyperns ist bei Touristen und Zyprioten beliebt. Erstere schätzen die hübsche Altstadt, die malerischen Markthallen, die hervorragende Hotellerie sowie die geschickte Lage für Ausflüge in alle Winkel der Insel. Für Zyperns Einwohner liegt der Reiz der Stadt eher in ihren Einkaufsmöglichkeiten und dem abwechslungsreichen Nachtleben. Auch kulturell hat Limassol viel zu bieten – und nicht zu vergessen die Ausgrabungen von Koúrion, die nur einen Sprung entfernt liegen.

Zweitgrößte Stadt Zyperns

Das an der Südküste östlich der Halbinsel Akrotíri gelegene Limassol ist seit der Inselteilung 1974 und dem Verlust von Famagusta (► Nordzypern) die zweitgrößte Stadt und wichtigster Hafen und Warenumschlagplatz Zyperns. Durch die Aufnahme von 45 000 Flüchtlingen aus dem Norden und zahlreichen Bürgerkriegsflüchtlingen aus dem Libanon wuchs Limassol nach 1974 rasch an. Viele Libanesen kauften in den 1980er-Jahren Immobilien in der Stadt und verlegten libanesische Firmen und Bankfilialen hierher. Nach der politischen Stabilisierung des Libanon sind die meisten jedoch wieder heimgekehrt. Eine lange Tradition haben Konservenfabriken und die Getränkeindustrie mit den Weinkellereien KEO, Etko, Sodap und Loel in der Odos Franklinou Rousvelt westlich des Zentrums. Diese Unternehmen produzieren neben Wein und Commandaría (► Baedeker Special S. 128) auch Sherry, Brandy, Likör und Ouzo, KEO besitzt auch eine Bierbrauerei. Werktags ab 10.00 Uhr kann man beim größten Weinproduzenten, KEO, an einer Betriebsführung und anschließend an einer Weinprobe teilnehmen. Die anderen Kellereien kann man nach Terminvereinbarung ebenfalls besuchen. Seit Mitte der 1990er-Jahre werben Hotels, Lokale und Geschäfte zunehmend auch in kyrillischer Schrift. Denn seit dem Zusammenbruch der Sowjetunion haben viele neureiche russische Geschäftsleute Firmen in Limassol gegründet und vertreiben sich die Zeit in exklusiven Nachtclubs, Bars, Diskotheken und hochpreisigen Restaurants.

? WUSSTEN SIE SCHON ...?

- ... dass Limassol heimlich als die zweite Hauptstadt Russlands gehandelt wird? Seit der Öffnung des Ostens 1989 haben wohlhabende Russen die Stadt für sich entdeckt.

Stadtbild

Limassol ist eine geschäftige Stadt mit modernen Glaspalästen und Hochhäusern, die vom Wirtschaftsboom zeugen. Vierspurig braust der Verkehr auf der Spyrou Araouzou zwischen der Neubauzeile und der von Palmen gesäumten Uferpromenade vorbei, die den Blick auf Dutzende von Containerschiffen freigibt. Im Palmengarten entlang der Seepromenade wurden in den letzten Jahren etliche moderne Skulpturen aufgestellt. Anders als in Lárnaka gibt es keinen Badestrand direkt im Zentrum, auch fehlt Limassol das Urlaubsflair jener Küstenstadt.

Die Spyrou Araouzou stößt im Südwesten auf den alten Hafen, in dem neben Fischerbooten auch Marineschiffe vor Anker liegen. Hier beginnt das ehemalige Türkenviertel mit seinen Werkstätten und Kleinhändlern, wo rund um die Markthalle **fast orientalisches Treiben** herrscht. Die Straßen in der Altstadt tragen noch türkische Namen – die Hoffnung auf eine Wiedervereinigung wurde noch nicht aufgegeben. Diverse Geschäfte bieten Lederwaren, Gold- und Silberschmuck preisgünstig an, doch spielt die Altstadt als Einkaufszentrum eine untergeordnete Rolle. Mit staatlicher Unterstützung werden die Häuser nun renoviert und sollen die Altstadt attraktiver machen.

Ausgelassene Stimmung beim Weinfest in Limassols Stadtpark

Im Gefolge des Wirtschaftswunders wurde der Tourismus eine wichtige Erwerbsquelle. Heute verbringt etwa ein Drittel aller Touristen seinen Urlaub in Limassol, das die Rolle der verlorengegangenen Hotelstadt Varósia/Famagusta übernahm. Unmittelbar östlich der Stadt beginnt im Vorort Germasógeia die Hotelzeile, die sich zwischen der Küstenstraße und einem schmalen Sandstrand bis jenseits von Amathoús hinzieht (ca. 8 km). Je weiter man stadtauswärts fährt, desto gepflegter werden die Hotels und touristischen Einrichtungen. Am Ende dieser Ferienmeile, in der Nähe des Jachthafens unweit vom Kraftwerk, reiht sich ein Luxushotel an das andere.

Bedeutung erlangte Limassol erst zur Zeit der Kreuzritter. In der Antike stand Limassol im Schatten der großen Stadtkönigtümer Koúrion und Amathoús. In byzantinischer Zeit gab es in der Stadt einen Bischofssitz und eine Festung, die westlich der heutigen Burg lag. 1191 landete der englische König Richard Löwenherz im östlich gele-

! *Baedeker* TIPP

Moderne Dionysien

Gegen eine geringe Eintrittsgebühr kann man in den ersten zwei Septemberwochen das Weinfest im Stadtpark besuchen. Alle größeren Kellereien und viele kleine Weinproduzenten bieten ihre Weine kostenlos zum Probieren an. Ein Erlebnis ist es, die Weintrauben selbst zu »pressen«. Wie in antiker Zeit watet man in einem großen, mit Trauben gefüllten Container barfuß herum. Nicht nur diese traditionelle Weinpressung erinnert an die antiken, dem Gott des Weines gewidmeten Dionysien, sondern auch die ausgelassene Volksfeststimmung mit zyprischen Tänzen, Volksmusik und Theateraufführungen.

genen Amathoús, machte die Stadt dem Erdboden gleich und befreite seine Braut Berengaria von Navarra aus den Händen Isaak Komnenos', der sich zum Herrscher Zyperns ernannt hatte. Richard eroberte daraufhin die ganze Insel und soll der Überlieferung nach in der Georgskapelle der Burg von Limassol mit Berengaria getraut worden sein. Er zog weiter ins Heilige Land und übergab die Insel den Templern, die ihren Hauptsitz in die Festung von Limassol verlegten. Nach der Zerstörung der antiken Stadt Amathoús begann der

Limassol Orientierung

Essen
① Old Neighbourhood Restaurant
② Edó Lemesós
③ Ladas Old Harbour Restaurant
④ Agrospito Tavern

Übernachten
① Aquamarina Hotel
② Luxor Guesthouse
③ Alasia Hotel
④ Amathus Beach Hotel
⑤ Le Meridien Spa & Resort

LIMASSOL ERLEBEN

AUSKUNFT

Spyrou Araouzou 115 A
Tel. 25 36 27 56
Georgiou A 22
Potamós tis Germasógeias (Hotelviertel)
Tel. 25 32 32 11
Neuer Hafen von Limassol
Tel. 25 57 18 68
(Informationsbüro für Schiffsverkehr)

VERANSTALTUNGEN

Der *Karneval* wird sehr ausgelassen gefeiert. Er beginnt mit dem Einzug des Karnevalsprinzen am Donnerstag, Höhepunkt ist am Faschingssonntag mit der dreistündigen Kostümparade entlang der Leoforos Makariou. Eine Besonderheit sind die auf ihre italienische Herkunft verweisenden Kantadori oder Serenadensänger, die mit Gitarrenbegleitung auf den Straßen der Stadt Liebeslieder singen. Am Samstag findet die Parade der Kantadori statt. Vorsicht ist geboten vor Jugendlichen, die sich gegenseitig und manchmal auch die Passanten zum Spaß mit Rasierschaum aus Spraydosen besprühen.
Das Blumenfest *Anthestiria* mit farbenfrohen Blumenkorsi an einem Sonntag im Mai geht auf die antiken Dionysien zurück.
Limassol Summer Events: Juli mit Folklore- und Musikveranstaltungen.
Musical Sundays: April bis Juli, jeden Sonntag Konzerte im Onisilos Seaside Theater an der Uferpromenade.
Weinfestival: Baedeker Tipp S. 227.
European Lemesós Festival im Dezember mit klassischer Musik.

GUT ZU WISSEN

Vergnügen
Time Elevator Cyprus, Vassilis Street, beim mittelalterlichen Kastell, Lanitis Carob Mill, Tel. 25 76 28 28, Mo. – So. 10.00 – 22.00 Uhr; der renovierte Komplex einer Johannisbrotmühle beherbergt neben Restaurants und Cafés ein kleines Johannisbrotmuseum und eine Multivisionsschau: Fahrt mit einer beweglichen Zeitmaschine durch die Geschichte Zyperns (auch auf Deutsch).

Baedeker-Empfehlung

► Shopping-Freuden
Einkaufen in der größten, buntesten und lebhaftesten Markthalle Zyperns, die 2001 vollkommen renoviert wurde: Neben frischem Obst und Gemüse gibt es Schwämme, Körbe, Kunsthandwerk und Süßigkeiten zu erwerben (Kanári Street, Mo., Di., Do. 5.30 – 14.30, Mi. 5.30 – 13.00, Sa. 5.30 – 13.30 Uhr).

Shopping
Das *Handicraft Centre*, das staatliche Kunsthandwerkscenter, liegt in der Themidos Street 25. Dort kann man kunsthandwerkliche Stücke zu moderaten Preisen erwerben. Boutiquen und Fachgeschäfte findet man in der Agiou Andreou Street.

Strände
Östlich der Stadt liegt das Hotelviertel mit schmalen, in der Regel aufgeschütteten Stränden, die aber gepflegt sind und diverse Wassersportmöglichkeiten bieten. Lady's Mile Beach: siehe Baedeker Tipp S. 235. Wer noch ein Stück weiter westlich fahren möchte (16 km), kann sich am Koúrion Beach unterhalb der Ausgrabungen an einem langen Strand mit drei Fischtavernen wohlfühlen.

Limassol aktiv
Wassersport wird von den meisten Hotels angeboten. ***Tauchkurse*** und Tauchausrüstung findet man bei Buddy Divers (im Hotel Le Meridien, Hotel Elias Beach, Tel. 25 32 83 85). Aqua Wet'n Wild an der Hotelmeile östlich vom Zentrum, gegenüber vom Aquarius-Hotel, ist ein preisgekrönter ***Wasserpark*** mit Wellenbad (tgl. Mai bis Okt. 10.00 – 18.00 Uhr, Tel. 25 31 80 00).
Vikla Golf and Country Club, etwa 20 km nordöstlich von Limassol an den Hängen des Tróodos-Gebirges, ist ein 18-Loch-***Golfplatz*** in zauberhafter Landschaft (Vikla Village, Kelláki, Tel. 25 62 28 94, www.vikla-golf.com).

ESSEN

In der Touristen- und Hotelzone östlich vom Stadtzentrum gibt es unzählige Restaurants und Bars von internationaler bis einheimischer Küche. Rund um die Markthalle haben sich nette Cafés und einfache Restaurants etabliert. Außerdem lohnt ein Abstecher in den Vorort Germasógeia, wo man dem Rummel entgeht und es traditionelle Tavernen mit griechischer Musik gibt (siehe unten).

► Fein & teuer

③ ***Ladas Old Harbour Restaurant***
Agias Theklis Street
Tel. 25 36 57 60
Ältestes und eines der besten Fischrestaurants im ehem. Johannisbrot-Lagerhaus am alten Hafen, täglich fangfrischer Fisch, sonntags geschlossen.

► Erschwinglich

④ ***Agrospito Tavern***
Germasógeia
Ag. Paraskevis 1
Tel. 25 32 32 10 oder
Mobil 99 65 67 40
In einem Vorort von Limassol gelegene Taverne in altem Bauernhaus mit schönem Ambiente, schmackhafte Grillspeisen und Mezé, Live-Musik.

① ***Old Neighbourhood Restaurant***
Ankara Street 14
Tel. 25 37 60 82
Gute Fischtaverne, zentral gelegen.

Baedeker-Empfehlung

► Fein & teuer

② ***Edó Lemesós***
Eirinis Street 111
Tel. 25 35 33 78 oder 25 36 79 81
Musiktaverne in einer historischen Villa, hervorragendes Mezé-Essen, anspruchsvolle griechische Musik, unbedingt reservieren.

ÜBERNACHTEN

► Luxus

④ ***Amathus Beach Hotel***
Tel. 25 83 20 00
www.amathushotel.com
An der Uferstraße nach Amathoús, einige Kilometer östlich vom Stadtzentrum, am Strand gelegen, elegante Zimmer, großer Pool, Tennisplatz, Wellness-Center.

⑤ ***Le Meridien Spa & Resort***
Tel. 25 86 20 00
www.lemeridien-cyprus.com
Luxushotel an der Uferstraße nach Amathoús, direkt am Strand, mit großartiger Poolanlage und exotischen Gärten, Spa-Center.

► Komfortabel

③ ***Alasia Hotel***
Haidariou Street 6
Tel. 25 33 20 00
Fax 25 33 54 25
Kleines, familiäres und gepflegtes Stadthotel am Stadtrand von Limassol.

① *Aquamarina Hotel*
Spyrou Arouzou 139
Tel. 25 37 42 77
www.dhcyprotels.com
Modernes Stadthotel direkt an der Uferpromenade, Dachgarten mit Schwimmbecken.

▶ **Günstig**
② *Luxor Guesthouse*
Agiou Andreou Street 101
Tel. 25 36 22 65
Einfache Pension, direkt in der Altstadt gelegen.

zögerliche Aufstieg von Limassol, der in den folgenden Jahrhunderten immer wieder zum Erliegen kam. Im 14. Jh. wurde Limassol Opfer einer schweren Überschwemmung. 1330 plünderten Genuesen die Stadt und im 15. Jh. fielen die Mamelucken ein. Die Eroberung durch die Türken 1571 ging mit schweren Verwüstungen einher. Bis zum Beginn der britischen Herrschaft 1878 und der Errichtung des Militärstützpunktes Akrotíri blieb Limassol eine unbedeutende Provinzstadt. Danach wurde der Hafen ausgebaut.

Sehenswertes in Limassol

✶ **Kastell**
Öffnungszeiten:
Mo. – Sa.
9.00 – 17.00
So. 10.00 – 13.00

Die Festung am Ende der Hafenpromenade im Westen der Stadt ist das einzige historisch bedeutsame Gebäude von Limassol und spiegelt die wechselvolle Stadtgeschichte wider. In der auf den Resten eines byzantinischen Kastells errichteten Burg soll Richard Löwenherz seine Braut Berengaria geehelicht haben. Kurz darauf ging die Anlage an die Templer über. Als der Templerorden im 14. Jh. vom Papst aufgelöst wurde, fiel die Burg an das französische Herrschergeschlecht Lusignan und danach an die in Kolóssi lebenden Johanniter. Unter den Johannitern entstand die quadratische gotische Halle im Erdgeschoss. Eine Wendeltreppe führt auf das Dach der Festung, von wo man einen weiten Blick über die Altstadt und den Hafen hat. Das Obergeschoss wurde in türkischer Zeit in ein Gefängnis umfunktioniert. Heute beherbergt das Kastell das **Mittelaltermuseum** mit Teilen des Silberschatzes von Lamboúsa, Grabsteinen aus dem 14. und 16. Jh., Gebrauchsgegenständen aus Kupfer, Waffen und Rüstungen, Münzen von der byzantinischen bis zur türkischen Zeit sowie Keramiken vom 13. bis zum 19. Jh. Im Hof vor dem Kastell ist die Rekonstruktion einer byzantinischen Ölpresse aufgebaut.

! *Baedeker* TIPP

Ein Kuriosum

Wer sich für Reptilien interessiert, kommt hier am alten Hafen voll auf seine Kosten. Neben einheimischen Tieren werden auch Pythons, Kobras, Boas, Klapperschlangen und Krokodile gezeigt (tgl. 9.00 – 19.00 Uhr).

Volkskundemuseum

Durch das einstige Türkenviertel erreicht man den griechischen Teil der Altstadt. Auf halbem Weg zum Archäologischen Museum liegt

Das einzig historisch bedeutsame Bauwerk der Stadt: das Kastell

an der Agiou Andreou 253 das kleine Volkskundemuseum, das anhand von Trachten, Stickereien und anderen Handarbeiten, Webstühlen, Spinnrädern und Einrichtungsgegenständen die Lebensweise des 19. bis Mitte des 20. Jh.s dokumentiert. Sehenswert ist ein fein gearbeiteter Brautkranz aus Wachs (Mo. – Fr. 8.30 – 13.00, 15.00 bis 17.30, Juni – Sept. 16.00 – 18.30 Uhr, Do. nachmittags geschlossen).

Stadtpark

Vom Volkskundemuseum geht man nun zur Küstenstraße und erreicht nach einigen Minuten den Stadtpark, wo man in einem Straßencafé eine Pause einlegen kann. In einem kleinen Zoo werden wenig artgerecht einige Affen, Löwen, Geier und die unter Naturschutz stehenden Mufflons gehalten.

Archäologisches Distriktmuseum

Öffnungszeiten:
Mo. – Sa.
9.00 – 17.00
So. 10.00 – 13.00

An der Straßenecke Kanningos und Vyronos nahe beim Stadtpark liegt das Archäologische Distriktmuseum mit Funden vom Neolithikum bis zum Mittelalter. Im Hof können Mosaiken aus Alássa bewundert werden, allen voran die badende Aphrodite. Besonderes Interesse verdienen die chalkolithischen Exponate aus Erími und Sotíra im ersten Raum. Nadeln, Pfeilspitzen und Steinäxte geben Aufschluss über die Lebensgewohnheiten der Menschen in der Steinzeit. Daneben ist Keramik von der Bronzezeit bis zur römischen Epoche zu sehen. Im zweiten Saal überwiegen Funde aus Amathoús, darunter archaische und römische Kleinplastiken, Bronzeobjekte aus verschiedenen Epochen, Siegel und Schmuck. Der dritte Raum zeigt Plastiken und Sarkophage.

Umgebung von Limassol

Lady's Mile Beach

Südwestlich von Limassol erstreckt sich die Halbinsel Akrotíri mit dem südlichsten Punkt Zyperns, dem Kap Gáta (Katzen-Kap). Südlich des neuen Hafens beginnt der **schönste Strand** in der Umgebung von Limassol, Lady's Mile Beach. Dieser 4 km lange, weitgehend unberührte Strand, der mit öffentlichen Verkehrsmittel erreichbar ist, besteht im ersten Abschnitt aus Kies, dann jedoch aus feinem Sand. Benannt wurde der Strand nach der Stute eines britischen Offiziers, der hier täglich entlang ritt.

> ! *Baedeker* TIPP
>
> **Ladies Smile**
>
> Am südlichen Ende des Lady's Mile Beach liegt die Taverne Ladies Smile. Man soll sich von der einfachen Ausstattung nicht abschrecken lassen: Der Fisch hier ist frisch und äußerst köstlich zubereitet.

Akrotíri-Halbinsel (Ακρωτήρι)

Der größte Teil der Halbinsel ist britisches Militärgebiet und damit Sperrzone. In der Mitte von Akrotíri liegt ein 9 km² großer Salzsee. Im Winter kann man an seinem nördlichen Ufer nahe Lady's Mile Flamingos und andere Zugvögel beobachten.

Erími (Ερήμη)

Erími, ca. 14 km westlich von Limassol an der Straße nach Páfos, ist einer der bedeutendsten chalkolithischen Fundplätze der Insel. Allerdings befinden sich die Keramik-Funde in den archäologischen Museen von Limassol und Nikosia. Das in einem traditionellen Steinhaus untergebrachte **Cyprus Wine Museum** präsentiert eine Reise durch die Weinbaugeschichte (Paphou Street 42, Tel. 25 87 38 08).

✶ Amathoús (Αμαθούσ)

Folgt man von Limassol der Uferstraße ostwärts Richtung Lárnaka, vorbei an unzähligen Ferienhotels, gelangt man nach 8 km zu den Ruinen der antiken Stadt Amathoús. Ein großer Teil der Unterstadt mit Wohnhäusern sowie die Hafenanlage wurden vom Meer überspült. Französische Archäologen legten auf dem 150 m hohen Hügel oberhalb des Avenida-Beach-Hotels die spärlichen Reste der Akropolis mit einem späthellenistischen Aphrodite-Tempel frei. Auf dem Weg dahin kommt man vorbei an Gräbern des 7. bis 2. Jahrhunderts v. Chr. und an der antiken Stadtmauer. Viel anschaulicher ist jedoch die weitaus besser erhaltene und zum Teil rekonstruierte Agora am Fuß des Berges, wo das Nymphäum gegenüber der Schautafel noch gut zu erkennen ist. Man erreicht die Agora entweder auf einem Fußweg parallel zur Autostraße

> ! *Baedeker* TIPP
>
> **Wandern am Staudamm**
>
> Oberhalb von Germasógeia, einem Vorort Limassols, gelangt man an einen großen, in zauberhafter Macchia-Landschaft gelegenen Staudamm. Ein kleiner Rundweg führt von Foinikária über eine Insel im See (1,3 km, 30 Min.), ein abwechslungsreicher Naturlehrpfad verläuft oberhalb des Sees über die Berghänge Richtung Kelláki (11 km).

oder biegt von der Straße direkt zum Eingang der Ausgrabungsstätte ein (Schild beachten).

Nach **Plutarch** (1./2. Jh. n. Chr.) setzte Theseus die hochschwangere Ariadne wegen eines Seeunwetters bei Amathoús an Land, wurde daraufhin jedoch vom Sturm abgetrieben. Als er nach seiner Rückkehr erfuhr, dass Ariadne ihren Wehen erlegen war, gründete er ihr zu Ehren ein Heiligtum. Überliefert sind in Amathoús auch eteokyprische, also nichtgriechische Kulte. Bekannt war das Stadtkönigtum in antiker Zeit auch für seine Menschenopfer und die Tempelprostitution (►Koúklia, Aphrodite-Heiligtum).

Die Besiedlung dieses Gebietes begann vermutlich in der Eisenzeit. Ähnlich wie Kítion erwarb auch Amathoús mit seinen zahlreichen Kupferminen Bedeutung als Handelszentrum. Als einziges Stadtkönigtum lehnte sich Amathoús im 5. Jh. v. Chr. nicht gegen die Perser auf. Erst im 3. Jh. unterstützte es Alexander den Großen mit Kriegsschiffen im Kampf gegen die Perser. Der Niedergang der in römischer und frühchristlicher Zeit blühenden Stadt begann mit den Arabereinfällen im 7. und 8. Jh., bis sie 1191 durch Richard Löwenherz endgültig zerstört wurde (► Limassol, Geschichte). Plünderungen durch Grabräuber und die Verwendung von Steinen für den Bau des Suezkanals trugen ein Übriges dazu bei (tgl. 9.00 – 17.00, im Sommer bis 19.30 Uhr).

Einige Säulen der Agora von Amathous wurden wieder aufgerichtet.

Governor's Beach mit den markanten glattgeschliffenen weißen Steinen

Auf der alten Landstraße Richtung Osten biegt man kurz nach dem Kraftwerk Moní zum Kloster Ágios Geórgios Alamános (15 km östlich von Limassol) in einem sich zum Meer öffnenden Tal ab. Der Legende nach soll das von Wein- und Obstgärten umgebene Kloster im frühen Mittelalter von einem deutschen Eremiten gegründet worden sein, der an Zyperns Küste gestrandet war. In diesem von Touristen wenig besuchten Frauenkloster fand der letzte der berühmten Ikonenmaler des Barnabas-Klosters nach der Inselteilung ein neues Heim. Die Nonnen züchten Blumen, machen Honig und die Eier, die sie verkaufen, gelten als die besten Zyperns.

Moní Agíou Geórgiou Alamánou (Μονή Γεώργιου Αλαμάνου)

Nach weiteren 4 km auf der Autobahn biegt man bei der Ausfahrt 17 zum Governor's Beach ab, dem schönsten Strand zwischen Limassol und Lárnaka mit kleinen Badebuchten mit dunkelbraunem Sand und glattgeschliffenen weißen Felsen. Hier machen viele Zyprioten Campingurlaub.

Governor's Beach

Machairás-Kloster

F 7

Griechisch: Μονή Παναγία Μαχαιράσ

Höhe: 800 m ü. d. M.

Viele Legenden ranken sich um das in malerischer Lage thronende Kloster, das Macht und Pracht von Byzanz symbolisiert. In den 1950er-Jahren spielte das Kloster eine wichtige Rolle als Unterschlupf für von den Briten gesuchte EOKA-Kämpfer.

Einsam im Tróodos-Gebirge gelegen: Kloster Machairás

Öffnungszeiten:
Mo., Di., Do.
9.00 – 12.00

Südwestlich von Nikosia führt eine Straße vorbei an ► Tamassós zum 39 km entfernten Kloster Moní Panagía Machairás in den östlichen Ausläufern des ► Tróodos. Die letzten Kilometer folgt man einer kurvenreichen Straße hoch bis zum malerisch am Fuß des gleichnamigen Berggipfels (1423 m) gelegenen Klosters, das mit seinen zwei benachbarten Picknickplätzen ein beliebtes Ausflugsziel der Hauptstädter ist. Schneller erreicht man das Kloster jedoch auf der Zufahrtsstraße über ► Fikárdou. Nachdem ein Brand Ende des 19. Jh.s das alte Kloster zerstört hatte, wurde es im neoklassizistischen Stil wieder aufgebaut. Erst Anfang der 1990er-Jahre wurden die Wandmalereien hinzugefügt.
Das Kloster darf nur **in angemessener Kleidung** (keine kurzen Hosen und kurzen Röcke) betreten werden. Fotografieren und Filmen sind nicht gestattet.

Gründungslegende

Zwei moderne Mosaiken neben der Klostertür berichten von der Gründungslegende: Im 12. Jh. fanden die zwei Eremiten Neofytos und Ignatius in einer Höhle nahe dem heutigen Kloster eine Marienikone, neben der ein rätselhaftes Messer (griech. Machairi) steckte, das später zur Namensgebung des Klosters führte. Nachdem der byzantinische Kaiser Manuel Komnenos von diesem Fund erfuhr, schenkte er den beiden Eremiten Ländereien und Geld zur Gründung eines Klosters. Die viel verehrte, silberbeschlagene Ikone der Muttergottes, die wie durch ein Wunder der Feuersbrunst des 19. Jh.s entging, ist auch heute noch in der Ikonostasis der Klosterkirche zu sehen. Ihr werden die Heilung von Wunden und die Fähigkeit, Regen zu spenden, zugesprochen. Gemäß einer anderen Legende soll Anfang des 14. Jh.s Alice d'Ibelin, die Gemahlin des Lusignankönigs Hugo IV., in die Priesterräume der Klosterkirche eingedrungen sein, obwohl Frauen der Zutritt verboten war. Die Muttergottes strafte die Königin daraufhin mit Stummheit. Im gleichen Jahrhundert flüchtete die fränkische Königsfamilie Jacques I. vor der Pest nach Machairás. In der Sakristei im Kellergewölbe werden religiöse Bücher und Handschriften aufbewahrt.

! *Baedeker* TIPP

Wanderung durch Lavendelduft

Der Lazanias-Naturlehrpfad beginnt 500 m vom Kloster entfernt und führt durch ein herbe, lavendelbestandene Berglandschaft in das alte, fast vollkommen verlassene Dorf Lazaniá (2 km, 1 Std.) und von dort weiter nach Fikárdou (2 km, 45 Minuten).

Gedenkstätte des Freiheitskämpfers G. Afxentiou

In einem kleinen Raum dokumentieren Fotografien und Kleider das Leben des in der Nähe verstorbenen zyprischen Freiheitskämpfers Grigoris Afxentiou, der während der Unabhängigkeitskämpfe gegen die britische Kolonialmacht in den 1950er-Jahren Unterschlupf im Kloster fand. Als er durch den Verrat eines Bauern entdeckt wurde, zog er sich in eine Höhle unterhalb des Klosters zurück, wo er am 3. März 1957 in einem von den Briten gelegten Brand zu Tode kam. Auf einer Aussichtsterrasse hinter dem Kloster wird der Nationalheld mit einer riesigen Bronzestatue geehrt. Zur Höhle führt ein Straße hinunter, die weiter nach Politikó (►Tamassós) führt (14 km).

★ Neófytos-Kloster

F 2

Griechisch: Μονή Νεοφύτου **Höhe:** 400 m ü. d. M.

»Eine Wolke verdunkelte die Sonne und Nebel verhüllt die Berge und Hügel, und so sind wir von den wärmenden und leuchtenden Sonnenstrahlen abgeschlossen; zwölf Jahre lang hüllten die Wolken und der Nebel aufeinander folgenden Elends unser Land ein. Der Zustand unseres Landes gleicht einer aufgewühlten, sturmgepeitschten See« so berichtete der hl. Neofytos über die Herrschaft der Lusignans auf Zypern. Einsam thronte sein Kloster einst oberhalb von Páfos in der Wildnis – ein Bild, an das heute angesichts des Andrangs der Gläubigen und Touristen wenig erinnert.

Öffnungszeiten:
tgl. 9.00 – 13.00
14.00 – 18.00
im Winter
9.00 – 16.00

Knapp 10 km nordöstlich von Páfos liegt das Neófytos-Kloster (griech. Moní Agíou Neofýtou) am Hang des Berges Melissovounos. Außerhalb des Klosters liegen die Eremitenhöhle und die benachbarte Höhlenkapelle, die der hl. Neofytos im 12. Jh. eigenhändig anlegte. Im 15. Jh. baute man ein großes Kloster in direkter Nachbarschaft und verlegte im 18. Jh. die Gebeine des Heiligen dorthin. Große Gästetrakte bieten Besuchern Übernachtungsmöglichkeiten. An Feiertagen ist das Kloster ein beliebtes Ausflugsziel.

Hl. Neofytos

Der heilige Neofytos wurde 1134 in Káto Drýs bei Léfkara geboren. Als Achtzehnjähriger entzog er sich der von den Eltern arrangierten Heirat und trat als Novize in das Kloster Ágios Chrysóstomos ein, wo er sich Lesen und Schreiben selbst beibrachte. Auf dem Weg nach Kleinasien geriet er am Hafen von Páfos in Gefangenschaft. Nach seiner Freilassung zog sich Neofytos in die Bergwildnis bei Páfos zurück, wo er eine Klause (Cella) und eine kleine Kreuzeskapelle (Enkleistra) im Bergfels anlegte. Seine Frömmigkeit zog bald Pilgerscharen an. Er verfasste Schriften über das Alte und Neue Testament, schrieb Hymnen und Lieder, die ihn als einen der hervorragendsten geistlichen Schriftsteller des 12. Jh.s auszeichnen. Seine zeitkritischen Schriften dokumentieren die Wirren nach der Eroberung Zyperns durch die Kreuzritter. Um 1214 starb der hl. Neofytos im Alter von 80 Jahren und wurde in der Enkleistra begraben.

! *Baedeker* TIPP

Naschereien im Klosterladen

Die nach Hausrezepten hergestellten Süßwaren wie in Sesam und Honig geröstete Erdnüsse, in Traubensaft getunkte Walnüsse, Johannisbrotsirup und Honig, getrocknete Früchte und Nüsse munden hervorragend.

✶ Enkleistra

Im Jahr 1170 wurde Neofytos zum Priester geweiht und nahm die ersten Schüler auf, so entstand das Kloster. Die Höhlenkirche wurde später zum Altarraum der größeren Kirche umgestaltet und Neofytos zog sich 1197 in eine Klause zurück. Von hier konnte er über einen Hörschacht am Gottesdienst teilnehmen. Die Enkleistra betritt man über den Kirchenraum (Naos). Nach rechts hin folgt der durch eine Ikonostasis vom Naos getrennte Altarraum (Bema) mit einem kleinen, steinernen Altar. Anschließend gelangt man in die Cella, die Klause des Heiligen, die seinen spartanischen Lebensstil zeigt.

Die Wandmalereien der Enkleistra entstanden zwischen 1183 und 1200, 1503 wurden sie restauriert und teilweise übermalt. Einzigartig ist, dass sich der Stifter Neofytos schon zu Lebzeiten im Kreis der Heiligen abbilden ließ. Die Fresken

NEFYTOS

ESSEN

► **Preiswert**

Café-Snackbar Platanos

Das direkt am Parkplatz gelegene Café besitzt eine schöne schattige Terrasse und bietet Erfrischungen und kleinere Speisen an.

Bereits zu Lebzeiten des hl. Neofytos wurde die Kirche mit kunstvollen Fresken ausgestattet, die hervorragend erhalten sind.

des 12. Jh.s malte Theodoros Apseudes, der Maler der jüngeren Fresken ist unbekannt. Besonders hervorzuheben sind die Malereien der Cella oberhalb der Grablege des Heiligen. Dargestellt ist die **Anástasis**, der Abstieg Christi in die Vorhölle. Christus greift Adam beim Arm und befreit ihn aus der Hölle, dahinter folgt Eva. Auf der anderen Seite treten David und Salomon als Vertreter des Alten Testamentes auf. Die Darstellung der **Déesis**, der Fürbitte für die Menschheit, zeigt Neofytos kniend zu Füßen des thronenden Christus.

Die zentrale Darstellung des Pantokrators aus dem 16. Jh. schmückt das Bema. Besonders interessant ist das Bildnis des hl. Neofytos zwischen den Erzengeln Michael und Gabriel (um 1183). Eine Inschrift spricht die Hoffnung des Heiligen aus, durch seine tugendhafte Lebensart in den Kreis der Engel aufgenommen zu werden. Die Fresken des Naos sind zum Teil im 16. Jh. übermalt und erneuert worden. Sie zeigen Szenen der Leidensgeschichte Christi wie das Abendmahl und die Fußwaschung (beide um 1503), den Verrat, Christus vor Pilatus und die Kreuzigung (alle 12. Jh.). Das Gastmahl Abrahams an der Südseite stammt aus dem 16. Jahrhundert.

? WUSSTEN SIE SCHON ...?

- Der Akáthistoshymnos ist eine Lobpreisung der Gottesmutter und besteht aus 24 Versen. Er wird während der 40-tägigen Fastenzeit jeden Freitagabend gesungen. Jeder Vers beginnt mit einem Buchstaben des griechischen Alphabets (siehe Kalopanagiótis).

Klosterkirche Die Klosterkirche gegenüber der Enkleistra wurde Anfang des 16. Jh.s erbaut, um dem Besucherandrang gerecht zu werden. Der dreischiffige Bau wird durch hohe Säulen mit korinthisierenden Kapitellen unterteilt. Das Mittelschiff besitzt eine große Kuppel, Einflüsse venezianischer Architektur lassen sich erkennen. In einem hölzernen Sarkophag links der Ikonostasis liegen die Gebeine des Heiligen, in einem Silbergefäß wird sein Schädel aufbewahrt. Die Ikonostasis, eines der wenigen erhaltenen Beispiele hervorragender Holzschnitzerei des 16. Jh.s, birgt die im 19. Jh. entstandene Ikone des hl. Neofytos mit einem Silberkreuz in der Hand. Die erhaltenen Fresken stammen vom beginnenden 16. Jh., als Zypern unter venezianischer Herrschaft war. Im südlichen Seitenschiff erkennt man Szenen aus dem Leben des kinderlosen Ehepaares Anna und Joachim, die den Hohepriester Zacharias mit Geschenken zur Erfüllung ihres Kinderwunsches bewegen wollten. Im nördlichen Seitenschiff sind Szenen aus dem Akáthistoshymnos (= im Stehen gesungen) dargestellt. Zu sehen sind u. a. die Verkündigung, die Heimsuchung, die Geburt und die Flucht nach Ägypten.

Klostermuseum Im Ostflügel des Klosters befindet sich ein schönes Museum mit Tongefäßen, Ikonen, alten Bibeln und Sakralgegenständen.

★★ Nikosia · Lefkosía

D/E 7/8

Griechisch: Λευκοσία
Einwohnerzahl: 195 000
(mit Nord-Nikosia 238 000)
Höhe: 165 m ü. d. M.

Ledra, Leukos, Nikosia, Lefkosía und Lefkoşa – viele Namen für die über 2700 Jahre alte, heute geteilte Stadt. Die Green Line trennt den Süden vom Norden und die griechischen von den türkischen Zyprioten. Doch die Stadt bietet viel: eine sanierte Altstadt und eine moderne Neustadt, Museen von Weltrang, Theater, Musik, Tavernen und Lifestyle.

Letzte geteilte Hauptstadt Europas Nikosia (griech. Lefkosía, türk. Lefkoşa) ist die größte Stadt der Insel und die letzte geteilte Hauptstadt Europas. Sie liegt in der weiten Mesaoría-Ebene und ist von Limassol und Lárnaka über die Autobahn schnell zu erreichen. Seit 1974 verläuft die Trennungslinie mitten durch Nikosia, Hauptstadt sowohl der Republik Zypern als auch des türkischen Nordens (► Baedeker Special S. 250). Im Gegensatz zum griechischen Stadtteil stagniert die Einwohnerzahl des türkischen Stadtgebietes (► Nordzypern: Nikosia • Levkoşa).

In Nikosia haben die Regierung, die Botschaften, alle zentralen Organisationen sowie namhafte Firmen ihren Sitz. Nachdem der internationale Flughafen 1974 geschlossen wurde, begegnete man der droh-

Gute Stimmung im Erodos Café bei der Omeriye-Moschee

enden wirtschaftlichen Stagnation mit dem Bau einer Autobahn nach Limassol. Damit schuf man die unerlässliche Verbindung zum größten Exporthafen Zyperns.

Green Line und Übergänge

Entlang der Ermou-Straße, einst Herz der Altstadt, verläuft heute die zuweilen nur einige Meter breite Green Line. Zwar besteht sie bloß aus Sandsäcken, Stacheldraht und alten Öltonnen, doch ist sie ebenso undurchlässig wie einst die Berliner Mauer. In der Pufferzone patrouillieren Fahrzeuge und Fußstreifen, wachen ständige Posten der UN-Friedenstruppe über die Ruhe auf beiden Seiten. Zwei Übergänge führen heute in den türkischen Norden, ►S. 84).

? WUSSTEN SIE SCHON ...?

- Die sog. Green Line spielt nicht auf die Vegetation an. Ihren Namen erhielt sie in den 1960er-Jahren – damals gab es bereits Pläne zur Teilung Zyperns –, als die Trennungslinie das erste Mal auf der Landkarte mit einem grünen Stift markiert wurde.

✶ Altstadt

Die alte venezianische Stadtmauer umschließt noch heute sternförmig die Altstadt. In einigen Vierteln wie dem ehemaligen Türkenviertel bei der Chrysaliniótissa-Kirche sind viele Häuser mittlerweile restauriert worden, oft richteten sich Schreiner, Polsterer und Metallarbeiter im Erdgeschoss ihre Werkstätten ein. In weiten Teilen der Altstadt findet man jedoch Zypern, wie es leibt und lebt. Hupende Autos in engen, labyrinthischen Straßen, dröhnende griechische Volksmusik, Menschen, die vor offenen Haustüren im Sommer bei

40 °C im Schatten dösen: die mediterrane Lebensart, gelassen und genügsam, mit der unbekümmerten Toleranz gegenüber Lärm, für den gestressten Mitteleuropäer eine wahre Herausforderung. Eine Oase der Ruhe bildet das verkehrsberuhigte, **romantische Viertel Laïki Geitoniá** (= volkstümliche Nachbarschaft), das zum Standardprogramm jedes Stadtrundgangs gehört. Es vermittelt wohl am eindrucksvollsten das einstige Stadtbild.

Neustadt

Eine ganz andere Welt findet man in der Neustadt. Wenn sich die Altstadt abends zusehends entvölkert und die Touristen in ihre Hotels an der Küste zurückkehren, lässt das emsige Treiben jenseits des Festungsrings in den neuen Stadtvierteln noch lange nicht nach. Moderne Vorstädte entstanden nach 1974. Aufgrund ihrer günstigen Lage in der Mesaoría-Ebene war dem Wachstum der Stadt keine natürliche Grenze gesetzt. Zahlreiche Firmen haben sich im Ballungsraum Nikosia niedergelassen. In den Neustadtvierteln liegen Ministerien, Konsulate, Büros und Banken. Moderne Geschäfte, Bars und Musikkneipen laden in den Einkaufsstraßen Evagorou und Archiepiskopou Makariou III. zum Flanieren ein und bieten ein Bild, das man von mitteleuropäischen Großstädten kennt.

! *Baedeker* TIPP

Ein kulinarisches Erlebnis

Wer die zyprische Esskultur in ihrer reinsten Form kennen lernen möchte, sollte ein Full Mezé in der traditionsreichen Taverne Plaka nicht versäumen. Da das Lokal von Einheimischen sehr gut besucht ist, sollte man unbedingt vorher reservieren (Tel. 22 35 28 98; erschwinglich). Den Besucher erwartet eine fast unendliche Abfolge von schmackhaften Speisen zu vergleichsweise günstigem Preis. Da das nur abends geöffnete Lokal weit außerhalb der Altstadt im Stadtteil Énkomi liegt (Plateia Makariou 6-8), nimmt man am besten ein Taxi.

Geschichte

Obwohl die Mesaoría-Ebene bereits im Neolithikum besiedelt war, fand man früheste Spuren einer Besiedlung des heutigen Stadtgebiets erst aus der Bronzezeit. Erstmals wurde Ledra, wie Nikosia damals hieß, im 7. Jh. v. Chr. in assyrischen Schriften als eines der zehn tributpflichtigen Stadtkönigtümer erwähnt. Im 6. Jh. v. Chr. wurde es dem mächtigen Stadtkönigtum Salamís angegliedert. Im 3. Jh. v. Chr. gründete Leukos (Levkos), Sohn des ptolemäischen Königs Soter I., auf dem Gebiet des alten Ledra eine Stadt namens Leukosía (Levkosía), die in häufig von Erdbeben heimgesucht wurde. Da die Römer die Küstenstädte vorzogen, blieb Leukosía unbedeutend.

Byzantinische und fränkische Herrschaft ►

Im 4. Jh. n. Chr. wurde Nikosia unter byzantinischer Herrschaft Bischofssitz. Während der Arabereinfälle im 7. Jh. flüchteten viele Bewohner der Küstenorte hierher. Eine erste Blüte erfuhr die Stadt im 10. Jh. nach der Vertreibung der Araber. Für 100 000 Golddinare erstand der Templerorden die Insel von Richard Löwenherz. Während des Aufstandes gegen die Templer im Jahr 1192 tauchte erstmals die lateinische Bezeichnung Nikosia auf. Die größte Blütezeit erlebte die Stadt unter der Herrschaft der Lusignans seit dem ausgehenden

NIKOSIA ERLEBEN

AUSKUNFT

Aristokyprou 11
Laïki Geitoniá
Tel. 22 67 42 64
www.nicosia.cy

VERANSTALTUNGEN

Kunsthandwerksmarkt: September, im Altstadtviertel Chrysaliniótissa.
1. Oktober: Militärparade zum Unabhängigkeitstag.

ÜBERGÄNGE

Checkpoint Ledra Place: etwa 15 Min. zu Fuß vom Zentrum entfernt, nur zu Fuß passierbar, weitere 15 Minuten bis ins Zentrum des türkischen Teils (Personalausweis genügt). Taxis stehen auf beiden Seiten bereit (Informationen am Checkpoint, Tel. 22 30 32 32).
Ágios Dométios: in der Neustadt nahe der Pferderennbahn gelegen, auch mit dem Fahrzeug passierbarn (siehe S. 84).

SHOPPING

Mittwochsmarkt: auf der Constanza-Bastion, malerischer Bauernmarkt vor der Kulisse der Bayraktar-Moschee.
Cyprus Handicraft Centre siehe Baedeker Tipp S. 258.
Chrysaliniótissa Crafts Centre: Kunsthandwerkszentrum mit Glas- und Keramikkunst, Holzschnitzereien, Ikonen, Kräuter, nettes Kaffeehaus (Dimonaktos Street 2; Mo. – Sa. 10.00 – 13.00, Mo. – Fr. 15.00 – 18.00, Mai – Sept. 16.30 – 19.30 Uhr).
Einkaufsstraßen
In der Laïki Geitoniá bestimmen Souvenirläden das Bild, hier befindet sich aber auch der *MAM-Buchladen*, der u. a. gute deutsch- und englischsprachige Zypern-Literatur anbietet (Aristokypro Street). Die Fußgängerzonen Lidras und Onasagorou Street in der Altstadt werden von Boutiquen, Schuh- und sonstigen Fachgeschäften gesäumt. In der Markariou Street in der Neustadt gibt es viele internationale Modegeschäfte.

ESSEN

► Erschwinglich

② ***Aegeon***
Hector Street 40
Tel. 22 43 32 97
Atmosphärische Taverne in altem Wohnhaus nahe dem Famagusta-Tor, romantischer Innenhof, gutes zyprisches Essen.

① ***Matheos***
Lefkónos Street 6
Tel. 22 75 58 46
Einfache Taverne mit guter einheimischer Kost in der Nähe der Fanerómeni-Kirche.

⑥ ***Xefoto***
Laïki Geitoniá
Tel. 22 66 65 67
Tagsüber touristisch, abends kommen auch Einheimische, gute zyprische Küche, Mezé ist empfehlenswert, Live-Musik.

④ ***Zanéttos***
Trikoupi Street 65
Tel. 22 76 55 01
Gutes zyprisches Lokal hinter der Omeriye-Moschee, dass 2005 den 1. Preis für das beste Mezé-Essen erhielt (Mo. – Sa. 20.00 – 24.00 Uhr).

⑤ ***Tsiellári Restaurant***
Korai 24
Tel. 22 43 10 99
Zyprische Live-Musik und hervorragendes Mezé, nahe dem Freiheitsdenkmal (Mo. – Sa. 21.00 – 2.00 Uhr).

③ ***Csinbimata***
Othello Street 1
Tel. 22 34 36 68
Rembetiko-Musik und abwechslungsreiches Mezé nahe Famagusta-Tor (Mo. – Sa. 20.30 – 2.00 Uhr).

Restaurants ⑦ bis ⑩ S. 340

ÜBERNACHTEN

► **Luxus**

② ***Holiday Inn***
Rigainis Street 70
Tel. 22 71 27 12; www.holidayinn.com
Bestes Hotel in der Altstadt, nur 10 Min. Fußweg bis zum Checkpoint am Ledra Palace Hotel.

► **Komfortabel**

① ***Classic Hotel***
Rigainis Stree 94
Tel. 22 66 40 06; www.classic.com.cy
Gepflegtes, modernes Hotel nahe Páfos-Tor, 10 Min. bis zum Checkpoint am Ledra Palace Hotel.

③ ***CentrumHotel***
Pasikratous Street 15
Tel. 22 45 64 44
www.centrumhotel.net
Am Rande der Laïki Geitoniá, ganz neues Hotel, angenehme Atmosphäre.

Hotels ④ und ⑤ S. 340

12. Jh. Nikosia wurde Hauptstadt des Königreiches und Sitz des römisch-katholischen Bischofs. Ca. 250 Kirchen, ein großer Königspalast und prächtige Adelshäuser prägten das Stadtbild im Mittelalter.

Venezianische und britische Herrschaft ►

Als die Venezianer Ende des 15. Jh.s die Macht auf Zypern übernahmen, bauten sie Nikosia weiter aus. Um den drohenden Einfällen der Türken vorzubeugen, errichteten sie im 16. Jh. eine neue Stadtmauer, die zwar kleiner im Umfang, jedoch stärker befestigt war. Zu diesem Zweck wurden große Teile der Stadt niedergerissen. Nach siebenwöchiger Belagerung durch die Türken 1571 wurde Nikosia Sitz des türkischen Gouverneurs. Während der britischen Kolonialzeit zwischen 1878 und 1960 blieb Nikosia Amtssitz des Gouverneurs und begann allmählich seine heutige Bedeutung zu erlangen.

Nach 1974 ►

Nach Abbau der Zeltlager für die 1974 aus den besetzten Inselgebieten geflüchteten Griechen wurden am Stadtrand Siedlungen für die Flüchtlinge aus dem Boden gestampft. Seit Anfang der 1990er-Jahre wird offiziell wieder der Name **Lefkosía** benutzt.

Sehenswertes in Nikosia

★ **Venezianische Festungsmauer**

Der nach Plänen des venezianischen Architekten Giuliano Savorgnano 1567/1568 errichtete Festungsring ist knapp 5 km lang und umschließt mit seinen elf Bastionen sternförmig die Altstadt. Heute noch tragen die Bastionen die Namen bekannter venezianischer Familien. Um besseren Schutz vor den Türken zu bieten, bestand der im Vergleich zum Vorgängerbau kleinere Ring aus dickeren und schräg gestellten Mauern und war von einem Wassergraben umgeben. Um das Schussfeld nicht zu behindern, ebnete man alle Gebäude außerhalb der Mauern ein, auch den Königspalast, die Grabkapelle der Lusignans und das Dominikanerkloster.

Stadttore

Durch die Festungsmauer führten damals drei Tore ins Stadtinnere: im Westen die Porta Domenica, das heutige Páfos-Tor; im Osten die Porta Giuliana, später Famagusta-Tor genannt, und im Norden die Porta del Provveditore, das heutige Kyrénia-Tor. Im September 1570 drangen nach knapp siebenwöchiger Belagerung die ersten türkischen Truppen unter Mustafa Pascha in die Stadt ein, deren Eroberung fast 20 000 Menschen das Leben kostete.

Heute sind die **Wallanlagen** an vielen Stellen für den Verkehr durchbrochen. In dem trockengelegten Wassergraben wurden Parks, Sport- und Spielplätze angelegt. Im Wallgraben hinter dem Famagusta-Tor befindet sich das **Freilichttheater** von Nikosia, in dem häufig Konzerte und Festspiele veranstaltet werden.

! *Baedeker* TIPP

Über den Dächern der geteilten Stadt

An der Ecke Lidras/Arsinoe Street, hinter dem Woolworth-Kaufhaus, befindet sich der Eingang zum Ledra Museum Observatory im 11. Stock des Shakólas-Tower. Hier bietet sich ein wunderbares Panorama der gesamten Stadt bis zu den Pentadáktylos-Bergen in Nordzypern. Ferngläser liegen bereit, Fotos, Erklärungstafeln und Erläuterungen vom Tonband auch in Deutsch informieren über die Geschichte der geteilten Stadt (tgl., Nov. – März 10.00 – 18.00, Apr. – Okt. bis 20.00 Uhr).

Lidras Street

Innerhalb der venezianischen Festungswälle sind die Hauptsehenswürdigkeiten Nikosias zu finden. Als Ausgangspunkt einer Stadtbesichtigung bietet sich die Plateia Eleftheria (Freiheitsplatz) an. Hier beginnen die beiden **Haupteinkaufsstraßen** der Altstadt, Lidras (auch Ledra) und Onasagorou, die den Fußgängern vorbehalten sind. Das nördliche Ende der Lidras Street ist die **einzige Stelle, an der man die Green Line fotografieren darf**. Von der Lidras Street zweigt unweit des Freiheitsplatzes die Riganis Street ab, mit ihren Seitenstraßen das Rotlichtviertel der Stadt.

Im **Altstadtviertel Laïki Geitoniá** treffen sich die Tagesausflügler von den Küstenorten. In den gepflasterten Gassen und an schattigen Plätzen sieht man stimmungsvolle Tavernen und Restaurants (leider in der Saison überlaufen), kleine Souvenirgeschäfte, Buchläden und Galerien. Hier werden Stickereien, Korbwaren, Schmuck und Antiqui-

Gepflegtes Altstadtviertel Laïki Geitoniá

täten angeboten. Traditioneller Schmuck vom ausgehenden 19. Jh., Silberarbeiten und alte Werkzeuge sind im Cyprus Jewellers Museum in der Praxippou Street ausgestellt (Mo. – Fr. 10.00 – 16.30 Uhr).

Stadtmuseum Leventis Im Laïki Geitoniá liegt an der Ippocratou Street das stadtgeschichtliche Museum und erste Geschichtsmuseum Zyperns (1989 eröffnet). Das von der Leventis-Stiftung finanzierte Museum ist in einem dreistöckigen Kaufhaus des 19. Jh.s untergebracht. Im Erdgeschoss und im ersten Stock wird die Geschichte Nikosias von der Antike, der byzantinischen, fränkischen und türkischen Zeit bis zur britischen Kolonialherrschaft und der Gegenwart anhand von Fotografien, Kleidungsstücken, Münzen, Bildern, Rekonstruktionen und Landkarten dokumentiert. Im zweiten Stockwerk sind Wechselausstellungen und ein Lesesaal untergebracht (Di. – So. 10.00 – 16.30 Uhr).

Tripiótis-Kirche Nördlich des Viertels Laïki Geitoniá steht die schönste mittelalterliche Kirche der Altstadt, die Tripiótis-Kirche, in einer früher wohlhabenden Wohngegend. 1690 ersetzte die dem hl. Michael geweihte Kirche einen Vorgängerbau des 15./16. Jh.s, Aufschluss darüber geben Architekturfragmente über dem Westportal: acht marmorne Dreipässe, die mit Giebeln und Fialen geschmückt sind. Noch älter ist das Friesfragment über dem Südportal, das einen Mann

Nikosia • Lefkosía

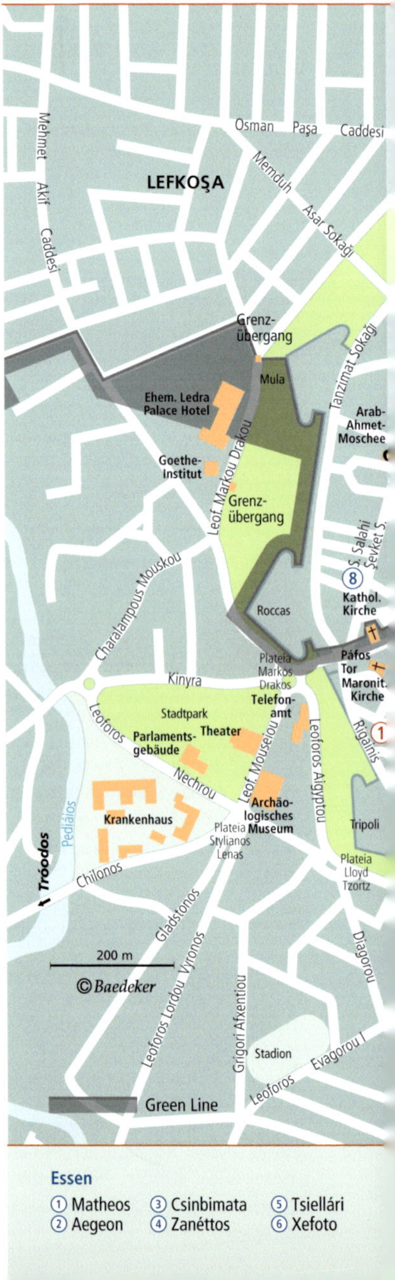

efkoşa Orientierung

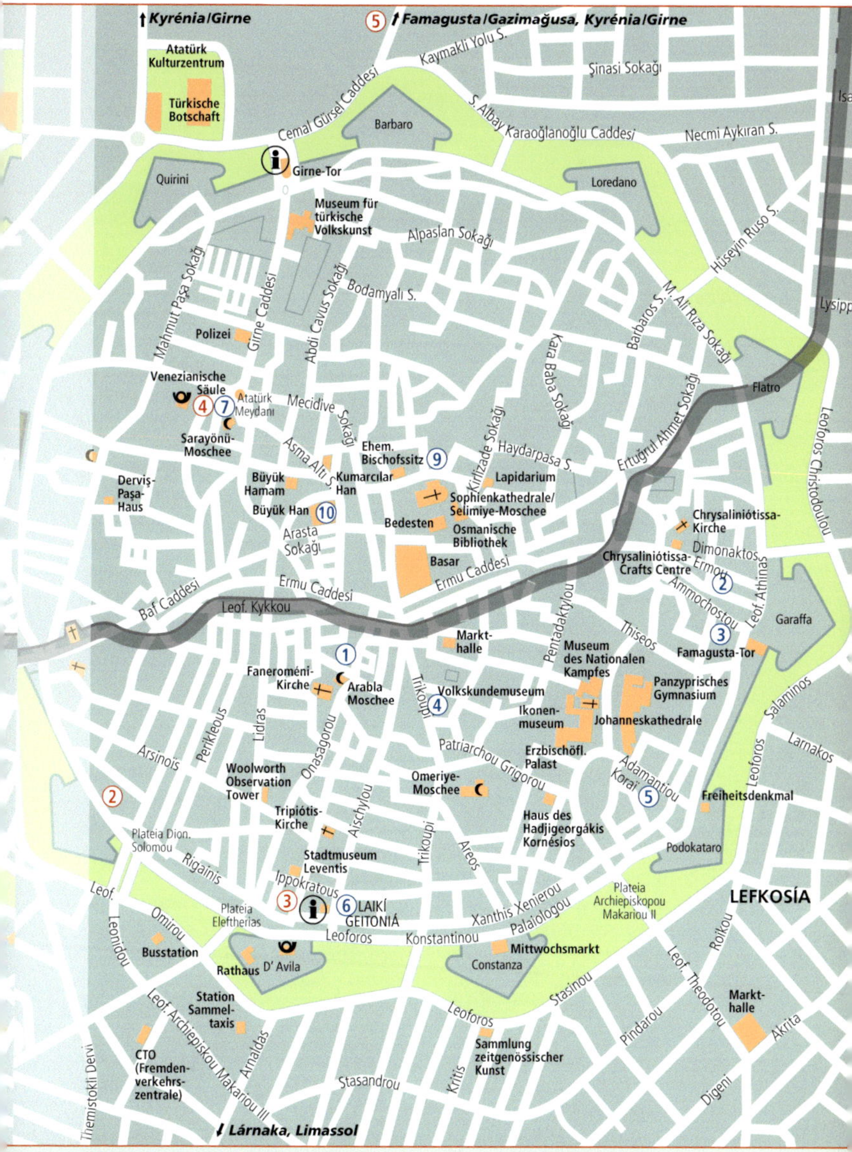

⑦ Dachrestaurant Sary-Hotel
⑧ Boghjalian Mansion Restaurant
⑨ Konak-Restaurant
⑩ Restaurant im Büyük Han

Übernachten

① Classic Hotel
② Holiday Inn
③ Centrum Hotel
④ Saray
⑤ City Royal

DAS GETEILTE ZYPERN

»Welche Hälfte. Es heißt, dass der Mensch sein Vaterland lieben soll, das hat mir auch mein Vater oft gesagt. Mein eigenes Vaterland ist zweigeteilt. Welche der beiden Hälften soll ich lieben?«

Das von der türkisch-zypriotischen Dichterin Neşe Yaşin geschriebene Gedicht wurde im griechischen Teil der Insel zur heimlichen Hymne Zyperns und von Marios Tokas vertont. Heute ist es eines der populärsten Lieder der Republik Zypern.

Ein wenig Geschichte

Der Zypernkonflikt geht auf die osmanische Eroberung der Insel 1571 zurück, als etwa 30 000 Festlandstürken angesiedelt wurden. Während der 300-jährigen türkischen Herrschaft festigte sich die Macht der orthodoxen Kirche, die unter den katholischen Franken und Venezianern ihre Bedeutung verloren hatte. Der Erzbischof vertrat als Ethnarch die Belange der griechischen Volksgruppe, die etwa vier Fünftel der Bevölkerung ausmachte. Verschiedene Aufstände gegen die osmanische Herrschaft wurden blutig niedergeworfen.

Mit der Staatsgründung Griechenlands 1830 entwickelte sich die Idee der **»Enosis«**, des Anschlusses aller griechischsprachigen Gebiete, also auch Zyperns, an Griechenland.

1878 schloss das Britische Empire einen Vertrag mit dem Osmanischen Reich, in dem es dem Sultan militärischen Schutz gegen das russische Vordringen auf dem Balkan versprach. Im Gegenzug traten die Türken Zypern ab. Die Insel, die seit dem Bau des Suez-Kanals 1869 ein begehrter Stützpunkt auf dem Weg nach Indien war, wurde 1925 britische Kronkolonie.

Die Rolle Großbritanniens

Die Hoffnung der Zyprioten, dass Großbritannien die Insel an Griechenland abgeben werde, zerschlugen sich bald. Nach dem Ersten Weltkrieg gab es erste gewaltsame Auseinandersetzungen zwischen Enosis-Anhängern und der britischen Kolonialmacht. Großbritannien ging mit Härte gegen die Zyprioten vor, aus den ehemaligen »Befreiern« waren Besatzer geworden. Das britische Empire war an einem unabhängigen Zypern nicht interessiert, wäre doch dadurch ein wichtiger strategischer Stützpunkt gefährdet gewesen. Die britische Politik, die alles dafür tat, die Trennung der beiden Volksgrup-

Unter dem Codenamen »Operation Attila« besetzen türkische Truppen im Juli und August 1974 ein Drittel der Insel.

pen zu festigen, ist bis heute ein entscheidender Punkt in der Geschichte Zyperns.
Während der Befreiungskämpfe ab 1955 mit der von **Georgios Grivas** organisierten griechisch-zyprischen Befreiungsbewegung EOKA erschütterten Attentate, Bombenanschläge und Demonstrationen die Hartnäckigkeit der Briten. Die Türken wiederum hatten ihre eigene nationalistische Kampftruppe gebildet, die TMT, die für **Taksim** (= Teilung) kämpfte und aus deren Reihen die Briten Hilfstruppen rekrutierten. Von jetzt an kämpften Zyprioten gegen Zyprioten.
Erzbischof Makarios, der 1956 auf die Seychellen verbannt wurde, vollzog dort einen politischen Kurswechsel. Anstelle der von den Briten favorisierten Teilung der Insel in zwei autonome Gebiete schlug er ein unabhängiges Zypern ohne Bindung an die Türkei oder Griechenland vor. Ende 1958 stimmten Griechenland, die Türkei und Großbritannien dem Vorschlag zu. Die »Mutterländer« Türkei und Griechenland sowie Großbritannien arbeiteten die zukünftige Verfassung Zyperns aus und erhielten die Erlaubnis, eigene Truppenkontingente auf Zypern zu unterhalten und im Notfall zu intervenieren, Großbritannien verblieben sog. souveräne britische Basen, immerhin 3 % der Insel.

Unabhängigkeit und Probleme

Gemäß der Verfassung von 1960 wurde neben dem Staatspräsidenten Erzbischof Makarios III. ein Zyperntürke Vizepräsident, Fazil Küçük, der mit seinem Vetorecht die Geschicke des Landes mitbestimmen sollte. Die Vertreter der Volksgruppen wurden nur von Angehörigen der jeweiligen Ethnien gewählt.
Schon 1963 traten die **ersten Probleme** auf, u. a. durch Vetos, mit denen die türkischen Vertreter Gesetzesentwürfe blockierten, und durch griechische Zyprioten, die die Unabhängigkeit nur als Zwischenetappe zum Endziel, der Enosis, betrachteten. Dazu kam, dass die Führung der türkischen Zyprioten unter Rauf Denktasch von Anfang an auf die Teilung Zyperns zusteuerte. Als Erzbischof Makarios 1963 versuchte, die Verfassung zum »besseren Funktionieren« des Staates zu revidieren, kam es zu bewaffneten Auseinandersetzungen. Die türkischen Vertreter legten ihre Regierungsämter nieder und die Zyperntürken zogen sich in Enklaven, d. h. militärisch gesicherte Gebiete zurück.

1964 wurde ein **Waffenstillstand** geschlossen, der durch eine UN-Friedenstruppe abgesichert wurde. Über die Hälfte aller türkischen Zyprioten lebte jetzt in Enklaven, die von griechischer Seite einer ökonomi-

Varosia, das einst lebhafteste Seebad Zyperns, ist seit der Inselteilung eine Geisterstadt. Ob man sich nach einer Wiedervereinigung einen solchen Badeort wünscht, bleibt abzuwarten.

schen Blockade unterworfen wurden. Als die Blockade 1968 aufgehoben wurde, kehrten nur wenige Zyperntürken in ihre Heimatdörfer zurück.
Zwischen 1968 und 1974 herrschte eine spürbare Entspannung zwischen beiden Volksgruppen, da sich bei den Präsidentschaftswahlen 1968 95 % der griechischen Zyprioten gegen Enosis ausgesprochen hatten. Gespräche begannen, die zu Verhandlungen über eine neue gemeinsame Verfassung führten.

Schicksalsjahr 1974

1974 löste Griechenland eine neue Krise aus, als die in Athen regierende Militärjunta mit Hilfe zypriotischer Fanatiker Erzbischof Makarios zu stürzen versuchte. Am 15. Juli wurde der Präsidentenpalast beschossen. Makarios musste fliehen. Über einen Radiosender forderte er sein Volk zum Widerstand auf. Griechenland setzte einen neuen Präsidenten ein: **Nikos Sampson**, ein grausamer Zyperngrieche, der an den Massakern an zahlreichen Zyperntürken teilgenommen hatte.
Unter Berufung auf den Garantievertrag von 1960 marschierten türkische Truppen unter dem Codenamen **»Operation Attila«** ein. Im Morgengrauen des 20. Juli 1974 patrouillierten die ersten Kriegsschiffe vor der Nordküste Zyperns. Sie sollten die türkische Bevölkerung vor Übergriffen griechischer Extremisten schützen. Hilfe aus Griechenland war nicht zu erwarten, dort stürzten Studenten am 24. Juli die Militärjunta und nach über sieben Jahren wurde wieder eine demokratische Regierung eingesetzt.
Nach einem kurzen Waffenstillstand und erfolglosen Verhandlungen in Genf erfolgte die **zweite Invasion**. Bis zum 20. August war ein Drittel der Insel türkisch besetztes Gebiet. Eine ethnische Säuberung begann, 160 000 Griechen wurden aus den besetzten Gebieten vertrieben, wer zurückkehrte, wurde erschossen. Nur auf der Karpaz-Halbinsel blieb eine griechische Minderheit, der der Fluchtweg in den Süden abgeschnitten worden war. 1600 Zyperngriechen gelten bis heute als vermisst. Die türkischen Zyprioten wurden von den Türken aufgefordert, in den Norden zu gehen.
Heute trennt die 180 km lange **Green Line** die Insel. Sie wird von griechisch-zypriotischen und türkischen Truppen sowie von den UN-Friedenstruppen bewacht. Bis 2003 war sie für Zyprioten unpassierbar. Nur ausländische Tagesgäste konnten den einzigen Übergang beim einstigen Ledra Palace Hotel in Nikosia zu Fuß überqueren. Seit Zyperns EU-Beitritt 2004 gibt es mehrere Übergänge und Zyprioten beider Volksgruppen können diese passieren (►Special S. 50).

zwischen Weinblättern, von menschlichen Figuren und Vogelwesen umgeben, darstellt. Beachtenswert ist die schöne Ikonostasis aus dem 17./18. Jh. mit gold- und silberbeschlagenen Ikonen.

Faneroméni-Kirche

Über die Onasagorou gelangt man zu der Faneroméni-Kirche (Erscheinungskirche), die 1872 noch während der türkischen Herrschaft errichtet wurde. Im Inneren überblickt Gottvater mit dreieckigem Heiligenschein (Symbol für die Dreifaltigkeit) die wohl größte Kirche Nikosias mit ihrer prächtigen Ikonostasis und den großen Kristallleuchtern. Das Mausoleum im Garten der Kirche beherbergt die Gebeine der Bischöfe (u. a. von Erzbischof Kyprianos), die der türkische Gouverneur 1821 hinrichten ließ, um vor weiteren griechischen Befreiungskämpfen abzuschrecken. In einem zur Kirche gehörenden Gebäude ist die Faneroméni-Bibliothek untergebracht.

Arablar-Moschee

Ganz in der Nähe steht zwischen Pfefferbäumen die Arablar-Moschee auf den Resten einer christlichen Kirche.

Omeriye-Moschee

Vom Altstadtring gelangt man über die Areos Street zur Omeriye-Moschee. Sie wird heute von Syrern verwaltet und noch von Moslems benutzt. Errichtet wurde sie auf den Ruinen eines aus dem 14. Jh. stammenden Augustinerklosters, das 1570 durch die türkische Artillerie zerstört wurde. Neben dem Dominikaner- und dem Franziskanerkloster war es das dritte große Kloster der Stadt. Im Inneren erkennt man noch das gotische Strebewerk der einstigen katholischen Kirche. Eine kleine, gewölbte Kapelle an der Nordseite, jetzt Betraum für die moslemischen Frauen, zeigt ein schönes gotisches Rosettenfenster. Vom Minarett aus bietet sich ein herrliches Panorama der Stadt bis zu den Pentadáktylos-Bergen. Gegenüber der Moschee liegt das türkische Hamam, das heute noch in Betrieb ist.

✶ Herrenhaus des Hadjigeorgakis Kornesios

Die Patriarchou Grigorou führt zum nahe gelegenen Haus des Dragoman Hadjigeorgakis Kornesios (►Berühmte Persönlichkeiten), das im traditionellen Stil des 18. Jh.s errichtet wurde. Ein **Dragoman** hatte im 18. Jh. die Funktion eines Vermittlers oder Dolmetschers zwischen dem Erzbischof und dem Sultan in Istanbul.
Über dem Portal des Steinhauses befindet sich ein Marmorrelief mit dem Markuslöwen, ein Relikt aus venezianischer Zeit. Die Bauweise aus Stein war im 18. Jh. auf Zypern jedoch unüblich, da zu teuer; die meisten Wohnhäuser waren aus Lehmziegeln gebaut. Oberhalb des Markuslöwen befindet sich ein geschlossener Holzerker, durch dessen schmale Öffnungen die Damen des Hauses, ohne selbst gesehen zu werden, auf das Treiben auf der Straße schauen konnten. Im Inneren der aus drei Flügeln bestehenden Hausanlage öffnen sich große Arkaden zum Hof, wo sich ein kleines türkisches Bad befindet. Das Erdgeschoss des Hauses war für Wirtschaftsräume vorgesehen. Die Wohn- und Repräsentationsräume im ersten Geschoss sind heute in ihrer ursprünglichen Einrichtung zu sehen.

Blick in das Mittelschiff der prächtig ausgemalten Johannes-Kathedrale

Erzbischöflicher Palast und angrenzende Bauten

Erzbischöflicher Palast

Unweit nördlich von hier liegen rund um den Erzbischöflichen Palast an der Plateia Archiepiskopou Kyprianou die wichtigsten Sehenswürdigkeiten der nachklassischen Zeit. Der anlässlich der Unabhängigkeit 1961 fertig gestellte Palast dokumentiert die Macht und den Reichtum der orthodoxen Kirche. Hier residierte der erste Präsident der Republik, Erzbischof Makarios III., der mit einer 6 m hohen Monumentalstatue im Vorgarten gewürdigt wird (1987). Zwischen dem Volkskunstmuseum und der Johannes-Kathedrale steht die Büste des Erzbischofs Sophronios, der von 1865 bis 1900 geistliches Oberhaupt der zyprischen Kirche war. Eine zweite Marmorbüste zeigt den 1821 von den Türken hingerichteten Erzbischof Kyprianos.

★ **Johannes-Kathedrale**

Öffnungszeiten:
Mo. – Fr.
8.00 – 12.00
14.00 – 16.00
Sa. 8.00 – 12.00

Direkt neben dem Palast steht die unauffällige Johannes-Kathedrale, die 1662 an der Stelle einer aus fränkischer Zeit stammenden Benediktinerkirche erbaut wurde. An ihrer äußeren Süd- und Westseite sind noch Architekturfragmente und ein Wappen aus der Lusignanzeit erhalten. Nachdem die Kirche um 1730 zur Kathedrale erhoben wurde, ließ man die Wände mit post-byzantinischen Fresken ausmalen. Erst 1858 wurde der Glockenturm hinzugefügt. Im einschiffigen, tonnengewölbten Inneren fällt zunächst die großartige, mit Blattgold überzogene Holzikonostasis mit Ikonen des 18./19. Jh.s auf. Unterhalb der Kanzel (18. Jh.) stellt die älteste Ikone der Kirche, im 17. Jh. von Theodoros Poullakis gemalt, den Evangelisten Johannes dar.

Den Erzbischofsstuhl rechts von der Ikonostasis ziert eine Ikone des hl. Barnabas. Der doppelköpfige Adler ist das Symbol der orthodoxen Kirche, es taucht als großes Emblem auf dem Fußboden auf. Bei ihrer Amtseinführung stehen die Erzbischöfe auf diesem Emblem.
Die **Fresken** sind fast vollständig erhalten und restauriert. Im Zentrum des Gewölbes ist Christus als Pantokrator zu sehen, umgeben von Engeln, Propheten und Aposteln. Die Süd- und Nordwand sind mit Szenen aus dem Neuen Testament von der Verkündigung bis zur Kreuzigung ausgeschmückt. Über der Südtür wird das Jüngste Gericht, daneben die Wurzel Jesse dargestellt. An der Nordseite sind neben dem Mandílion die Kreuzigung, die Auferstehung und die Himmelfahrt abgebildet. Gegenüber der Wurzel Jesse ist die Erschaffung der Welt dargestellt. Im Westen der Kirche zieren Malereien der Wundertaten Christi die Wände. Die interessantesten Fresken befinden sich an der Südseite, rechts des Erzbischofthrones, mit der Auffindung der Gebeine des hl. Barnabas und ihrer Anerkennung durch den byzantinischen Kaiser. Dieses Ereignis führte zur Autokephalie, der Unabhängigkeit, der zyprischen Kirche (►S. 29).

✶ Ikonenmuseum

Öffnungszeiten:
Mo. – Fr. 9.00 – 16.30
Sa. 9.00 – 13.00

Im rechten Seitentrakt des Erzbischöflichen Palastes ist das Kulturzentrum der Makarios-Stiftung untergebracht, zu dem das Ikonenmuseum (Byzantine Museum) im Erdgeschoss, die Sammlung europäischer Malerei im 1. Stock und eine Ausstellung zum griechischen Unabhängigkeitskrieg 1821 – 1829 gehören. Etwa 150 Ikonen vom 8. bis 18. Jh., die auf Geheiß von Erzbischof Makarios aus verschiedenen Kirchen Zyperns zusammengetragen wurden, bilden eine der weltweit bedeutendsten Ikonensammmlungen.

Meisterwerke zyprischer Ikonenkunst im Erzbischöflichen Palast

Die älteste Ikone der Sammlung (nach Eintreten rechts in der Ecke), eine Darstellung der Gottesmutter, wurde in der Enkaustik-Technik angefertigt. Die Ikone der Heiligen Cosmas und Damian entstand im 10. Jahrhundert. Aus der Blütezeit der Ikonenmalerei, dem 12. Jh., stammt die Ikone des hl. Johannes aus der Kirche von Asínou gegenüber dem Eingang. Von den Ikonen, die im 13. Jh. erstmals westlichen Einfluss zeigten, ist die von Dominikanermönchen gestiftete Ikone der Muttergottes rechts vom Eingang hervorzuheben. Die Bildstreifen an den Seiten sind mit lateinischen Schriftzeichen versehen. Mit der Eroberung Zyperns durch die Osmanen 1571 ist ein deutlicher Einbruch in der Ikonenmalerei festzustellen. Am Ende des Saales befindet sich ein kleiner, rekonstruierter Raum mit Fresken (15. Jh.) aus der Kirche Ágios Nikólaos tis Stégis (►Kakopetriá).
In einem Nebenraum sind seit 1992 die berühmten frühchristlichen Mosaiken der Kanakariá-Kirche bei Lythránkomi (►Nordzypern, S. 324) ausgestellt. Sechs der nach der türkischen Invasion 1974 aus der Kirche gestohlenen Mosaiken, darunter Darstellungen der Evangelisten Johannes und Matthäus aus dem 6. Jh., tauchten 1989 im Kunsthandel wieder auf, weitere Fragmente wurden später gefunden und der Regierung Zyperns im Süden der Insel zurückgegeben. Außerdem sind Stücke von Fresken aus der Antiphonítis-Kirche im Norden Zyperns ausgestellt, die ebenfalls einem Kunstraub zum Opfer fielen und 1997 wieder entdeckt wurden.

Kunstgalerie ►

Im 1. Stock ist eine Kunstgalerie untergebracht mit Gemälden der spanischen, holländischen und flämischen Schule des 17. sowie französischen Gemälden des 17. und 18. Jh.s; im zweiten Stock sind Grafiken zur antiken Baukunst und zur Geschichte des 19. Jh.s zu sehen.

Panzyprisches Gymnasium

Gegenüber dem Erzbischofspalast liegt das im klassizistischen Stil erbaute Panzyprische Gymnasium, das Elitegymnasium der Stadt. In diesem ältesten Gymnasium mit der besten Schulbücherei Zyperns breitete sich in den 1950er-Jahren der Enosis-Gedanke wie ein Lauffeuer aus. Der englische Schriftsteller Lawrence Durrell (►Berühmte Persönlichkeiten), damals Lehrer an der Schule, beschrieb in seinem Buch »Bittere Limonen« die Anfänge des zyprischen Aufstands gegen die britische Kolonialherrschaft. Bedeutendster Schüler des Panzyprischen Gymnasiums war Erzbischof Makarios III.

Volkskunstmuseum

Öffnungszeiten:
Mo. – Fr.
9.00 – 13.30

An der Nordseite der Kathedrale erhebt sich der **Alte Erzbischöfliche Palast**. Ursprünglich war das Gebäude ein Benediktinerkloster aus dem 15. Jh. Noch heute erkennt man den Kreuzgang und einige Mönchszellen. Von 1730 bis zum Umzug in den neuen Palast hatte hier der Erzbischof seinen Sitz. Danach wurde in diesem Gebäude das Volkskundemuseum untergebracht. Ausgestellt sind zyprische Trachten, Schmuck- und Webarbeiten, Stickereien, Gebrauchsgegenstände, eine alte geschnitzte Truhe und einige Gemälde naiver zyprischer Maler (z. B. eine Hochzeitsszene von Michalis Kashialos). Ein Raum wurde in traditionell zyprischer Weise eingerichtet.

Museum des nationalen Kampfes

Öffnungszeiten:
Mo. – Fr.
8.00 – 14.00
Sept. – Juni
auch 15.00 – 17.00

Das Museum des Nationalen Kampfes in einem Seitentrakt des Alten Erzbischofpalastes dokumentiert den Freiheitskampf der EOKA. Diese Untergrundbewegung kämpfte 1955 bis 1959 gegen die britische Herrschaft für die Enosis, für den Anschluss Zyperns an Griechenland (► Baedeker Special S. 250). Neben Fotografien, Presseausschnitten und Veröffentlichungen veranschaulichen Waffen und Modelle selbstgebastelter Bomben den grausamen Kampf mit all seinen Folgen. Sogar ein Galgen, an dem griechische Aufständische hingerichtet wurden, und das Auto des EOKA-Anführers General Grivas (► Berühmte Persönlichkeiten) im Garten sind zu sehen. In einem weiteren Raum befinden sich dreißig Bände mit den Unterschriften aller griechischen Zyprioten, die am 15. Januar 1950 an der Volksabstimmung der orthodoxen Kirche teilnahmen und für die Enosis eintraten.

Befreiungsdenkmal

Von der Monumentalstatue Makarios' führt eine breite Straße auf das ebenfalls monumentale Freiheitsdenkmal Eleftheria (= Freiheit) auf der Podokataro-Bastion zu. Die kurz nach der Befreiung von der britischen Kolonialherrschaft im Jahr 1960 aufgestellte Skulpturengruppe soll das in seinem Freiheitsbestreben vereinigte zyprische Volk symbolisieren: Zwei EOKA-Kämpfer ziehen das Fallgitter eines Gefängnisses hoch, aus dem Männer, Frauen, Kinder und Geistliche heraustreten. Als Krönung schwebt die personifizierte Eleftheria über allem.

Famagusta-Tor, heute Kulturzentrum

Folgt man dem Altstadtring auf der Athinon Street weiter nördlich, gelangt man zum **Famagusta-Tor** auf der Bastion Garaffe, in venezianischer Zeit einer der drei Eingänge in den Festungsring. Das einst nach dem Vornamen seines Architekten Porta Giuliana benannte Tor, ist das am besten erhaltene Stadttor Nikosias, zu dem alle wichtigen Straßen hinführten. Heute beherbergt es das Kulturzentrum (Nikosia Municipal Cultural Center), in dem Vorträge, Ausstellungen, Konzerte und Theateraufführungen stattfinden (Mo. bis Fr. 10.00 – 13.00, 16.00 – 19.00, im Sommer bis 20.00 Uhr).

Chrysaliniótissa-Kirche im ehemaligen Türkenviertel

Durch verwinkelte Gässchen führt der Weg nun in das ehemalige Türkenviertel mit den typischen Holzerkern, kleinen Handwerksbetrieben und der Kirche der Panagía Chrysaliniótissa in der Antigonou Street. Das heute nach der Kirche benannte Viertel, in dem mehrere Straßen als Sackgassen an der Green Line enden, wird seit Jahren saniert und entwickelt sich allmählich zu einem Szene-Treff. Benannt wurde die der Muttergottes des goldenen Flachses (Chrysós = Gold, Linón = Flachs, Leinen) geweihte Kirche nach einer auf Leinen gemalten Marienikone des 11. Jahrhunderts. Die im 15. Jh. errichtete Kirche mit zwei Kuppeln besitzt eine schöne Ikonostasis aus dem 17. Jahrhundert. In einem Seitentrakt sind Ikonen und alte Bibeln ausgestellt.

! *Baedeker* TIPP

Cyprus Handicraft

Im Cyprus Handicraft Centre, dem staatlichen Kunsthandwerkszentrum, kann man den Handwerkern bei der Herstellung traditionellen zyprischen Kunsthandwerks wie Stickereien, handgewebte Stoffe, Silberarbeiten, Schnitzereien oder Keramikartikel zuschauen und ihre Erzeugnisse auch kaufen (am Stadtrand Richtung Lárnaka, Leofóros Athalássis Street 186, 7.30 – 14.30 Uhr, Tel. 22 30 50 24).

✶✶ Archäologisches Museum

Öffnungszeiten:
Mo. – Sa. 9.00 – 17.00
So. 10.00 – 13.00

Geht man von der Plateia Eleftherias westwärts entlang der Stadtmauer, gelangt man bald zum Páfos-Tor, dem alten Stadteingang im Westen der Altstadt. Unweit von hier steht die moderne Kirche der Maroniten. Hier biegt man in die Neustadt ab. An der Leoforos Mouseiou liegt gegenüber dem Stadttheater und dem Parlamentsgebäude das bedeutendste Archäologiemuseum der Insel (Cyprus Archaeological Museum), manchmal auch noch **Zypern-Museum** genannt. Zyprische Fundstücke vom Neolithikum bis zur byzantinischen Epoche vermitteln ein geschlossenes Bild der Kulturgeschichte der Insel. 1882 gegründet, bezog das Museum erst 1909 den heutigen klassizistischen Bau, den der britische Gouverneur zum Gedenken an Königin Viktoria erbauen ließ. Dem Museum angegliedert ist eine archäologische Bibliothek (Fachbegriffe ►Glossar S. 360).

Saal 1 ► Funde aus Choirokoitía geben Aufschluss über das Neolithikum: violinförmige Steinidole aus Andesit, Karneolketten, Steingefäße und frühe Kammstrich-Keramik. Neben chalkolithischen kreuzförmigen Idolen aus Speckstein sind auch Tongefäße der Rot-auf-Weiß-Keramik (Red-on-White Painted) zu sehen. Beachtenswert ist das chalkolithische Tonmodell eines Heiligtums, in dem weibliche Tonidole mit einem Geburtsloch gefunden wurden.

Saal 2 ► Terrakottamodelle von Heiligtümern und Arbeiten des alltäglichen Lebens gehören zu den bedeutendsten Ausstellungsstücken. Das frühbronzezeitliche Tonmodell aus Vounoús stellt eine Mysterienfeier dar, an der Priester und eine Mutter mit Kind teilnehmen. Gegenüber dem Eingang stehen drei stierköpfige Wesen an der Temenosmauer, über die ein Mann, dem der Zutritt verboten ist, heimlich die Zeremonien beobachtet. Rotpolierte Keramik (Red-Polished) der frühen Bronzezeit zeigt verschiedene verspielte Formen.

Saal 3: Neben der typisch bronzezeitlichen Keramik mit Rot-auf-Schwarz-Malerei (Red-on-Black-Ware) oder der schwarz bzw. weiß überzogenen Keramik (Black- bzw. White-Slip) sind mykenische Vasen ausgestellt, die auf Handelsbeziehungen zur westlichen Ägäis schließen lassen. Die bedeutendste Vase, der Zeus-Kratér des 14. Jh.s, zeigt eine Szene aus Homers Ilias (nach M. P. Nilsson): Zeus hält die Schicksalswaage, bevor die Männer mit ihren Kampfwagen in den Krieg ziehen. In den freistehenden Vitrinen gibt es neben einem Fayencerython der späten Bronzezeit und kleinen Gefäßen in Form von Granatäpfeln am Ende des Raumes attische Keramik der rot- und schwarzfigurigen Malerei. In der Saalmitte rechts sind beachtenswerte Vasen der archaischen Epoche ausgestellt, die im »freien malerischen Stil« (Free Field-Style) gestaltet sind. Hervorzuheben sind die Motive Stier mit Lotusblume und Vogel mit Fisch im Schnabel.

Tonmodell eines bronzezeitlichen Rundheiligtums

◄ Saal 4

Von den insgesamt 2000 entdeckten Terrakottafiguren des Heiligtums von Agía Iríni (archaische Epoche) wird hier ein Großteil ausgestellt. Die meisten Figuren sind bewaffnet, einige thronen auf Wagen, die von Stieren gezogen werden.

Nikosia Archäologisches Museum

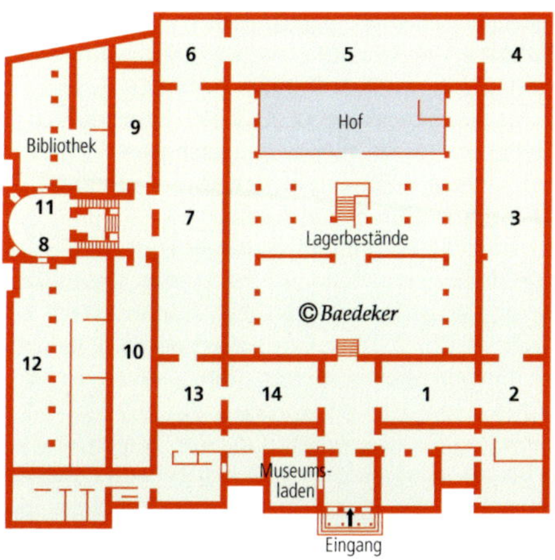

1 Neolithikum, Chalkolithikum
2 Bronzezeit
3 Bronzezeit, klassische Epoche
4 Archaische Epoche
5 Archaische bis römische Epoche
6 Bronzestatue des Kaisers Septimius Severus
7 Bronzekunstwerke, Gold- und Silberschmuck
8 Rekonstruktionen von Gräbern
9 Grabmonumente
10 Krypto-minoische Silbenschrift
11 Funde aus den Königsgräbern von Sálamis
12 Bronzeherstellung
13 Statuen von Sálamis
14 Terrakottafiguren

»Aphrodite von Sóloi«

Saal 5: Da Mangel an Marmor auf der Insel herrschte, begnügte man sich bei den archaischen Großplastiken vorwiegend mit Kalkstein. Ausgestellt sind Weihgaben der archaischen bis hin zur hellenistischen Zeit, die Einflüsse aus Syrien, Ägypten und Griechenland zeigen. Hervorzuheben sind der Frauenkopf aus dem Aphrodite-Heiligtum in Arsós (3. Jh. v. Chr.), der Kopf einer Kore aus Idálion (5. Jh.) und die kleine Figur des blitzschleudernden Zeus, die um 500 entstand. Die Aphrodite von Sóloi (Soli) vom 1. Jh. v. Chr. gehört zu den bekanntesten Exponaten des Museums. Neu hinzu gekommen sind fünf Sandsteinskulpturen, die 1997 bei den Königsgräbern von ► Tamassós entdeckt wurden: zwei Sphinxe und drei Löwen, die auf das 6. Jh. v. Chr. datiert werden.

Saal 6: Die überlebensgroße Bronzestatue des römischen Kaisers Septimius Severus aus Kythréa in der Pose eines Athleten diente der Selbstverherrlichung römischer Imperatoren.

Saal 7: Im ersten Teil des Raumes überwiegen Bronzekunstwerke: Waffen, Münzen, Siegel und kleine Statuetten. Die Bronzekuh aus Vouní, 5. Jh., und der gehörnte Gott von Énkomi, 12. Jh. v. Chr., zählen zu den interessantesten Stücken. Gold- und Silberschmuck ist im hinteren Teil des Saals ausgestellt. Zu erwähnen sind der Goldzepter aus einem Grab bei Koúrion (11. Jh. v. Chr.) und eine Silberschale aus Énkomi (14. Jh. v. Chr.).

Saal 8 ► Über Stufen gelangt man in ein unteres Geschoss, wo die typischen Gräber mit ihren Grabbeigaben vom Neolithikum bis ins 5. Jh. n. Chr. rekonstruiert wurden.

Saal 9 ► Grabmäler, Stelen, Urnen und Sarkophage verschiedener Epochen informieren ebenfalls über die Begräbnisriten der Antike. Die Stele einer Frau, die einen Vogel in der Hand hält, besitzt eine Inschrift in kyprischer Silbenschrift mit dem Namen der Verstorbenen.

Saal 10 ► Tafeln mit Schriftzeichen aus verschiedenen Epochen zeugen von der Schriftkundigkeit antiker Völker. Bedeutendstes Exponat ist eine Tafel mit der bis heute nicht entzifferten kypro-minoischen Silbenschrift, die ins 16. Jh. v. Chr. datiert wird.

Saal 11 ► Beachtenswert sind die berühmten Grabbeigaben der Königsgräber von Salamís (► Nordzypern: Salamís). Ein großer Dreifußkessel mit Greifenprotomen, Wagenbeschlägen und Pferdegeschirr aus dem prächtigen Grab 79 (8./7. Jh. v. Chr.) bezeugen den Reichtum des Verstorbenen. Ein elfenbeinverzierter Stuhl sowie ein Bett waren dem Toten mit ins Grab gegeben worden.

Saal 12 ► Eine Dokumentation über die Gewinnung von Kupfer und die Herstellung von Bronze sowie Karten mit den bedeutendsten Kupferfundstätten vermitteln die Wichtigkeit dieser Materialien in antiker

Zeit. Die Nachbildung einer Kupfermine sowie die Erklärung des Schmelzverfahrens geben Aufschluss über die antike Technik der Kupfergewinnung und -verarbeitung.

◄ Saal 13

In diesem Saal sind römische Statuen des Gymnasiums von Salamís aus dem 2. Jh. n. Chr. zu sehen: Apollon mit der Lyra, Herakles, Nemesis und Hera.

◄ Saal 14

Neben der Tonfigur einer vogelköpfigen Gottheit sind Brettidole und Stiermodelle aus der Bronzezeit aufgestellt. Tonstatuetten der geometrischen bis hin zur klassischen Zeit zeigen neben Götterfiguren Szenen des täglichen Lebens.

Umgebung von Nikosia

Athalassa Park

Der Athalassa-Nationalpark (links der Straße nach Lárnaka und Limassol) mit Naturlehrpfaden, Picknickplätzen, einem botanischen Garten und Sportmöglichkeiten ist ein beliebtes Naherholungsgebiet.

Péra Chorió (Πέρα Χωριό)

Ca. 18 km südlich von Nikosia liegt links der Autobahn (Abfahrt 8) Richtung Limassol die kleine Zwölf-Apostel-Kirche (Dódeka Apostolón) von Péra Chorió am Rand eines Friedhofs. Die Wandmalereien der einschiffigen Kirche stammen aus dem 12. Jahrhundert. Da es dem Maler nicht immer gelungen ist, die Fresken auf den noch feuchten Putz aufzutragen, sind diese z. T. schlecht erhalten. Dafür sind an manchen Stellen die Vorzeichnungen deutlich zu sehen. Die Kuppel zeigt wie üblich Christus als Pantokrator, von Engeln umgeben. Die Apsis stellt die Apostelkommunion dar, ein in der Ostkirche

Die Zwölf-Apostel-Kirche schmücken Fresken aus dem 12. Jahrhundert.

geläufiges Thema, das später von den Protestanten aufgegriffen wurde. Judas, ganz rechts, spuckt das Brot wieder aus. Darüber erkennt man die Muttergottes zwischen Petrus und Paulus. Im Kirchenschiff ist die Himmelfahrt Christi in plastischer Malweise gestaltet.

Dáli (Δάλι) Etwa 4 km nordöstlich von Péra Chorió liegt das moderne Dorf Dáli. An der Umgehungsstraße führt ein Hinweisschild zu den zwei Hügeln südlich des Dorfes mit den Ruinen der antiken Stadt Idálion, einem der bedeutendsten Stadtkönigtümer Zyperns. Das bereits vor der achäischen Kolonisation gegründete Idálion war bis in die klassische Zeit besiedelt und wurde im 5. Jh. von den Phöniziern erobert. Dem Mythos zufolge wurde Adonis, der Geliebte der Aphrodite, in Idálion von einem Eber, den Ares geschickt hatte, getötet. Schwedische und amerikanische Archäologen haben außer alten Gräbern Reste der mächtigen, 6 m hohen Stadtmauer des 5. Jh.s gefunden. Da der berüchtigte »Grab- und Kunsträuber« Palma di Cesnola (► Lárnaka) Ende des 19. Jh.s hier zugange war, wurden in Idálion kaum nennenswerte Funde gemacht. An der Straße nach Potamiá liegt am Rand von Dáli die kleine, einschiffige Kirche Ágios Demetriános (Anfang 14. Jh.).

Alámpra (Αλάμπρα) Ca. 4 km südwestlich von Péra Chorió fand man in Alámpra die wenigen Reste einer bedeutenden bronzezeitlichen Siedlung.

Káto Defterá (Κάτω Δευτερά) Rund 14 km südwestlich von Nikosia gelangt man kurz vor Káto Defterá zu einer frühchristlichen Höhlenkirche. Vom Parkplatz führt eine Brücke über den Fluss Pediaios auf die Felswand zu. Geweiht ist diese Kirche der Panagía Chrysospiliótissa (= Muttergottes von der Goldhöhle), die nach der Kreuzigung Jesu die Höhle mit ihren Fingernägeln aus dem Gestein gekratzt haben soll, um ihrem Schmerz Ausdruck zu verleihen. Von hier kann die Fahrt weiter bis ► Tamassós und zum ►Machairás-Kloster gehen.

★★ Páfos

G 2

Griechisch: Πάφος
Einwohnerzahl: 50 000
Höhe: 0 – 150 m ü. d. M.

Ein Bauer, der 1962 beim Pflügen auf römische Mosaiken stieß, katapultierte das bislang unbedeutende Provinzstädtchen Páfos ins Rampenlicht des archäologischen Interesses. Heute ist die Stadt nicht nur Anziehungspunkt für Kulturbegeisterte, sondern bietet auch Bade- und Wanderfreunden eine gute Plattform. Unweit entfernt findet man schöne Strände und die ►Akámas-Halbinsel liegt vor der Haustür.

Einst schützte das Kastell den Hafen von Páfos.

Aphrodites Reich

Die Stadt Páfos ist mit ihrer Kombination von modernem Urlaubsleben und bedeutenden Kulturschätzen das Lieblingsziel der Deutschen auf Zypern. Auch das Hinterland bietet viele Kultur- und Naturschätze. Die günstigen Bedingungen für einen Hafen führten in der Antike zur Gründung von **Néa Páfos**. Der Aufstieg von »Neu-Páfos« – auf dem Gebiet des heutigen Káto Páfos (káto = unten) – begann mit dem Niedergang von **Paläa Páfos** (Alt-Páfos) bei ►Koúklia. Das Aphrodite-Heiligtum in dieser 15 km südöstlich gelegenen Stadt blieb jedoch weiterhin Ziel von Pilgerreisen.

Über Jahrhunderte war Páfos ein idyllisches Fischerdorf. Seine Erschließung setzte erst nach der Inselteilung 1974 und der Eröffnung des Internationalen Flughafens 1984 (12 km südöstlich) ein. Heute ist die Stadt wirtschaftliches und kulturelles Zentrum einer landwirtschaftlich geprägten Region. Bananen- und Zitrusplantagen sowie Weingärten bestimmen das Landschaftsbild. Zahlreiche Sehenswürdigkeiten in und bei Páfos gehören zum UNESCO-Weltkulturerbe. Heute überblickt das türkische Kastell den malerischen Hafen mit Jachten und Fischerbooten. Fischrestaurants und Souvenirläden säumen die Uferpromenade, an der im Sommer buntes Treiben herrscht. Unmittelbar an den Hafen grenzen die antiken Ausgrabungsstätten und die Silhouette der beschaulich wirkenden Hotelstadt, die anders als in Agía Nápa, Lárnaka und Limassol von keinen Hochhäusern verunstaltet wird.

◄ Káto Páfos

Deutlich vom Touristenviertel getrennt ist der 3 km landeinwärts auf einem Felsvorsprung gelegene **Stadtkern**, Ktíma (= Landgut; das Ge-

◄ Ktíma

PÁFOS ERLEBEN

AUSKUNFT

Ktíma, Gladstone Street 3
Tel. 26 93 28 41
Káto Páfos
Leoforos Poseidonos 63 A
Tel. 26 93 05 21
am Flughafen: Tel. 26 42 31 61

VERANSTALTUNGEN

Anthestiria-Fest: Im Mai (variabel) wird das Blumenfest mit einem großen Umzug gefeiert. *Rythm of Lights*: Juni–Nov., jeden Mittwoch abendliche Musik- und Tanzveranstaltungen im Odeon (Ausgrabungsgelände). *Opernfestival*: Anfang September wird am Hafen vor dem Hafenkastell eine Openair-Oper aufgeführt (Páfos Aphrodite Festival Cyprus; www.pafc.com.cy).

GUT ZU WISSEN

Shopping

Am besten kauft man in *in Ktíma* ein. In der Leoforos Arch. Makariou Street sind viele Boutiquen und Fachgeschäfte zu finden, darunter auch die größte Buchhandlung Axel und das Kaufhaus Mango. Obst und Gemüse gibt es jeden Morgen auf dem *Bauernmarkt* bei den alten Markthallen. Im Marktviertel und in den Markthallen werden zyprisches Handwerk, Süßigkeiten, Spirituosen und allerlei Kitsch angeboten. Nördlich der Markthallen liegt das ehemalige türkische Viertel. Das *Handicraft Centre* (staatliches Kunsthandwerkszentrum) befindet sich in der Apostolou Pavlou Avenue 64 auf halber Strecke hinauf nach Ktíma in die Oberstadt (Tel. 26 24 02 43).

Strände

Im Stadtgebiet gibt es lediglich kleine, aufgeschüttete Strände, außerhalb der Stadt, der Poseidonos Street folgend, kommt der Strand von Geroskípou mit Badeanstalt und Aphrodites Waterpark mit riesigen Wasserrutschen, nordwestlich von Páfos gibt es Kieselstrände. Erst beim Coral Bay, etwa 10 km von Páfos, laden schöne kleine Sandbuchten zum Baden ein (regelmäßiger Linienbusverkehr).

Wassersport

Fast alle größeren Hotels bieten *Wassersport* an. Die schönsten Tauchplätze liegen Richtung Nordwesten an der Akámas-Halbinsel. In Páfos selbst gibt es nahe dem Hafen Riffs und alte Wracks zu sehen; *Tauchschule* Cydive, Poseidonos Street 1, Tel. 26 23 42 71, www.cydive.com. In der Umgebung von Páfos gibt es gleich zwei *Golfclubs*, siehe S. 120.

ESSEN

Die Spanne reicht von internationaler bis traditioneller zyprischer Küche. Günstig essen kann man in den zahlreichen Schnellimbissrestaurants. Die landeinwärts gelegenen Restaurants in Káto Páfos sind ebenfalls preisgünstiger. Gute Fischküche und stimmungsvolle Atmosphäre gibt es am Hafen mit Blick auf das Kastell.

Baedeker-Empfehlung

► **Erschwinglich**
⑥ ***Kiniras Hotel***
Ktíma (Oberstadt)
Leoforos Arch. Makariou 91
Tel. 26 24 16 04
Gutes Restaurant im Hotel Kiniras, mit schönem Innenhof, Lammspezialitäten (Kleftiko).

► Fein & teuer

⑤ ***Pelikan***
Káto Páfos, am Hafen
Tel. 26 94 68 86
Vorzügliche Fischküche mit einem Pelikan als Maskottchen.

② ***Georgia Mezé Haus***
Káto Páfos, Tefkrou Street/Konstantia
Tel. 26 94 52 50
Traditionelle Küche mit Mezé-Spezialitäten, freitags und samstags Live-Musik.

► Erschwinglich

③ ***Demokritos Taverna***
Káto Páfos, Dionysos Street 1
Tel. 26 93 33 71
Gutes Mezé-Lokal mit Live-Music und Tanzvorführungen.

① ***Deep Blue Restaurant***
Káto Páfos, Pafias Afroditis 12
Tel. 26 81 80 15
Modernes Ambiente, ruhig gelegen, gute Fischgerichte.

④ ***Laterna***
Apollonos Street 2/Ágios Antonios
Tel. 26 93 23 93
Familienbetrieb, gute Küche zu moderaten Preisen.

ÜBERNACHTEN

Die meistens Hotels liegen in Káto Páfos entlang der Poseidonos Avenue oder außerhalb an der Küstenstraße Richtung Coral Bay und haben somit Strandanschluss.

► Luxus

③ ***Annabelle Hotel***
Poseidonos Avenue
Tel. 26 93 83 33
www.thanoshotels.com
Zauberhaftes Hotel im byzantinischen Stil, große Poolanlage inmitten exotischer Pflanzen, kleiner Strand.

④ ***Almyra***
Poseidonos Avenue
Tel. 26 93 30 91
www.thanoshotels.com
Etwa 10 Gehminuten bis zum Hafen, neues Designerhotel, mit das modernste, was Zypern zu bieten hat.

► Komfortabel

⑤ ***Cynthiana***
An der Küstenstraße zur Coral Bay
Tel. 26 93 39 00
www.cynthianahotel.com
Einige Kilometer außerhalb von Páfos, abseits der Küstenstraße, ruhig zwischen Bananenhainen, direkt an einem kleinen Felsenstrand.

① ***Roman Hotel I***
Agiou Lamprianou
Tel. 26 94 54 11
www.romanhotel.com.cy
Nahe dem Leuchtturm und den Ausgrabungsstätten, originelles, wie für eine Filmkulisse gebautes Hotel im neo-antiken Stil mit Pool. Ein zweites, im gleichen Stil gebautes Hotel, Roman II., liegt schräg gegenüber.

► Günstig

② ***Apollon Hotel***
Apostoulou Pavlou
Tel. 26 93 39 09/10/11
www.Apollon-hotel-cyprus.com
In der Nähe vom Leuchtturm und Ausgrabungsgelände, einfaches, familiäres Hotel mit angenehmer, ruhiger Atmosphäre, Pool vorhanden.

⑥ ***Kiniras Hotel***
Ktíma (Oberstadt)
Leoforos Arch. Makariou 91
Tel. 26 94 16 04
www.kiniras.cy.net
Romantisches kleines Altstadthotel in Ktíma in der Einkaufsstraße mit hervorragendem Restaurant in lauschigem Innenhof.

Páfos Káto Páfos

Essen
① Deep Blue Restaurant
② Georgia Meze House
③ Demokritos Taverna
④ Laterna
⑤ Pelikan
⑥ Kiniras Hotel

Übernachten
① Roman Hotel I
② Apollon Hotel
③ Annabelle Hotel
④ Almyra
⑤ Cynthiana
⑥ Kiniras Hotel

biet war in fränkischer Zeit königliche Domäne) mit dem geschäftigen Einkaufsviertel, Banken, Schulen und öffentlichen Gebäuden. Hier wohnen die **meisten Einwohner** von Páfos, der kleinsten Distrikthauptstadt Zyperns. Rund um die Markthalle wurden einige Gassen renoviert und verkehrsberuhigt. Nur das alte Türkenviertel bei der Kebir-Moschee ist vom Bauboom noch nicht erfasst worden.

Geschichte
Gründung ►

Dem antiken Mythos zufolge gründete der arkadische König Agapenor von Tegea die Stadt Páfos und das 15 km entfernte Aphrodite-Heiligtum Paläa Páfos. Auf dem Rückweg vom trojanischen Krieg wurde er durch einen Sturm in Zypern an Land geworfen. Chalkolithische Funde bezeugen jedoch, dass es hier schon im 3. Jtd. v. Chr. Siedlungen gab. Diese standen jedoch im Schatten des mächtigen Paläa Páfos mit dem größten Aphrodite-Heiligtum der Antike. Historisch belegt ist die Gründung von Néa Páfos im 4. Jh. v. Chr., als der letzte Priesterkönig von Paläa Páfos, Nikokles, seinen Sitz hierher verlegte.

Bedeutung erlangte Néa Páfos im 2. Jh. v. Chr. unter den Ptolemäern. Die Stadt übernahm die Führungsrolle von Salamís und wurde Hauptstadt der ganzen Insel aufgrund ihrer günstigen Lage am Meer und dem riesigen Waldbestand im Hinterland. Zeugnis vom Wohlstand in dieser Zeit legen die sog. Königsgräber ab, in denen nicht Könige, sondern die reichen Bürger der Stadt bestattet wurden.

◄ Ptolemäische Herrschaft

Unter den Römern wurde Néa Páfos Sitz des Prokonsuls und erlebte seine größte Blütezeit. Nach einem Erdbeben im 1. Jh. v. Chr. ließ Kaiser Augustus die Stadt in ganzer Pracht wieder aufbauen. Davon zeugen noch die römischen Wohnhäuser mit ihren Mosaiken wie das Haus des Dionysos, des Aion, des Theseus und des Orpheus. 45 n. Chr. kamen **Paulus** und **Barnabas** während einer Missionsreise nach Zypern, wo es ihnen gelang, den römischen Prokonsul Sergius Paulus zum Christentum zu bekehren. Nach dem Ende der Christenverfolgung wurde Páfos Bischofssitz mit einer der größten Basiliken Zyperns.

◄ Römische Herrschaft

Im 4. Jh. n. Chr. zerstörten erneut Erdbeben die Stadt, die nicht wieder aufgebaut wurde, da Salamís neue Inselhauptstadt wurde. Der Niedergang wurde durch Arabereinfälle im 7./8. Jh. weiter verstärkt. Erst unter den Lusignans gewann Páfos erneut an Bedeutung und wurde römisch-katholischer Bischofssitz. Erdbeben und Überfälle führten jedoch bald dazu, dass Páfos verlassen und oberhalb der Küste eine neue Siedlung namens **Ktíma** angelegt wurde. Während der osmanischen Oberhoheit hatte Páfos keine Bedeutung, da Nikosia und Famagusta näher zur Türkei liegen.

◄ Mittelalter

Sehenswertes in Káto Páfos

Poseidonos

Die von Restaurants, Cafés, Souvenir-, Schmuck- und Brillengeschäften gesäumte Küstenstraße Poseidonos ist die Flaniermeile der Stadt. Von hier blickt man auf den malerischen Fischerhafen mit dem türkischen Kastell. An der Poseidonos liegt das sehenswerte Aquarium mit Fischen und Meerestieren aus dem Mittelmeer und aus indo-pazifischen Gewässern. Besonders eindrucksvoll sind das Haifischbecken und das Terrarium mit zwei Alligatoren (tgl. 9.00 – 19.00, im Winter bis 18.00 Uhr; www.tsiolis.com.cy).

◄ Páfos Aquarium SeeWorld

★ **Hafen und türkisches Hafenkastell**

Mitte der 1990er-Jahre wurden die alten Lagerhäuser und das Zollhaus am Hafen restauriert und der Hafenkai als Fußgängerzone umgestaltet. Kleine Fischerboote, einige Jachten und Glasbodenboote für Ausflugsfahrten zur Lára-Bucht und zur ► Akámas-Halbinsel schaukeln im Hafenbecken. An der Hafenmole erhebt sich das 1592 unter den Türken wieder aufgebaute und vorübergehend als Salzspeicher benutzte Kastell, das beliebteste Fotomotiv von Páfos. Vom Dach des quadratischen Turms hat man eine schöne Aussicht auf die Küstenszenerie. Am Ende der Hafenmole liegen die Reste einer fränkischen Festung, die von den Venezianern zu Beginn des 16. Jh.s geschleift wurde (tgl. 9.00 – 17.00, im Sommer bis 19.30 Uhr).

Néa Páfos • Archäologischer Park

Öffnungszeiten: tgl. 8.00 – 17.00 im Sommer bis 19.30

Am Ende des großen Parkplatzes am Hafen befindet sich der Zugang zu dem riesigen Ausgrabungsareal des antiken Néa Páfos östlich der Apostolou Pavlou. Das vor einigen Jahren in einen archäologischen Park umgestaltete Gebiet, das etwa einem Drittel der antiken Stadt entspricht, lädt zu ausgedehnten Spaziergängen ein. Verlassen kann man den Park durch mehrere Drehkreuze, um an der Felsenküste entlang zum Hafen oder zur nördlichen Stadtmauer zu gelangen. Direkt hinter dem Kartenhäuschen passiert man die Ruinen der **Panagía Limeniótissa** (= Unserer Lieben Frau des Hafens) aus dem frühen 5. Jh., die im 7. Jh. von Arabern zerstört wurde. Eine kleine Ausstellung in einer ehem. Lagerhalle informiert über die Grabungen.

Ausstellung ►

★★ Römische Häuser

Hauptattraktion des Ausgrabungsareals sind die römischen Häuser mit den wertvollen Bodenmosaiken. Als Zypern im 4. Jh. n. Chr. von Erdbeben heimgesucht wurde, blieb auch Néa Páfos nicht verschont. Die meisten Gebäude wurden zerstört und aufgegeben. Bei Planierungsarbeiten 1962 stieß man auf die Fundamente und Mosaiken eines römischen Hauses, das auf den Resten eines hellenistischen Vorgängerbaus (4. / 3. Jh. v. Chr.) errichtet wurde, wie der Fund von über 2000 Silber-Tetradrachmen (Münzen) aus ptolemäischer Zeit belegt. Da Dionysos auf den Mosaiken mehrmals dargestellt ist, benannte man das Gebäude nach ihm. In unmittelbarer Nachbarschaft wurden die Fundamente weiterer Häuser entdeckt.

? WUSSTEN SIE SCHON ...?

- Ihre Namen erhielten die römischen Wohnhäuser durch die Archäologen bzw. nach dem jeweils ersten Mosaik, das bei der Ausgrabung gefunden wurde.

Herstellung der Mosaiken

Die in der gesamten antiken Welt übliche Technik der Mosaik-Herstellung erforderte mehrere Arbeitsschritte. Nachdem man den eingeebneten Boden festgestampft hatte, breitete man mehrere Auflageflächen vor, die immer mit Mörtel angemacht wurden: zuerst gröbere Steine, dann Kies und Tonscherben. Die oberste Schicht bestand aus feinstem Mörtel, in den kleine Steinwürfel (**Tessarae**) eingedrückt wurden. Um die Haltbarkeit zu sichern, rieb man die Oberfläche des Mosaiks mit Marmorstaub, Sand und Kalk ein. Die Tessarae, meist 1 cm^2 groß, bestanden aus farbigen Steinen, die auf Zypern vielfach vorhanden sind. Lediglich für die Farben hell-orange, gelb, grün und blau verwendete man Glassteine. Die figürlichen Darstellungen sind keine Neuschöpfungen, sondern Kopien nach Musterbüchern, die den Handwerksstätten vorlagen.

★ Haus des Theseus

Gleich hinter dem Eingang liegt mit 9500 m^2 Gesamtfläche das größte aller freigelegten Häuser mit über 100 Räumen, vermutlich der Palast des römischen Statthalters. Bereits 1965 begannen polnische Archäologen das Haus des Theseus aus dem 2./3. Jh. n. Chr. auszugraben. Wohn- und Schlafräume, die Räume für rituelle Zwecke und Thermenanlagen sind in der Tradition hellenistischer Peristylhäuser um einen großen Innenhof gruppiert. Zur reichen Ausstattung des bis ins 7. Jh. n. Chr. bewohnten Gebäudes gehörten Wandmalereien, Marmorstatuen und mehr als 1400 m² Mosaikfußboden, meist aus geometrischen Mustern. Figürliche Mosaiken zeigen Themen aus der griechischen Mythologie.

◄ Theseus-Mosaik

Das erste Mosaik der Theseus-Villa stammt aus dem 3. Jh. und befindet sich in einer halbrunden Apsis am Ende der südlichen Säulenhalle. In der Mitte des kreisrunden Mosaiks wird der Kampf des Theseus mit dem Minotaurus im kretischen Labyrinth dargestellt. Theseus hat den Minotauros zu Boden gestreckt. Links von Theseus hockt der bärtige Gott des Labyrinths. Der Kampf wird von zwei Frauengestalten beobachtet: rechts oben die mit einer Mauer gekrönte personifizierte Kreta und links oben die ängstlich schauende Ariadne, die Theseus den Faden gab, damit er den Ausgang aus dem Labyrinth finden konnte. Eine weitere Anspielung auf das Labyrinth bildet der Medaillonrahmen mit seinem geometrischen Ornament, das darin enthaltene Flechtband stellt den Ariadne-Faden dar.

◄ Achilles-Mosaik

In der Hauptaula des Hauses ist das Bad des neugeborenen Achilles dargestellt. Seine göttliche Mutter Thetis wollte die Prophezeiung vom frühen Tod ihres Sohnes im Trojanischen Krieg Lügen strafen.

Achilles-Mosaik: Thetis, Peleus und die drei Schicksalsgöttinnen

Sie tauchte den Knaben in das Wasser des Styx, um ihn unverwundbar zu machen, hielt ihn jedoch an der Ferse fest. Diese verwundbare Stelle führte später zu seinem Tode. Die drei Moíren Klotho, Lachesis und Atropos am rechten Bildrand gemahnen daran, dass Achilles seinem Schicksal nicht entgehen wird. Dargestellt sind des Weiteren zwei Hebammen und Peleus, Achilles' Vater, der mit einem Stab in der Hand auf einem Thron sitzt.

Poseidon-Mosaik ► In der Südwestecke des Palastes stößt man auf das Poseidon-Mosaik. Der Meeresgott reitet vermutlich auf einem Seeungeheuer und umfasst dabei liebevoll seine Gemahlin Amphitrite. Diese wiederum scheint ihm den Bart zu kraulen. Das Mosaik befand sich im Schlafgemach des Hauses. Ein wahrlich passender Ort!

Haus des Orpheus

Westlich der Theseus-Villa legte man 1984 die Fundamente eines kleinen Hauses frei, das nach dem hier gefundenen Orpheus-Mosaik benannt wurde. Auf dem ca. 4 x 5 m großen Bildfeld ist Orpheus auf einem Felsen sitzend mit seiner Lyra dargestellt. Um ihn herum sind die Tiere des Waldes versammelt, die er mit seiner Musik anlockte. Ein weiteres Mosaik zeigt Herakles im Kampf mit dem nemeischen Löwen. Dieses Mosaik wurde bereits 1942 von einem britischen Soldaten entdeckt, jedoch wieder zugeschüttet. Das dritte Mosaik zeigt eine Amazone, die vor ihrem Pferd eine Doppelaxt in der Hand hält. Diese drei Mosaikfelder stammen aus dem 2./3. Jh. n. Chr. und stehen stilistisch den Mosaiken der Dionysos-Villa nahe. Alle drei Mosaiken sind momentan aus Schutzgründen abgedeckt.

Haus der drei Grazien

Eine weitere römische Villa zeigt ein Mosaik der drei Grazien und eine einzigartige Darstellung der Aphrodite mit einer Lanze.

Haus der vier Jahreszeiten

Erst 1992 entdeckt und aus restauratorischen Gründen noch zugedeckt ist das Haus der vier Jahreszeiten. Erhalten sind hier nur die Darstellung des Herbstes und einige Jagdszenen.

✶ Haus des Aion

Polnische Archäologen fanden 1983 die Bodenmosaiken des nach dem Gott Aion benannten Hauses, dessen Mosaiken vermutlich nach den Erdbeben von 332 und 342 entstanden. Das Haus lag gegenüber dem Eingang des römischen Statthalterpalastes (Haus des Theseus). In der Eingangshalle beeindrucken fünf große Mosaikfelder. In drei Reihen sind Szenen aus der griechischen Mythologie dargestellt, wobei die farblichen Nuancen der Körperformen im sog. schönen Stil äußerst plastisch wirken. Links oben wird die Geschichte Ledas mit dem Schwan erzählt. Leda, die schöne Königin von Sparta, wird von Jungfrauen und den Personifikationen Lakedämoniens und des Eurotas begleitet. Zeus nähert sich ihr in Gestalt eines Schwanes, um sie zu verführen. Aus ihrer Vereinigung gehen Kastor und Pollux sowie die schöne Helena hervor.

Leda und der Schwan ►

Dionysos ► In dem Mosaikfeld rechts oben sitzt der kleine Dionysos auf dem Schoß des Götterboten Hermes, Letzterer erkennbar an seinen Flü-

Die Bestrafung des Marsyas durch Apollon

gelchen an Stirn und Fußknöcheln. Übergeben wird Dionysos dem sich nähernden Silen Tropheus, seinem künftigen Beschützer, und den Nymphen, die gerade ein Bad für den Knaben einlassen. Im Bild unten links erkennt man die Prozession des Dionysos, dessen Wagen von einem Kentaurenpaar gezogen wird. Begleitet wird der feierliche Zug von Musikanten und Satyrn.

◀ Kassiopeia und die Nereiden

Das mittlere Bildfeld ist dem Schönheitswettbewerb der Kassiopeia und der Nereiden gewidmet, aus dem Kassiopeia als Siegerin hervorgeht. Krisis, die personifizierte Gerechtigkeit, setzt ihr die Krone aufs Haupt. Helios, Zeus und Athena schauen zu. In der Mitte des Mosaiks fungiert der Zeitgott Aion als Schiedsrichter. Rechts ziehen die Nereiden verärgert über den Ausgang des Wettstreits rittlings auf einem Kentauren und einem Tritonen (beide Personifikationen des Meeres) von dannen.

◀ Marsyas und Apollon

Das letzte Mosaik unten rechts zeigt das bittere Ende des Satyrn Marsyas, der es gewagt hatte, Apollon zu einem Musikwettstreit aufzufordern. Daraus ging der Lyraspieler Apollon, rechts auf dem Thron sitzend, siegreich hervor. Dem »frevelhaften« Flötenspieler Marsyas wird als Strafe die Haut bei lebendigem Leibe abgezogen. In der dargestellten Szene fassen zwei Gefährten des Apollon (Skythen) Marsyas beim Schopf, um das Todesurteil zu vollstrecken.

★★ Haus des Dionysos

Der unbekannte Besitzer dieses Wohnhauses in einem der ehemals besten Wohnviertel der Stadt muss sehr wohlhabend gewesen sein. Das Haus stammt aus dem 2. Jh. n. Chr. und ist viel größer als sein Schutzpavillon, der 1997 in Form einer römischen Villa des 2./3. Jh.s errichtet wurde. Einst erstreckte es sich über 2000 m^2, wovon 556 m^2 mit Mosaikfußböden bedeckt waren. Größer war nur der Palast des römischen Prokonsuls in der Nachbarschaft.

Die Villa steht auf einem hellenistischen Vorgängerbau. Von dessen Eigentümer stammen vermutlich die 2484 Tetradrachmen aus den Jahren 204 bis 88 v. Chr., die in einem Kellerraum entdeckt wurden.

HAUS DES DIONYSOS

★★ **Die Mosaiken von Néa Páfos wurden bei Planierungsarbeiten 1962 entdeckt, als auf einem Acker farbige Mosaiksteinchen zum Vorschein kamen. Bei den Grabungen wurde auch das nach seinen Mosaiken benannte Haus des Dionysos freigelegt.**

1 Atrium
Mittelpunkt der römischen Villa ist das Atrium, ein von Säulen umgebener Innenhof, mit dem Impluvium. In dem Becken wurde Regenwasser vom Dach gesammelt, von wo es als Frischwasser durch Tonrohre in Zisternen weiterfloss. Während die Wohn- und Repräsentationsräume mit aufwändigen Mosaiken ausgekleidet sind, besitzen die Privat- oder Schlafräume im Ost- und Nordtrakt einfache Kieselböden, die vermutlich mit Teppichen ausgelegt waren. Die Böden der Wirtschaftsräume im Westtrakt wie Küchen, Werkstätten und Vorratskammern waren aus gestampftem Lehm.

Eines der schönsten Mosaiken erzählt die tragische Geschichte von Phaidra, die sich in ihren Stiefsohn Hippolytos verliebt.

2 Tablinum
Dieser Raum war vermutlich die Empfangshalle, die bei Festen auch als Speisesaal genutzt wurde. Für diesen Anlass wurden Klinen, Liegen, in Hufeisenform aufgestellt.

3 Ältester Raum
Das Mosaik mit dem aus Homers Odyssee bekannten Meeresungeheuer Skylla stammt noch aus dem hellenistischen Vorgängerbau.

4 Ehemaliger Eingang
Die zweigeteilte Inschrift »chaire« (»sei gegrüßt«) »kai sy« (»auch du«) im Raum mit dem Vier-Jahreszeiten-Mosaik lässt vermuten, dass hier einmal der Haupteingang lag.

Páfos Haus des Dionysos

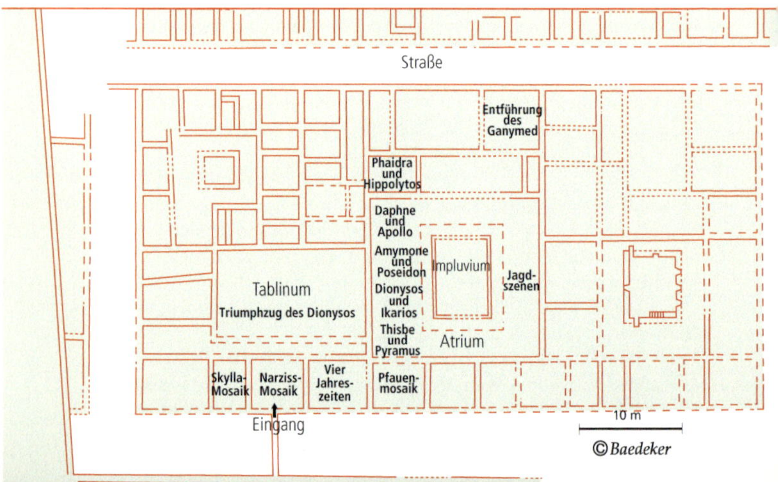

Die heute nur noch selten anzutreffenden Mufflons waren bereits in der Antike beliebte Jagdbeute.

Dionysos, die Nymphe Akme und Ikarios beim Weintrinken.

Poseidon rettet Amymone und verliebt sich in die schöne Frau. Er schenkt ihr die Quelle von Lerna und zeugt mit ihr Nauplios. Zwischen beiden schwebt als Vermittler der kleine Eros.

Skylla ► Nach Betreten des Hauses liegt links das älteste Mosaik, das als einziges aus dem hellenistischen Vorgängerbau stammt: Skylla, das Meeresungeheuer, umgeben von Delfinen. Im Gegensatz zu den römischen Mosaiken ist es aus einfachen schwarz-weißen Kieseln zusammengesetzt.

Narziss ► Es folgt Narziss, der sich als Strafe dafür, dass er die schöne Nymphe Echo abgewiesen hatte, in sein eigenes Antlitz verliebte. Da er sich aus lauter Liebe nach sich selbst verzehrte, erbarmte sich Aphrodite und verwandelte ihn in eine Narzisse.

Vier Jahreszeiten ► Die Bildfelder mit den Personifikationen (Büsten) eines Jahresgottes, vielleicht des Apollon (Mitte), und der vier Jahreszeiten werden von einem Streifen aus perspektivisch dargestellten Kuben umrahmt. Die Begrüßungsformel: »Sei gegrüßt, auch Du« lässt auf eine Eingangshalle schließen.

Triumphzug des Dionysos ► Der größte und wichtigste Raum des Hauses, das Tablinum, diente als Empfangs- und Speisehalle. Nach einem Mosaik, das den Triumphzug des Dionysos darstellt, erhielt das Gebäude seinen Namen. Dionysos sitzt inmitten seines Gefolges aus Satyrn, Silenen, des Pan und Musikanten auf einem Wagen, der von Panthern gezogen wird. In einem großen Bildfeld wird die Weinlese dargestellt, umrankt von Weinlaub, Hasen und Vögeln.

Thisbe und Pyramos ► Rund um das Atrium verlief eine Säulenhalle, deren Fußboden mit einer Folge von Mosaiken dekoriert ist. Das erste Bild stellt die Geschichte von Thisbe und Pyramos dar. Da die Eltern des jungen Liebespaares gegen eine Verbindung waren, trafen sich beide heimlich im Wald. Als Thisbe eines Tages als Erste zum Rendezvous erschien, floh sie vor einem Panther, der gesättigt, mit blutverschmiertem Maul am Treffpunkt lag. Als Pyramos daraufhin erschien und den Panther mit Thisbes Tuch im Maul sah, stürzte er sich vor Kummer in sein Schwert, in dem Glauben, Thisbe sei von dem wilden Tier zerrissen worden. Thisbe folgte ihm in den Tod.

Dionysos und Ikarios ► Das folgende Mosaik stellt die »ersten Weintrinker« dar. Dionysos, der die Gastfreundschaft des attischen Königs Ikarios genießt, bringt ihm als Dank die Kunst des Weinbaus und der Weinherstellung bei. Links sitzt Dionysos mit der Nymphe Akme beim Wein. Ikarios (in der Mitte) ist glücklich über die neu erlernte Kunst und gibt zwei Hirten das Getränk zum Probieren. Beide werden betrunken und glauben, Ikarios wolle sie vergiften. Daraufhin erschlagen sie ihn.

Amymone und Poseidon ► Die schöne Amymone, eine der fünfzig Töchter des Danaos, weckt beim Suchen einer Quelle einen Satyr, der sich ihr unziemlich nähern will (►S. 273).

Daphne und Apollon ► Das letzte Mosaik des Westportikus stellt die unerfüllte Liebe des Apollon zur Nymphe Daphne dar. Daphne flieht vor dem sie verfolgenden Apollon zu ihrem Vater, dem Flussgott Peneios. Zeus erbarmt sich ihrer und verwandelt sie in einen Lorbeerstrauch, der bis heute auf griechisch ihren Namen trägt. Auf dem Mosaik verwandeln sich ihre Beine schon in einen Strauch.

Phaidra, die zweite Frau des Theseus, verliebte sich in ihren Stiefsohn Hippolytos. Der links im Bild stehende Jüngling hatte sich jedoch ganz dem Dienste der Artemis und der Jagd verschrieben und wies die Stiefmutter, die ihm einen Brief hatte zukommen lassen, entrüstet ab. Die in ihrem Stolz verletzte Phaidra verleumdete den Sohn beim Vater, dass er ihr nachgestellt habe. Theseus bat seinen Vater Poseidon um Hilfe, dieser schickte einen wilden Stier aus den Wellen. Die Pferde des Hippolytos erschraken bei seinem Anblick und schleiften Hippolytos zu Tode. Phaidra beging daraufhin Selbstmord. ◄ Phaidra und Hippolytos

Das kleine Mosaik an der Nordseite des Hauses zeigt Zeus in Gestalt eines Adlers, der den schönen Jüngling Ganymed entführt und ihn zum Mundschenk der olympischen Götter macht. ◄ Ganymed

Nord-, Süd- und Ostportikus des Atriums sind mit Jagdszenen geschmückt. Interessant sind die Darstellungen von Mufflons, die bereits in römischer Zeit ein beliebtes Jagdobjekt waren. ◄ Jagdszenen

Akropolis

◄ Agora

Vom Haus des Dionysos folgt man dem Weg Richtung Leuchtturm, wo sich einst die antike Akropolis mit dem Asklepieion, der Agora und dem Odeion befand. Die Agora, der Markt- und Versammlungsplatz, bestand aus einem 95 x 95 m großen Hof mit Säulenumgang. Im Osten ist noch das Stylobat des Umgangs erhalten, zu dem drei Treppenstufen hinaufführten. Hier fand man Granitsäulen mit korinthischen Marmorkapitellen.

Gegenüber der Agora liegt das teilweise rekonstruierte Odeion, das bei den Erdbeben des 4. Jh.s n. Chr. fast vollkommen zerstört wurde. Es besaß einst 25 Sitzreihen und bot 3000 Zuschauern Platz. Ein Odeion hatte die Funktion eines Konzerthauses, bestand wie ein Theater aus einer halbrunden Orchestra, Cavea und Skene, war jedoch im Gegensatz zum Theater in der Regel überdacht. In den Sommermonaten finden im Odeion regelmäßig kulturelle Veranstaltungen statt (►Páfos erleben, S. 264). ◄ Odeion

Das Mauerwerk links vom Odeion gehört zu einem Asklepieion, einem dem Gott der Heilkunst geweihten Tempel mit Räumen für den Heilschlaf und für Therapien. Ein langer Gang verband das Asklepieion mit dem Odeion. ◄ Asklepieion

Etwa 300 m nördlich erkennt man die Reste der hellenistischen Stadtmauer mit Stadttor und Graben. Hier kann man den Archäologischen Park verlassen und über einen Pfad an der Küste entlang bis zu den Königsgräbern laufen (ca. 30 Min.).

Kastell Saranta Kolones

Den Rundgang durch das Ausgrabungsareal beschließt man mit der Besichtigung der mittelalterlichen Festungsruine Saranta Kolones (= vierzig Säulen), so genannt, weil genau 40 römische Säulen für den Bau des Kastells verwendet wurden. Um 1100 wurde diese Burg von den Byzantinern zur Sicherung der Küste errichtet und später von den Franken genutzt. Saranta Kolones wird auch mit einer Kreuzfahrerfestung in Verbindung gebracht, die jedoch schon 1222 völlig zerstört wurde. In der Folgezeit diente das Kastell als Steinbruch.

Chrysopolítissa-Komplex

Wenn man den Archäologischen Park verlässt und der stark befahrenen Apostolou Pavlou folgt, gelangt man nach ca. 200 m zur spätbyzantinischen Kreuzkuppelkirche Agía Kyriakí Chrysopolítissa aus dem 16. Jh., um die sich ein weitläufiges Ruinenareal erstreckt (Eintritt frei, tagsüber immer geöffnet). Heute finden hier Gottesdienste in deutscher und englischer Sprache statt. Die ältesten Mauerreste stammen von einer frühchristlichen Basilika aus dem 4. Jh., die mit 50 m Länge und 38 m Breite, sieben Schiffen und einer Doppelapsis zu den größten Basiliken Zyperns zählte. Sie wurde aber im 6. Jh. auf fünf Schiffe und eine Apsis verkleinert. Reste von Mosaikfußböden lassen auf eine reiche Auskleidung der Kirche schließen. Als die Kreuzritter Zypern eroberten, lag die Basilika schon in Trümmern. Nördlich davon liegen die Reste einer fränkischen Kirche aus dem 13. Jh., die dem hl. Franziskus geweiht war. Im Westen der fränkischen Kirche steht ein abgegriffener Säulenschaft, an dem der **Apostel Paulus** gefesselt und ausgepeitscht worden sein soll. Die Apostelgeschichte (13,1–13) berichtet, dass Paulus und Barnabas auf ihrer Missionsreise durch Zypern gegen den Widerstand des Zauberers Bar-Jesus, den Paulus mit Blindheit geschlagen hatte, den römischen Statthalter Sergius Paulus zum Christentum bekehrten.

Paulussäule ►

Die Kreuzkuppelkirche Agía Chrysopolítissa, im Vordergrund die Paulussäule

Nahe der Paulus-Säule ist ein fränkisches, mit mehreren Kuppeln versehenes **Badehaus** erhalten. Im mittelalterlichen Mauerwerk sind die mächtigen Wurzeln eines abgestorbenen Olivenbaums zu sehen.

Agía-Solomoní-Katakomben

Wenn man der Apostolou Pavlou weiter Richtung Ktíma folgt, gelangt man zur Höhlenkirche Agía Solomoní, in der die frühen Christen Zuflucht suchten. Diese auf antike Grabanlagen zurückgehenden Katakomben wurden nach der Märtyrerin Solomoní benannt, einer Jüdin, die zusammen mit ihren sieben Söhnen während des Makkabäer-Aufstandes 166 n. Chr. hier lebendig eingemauert worden sein soll. Die nur schlecht erhaltenen Malereien der Grottenkirche sind aus dem 12. Jahrhundert. Eine Treppe führt vom Innenhof zu einem Brunnen, dem heilende Wirkung bei Augenleiden nachgesagt wird. Vor der Höhlenkirche steht eine 300 Jahre alte Terpentinpistazie, an deren Äste Hunderte von Stofffetzen geknotet sind, die ähnlich den buddhistischen Gebetsfahnen ein Gebet unterstützen und einen Wunsch erfüllen sollen (auch beim Aphrodite-Felsen bei ► Koúklia steht solch ein Wunschbaum).

Fabrica-Hügel und Digenis-Fels

Weiter nördlich erhebt sich der Fabrica-Hügel mit einigen hellenistischen Gräbern. Der Name Fabrica (= Bauhütte) erinnert an Steinmetze, die hier einst arbeiteten. Spuren von Keillöchern zeigen, dass der Hügel in römischer Zeit auch als Steinbruch genutzt wurde. Reste eines hellenistischen Theaters, eines der größten der Insel, werden derzeit von australischen Archäologen ausgegraben. Sie fanden hellenistische Bodenmosaiken. Eine Legende erinnert an einen Liebeshandel zwischen dem byzantinischen Helden Digenis und der Königin Regaena. Diese hatte Digenis versprochen, ihn zu erhören, wenn er ihr Wasser aus dem Pentadáktylos bringe. Als sie ihr Versprechen nicht hielt, warf Digenis voller Wut einen riesigen Felsblock, den heutigen Fabrica-Hügel, auf ihren Palast. Regaena bewarf ihn daraufhin mit einer Spindel, die sich in eine Granitsäule verwandelte.

Sehenswertes in der Oberstadt Ktíma

Digenis-Platz, Markthalle

Mittelpunkt von Páfos Ktíma ist der Digenis-Platz mit drei neoklassizistischen Gebäuden aus der britischen Kolonialzeit: Gymnasium, Rathaus und Stadtbibliothek. Von hier führt die Einkaufsstraße Makariou III. zur Markthalle, die von einem engen Straßengewirr mit unzähligen Souvenirgeschäften und dem einstigen türkischen Viertel umgeben ist. Zu **Marktzeiten** (v. a. Samstagvormittag) findet hier ein buntes Treiben statt und man sollte keinesfalls versuchen, mit dem Auto in die Altstadt zu fahren.

✶ Ethnografisches Museum

Südlich vom kleinen Stadtpark befindet sich in der Exo Vrysis das private Volkskundemuseum, das im Haus (ausgehendes 19. Jh.) der Familie Eliades untergebracht ist. Bereits 1939 begann G. S. Eliades den Grundstock seiner archäologischen und volkskundlichen Samm-

Öffnungszeiten: Mo. – Sa. 9.30 – 17.30 (im Winter nur bis 17.00) So. 10.00 – 13.00

lung zu legen. Das Haus hat seine ursprüngliche Bauweise und z. T. seine traditionelle Einrichtung bewahrt, sodass es einen guten Einblick in die zyprische Lebensweise reicher Bürger erlaubt. Das Untergeschoss enthält Gebrauchsgegenstände wie Mobiliar, Haushaltsgegenstände, Webstühle, landwirtschaftliche Geräte und Keramik, Trachten, Handarbeiten, Holztruhen und eine Ölmühle. Im Obergeschoss beeindrucken geschnitzte Borde und Truhen, Metallgeräte und Silberarbeiten.

Byzantinisches Museum

Schräg gegenüber vom Volkskundemuseum zeigt das Byzantinische Museum in der Ioanou Andrea Ikonen des 12. bis 18. Jh.s, Messgewänder und liturgische Geräte (Mo. – Fr. 9.00 – 17.00, Juni – Sept. bis 19.00, Sa. 9.00 – 13.00 Uhr).

Archäologisches Distriktmuseum

Öffnungszeiten: Mo. – Fr. 9.00 – 17.00 Sa. 10.00 – 13.00

Kommt man von Limassol auf der Georgiou Griva Digeni Avenue nach Ktíma, fällt der Neubau des Archäologischen Distriktmuseums östlich des Stadtzentrums auf. Vier Räume zeigen in chronologischer Reihenfolge Exponate aus Páfos und Umgebung: Werkzeuge und Idole aus dem Neolithikum, sog. Red-Polished- und White-Slip-Keramik aus der Bronzezeit, schwarz- und rotfigurige Keramik der archaischen und klassischen Zeit und Votivfiguren und Gläser aus hellenistischer und römischer Zeit. Erwähnenswert ist ein römischer Aphroditetorso, den man, stark beschädigt, auf dem Meeresgrund bei Páfos fand. Die interessantesten Ausstellungsstücke sind tönerne **»Wärmflaschen«** in Form von Gliedmaßen (Arme und Beine), die dem Rheumakranken auf die entsprechenden Körperteile gelegt wurden. Das Mittelalter ist mit einem Renaissance-Baldachin vertreten, der von vier Engeln getragen wurde. Dieses venezianische Kunstwerk fand man bei Ausgrabungen im Chrysopolítissa-Komplex.

Páfos Ktíma *Orientierung*

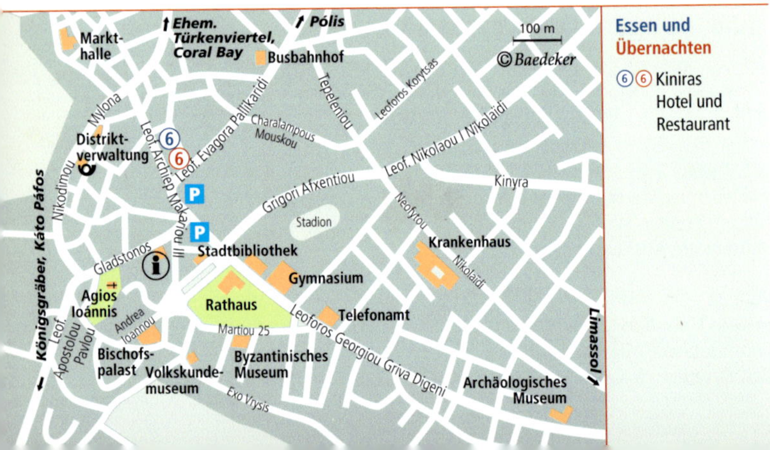

Die Peristylgräber wurden im Stil herrschaftlicher Wohnhäuser errichtet.

★★ Königsgräber

Öffnungszeiten: tgl. 8.00 – 17.00 im Sommer bis 19.30

Eine der interessantesten Sehenswürdigkeiten der Insel, die Nekropole des antiken Néa Páfos, liegt 2 km nördlich von Páfos und ist über die Straße Tafon ton Vasileon zu erreichen – auf dem Küstenpfad von den römischen Häusern (► S. 268) dauert die Wanderung etwa 30 Minuten. Die sog. Königsgräber stammen aus dem 3. Jh. v. Chr., als Zypern unter der Herrschaft der Ptolemäer stand und vom ägyptischen Alexandria aus regiert wurde. Da die Stadtkönigtümer aufgelöst waren und es somit keine Könige mehr auf Zypern gab, ist die Bezeichnung Königsgräber irreführend. Es handelt sich vielmehr um Grabanlagen der zyprischen Oberschicht, die den Wohlstand der Stadt unter den Ptolemäern dokumentieren. Die Gräber wurden bis ins 3. Jh. n. Chr. ohne Unterbrechung für Bestattungen benutzt. Die frühen Christen suchten hier Zuflucht vor Verfolgung. Im Mittelalter dienten einige Gräber als Wohnungen oder als Gefängnisse. Von den antiken Grabbeigaben ist kaum etwas übrig geblieben, da Schatzräuber wie der US-Konsul Palma di Cesnola (► Lárnaka) vor allem im 19. Jh. die Gräber systematisch plünderten.

Peristylgräber

Die eindrucksvollsten Gräber sind die in den Fels gehauenen Peristylgräber, die Wohnhäuser der ptolemäischen Zeit nachahmten. Der Typus des unterirdischen Grabhauses kam aus Ägypten, doch sind die architektonischen Details griechisch: Dorische Säulen tragen Architrave mit Triglyphen- und Metopenfries. Vom Innenhof (Atrium)

Páfos Königsgräber

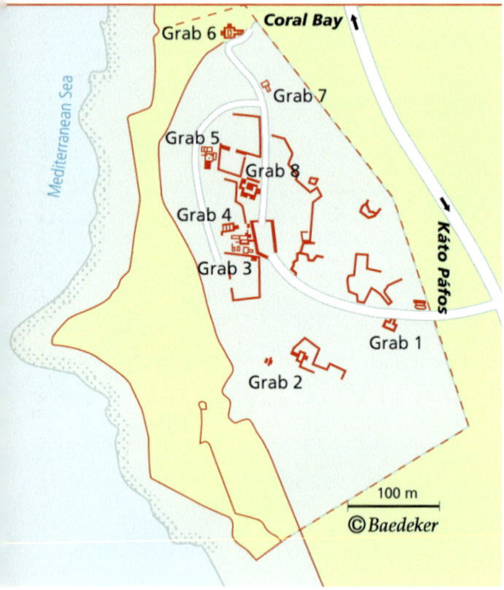

mit dem Säulenumgang aus erreicht man die einzelnen Grabkammern, die verputzt und mit Stuck oder Malereien versehen waren. Sie führen zu den kleinen Nischen, den Loculi, wo die Toten lagen. In allen großen Grabanlagen fand man einen Brunnen, der auf Bestattungsrituale hinweist.

Grab1: Direkt beim Eingang befindet sich ein oberirdisches Kammergrab, dessen Wände noch Spuren von Malereien aufweisen. Es besitzt zwei kleine Loculi für Kinder und fünf für Erwachsene. Das folgende Grab (2) erfuhr in römischer Zeit eine Umänderung, als der Treppendromos geschlossen und ein neuer Eingang im Süden geöffnet wurde. An der Nordseite brachte man zwei Altäre an.

Grab 3 und 4 ► Grab 3 besitzt einen großen Innenhof mit einem dorischen Säulenumgang. Ein Treppendromos führt hinab in die Anlage. Direkt neben Grab 3 sind einfache Schachtgräber zu sehen, die von einer Mauer umgeben sind und Familiengräber der einfachen Bevölkerung waren. Grab 4 entspricht im Wesentlichen Grab 3.

Grab 5 ► Eine der größten Grabanlagen ist Grab 5. Der Dromos ist über 7 m lang und 2,80 m breit. Große, schwere Pfeiler bilden den Säulenumgang des Innenhofes, in dessen Mitte man einen Brunnen entdeckte. Auf der Südseite liegt die Hauptgrabkammer. Interessant ist der Fund eines großen mittelalterlichen Töpferofens mit Ventilationssystem. Eingeritzte Kreuze und die hier entdeckte Keramik weisen auf eine Benutzung des Grabes von der hellenistischen Zeit bis ins Mittelalter hin.

Grab 8 ► Grab 8 besitzt keinen peristylen Innenhof, in einem rechteckigen Hof steht ein großer Felsblock, in den die Grabkammern eingelassen sind.

Umgebung von Páfos

Bootshalle Folgt man der Küstenstraße weiter, so gelangt man beim Hotel St. George zu einer modernen Bootshalle, die als kleines Museum eingerichtet ist. Ausgestellt ist u. a. das Kaiki, mit dem fünf Unabhängigkeitskämpfer der EOKA am 25. Januar 1955 heimlich mit einer Ladung Dynamit und Waffen aus Griechenland an Land gingen und von britischen Soldaten verhaftet wurden. Kurz zuvor war General Grivas hier gelandet, um den Untergrundkampf zu eröffnen.

Natur pur, die Felsküste nördlich von Páfos

Lémpa (Λέμπα)

Nach 1 km führt ein Schild zu den wieder aufgebauten Rundhütten der chalkolithischen Siedlung Lémpa, die frei zugänglich sind. Studenten der Universität Edinburgh experimentieren hier mit Baustoffen (Lehm, Holz und Stroh) und Bautechniken, die in der Kupfersteinzeit üblich waren, und versuchten die durch Witterung und Trockenheit entstandenen Schäden mit zeittypischen Methoden zu reparieren. Eine ungewöhnliche Attraktion ist das von Stass Paraskos gegründete Künstlerdorf. Er integrierte die Bildhauerarbeiten seiner aus aller Welt stammenden Kunststudenten in eine 35 m lange Zementmauer, die einen Hof mit surrealistischen Skulpturen und die provisorisch wirkenden Studios umschließt. Immer wieder wird die Mauer mit weiteren Elementen ergänzt, die in freier Improvisation entstanden sind.

Coral Bay

Ca. 6 km nördlich von Lémpa gelangt man zu dem jungen Badeort Coral Bay, der sich um zwei schöne Sandbuchten entwickelt hat. Nach der Aufhebung des Bauverbotes hat ihn das Schicksal anderer Küstenorte erreicht, Hotels und Apartmenthäuser schossen aus dem Boden. Der kleine Fischerhafen und der nach den Korallen im Sand benannte Strand befinden sich sozusagen auf dem Hotelgelände.

Seit 1995 sind auf der schmalen Landzunge **Máa-Palaiókastro** zwischen den beiden Buchten die Ruinen einer spätbronzezeitlichen Siedlung öffentlich zugänglich, die

! *Baedeker* TIPP

Baden an der Coral Bay

Die zwei schönen Badebuchten an der Coral Bay mit ihrem feinen Sandstrand versprechen Badespaß – wenn nicht gerade Hochsaison ist. Ausweichmöglichkeiten gibt es etwas weiter nördlich auf der Akámas-Halbinsel (S. 160).

nur für kurze Zeit von griechisch-stämmigen Achäern bewohnt war. Gut zu erkennen ist eine 70 m lange und bis 3,5 m breite Zyklopenmauer, die die Halbinsel zur Landseite schützte. Am Rand des Geländes informiert das **Museum der Mykenischen Zivilisation** über die Bedeutung des Kupferabbaus und Kupferhandels auf Zypern (Mo. bis Sa. 10.00 bis 16.00 Uhr). Das von dem italienischen Stararchitek-

CORAL BAY UND ÁGIOS GEÓRGIOS ERLEBEN

ÜBERNACHTEN IN ÁGIOS GEÓRGIOS

► Günstig

Hotel Mac Arthur
Tel. 26 62 20 11; Fax 26 62 14 36
mchotel@spidernet.com.cy
Neues, ruhig gelegenes Hotel mit schöner Poolanlage.

St. Georges Rent Rooms
Tel. 26 62 13 06
Einfache Bungalows, teilweise mit Seeblick, gute Küche im dazugehörenden Restaurant.

Yeronisos Hotel
Tel. und Fax 26 62 10 78
Einfaches und sauberes Hotel mit freundlicher Betreuung.

► Komfortabel

Corallia Beach Apartment Resort
Tel. 26 62 21 21
www.corallia.com.cy
Das Resort bietet einen exzellenten Standart und ist empfehlenswert für Familien mit Kindern. Die Apartments und Studios sind großzügig angelegt, ein herrlicher Pool und die nahe Coral Bay laden zum Baden ein.

ÜBERNACHTEN AN DER CORAL BAY

► Luxus

Coral Beach
Tel. 26 62 16 01
www.coral.com.cy
Das Haus zählt zu den Luxushotels von Zypern. Große Gartenanlagen und der herrliche Sandstrand machen es zu einem angenehmen Aufenthaltsort.

► Komfortabel

Corallia Beach Apartment Resort
Tel. 26 62 21 21
www.corallia.com.cy
Das Resort bietet einen exzellenten Standart und ist empfehlenswert für Familien mit Kindern. Die Apartments und Studios sind großzügig angelegt, ein herrlicher Pool und die nahe Coral Bay laden zum Baden ein.

ESSEN IN ÁGIOS GEÓRGIOS

Baedeker-Empfehlung

► Erschwinglich/Preiswert

Viklari Taverne
Tel. 26 99 10 88
Etwa 3 Kilometer außerhalb Richtung Akámas-Halbinsel rechter Hand auf einem Hügel gelegen. Einzigartiger Panoramablick von der herrlichen Terrasse, rustikales Ambiente (nur in der Saison geöffnet).

ESSEN AN DER CORAL BAY

Es gibt unzählige Restaurants und Bars, die entlang der einzigen Straße liegen. Wer fern des Trubels speisen möchte, fährt zum wenige Kilometer entfernten *Pégeia*, wo es nette und ruhigere Tavernen mit guter einheimischer Küche gibt.

ten Andrea Bruna konzipierte, an eine fliegende Untertasse erinnernde Museum gehört zu den beachtenswertesten zeitgenössischen Bauten auf Zypern.

Snake George Exhibition

An der Küstenstraße Richtung Ágios Geórgios lohnt sich ein Stopp bei Schlangen-Georgs Reptilienpark hinter der BP-Tankstelle. Der als Blauhelmsoldat nach Zypern gekommene Österreicher Hans-Jörg Wiedl, der sich von Jugend an für Reptilien interessierte, eröffnete seinen Zoo 1996, um heimische Schlangen und Echsen in natürlich wirkenden Freigehegen mit Felsbrocken, Ästen und Wasserpfützen zu zeigen und Besuchern die abergläubische Angst vor den meist harmlosen Schlangen zu nehmen (tgl. 10.00 bis Sonnenuntergang). ⌚

Pégeia (Πέγεια)

Von der Coral Bay lohnt sich ein Abstecher zum 4 km entfernten, malerisch am Hang gelegenen Dorf Pégeia, das mit seinen Tavernen und Pubs v. a. bei Briten beliebt ist.
Im **Páfos Bird Park** zwischen Ágios Geórgios und Pégeia leben in einem großen Areal Vogelarten aus der ganzen Welt, daneben auch Mufflons, Zebras und Giraffen (tgl. Okt. – März 9.00 – 17.00, Apr. bis Sept. 9.00 – 20.00 Uhr). ⌚

Ágios Geórgios

Der Ort Ágios Geórgios besteht aus Tavernen und Pensionen, einem kleinen Fischerhafen und einem kleinen Badestrand. Vorgelagert im Meer liegt die **Gerónisos-Insel**. Vom Vorhandensein einer spätantiken Stadt zeugen Reste einer frühchristlichen Basilika mit Mosaikfußboden, Atrium und Taufkapelle (Mo. – Sa. 10.00 – 16.00 Uhr). ⌚ Ein Urlaub in Ágios Geórgios empfiehlt sich allen, die den Rummel von Páfos meiden möchten, keinen Luxus benötigen und ein paar Meter Anfahrt zum Strand nicht scheuen. Nur wenige Kilometer sind es bis auf die Akámas-Halbinsel mit ihren Stränden, Schluchten und Wandermöglichkeiten.

Peristeróna

E 6

Griechisch: Περιστερώνα
Einwohnerzahl: 1200
Höhe: 200 m ü. d. M.

Frisch renoviert, präsentiert sich die Kirche der hll. Barnabas und Hilarion von ihrer besten Seite. Rot schimmern die fünf Kuppeln im Abendlicht und grüßen das nahe Minarett. Peristeróna war nämlich einst ein griechisch-türkisches Dorf.

Peristeróna, 28 km westlich von Nikosia an der Straße Richtung Tróodos, war in mittelbyzantinischer Zeit ein Dorf. Wichtigste Sehenswürdigkeit ist die Kirche der hll. Barnabas und Hilarion aus dem 11. Jh. (Schlüssel im Kafeníon neben der Kirche).

✶ **Ágios Várnavas tis Iláris**

Dem auf Zypern seltenen Typus der Mehrkuppelkirche angehörend, ist sie eines der bedeutendsten Bauwerke der damaligen Zeit. Die beiden Patrone der Kirche dürfen nicht mit dem zyprischen Heiligen Barnabas, dem Begründer der zyprischen Kirche, und dem Eremiten Hilarion verwechselt werden. Der Legende nach handelt es sich um zwei junge, wohlhabende Männer aus Kappadokien, die als Offiziere unter Theodosius II. (5. Jh.) dienten. Zum Christentum bekehrt, gaben sie ihren Beruf auf, verschenkten Hab und Gut an die Armen und lebten fortan in großer Frömmigkeit. Ihre Reliquien gelangten nach Zypern, wo ihnen zu Ehren eine Kirche errichtet wurde.

NICHT VERSÄUMEN!

- Direkt neben der Kirche befindet sich ein uraltes Kafeníon, in dem sich die Männerwelt des Ortes trifft, ihren Kaffee genießt, diskutiert und Karten spielt. Das Ehepaar, das dieses Kafeníon seit Jahrzehnten führt, freut sich immer über Besucher, die im Schatten unter den großen Platanen ihren Kaffee oder Erfrischungen genießen.

Die fünf Kuppeln der dreischiffigen Basilika sind kreuzförmig über den Schiffen angeordnet (► Geroskípou, Agía Paraskeví). Schwere, sich zu Arkaden öffnende Pfeiler trennen die Seitenschiffe vom Mittelschiff.

Von der ursprünglichen Ausstattung stammen lediglich ein Fresko der Muttergottes (12. Jh.) am Nordostpfeiler und die hölzerne Tür des Westeingangs. Die restlichen Malereien – etwa das Bildnis des Königs David am Nordostpfeiler – sind im 16. Jh. entstanden. Im Narthex, einem Anbau aus späterer Zeit, befinden sich zwei Grabmonumente. Da die Sitte, Tote in der Kirche zu begraben, nur bei

Eine der seltenen Fünfkuppelkirchen Zyperns steht in Peristeróna.

katholischen Christen üblich war, wurde die Kirche wohl auch unter den Franken benutzt. Darauf weist auch das marmorne Weihwasserbecken hin. Unter den aus dem 16. / 17. Jh. stammenden **Ikonen** ist die Darbringung Jesu im Tempel (1520) hervorzuheben; eine Inschrift nennt den Namen des Stifters Zaphiris, der vor dem Hohepriester kniet. Im nördlichen Seitenschiff hängen vier Ikonen des 15. / 16. Jh.s mit Bildnissen des hl. Paulus, der Muttergottes, Christi und des hl. Barnabas.

Platanistása

F 6

Griechisch: Πλαταύιστάσα **Höhe:** 900 m ü. d. M.

Eingebettet in eine bukolisch wirkende Berglandschaft liegt einsam das byzantinische Kirchlein Stavrós tou Agiasmáti mit Zyperns einzigem ausführlichen Freskenzyklus über die Auffindung der Kreuzesreliquien durch die hl. Helena.

Im östlichen Tróodos-Gebirge erstreckt sich ca. 30 km südöstlich von Tróodos-Platz das Dorf Platanistása mit einer der schönsten Bergkirchen Zyperns. Sie liegt einsam am Waldrand, 5 km außerhalb (Schlüssel: im Dorf-Kafeníon nach dem Wärter fragen).

✶ Stavrós tou Agiasmáti

Entstehung und Stifterbildnisse

Die zum UNESCO-Weltkulturerbe gehörende Kreuzeskirche (Stavrós = Kreuz) aus dem späten 15. Jh. wurde wahrscheinlich nach der kleinasiatischen Stadt Agiasmáti benannt. Nach dem Fall von Konstantinopel sollen Füchtlinge aus Agiasmáti der Überlieferung zufolge auf Zypern ein Kloster gegründet haben. Das Dach dieser Scheunendachkirche wurde bis auf eine Stützmauer heruntergezogen, sodass sich ein Außenumgang ergab. Westlicher Einfluss kennzeichnet den Malstil. Zwei Inschriften über der Nord- und Südtür nennen den Stifter Peter, Sohn des Peratis, und den Maler Philip Goul, der auch die Kirche des hl. Mamas in Louvarás (► Tróodos) ausgemalt hat. Die Stifter sind an der Außenseite der Südwand dargestellt: Sie übergeben das Kirchenmodell Christus.

Die **Fresken** im Inneren teilen die Wand des einschiffigen Kirchenraumes in zwei

Hl. Mamas, Patron der Steuerhinterzieher →

Zonen auf: Oben sind 30 neutestamentarische Szenen dargestellt, darunter Kirchenväter und Heilige der orthodoxen Kirche, von denen der auf dem Löwen reitende hl. Mamas (zur Legende ►Nordzypern, Mórfou) und der hl. Georg hervorzuheben sind. Der Freskenzyklus beginnt an der Südwand bei der Ikonostasis. Dort folgen auf die Darstellung von Elisabeth und Zacharias die Evangelisten Lukas und Matthäus, die Geburt Mariens, der Tempelgang Mariens, die Geburt Christi, die Darstellung im Tempel, die Taufe, die Auferweckung des Lazarus, der Einzug in Jerusalem und die Verklärung Christi. Interessant sind eingeschobene genrehafte Szenen wie das Melken der Schafe im Geburtsbild. Häufig auf byzantinischen Bildern zu finden ist die Personifizierung des Jordans bei der Taufe Jesu: Zu Füßen Jesu leert er ein Gefäß aus.

Westwand ► An der Westwand erkennt man die Kreuzigung, die Kreuzesabnahme, das Abendmahl, die Fußwaschung, Jesus im Garten Gethsemane, den Judaskuss und Jesus vor den Hohenpriestern. Die **Nordwand** führt den Zyklus fort. Es folgen die Verleumdung des Petrus, Jesus vor Pilatus, die Verspottung, die Beweinung, der ungläubige Thomas, die Himmelfahrt, das Pfingstwunder, der Marientod und die Evangelisten Johannes und Markus. Beim Marientod versucht der Jude Jephonias, das Bett der Gottesmutter zu entehren, ein Engel schlägt ihm zuvor aber die Hände ab.

Die Auffindung der Kreuzesreliquien ► An der Nordwand stellen in einer Nische zehn Miniaturen die Entdeckung des heiligen Kreuzes durch Helena, die Mutter Konstantins des Großen, dar. Die hl. Helena hatte sich im 4. Jh. auf der Suche nach den Kreuzesreliquien ins Heilige Land begeben. Der Zyklus wird eingeleitet durch die Behauptung eines gewissen Judas, den Aufbewahrungsort der Reliquien von seinen Vorvätern erfahren zu haben. Im folgenden Bild streitet er dieses ab, woraufhin er drei Tage lang in einen trockenen Brunnen gesperrt wird. Die dritte Szene zeigt seine Freilassung, nachdem er das Versteck verraten hatte. Danach erfährt der am Berg Golgatha betende Judas dank einer göttlichen Eingebung den besagten Ort. Das sechste Bild zeigt die Entdeckung der Reliquien, die in einem Triumphzug zur hl. Helena gebracht werden. In der achten Szene gelingt es einer sterbenden Frau, das Kreuz Christi zu erkennen. Der bekehrte Judas wird zum Bischof von Jerusalem ernannt. Er entdeckt die Nägel des Kreuzes, die er im letzten Bild der hl. Helena überbringt. Diese sinkt vor Ehrfurcht auf die Knie. Im inneren Bogenfeld um die Nische sind die Vision Konstantins d. Gr. an der Milvischen Brücke, Moses und der brennende Dornbusch, der Zug der Israeli durch das Rote Meer, der triumphale Einzug Konstantins in Rom und die Verherrlichung des hl. Kreuzes zu sehen (von links nach rechts).

Die Apsis des Bemas schmückt die Muttergottes vom Typ der Blacherniótissa, der stehenden und betenden Gottesmutter, die von Erzengeln umgeben ist. Darunter wird die Apostelkommunion zelebriert und die Kirchenväter sind abgebildet.

Wandern

Ein gut angelegter Naturlehrpfad führt von hier über die Berge nach Lagouderá (7 km, 3 Std.). Zu Beginn ist eine Steigung von 300 m zu bewältigen, die aber durch die einmalige Landschaft, im Frühling mit Orchideen bestanden, wieder wettgemacht wird.

Palaichóri • Παλαιχώρι

Kirche der Metarmórfosis tou Sotíros

Etwa 10 km südöstlich von Platanistása liegt in dem kleinen, malerischen Ort Palaichóri die Kirche der Metamórfosis tou Sotíros (= Verklärung des Erlösers). Sie stammt aus dem frühen 16. Jh. und ist vollkommen mit Fresken ausgekleidet, die eine Verwandtschaft mit den Malereien der Kirchen von ►Platanistása, Louvarás (►Tróodos) und ►Galáta erkennenStrauße lassen. Westlicher Einfluss bestimmt auch hier den Stil der Fresken. Die obere Zone der einschiffigen Kirche ist mit Motiven aus dem Neuen Testament ausgemalt; darunter wurden Heilige der Ostkirche dargestellt (Mo., Mi. 10.00 bis 13.00 So. nur bis 12.00 und 17.00 bis 19.00 Uhr).

! *Baedeker* TIPP

Strauße im Tróodos?

Seltsam, aber wahr: Im Ostrich Wonderland Theme Park in Ágios Ioánnis (Ortsteil Maloúntas) südwestlich von Palaichóri erfährt man alles über das Leben der Strauße und kann diese Vögel in einem großen Gehege beobachten. Im Souvenirshop werden bunt bemalte Straußeneier und allerei Spielzeug angeboten. Der Streichelzoo und ein Ritt auf einem Esel wird Kinderherzen höher schlagen lassen (9.00 – 18.00, im Sommer bis 20.00 Uhr).

Der **Fresken-Zyklus** beginnt an der Südwand mit dem Tod Mariens von Ägypten. Die einstige Dirne zog sich nach ihrer Bekehrung in die Einsiedelei zurück. Es folgen die drei Jünglinge im Feuerofen, die aufgrund ihres Gottesglaubens die Feuerprobe bestehen, dann die Geburt Christi, die Darstellung im Tempel, die Taufe, die Auferweckung des Lazarus, der Einzug in Jerusalem und die Verklärung. Bei der Taufe Jesu erkennt man zu Füßen Jesu die Personifikation des Jordans, einen fliehenden bärtigen Mann, und die Personifikation des Meeres, eine Frau auf einem fliehenden Fisch (►Geroskípou, Kirche der Agía Paraskeví). An der Westwand beginnt der Zyklus in der oberen Zone mit dem Abendmahl, der Fußwaschung, Jesus am Ölberg und dem Judaskuss. Darunter wird Jesus den Hohepriestern vorgeführt; es folgen Jesus vor Pilatus, die Verleumdung des Petrus und die Verspottung Jesu. Besonders eindrucksvoll ist der auf einem Löwen reitende Eremit Mamas, der von der Steuerzahlung befreit wurde, da sich der Statthalter von diesem Anblick be-

Fresko in Palaichóri: »Opferung Adams« →

eindrucken ließ. Im Bema steht die betende Muttergottes zwischen den Erzengeln Michael und Gabriel. Darunter folgt die Apostelkommunion. Judas, ganz links im Bild, spuckt das Brot wieder aus. In der untersten Reihe erkennt man die Kirchenväter. Die Seitenwände sind mit der Opferung Isaaks und dem Gastmahl bei Abraham geschmückt. Ein kleines **byzantinisches Museum** zeigt Ikonen, Gewänder und liturgische Geräte.

Stavrovoúni-Kloster

F 8

Griechisch: Μονή Σταυροβουνίου **Höhe:** 690 m ü. d. M.

Wie ein Adlerhorst thront das älteste und strengste Kloster Zyperns auf einem Felskegel. Sein Name, Kreuzesberg (Stavrós = Kreuz, Vounó = Berg), erinnert an die Kreuzesreliquien, die zu seiner Gründung führten.

Öffnungszeiten:
tgl. 8.00 – 12.00
14.00 – 17.00
im Sommer
15.00 – 18.00

Von der Autobahn Limassol – Nikosia biegt man kurz vor Kórnos rechts ab, folgt einer gewundenen Straße vorbei am Kloster der hl. Barbara (Agía Varvára), wo die Wirtschaftsräume der Mönche untergebracht sind. Das Kloster wurde von der hl. Helena gegründet. Sein Ruhm beruht auf einem Stück des Kreuzes Christi. **Frauen ist der Eintritt verwehrt**, ein Ausflug dorthin lohnt sich trotzdem, denn der Blick auf die weite Küstenlandschaft mit ihren wogenden Getreidefeldern, den Salzsee von Lárnaka in der Ferne und das Meer zu Füßen ist beeindruckend. Ein ausgeklügeltes Kanalisationssystem versorgt das Kloster in diesem trockenen Gebiet mit Wasser, das vom Brunnen am Fuß des Berges hochgepumpt wird. Früher sammelte man das Wasser in vier unterirdischen Zisternen.

Geschichte der Klostergründung

Der Legende nach wurde das Kloster im 4. Jh. auf Geheiß der hl. Helena, der Mutter Konstantins des Großen, gegründet. Ein Seesturm ließ die aus dem Heiligen Land heimkehrende Helena 327 n. Chr. bei Zypern stranden. Sie trug die im Heiligen Land entdeckten Kreuzesreliquien bei sich. An der Stelle des heutigen Klosters lag damals ein Aphrodite-Heiligtum. Ein Engel gab Helena im Traum die Weisung, ein Gotteshaus auf Zypern zu errichten, als sie erwachte, waren die Kreuzesreliquien jedoch verschwunden und der Aphrodite-Altar auf dem Berg stand in Flammen. Als man hier die vom Feuer unversehrten Reliquien fand, beschloss Helena, an dieser Stelle ein

! *Baedeker* TIPP

Pitharia-Gefäße

In einer Werkstatt in Kórnos werden die übergroßen Pitharia-Gefäße, in denen man einst Wein lagerte, hergestellt. Heute sieht man diese massiven Töpferwaren aus rotem Ton mit Blumen bepflanzt in Gärten und gepflegten Parkanlagen.

Schon die Anfahrt auf den Bergkegel mit dem Stavrovoúni-Kloster ist ein Erlebnis. Oben bietet sich ein Blick bis zur Küste und zu den Bergen.

Kloster zu gründen, und hinterließ Teile ihrer Kreuzesreliquien. Daraufhin soll eine lange Trockenperiode in Zypern zu Ende gegangen sein. Unter den Lusignans übernahmen Benediktinermönche dieses Kloster, im 15. Jh. plünderten Mamelucken die Anlage; ihnen wird auch die Entwendung der Kreuzesreliquie nachgesagt (Splitter sind im Silberkreuz im Kircheninneren enthalten). Der heutige, sehr wehrhaft wirkende Bau wurde im 19. Jh. nach einem Großbrand auf Resten des alten Klosters errichtet.

Die Kuppelkirche mitten im Zellentrakt birgt ein wertvolles Holzkreuz des 15. Jh.s, das mit Szenen aus dem Leben Christi verziert ist. In der Krypta unter der Kirche werden die Mönche begraben. An der Nordseite des Klosters entdeckte man eine Geheimkrypta, die in Notzeiten als Versteck diente. Heute befindet sich hier die Kapelle der hll. Konstantin und Helena.

Umgebung von Stavrovoúni

Pyrgá (Πυργά)

Auf dem Rückweg zur Autobahn Richtung Nikosia biegt man nach 2 km zu dem Dorf Pyrgá ab. Die **Königliche Kapelle**, der hl. Katharina geweiht, wurde vermutlich von fränkischen Herren errichtet. Darauf weisen nicht nur gotische Elemente hin, sondern auch die Wappen der Lusignans an den Gewölbegurten, die Darstellung fränkischer Personen auf den Fresken und die französische Beschriftung der Malereien. Der damalige König Janus von Lusignan ist auf einem Fresko im Inneren abgebildet. Der 1421 errichtete einschiffige Bau besitzt einen rechteckigen Grundriss ohne Apsis. Drei Eingänge führen in die Kirche hinein. Von den einstmals reichen Malereien sind nur noch Reste erhalten. In der Kreuzigungsszene erkennt man König Janus und seine Frau Charlotte von Bourbon. Die Beweinung Christi darunter zeigt einen lateinischen Bischof, vermutlich den zweiten Stifter. Der Stil der Fresken ist dem Byzantinischen stark verhaftet, weist aber in der Darstellung der Muttergottes als Hodegetría (Wegweisende) auch italienische Züge auf.

Tamassós

E 7

Griechisch: Ταμασσόσ **Höhe:** 150 – 200 m ü. d. M.

»In Tamassós gibt es reiche Kupferminen, in denen Kupfersulfat produziert wird und der in der Heilkunst nutzbare Kupferspat« berichtet Strabo (1. Jh. n. Chr.). Und Homer erzählt in seiner Odyssee, dass Athena nach Temesa – vermutlich Tamassós – fuhr, um »Kupfer für blinkendes Eisen zu tauschen«. Das in den Ausläufern des Tróodos gelegene Tamassós war in der Antike eines der wichtigen Zentren für Kupferverarbeitung.

Antikes Stadtkönigtum

Das unscheinbare Dorf Politikó, ca. 20 km südwestlich von Nikosia, auf halbem Weg zum Kloster ►Machairás, bietet zwei Sehenswürdigkeiten: die Ausgrabungsstätte von Tamassós, eines der ältesten Stadtkönigtümer Zyperns, dessen Ruinen noch weit gehend unter der Erde ruhen, und das Kloster des hl. Herakleidios. Bereits auf dem Anfahrtsweg entdeckt man seltsame Tafelberge, Zeugen des einstigen Kupferabbaus, denn der Kupfer brachte Tamassós Reichtum und Macht. Zu sehen sind heute zwei Gräber und die Ruinen eines Astarte-Aphrodite-Tempels. Erste Untersuchungen stellte der deutsche Archäologe Max Ohnefalsch-Richter 1889 – 1894 an, systematische Ausgrabungen begannen 1970 unter Hans-Günther Buchholz von der Universität Gießen. 1997 gelang zyprischen Archäologen ein spektakulärer Fund: fünf große Sandsteinskulpturen aus dem 6. Jh. v. Chr. – zwei Sphinxe und drei Löwen – die nach ägyptischen Vorbildern mit archaischen Stilmerkmalen auf Zypern gefertigt worden sind. Sie sind im Archäologischen Museum in ►Nikosia zu sehen.

★ Königsgräber von Tamassós

Die Siedlung bestand seit dem 3. Jtd. v. Chr., zu Homers Zeit (8. / 7. Jh. v. Chr.) war sie berühmt für ihre reichen Kupfervorkommen. Zweimal wurde die Stadt zerstört und wieder aufgebaut: zu Beginn des 5. Jh.s v. Chr. während des ionischen Aufstands und nach der Vertreibung der Perser. Während ihrer Missionsreise auf Zypern im

1. Jh. n. Chr. setzten die Apostel Paulus und Barnabas den ortsansässigen **Herakleidios** zum ersten Bischof von Tamassós ein. Im Mittelalter begann die Stadt in Bedeutungslosigkeit zu versinken.

Öffnungszeiten:
Di. – Fr.
9.00 – 15.00
Sa., So.
10.00 – 15.00

Wegen der Größe und reichen Ausstattung der zwei erhaltenen Grabanlagen aus dem 7. Jh. nahm man an, dass es sich um königliche oder aristokratische Auftraggeber handelte. Die in Stein gemeißelten Schmuckleisten und die Dachkonstruktion weisen auf eine Nachbildung der damals üblichen Holzkonstruktionen hin.

Das **erste Grab** erreicht man über einen schmalen Treppendromos. In Stein gemeißelte Kapitelle mit Voluten schmücken den Eingang zu beiden Seiten. Die Grabkammer mit dem Sarkophag betritt man durch eine mehrfach in die Wand gestufte Öffnung, die von einem Giebel bekrönt wird.

Auch in das **zweite Grab** gelangt man über einen Stufendromos, dessen Wände durch schön behauene Steine gebildet werden. Der Eingang zum Grab ist reich verziert – ähnlich wie bei Häusern oder Tempeln – mit pfeilerartigen Steinblöcken links und rechts, in die große Kapitelle mit Voluten geschnitten wurden. Über dem Eingang prangt ein Zahnschnittfries, der seinen Vorläufer in der Holzbauweise findet. Im Inneren erreicht man zunächst eine Vorkammer mit Nischen. Mit ihren in Stein gemeißelten Verriegelungen erinnern sie an Türen. Blendfenster und Friese mit Voluten- und Palmettenmotiven verzieren zusätzlich die Kammer. Eingangsraum und Grabkammer sind mit einem Giebeldach versehen, dessen in Stein nachgebildete Dachbalken wiederum auf eine hölzerne Vorlage deuten.

Astarte-Aphrodite-Tempel

Südlich der Königsgräber befinden sich die spärlichen Reste eines Heiligtums, dessen Anfänge in die archaische Epoche zurückgehen. Archäologen interpretierten sie als Aphrodite-Heiligtum mit Wohnhäusern und Kupferwerkstätten. Wie in Kítion (Lárnaka) hingen Kult und Kupferverarbeitung eng zusammen. Die dreiteilige Anlage bestand aus einem Hof, dem Heiligtum und dem Allerheiligsten.

Moní Agíou Irakleídiou

Auf der anderen Seite des Dorfes Politikó steht das um 400 gegründete Kloster des **hl. Herakleidios** mit einem schönen Klostergarten, der an Wochenenden beliebtes Ausflugsziel der Hauptstadtbewohner ist. Seit 1962 wird dieses im 18. Jh. aufgegebene Kloster auf Initiative von Erzbischof Makarios III. wieder von Nonnen bewohnt. Von der dreischiffigen Basilika, die im 9. Jh. von den Arabern zerstört wurde, sind noch Mosaikreste, Säulen und Kapitelle zu sehen. Die heutige zweischiffige Kirche enstand im 15./16. Jahrhundert.

Legende des hl. Herakleidios

Herakleidios, Sohn eines heidnischen Priesters, geleitete die missionierenden Apostel Paulus und Barnabas nach Tamassós. Der unterwegs im Fluss Pediaios getaufte Herakleidios wurde später zum ersten Bischof von Tamassós ernannt. Er betreute die christliche Ge-

Mosaik des hl. Herakleidos

meinde zusammen mit dem in der Apostelgeschichte 21,16 erwähnten **Mnason**, einem der »altbewährten Jünger Christi«, und ließ eine kleine Basilika errichten. Herakleidios werden zahlreiche Wundertaten nachgesagt wie die Auferweckung von Toten oder die Bändigung des Hochwassers. In Abwesenheit des hl. Mnason musste Herakleidios auf dem Marktplatz von Tamassós den Märtyrertod erleiden. Nach seinem Tod übernahm Mnason das Amt des Bischofs.

Das älteste Gebäude der heutigen **Klosteranlage** ist die kleine Kreuzkuppelkirche aus dem 14. Jh. mit Steinsarkophagen der Heiligen Herakleidios und Mnason. Im südlichen Schiff der Klosterkirche entdeckte man einen alten Stützpfeiler und Fresken des 10. / 11. Jahrhunderts. Im 17./18. Jh. erlangte das Kloster Ruhm als **Schule der Ikonenmalerei**. Erhalten sind aus dieser Zeit einige Fresken des Mönchs Philaretos. Das im 16. Jh. entstandene nördliche Schiff besitzt eine sehenswerte Ikonostasis aus dem 17. Jh. mit den Ikonen Christi, der stillenden Gottesmutter und Johannes des Täufers. Wichtigster Schatz der Kirche ist die Schädelreliquie des hl. Herakleidios. Eine Treppe führt zur Grabkammer unterhalb der Apsis der Kirche, in der sich das erste Grab der beiden Heiligen befand.

Wanderung zum Kloster Machairás

Vom Kloster kommend, biegt man in Politikó nach links Richtung Kloster Machairás ab, läuft an einer Kiesgrube vorbei bis zu einer Gabelung, wo man sich rechts hält in Richtung Lazaniá (ausgeschildert; 11 km). Nach einem kleinen Anstieg folgt man dem ersten Feldweg nach links. 30 Min. später liegt linker Hand ein weißes Haus, kurz danach weist ein Steinmännchen nach links in einen Wanderpfad hinein. Dieser herrliche Weg schlängelt sich durch duftenden Schopflavendel einer Schlucht entlang hinauf Richtung Kloster Machairás. Nach der Überquerung des Flusses trifft man auf einen Forstweg, dem man zum Kloster folgt (14 km, 4 – 5 Std.).

★ Tróodos-Gebirge

E–G 3–7

Griechisch: Τρόοδοσ **Höhe:** bis 1951 m ü. d. M.

Das Tróodos-Gebirge nimmt fast ein Drittel der Insel ein und ist voller malerischer Überraschungen. Besucher erwarten hier beschauliche Dörfer, byzantinische Klöster und Kirchen, herrliche Landschaft, zahlreiche Wanderwege und beeindruckende Ausblicke.

Ein schönes Wanderrevier: Tróodos, das grüne Herz Zyperns

Zyperns Sommerfrische

Das grüne Herz der Insel ist Zyperns Sommerfrische mit duftendem Kiefern- und Zedernwald sowie Skidestination in den Wintermonaten. Malerische Dörfer mit urigen Tavernen bieten hervorragende landestypische Küche. Im April zieht die Kirschblüte Tausende Besucher an, im Oktober und November setzen die Weinberge bunte Farbakzente. Tiefe Täler durchfurchen die hintereinander gestaffelten Bergketten. Zum Westen hin laufen die Berge in weites Hügelland aus, das ein fruchtbares Wein- und Obstbaugebiet ist. Der nördliche Teil des Gebirges mit vielen stillgelegten Kupferminen ist kaum besiedelt (► Akámas-Halbinsel, Pólis). Hotels gibt es in den Orten Tróodos, Páno Plátres, Pródromos, Pedoulás, ► Kakopetriá und Agrós. Abgelegene Bergdörfer weisen seit Jahrzehnten eine schrumpfende Bevölkerungszahl auf, da die jungen Menschen in die Städte abgewandert sind. Nur in den heißen Sommermonaten werden diese Dörfer wieder mit Leben erfüllt, wenn Verwandte und Freunde zu Besuch kommen. Beliebt ist das Gebirge bei Zyprioten, die ihren Urlaub – fast ausnahmslos im August – meist in den kühleren Bergregionen verbringen. Der einzige Campingplatz beim Ort Tróodos und die Hotels sind dann überfüllt. In der ganzen Region gibt es schön angelegte, gepflegte Picknickplätze. Eine Attraktion nicht nur für Kinder ist das **Donkey Sanctuary**, eine Zufluchtsstätte für Esel im malerischen Bergdorf Vouní, ►Baedeker Tipp S. 26.

TRÓODOS ERLEBEN

AUSKUNFT

Páno Plátres
Am Hauptplatz neben der Post
Tel. 25 42 13 16

VERANSTALTUNGEN

Im Mai oder Juni jedes Jahres findet die Zypern-Rallye im Gebirge statt, an der auch berühmte Rallye-Persönlichkeiten teilnehmen (siehe S. 120).

ESSEN

► Erschwinglich

Psilodendro
Páno Plátres
Oberhalb von Plátres am Ende des Naturlehrpfades zu den Kalidonia-Wasserfällen, siehe Tipp S. 298.

Village Tavern
Páno Plátres
Tel. 25 42 17 41 und 25 42 17 44
Kleines Restaurant in der Nähe des Pendeli-Hotels; gute zyprische Küche in traditionellem Ambiente. Eine Terrasse bietet einen weiten Ausblick bis an die Küste.

Maryland in the Mill
Kakopetriá
Tel. 22 92 25 46
In dem großen, in traditioneller Bauweise errichteten Restaurant können Sie sich die beste Forelle Zyperns schmecken lassen. Ein Lift fährt hinauf in die oberen Stockwerke, von denen aus sich eine herrliche Sicht auf Kakopetriá bietet. Das Haus verfügt auch über Suiten, die vermietet werden (siehe unten).

Neraida
Foiní
Tel. 25 42 16 80
Am unteren Rand von Foiní, sympathische Familientaverne mit guter landestypischer Küche und zyprischem Interieur.

Aidonia
Agrós
Tel. 25 52 11 63
Das am oberen Dorfrand von Agrós etwas abseits gelegene Familienrestaurant bietet einen schönen Blick in ein erfrischend fruchtbares Tal. Erfreulich ist die hervorragende landestypische Küche (alles wird selbst zubereitet). Geöffnet meistens nur in der Saison (Auskunft am besten über das Hotel Rodon).

ÜBERNACHTEN

► Komfortabel

Forest Park Hotel
Páno Plátres
Tel. 25 42 17 51
www.forestparkhotel.com.cy
Roter Backsteinbau mit britisch angehauchter Kolonialatmosphäre, herrlich in einem Kiefernwald am oberen Rand von Plátres gelegen. Wer absolute Stille bis auf das Rauschen der Bäume liebt und im Mai dem Singen der Nachtigallen lauschen möchte, ist hier richtig aufgehoben. Eine stilvoll mit einem Brunnen versehene zauberhafte Frühstücksterrasse lässt das Herz höher schlagen (Mai bis Oktober nutzbar). Ein idealer Ausgangsort für Ausflüge ins Tróodos-Gebirge.

New Helvetia Hotel
Páno Plátres
Tel. 25 42 13 48
helvetia@spidernet.com.cy
Sympathisches, traditionsreiches Familienhotel mit 50 Betten. Besonderheit ist die durch die Decke der Bar wachsende Kiefer. Der Manager Nicos spricht fließend deutsch und steht auch ab und zu selbst an der Bar.

Churchill Pine Wood Valley Hotel
Zwischen Pródromos und Pedoulás
Tel. 22 95 22 11
www.holiday-inn.com/limassolcyprus
Mitten im Wald, abseits jeglicher Zivilisation gelegen, bietet das Hotel absolute Ruhe, elegant eingerichtete Zimmer und gute einheimische Küche. Ein Hauch kolonialer Atmosphäre vermittelt der tägliche Afternoon-Tea. Ein Waldschwimmbad lädt in Sommermonaten zum Baden ein, ein Waldspielplatz für Kinder ist ebenfalls vorhanden. In der kühleren Saison sorgt ein Kaminfeuer für eine angenehme Atmosphäre.

Hotel Rodon
Agrós
(östliches Tróodos-Gebirge)
Tel. 25 52 12 01
www.swaypage.com/rodon
Das etwas oberhalb von Agrós gelegene große Hotel bietet einen wunderbaren Panoramablick auf die Bergketten des Tróodos. Die Seele des Hotels ist der Manager Levkos. Die erst 2005 renovierten Zimmer sind großzügig angelegt und eine gute Küche sorgt für das leibliche Wohl. Zwei Pools stehen zur Verfügung, ein Hallenbad ist geplant. Auf Spaziergängen ins Dorf kann man die unterschiedlichen Spezialitäten von Agrós kennen lernen (Rosenwasser, eingelegte Früchte, Schinken u. a.).

Das Haus eignet sich hervorragend für Ausflüge ins Tróodos-Gebirge und nach Nikosia.

The Mill Hotel
Kakopetriá
Tel. 22 92 25 36
www.cymillhotel.com
Hotel und Restaurant (Maryland in the Mill, siehe oben) sind in traditioneller Bauweise errichtet und befinden sich an dem Platz einer alten Mühle, die zum nahe gelegenen Kloster Ágios Nikólaos tis Stégis gehörte und bis 1950 in Betrieb war. Das Hotel bietet insgesamt 13 Zimmer und Suiten mit großartigen Ausblicken.

Baedeker-Empfehlung

► **Komfortabel**
Linos Inn Hotel und Restaurant
Kakopetriá
Tel. 22 92 31 61, www.linos-inn.com.cy
Wohnen im alten, unter Denkmalschutz stehenden Dorfkern von Kakopetriá, in restaurierten, traditionellen Dorfhäusern, die allem modernen Komfort entsprechen. Linos bedeutet Weinpresse, da man in einem der Häuser eine solche entdeckte. Insgesamt gibt es 22 Zimmer, einige davon mit Jacuzzi, andere sind Suiten. Im hauseigenen Restaurant speist man vorzüglich und landestypisch.

Pflanzen und Tiere

Die Hänge sind vorwiegend von Aleppo-Kiefern und in höheren Lagen mit Schwarzkiefern bewachsen; daneben treten auch Zypressen, zyprische Zedern, Steineichen, Pinien, Maulbeer- und Erdbeerbäume auf. Obstbäume und Weinreben wachsen bis 1200 m Höhe.
Unter den hier lebenden Vogelarten findet man die Grasmücke, den Steinschmätzer und – nur noch selten – Kaiseradler und Gänsegeier. Bei Wanderungen sollte man in felsigen Regionen auf Giftschlangen achten, besonders die Levanteotter ist hochgiftig. Vereinzelt sind in den abgeschiedenen Bergregionen auch Mufflons zu finden. In der

Páno Plátres liegt inmitten eines Kiefernwaldes.

Forststation Stavrós tis Psókas und bei Plataniá sind Mufflons, das zyprische Nationaltier, in einem Freigehege zu sehen (► Kýkko-Kloster).

Olympos

Die höchste Erhebung des Tróodos-Massivs und der gesamten Insel ist der Olympos (1951 m ü. d. M.), der von einer britischen Radaranlage gekrönt wird. Eine Aussichtsplattform bietet einen herrlichen Rundblick über den Gebirgszug und bei klarem Wetter bis zur Küste. Rund um den Olympos verlaufen mehrere markierte Wanderwege, allesamt Naturlehrpfade (►unten). Im Osten des Olympos liegt Páno Amíandos, wo bis vor zwei Jahrzehnten im Tagebau Asbest gefördert wurde. Als die krebsfördernde Wirkung des Asbests weltweit zunehmend Schlagzeilen machte, wurde die Mine stillgelegt. Um die drohende Bodenerosion zu verhindern, wird diese wüstenähnliche Brache mühsam wieder aufgeforstet.

Ski fahren auf dem Olympos ►

Die Zyprioten nennen den Gipfel auch Chionístra (Schneestelle) und in der Tat liegt hier bis in den April Schnee, sodass der Olympos nicht nur ideale Wandermöglichkeiten bietet, sondern im Januar und Februar sogar als schneesicher gilt. Auf den Hängen des Olympos richtete man mit österreichischer Hilfe vier Skilifte ein und gründete eine Skischule. Neben kleinen Waldabfahrten und Buckelpisten gibt es auch zwei Langlaufloipen.

✶ Klöster und Bergkirchen

Über Jahrhunderte gewährte das Gebirge Mönchen und Einsiedlern die gewünschte Abgeschiedenheit. So findet man hier heute noch einige Klöster, z. B. ► Kýkko, Troodítissa, Ómodos und ► Machairás, sowie 3 kleine byzantinische Scheunendachkirchen, alle UNESCO-Weltkulturerbe, wie ► Asínou, ► Kalopanagiótis, ► Kakopetriá, ► Galáta, ► Lagouderá, ► Platanistása, Pedoulás und Moutoullás (beide

►Kalopanagiótis). Die Einsamkeit der Berge bot auch Freiheitskämpfern der EOKA in den 1950er-Jahren Unterschlupf. Von den Klöstern unterstützt, führten sie den Untergrundkampf gegen die Briten.

✶ Wanderwege im Tróodos-Gebirge

Sehr zu empfehlen sind die Broschüren »Wanderwege Zyperns« und »European Long Distance Path E 4« (► Praktische Informationen, S. 123), die beim Fremdenverkehrsamt bestellt werden können. In den letzten Jahren wurden im Tróodos-Gebiet zahlreiche Wanderwege eingerichtet und gut ausgeschildert. Trotzdem kann ein Kompass nicht schaden, da einige Wanderwege nicht ausreichend markiert sind wie etwa im Tal der Zedern (2 Std.) oder von Politikó zum Kloster Machairás (5 Std.). Mehrere Naturlehrpfade (Nature trails) starten beim Ort Tróodos. Sie sind mit nummerierten Tafeln versehen, die auf besondere Pflanzenarten hinweisen. Hölzerne Torbögen bilden Anfang und Ende der Pfade.

Artemis-Wanderweg (Nr. 1)

Die Rundwanderung um den Olympos (Chionístra) beginnt etwa 1,5 km nordwestlich von Tróodos an der Straße, die zum Olympos hinaufführt (kurz nach der Gabelung Olympos-Pródromos), und verläuft auf etwa 1850 m Höhe. Die Bewältigung der 7 km langen Strecke dauert ca. 2 Stunden. Die majestätische Landschaft der Umgebung kann von einigen Stellen weithin überblickt werden.

Wanderwege im Tróodos-Gebirge Orientierung

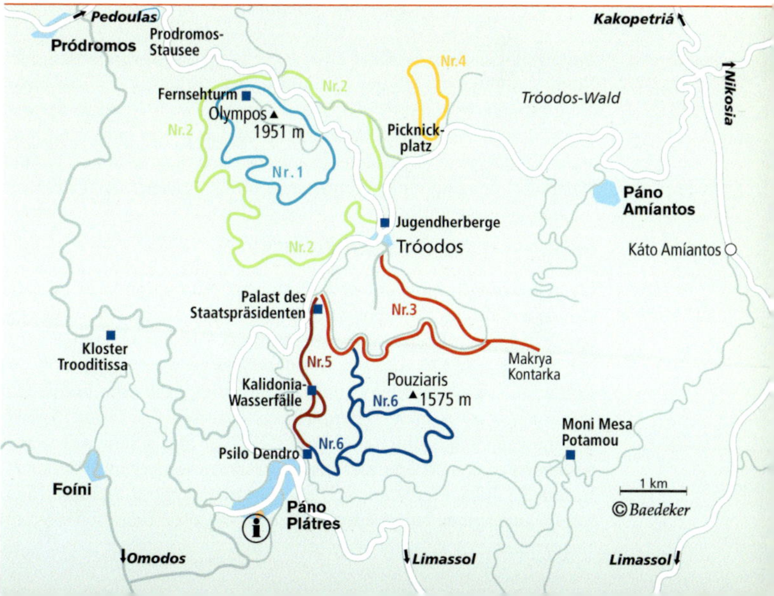

Atalanti-Wanderweg (Nr. 2)

Der Atalanti-Wanderweg beginnt an einem hölzernen Tor unweit des Postamtes in Tróodos (beim Kreisverkehr), führt in etwa 1700 m Höhe um den Olympos herum (ca. 14 km, etwa 4 Std.) und bietet einen überwältigenden Panoramblick auf das Gebirgsmassiv und bis zur Küste. Der Weg führt vorbei an einer aufgelassenen Chrommine und endet zunächst nach 9 km auf der Straße Tróodos–Pródromos, 4 km nordwestlich vom Ort Tróodos. Diese überquert man und läuft dann auf einem Pfad parallel zur Hauptstraße Richtung Tróodos.

Persephoni-Wanderweg (Nr. 3)

150 m südlich von Tróodos-Platz beginnt die 3 km lange Wanderung zum Aussichtspunkt Makria Kontarka (Dauer ca. 1. Std.). Auch hier bieten sich schöne Ausblicke auf Täler und Dörfer bei Limassol.

Kampos tou Livadia (Nr. 4)

Etwa 3 km nördlich von Tróodos-Platz führt ein 3 km langer Rundwanderweg zum Picknickgelände Kampos tou Livadiou (1,5 Std.).

Kalidonia-Wanderweg (Nr. 5)

Eine herrliche, 3 km lange Wanderung (Dauer ca. 2 Std.) beginnt knapp 1 km südlich von Tróodos-Platz an der Straße Richtung Páno Plátres (nahe beim Sommerpalast des Staatspräsidenten) und führt bergab durch das schattige Flusstal des Krýos Potamós (= kalter Fluss). Benannt wurde der Weg nach den **Kalidonia-Wasserfällen**, die für diese trockene Mittelmeerinsel einem Wunder gleichkommen. Der Weg endet oberhalb von Páno Plátres bei der Forellenfarm Psilodendro.

> **! Baedeker TIPP**
>
> **Fangfrisch**
>
> Fangfrische Forellen und im Schatten alter Platanen gute Bergluft genießt man im Restaurant Psilodendro (Tel. 25 42 13 50).

Psilodendro – Pouziáris-Wanderweg (Nr. 6)

Vom Psilodendro aus führt eine 9 km lange Rundwanderung zum Gipfel des Pouziáris (Dauer ca. 3 Std.). Zwei weitere Varianten bietet die Route Nr. 6: Nach der Gipfelbesteigung kann man entweder den Weg bis zum Persephoni-Wanderweg wählen (7 km lang, Dauer ca. 3 Std.) oder man folgt dem Waldweg nach Krýos Potamós zum Startpunkt des Kalidonia-Wanderwegs (9,5 km, Dauer ca. 4 Std.).

Sehenswerte Orte im Tróodos

Tróodos (Τρóοδοσ)

Etwa 40 km von Limassol und 75 km von Nikosia entfernt befindet sich unterhalb des Olympos der höchstgelegene Ort (1700 m) der Insel, Tróodos, am Kreuzungspunkt wichtiger Verkehrsstraßen. Eigentlich besteht der Ort, der oft **Tróodos-Platz** genannt wird, bloß aus Restaurants, zwei Hotels, Souvenirläden, einer Tankstelle und einem Postamt. So ist es nicht verwunderlich, dass Tróodos in der Nebensaison, wenn keine Autos und Touristenbusse hier anhalten, wie ausgestorben wirkt. Im Sommer beleben Straßenhändler und Verkaufsbuden das Bild; Pferde können zu Ausritten gemietet werden. Mehrere Wanderpfade haben hier ihren Ausgangspunkt. Betrieb herrscht

ZYPERNS GEOLOGISCHE EINMALIGKEIT: DIE OZEANISCHE KRUSTE

Am Ende des Erdaltertums vor ca. 250 Mio. Jahren zerbrach der Urkontinent Pangäa in die zwei Großkontinente Laurasia, bestehend aus der nordamerikanischen und der eurasischen Landmasse, und Gondwanaland, bestehend aus Südamerika, Afrika, Indien, Australien und der Antarktis.

Zwischen die beiden Großkontinente schob sich das **Tethys-Meer**, dessen westlicher Zipfel das heutige Mittelmeer sowie den Persisch-Arabischen Golf bildete. Der von der Tethys überflutete Teil der Erdkruste riss infolge starker Dehnung und Zerrungen auf, Magma floss aus, erstarrte im kalten Meerwasser und breitete sich u. a. in Form von Kissenlaven auf dem Meeresboden aus (= ozeanische Kruste).

Die Tethys reichte vom heutigen Spanien bis nach Südostasien. Beginnend im Tertiär, vor rund 65 Mio. Jahren, näherte sich die Afrikanische Platte der Eurasischen und schiebt sich heute jährlich 1 bis 2 cm unter diese. Die Tethys wurde immer kleiner und ihre ozeanische Kruste in Richtung Erdinneres gedrückt.

Ein **Fragment der ozeanischen Kruste** des Tethys-Meeres blieb jedoch erhalten und wurde vor ca. 25 Mio. Jahren als **Tróodos-Massiv** über den Meeresspiegel herausgehoben. Rund 10 Mio. Jahre später erschien unweit nördlich auch das **Pentadáktylos-Gebirge** als schmale Insel. Im Flachwasser zwischen den beiden jungen Inseln lagerten sich die Sedimente der heutigen Mesaoría-Ebene ab und die Flüsse schwemmten von den Inselbergen weiteres Material in diese Niederung. Erst vor 2 Mio. Jahren wurde Mesaoría landfest.

Seit dem Auftauchen aus dem Meer sind die Inselberge den abtragenden Kräften von Wasser, Wind und Wetter ausgesetzt. Inzwischen hat die Erosion im Tróodos-Massiv die aus geologisch relativ jungen Meeresablagerungen bestehenden Deckschichten weitgehend abgetragen und die geologisch viel älteren, durch vulkanische Tätigkeit gebildeten Bruchstücke ozeanischer Kruste mit Ophiolith (schlangenfarbenes Gestein), Kissenlava und Basaltsäulen etc. freigelegt. Eine Sensation für die Geologen, da ozeanische Kruste nur an wenigen Stellen auf der Erdoberfläche zu finden ist und den Wissenschaftlern Aufschluss über die Entwicklung der Ozeane gibt!

hier auch in der Skisaison. Außerhalb Richtung Plátres liegt die Sommerresidenz des Staatspräsidenten. Den Palast ließ 1880 der britische Gouverneur Zyperns errichten. Eine Tafel weist darauf hin, dass der französische Dichter Arthur Rimbaud – aus der holländischen Armee desertiert – »mit eigenen Händen« beim Bau behilflich war.

✶ Páno Plátres (Πλανο Πλατρεσ)

Rund 7 km südlich von Tróodos befindet sich der zweite touristische Gebirgsort, Páno Plátres (1000 – 1200 m; 800 Einwohner). In wunderschöner Aussichtslage inmitten eines würzig duftenden Kiefernwalds an den Südhängen des Tróodos-Gebirges gelegen, bietet es einen Panoramablick bis nach Limassol. Dieser beliebteste Luftkurort Zyperns verfügt über eine gute touristische Infrastruktur. Neben Hotels aller Kategorien, Restaurants und Kafenía gibt es hier zahlreiche Ferienwohnungen. Sogar der letzte ägyptische König Faruk besaß eine prachtvolle Villa in Plátres. Durch den Ort fließt der Krýos Potamós, wohl der einzige Fluss Zyperns, der das ganze Jahr über – wenn auch oft nur wenig – Wasser führt und oberhalb von Páno Plátres die **Kalidonia-Wasserfälle** (►oben), unterhalb den **Mylloméri-Wasserfall** (ausgeschilderter Wanderweg) bildet. Besuchenswerte Orte im **nördlichen Tróodos-Gebirge** sind u. a. ► Asínou, ► Galáta, ►Kakopetriá, ►Kalopanagiótis sowie das westlich mitten im Páfos-Wald liegende ►Kýkko-Kloster.

? WUSSTEN SIE SCHON ...?

- ... dass wir König Faruk den Brandy Sour, Zyperns beliebtestes Mixgetränk, verdanken? Im Forest Park Hotel in Páno Plátres wird erzählt, dass sich der ägyptische König, wenn er dort weilte, dieses Getränk mixen ließ, da es aussah wie Eistee. Als Moslem war ihm das Trinken von Alkohol verboten.

Moní Panagías Troodítissa (Μονή Παναγίασ Τροοδίτισσα)

Knapp 10 km nördlich von Páno Plátres erhebt sich auf einer Höhe von 1300 m das Kloster Troodítissa. Leider ist das Kloster seit einigen Jahren für Touristen nicht mehr zugänglich. Seine Gründung im 10. Jh. geht der Legende nach auf die Ikone der »Muttergottes vom Tróodos« zurück, die zwei Hirten entdeckten. Ein Mönch hatte sie vor den Ikonoklasten im Gebirge versteckt. Die Ikone entging den Bränden der folgenden Jahrhunderte wie durch ein Wunder. Unter türkischer Herrschaft wurde das Kloster zu einer christlichen Schule umgestaltet. Heute ist es Sommersitz des Bischofs von Páfos. Die älteste Bausubstanz bildet die Klosterkirche aus dem 18. Jh., die einen Vorgängerbau aus dem 13. Jh.s ersetzte. Seit langem ist das Kloster ein beliebter Wallfahrtsort. Ziel der Verehrung sind die silberbeschlagene Hauptikone der Muttergottes in der Ikonostasis und ein wundertätiger Gürtel, der beim Umlegen die ersehnte Schwangerschaft ermöglichen soll. Möglicherweise erhielt das Kloster deshalb den Beinamen Panagía Aphrodítissa (Muttergottes Aphrodítissa).

Foiní (Φοινί)

Vom Kloster Troodítissa aus erreicht man das Bergdorf Foiní (sprich: Finí; 900 m) zu Fuß in anderthalb Stunden. In einer Talsen-

Ómodos mit seinen gepflasterten Gassen und Jahrhunderte alten Häusern

ke 6 km westlich von Plátres gelegen, ist Foiní schon seit Jahrhunderten für seine unglasierten Töpferwaren bekannt, doch leider stirbt hier – wie auch im übrigen Zypern – das traditionelle Handwerk langsam aus. Einst fertigten die Männer des Dorfes nach bronzezeitlichen Vorbildern die 1,5 bis 2 m hohen **Pitharia**, Gefäße zum Aufbewahren von Korn, Wasser, Wein oder Öl, die in den Boden jedes Hauses eingelassen wurden. Heute gibt es nur noch zwei kleine Töpferwerkstätten, doch sind in einem kleinen Museum die vielfältigen Tonwaren dieses Dorfes zu sehen: Das **Pilavaki-Museum**, ein Kuriosum wie auch sein Besitzer Theophanis Pilavakis, ist im Haus seiner Vorfahren, einer alten Töpferfamilie, untergebracht. Besonders beachtenswert ist ein großer Tontopf, der Wöchnerinnen als Sauna diente (tgl. 9.00 – 12.00, 13.00 – 18.00 Uhr oder im Kafeníon fragen). In Foiní werden auch schöne Holzstühle mit Flechtwerk hergestellt.

★ **Ómodos (Όμοδοσ)**

Laut Aussagen der Tourismusplaner besitzt das 10 km südwestlich von Páno Plátres 850 m hoch gelegene Bergdorf Ómodos den schönsten Dorfplatz der Insel. Vieles erinnert hier an Griechenland: weiß gekalkte Häuser mit blauen Fensterrahmen, üppig mit Blumen bepflanzte Blechkanister, alte Männer, die sich im Kafeníon unterhalten. Vor jedem Haus flattern auf Stuhllehnen handgefertigte Spitzen und Tücher mit filigranen Häkelkanten. Haupteinnahmequelle ist wie in den anderen Dörfern der Krassochória (= Weindorf) – Páklina, Plátres, Vása und Kiláni – nach wie vor Wein. Freundlich bittet man die Besucher in die alten, schmalen Häuser mit ihren tief in die Erde ragenden Untergeschossen, wo im Dämmerlicht staubige Fässer stehen, einfache Weinpressen (wie im sog. Linós-Haus) und beinahe mannshohe, runde Tongefäße (Pitharia).

Heiligkreuzkloster ►

Das Heiligkreuzkloster in der Nähe der Plateia wird nicht mehr von Mönchen bewohnt. Eine Legende besagt, dass Splitter des Heiligen Kreuzes – von der hl. Helena im 4. Jh. nach Zypern gebracht (►Stavrovoúni) – und ein Stück des Hanfstrickes Jesu zur Gründung des Klosters führten. Die silberbeschlagene Kreuzesreliquie erkennt man in der Ikonostasis. Zudem besitzt das Kloster die Schädelreliquie des Apostels Philippus – eine Schenkung des byzantinischen Kaisers –, dessen Echtheit durch die Stempel von vier byzantinischen Kaisern bestätigt sein soll. Die heutigen Klosterbauten sind neueren Datums. Interessant sind die Klostertrakte mit ihren handgeschnitzten Zedernholzdecken. Der einstige Kapitelsaal etwa besitzt ein wunderschönes Exemplar dieser Schnitzkunst. Heute befindet sich in den Klostertrakten ein kleines **EOKA-Museum**, da das Kloster die Untergrundbewegung stark unterstützte. Hier sind auch Stickereien, landwirtschaftliche Geräte und Ikonen zu sehen.

Agrós (Αγρόσ)

Das etwa 1200 Einwohner zählende Agrós liegt auf 1100 m Höhe im östlichen Tróodos-Gebirge und ist einer der größten Orte der Pitsiliá-Region. Oberhalb des Dorfes liegt das Hotel Rodon (= Rose), idealer Standort für Ausflüge in die Region (►S. 295). Agrós ist berühmt für sein frisches, in ganz Zypern erhältliches Quellwasser und für sein Rosenwasser. Die Blütenblätter der hier gezüchteten aromatischen Damascenerrose (Rosa damascina) werden im Mai zu Rosenwasser, -öl, -seife, -brandy, -likör und vielem mehr verarbeitet. Außerdem werden im Dorf köstliche Schinken (Chioméri und Loúnza), schmackhafte Würste (Loukaniká), eingelegte Früchte (Glykó), hervorragende Marmeladen und Süßigkeiten hergestellt.

Im Zentrum steht neben der großen Dorfkirche eine kleine, neue Kapelle, die zwei der wertvollsten Ikonen Zyperns birgt (Schlüssel im kleinen Kafeníon gegenüber). Diese Ikonen aus dem 12. Jh. wurden laut Volksglauben vom hl. Lukas selbst gemalt. Sie gelangten, so wird erzählt, durch 40 Mönche aus Kleinasien während des Bilderstreits

! *Baedeker* TIPP

Wandern auf einsamen Bergketten

Rund um Agrós führen Naturlehrpfade. Empfehlenswert ist ein Naturlehrpfad, der beim oberhalb des Ortes gelegenen Stausee beginnt und zur byzantinischen Kirche von Lagouderá mit ihren zauberhaften Fresken führt (6 km, 2 Std.).
Dort kann man sich wieder abholen lassen oder noch weiter über die Berge nach Stavrós tou Agiasmáti wandern (7 km, 3 Std.). Informationen gibt es beim Fremdenverkehrsamt und im Hotel Rodon (siehe S. 295).
Ein weiterer Naturlehrpfad, Madarí genannt, führt etwas westlich von Agrós über die Bergketten auf die 1612 m hohe Spitze des Adelfí und bietet einmalige Landschaftseindrücke (17 km, 4 Std., kann aber auch nur in Teilen begangen werden, siehe S. 123).
Bitte denken Sie an gute Wanderschuhe und nehmen Sie genügend Wasser mit!

nach Zypern und durch die Gründung eines Klosters in Agrós an diesen Ort. Nachdem das Kloster verfiel, verschwanden die Ikonen und wurden vom heutigen Priester verschmutzt in einer Scheune wieder entdeckt. Besuchenswerte Orte im östlichen Tróodos-Gebirge sind außerdem ►Lagouderá, ►Machairás und ►Platanistása.

Louvarás (Λουβαράσ)

Ebenfalls im östlichen Tróodos-Gebirge, südlich von Agrós, 22 km nördlich von Limassol, liegt das kleine Dorf Louvarás (180 Einw.) 720 m hoch. Am Dorfrand steht ein kleines byzantinisches Juwel, die 1455 erbaute und dem hl. Mamas geweihte Scheunendachkirche Ágios Mámas (Schlüssel im Haus beim 2. Hinweisschild auf die Kirche). Die gut erhaltenen Wandmalereien aus dem Jahr 1495 stammen von Philip Goul, der auch die Fresken der Kirche Stavrós tou Agiasmáti in ► Platanistása schuf. Der Narthex wurde in späterer Zeit hinzugefügt.

✶ ◄ Moní Ágios Mámas

Die untere Zone des Wandschmucks ist verschiedenen Heiligen vorbehalten, während die beiden oberen Bildreihen Szenen aus dem Neuen Testament darstellen. Der Freskenzyklus beginnt an der Südwand mit der Geburt Christi, es folgen die Darbringung im Tempel, die Taufe, die Verklärung, die Auferweckung des Lazarus, der Einzug in Jerusalem, das leere Grab, die Heilung eines Kranken am Teich von Bethesda, Jesus predigt den Juden, Jesus und die Samariterin, die Heilung des Blindgeborenen und die Heilung der Schwiegermutter des Simon Petrus. An der Westwand erkennt man unter der Kreuzigung das letzte Abendmahl, die Fußwaschung, den Verrat Jesu, Jesus vor den Hohepriestern, die Austreibung der Teufel, die Stifterinschrift und die Kreuzabnahme. An der Nordwand folgen die Szenen »Pilatus wäscht seine Hände in Unschuld«, Verspottung Jesu, Kreuztragung, Pfingsten, Anástasis, Himmelfahrt Christi und der Tod der Gottesmutter.

> **? WUSSTEN SIE SCHON ...?**
>
> - Mamas ist sicherlich Zyperns ungewöhnlichster, aber auch beliebtester Heiliger, denn er wird bei Problemen mit dem Finanzamt angerufen.

Im Bema ist an der zentralen Stelle der Apsiswölbung die Muttergottes im Typus der Blacherniótissa, der zwischen Engeln stehenden und betenden Gottesmutter, dargestellt. Darunter befinden sich die Kirchenväter. Die Seitenwände schmücken Szenen wie die Opferung Isaaks oder die Bewirtung der Engel durch Abraham.

HILARION

Reiseziele in Nordzypern

TEMPELRUINEN, RITTERBURGEN, MOSCHEEN, GOTISCHE KIRCHEN, MEDITERRANES FLAIR – HIER KYRÉNIA – UND BEINAHE UNBERÜHRTE NATUR

Ortsnamen Nach 1974 wurden in Nordzypern alle griechischen Orts- und Straßenschilder entfernt, die Orte erhielten türkische Namen. In diesem Reiseführer nennen wir sowohl die überlieferten griechischen als auch die heute verwendeten türkischen Namen. Bei Nikosia/Lefkoşa, Famagusta/Gazimağusa und Kyrénia/Girne werden die international üblichen Ortsnamen verwendet.

★★ Bellapais · Beylerbeyi

D 8

Höhe: 220 m ü. d. M.

Die gotische Ruine hoch über dem Küstenstädtchen Kyrénia/Girne zählt zu den romantischsten Fleckchen in Nordzypern und strahlt auch heute noch Ruhe und Besinnlichkeit aus. Von den Klosterfenstern genießt man einen weiten Blick über die Küstenebene.

Öffnungszeiten: tgl. 9.00 – 19.00, im Winter bis 16.45

Eine der schönsten gotischen Klosterruinen des Mittelmeerraumes ist die wuchtige, auf einem Felsvorsprung am Fuß des Pentadáktylos-Gebirges (türk. Beşparmak) gelegene Abtei von Bellapais (türkisch Beylerbeyi oder Bellabayis) etwa 6 km südöstlich von Girne/Kyrénia. Vier große Zypressen ragen aus der malerischen Klosterruine, die eines der beliebtesten Fotomotive Nordzyperns ist. Das Kloster wurde mehrmals umbenannt, von Abbey de la Paix (Abtei des Friedens) unter den Lusignans zu Bellapaix (Schöner Frieden) unter den Venezianern bis zum umgangssprachlichen Bellapais. Nach den weißen Kutten der Prämonstratensermönche wurde das Kloster auch Weiße Abtei genannt.

Atemberaubende Harmonie Der englische Schriftsteller **Lawrence Durrell** (1912 – 1990) lebte in den 1950er-Jahren einige Zeit im Ort Bellapais. In seinem Buch »Bittere Limonen« beschrieb er das Kloster: *Ich war auf etwas Schönes gefasst, denn ich wusste bereits, dass das verfallene Kloster von Bellapais eines der bezauberndsten gotischen Überbleibsel der Levante ist, aber ich war nicht auf die atemberaubende Harmonie mit dem kleinen Ort gefasst, der es an der Flanke der Berge umfasst und wiegt.*

Er findet auch Worte für den noch vorhandenen »Baum des Müßiggangs« vor der Abtei: *Falls Sie hier zu arbeiten gedenken, setzen Sie sich nie unter den ›Baum des Müßiggangs‹. Sein Schatten macht den Menschen unfähig zu ernster Arbeit. ... Wie herrlich die Lage der Abtei (Bellapais) ist, wird einem erst klar,*

! *Baedeker* TIPP

Bellapais Musikfestival

Musiker aus aller Welt geben sich jedes Jahr im Frühsommer ein Stelldichein im einzigartigen gotischen Ensemble von Bellapais. Mehrere Wochen lang kann man klassischer Musik in passender Atmosphäre lauschen. Aktuelle Informationen unter: www.bellapaisfestival.com.

Ein bezaubernder Ort: die gotische Klosterruine Bellapais

wenn man in den inneren Kreuzgang kommt. Durch ein wundervolles, mit marmornen Wappenschildern geziertes Tor tritt man ein und geht hinüber bis zum Rand des steilen Felsens, auf dem der Bau sich erhebt. Die Fenster des Refektoriums rahmen die Ebene unten mit ihren blühenden Hainen und ihren schwankenden Palmen ... Wir wanderten einfach in stiller nachdenklicher Freundschaft zwischen diesem schlanken Maßwerk und den hochschäftigen Säulen, zwischen den Wappenschildern vergessener Ritter und den flammenden Orangenbäumen dahin, bis wir in den Schatten des großen Refektoriums kamen, unter dessen hohem Dach die Schwalben nisteten.

Geschichte

Gegründet wurde die Abtei 1205 von Augustinermönchen, die nach der Eroberung Jerusalems durch Saladin (1187) nach Zypern flüchteten. König Hugo I. aus dem Hause der Lusignans schenkte dem Kloster zahlreiche Ländereien. Im 13. Jh. übernahmen die ebenfalls aus dem Heiligen Land geflohenen Prämonstratenser die Abtei. Unter König Hugo III. (1267 – 1284) entstand die heutige Klosterkirche, während die restlichen Gebäude erst im 14. Jh. errichtet wurden. Der König verlieh dem Abt besondere Privilegien: So durfte er z. B. während der Messe die Bischofsmitra aufsetzen und außerhalb der Klosteranlage ein Schwert und vergoldete Sporen tragen. Durch großzügige Schenkungen erwarb Bellapais Reichtum und großes Ansehen. Der Niedergang des Klosters begann im 16. Jh., als die einst strengen Klosterregeln zunehmend vernachlässigt wurden. Dann wurde Zypern von den Osmanen erobert und die Mönche von Bellapais mussten fliehen.

BELLAPAIS ERLEBEN

ESSEN

► Fein & teuer

Restaurant Kybele
Tel. 815 75 31
Einzigartige Lage innerhalb der Abtei, mit Blick auf die gotischen Ruinen. Atemberaubender Ausblick über die Küstenlinie, vor allem vom winzigen Balkon aus, der einen einzigen Tisch für zwei Personen trägt (nur für Schwindelfreie!). Schön gestalteter orientalischer Raum.

► Erschwinglich

Abbey Bell Tower
Tel. 815 75 07
Hier kann man nett auf dem Dach des Restaurants sitzen und am Abend dabei die nur wenige Meter entfernte, in orangefarbenes Licht getauchte Abtei bewundern. Das Restaurant ist vor allem für seine leckeren Vorspeisen (Mezeler) bekannt.

ÜBERNACHTEN

► Komfortabel

Bellapais Gardens
Tel. 815 60 66
Fax 815 76 68
www.bellapaisgardens.com
Direkt unterhalb der Abtei gelegen, nur 300 m vom Dorfzentrum entfernt. 18 komfortabel eingerichtete Wohneinheiten mit Terrasse oder Balkon verteilen sich auf mehrere Gebäude, umgeben von einem schönen Garten. Im Zentrum der Anlage ein großer Swimmingpool.

Gardens of Irini
Tel. und Fax 815 28 20
www.gardensofirini.com
Gemütliche und gut ausgestattete Ferienwohnungen aus privater Hand, oberhalb von Bellapais mit Blick über das Dorf. In einem abgeschlossenen Garten kann man unter Orangenbäumen träumen.

Klosterruine

Klosterkirche

Den üblichen Klosterschemata des Mittelalters entsprechend sind alle Gebäude im rechten Winkel zueinander gebaut. Man betritt das Kloster von Westen her durch die ehemalige zinnenbewehrte Toranlage und gelangt über einen quadratischen Hof in den Narthex der Klosterkirche »Heilige Maria vom Weißen Gewande«, in dessen Wänden Grabnischen eingelassen sind. Die bescheidenen Freskenreste stammen aus dem 15. Jahrhundert. Die im Süden der Klosteranlage gelegene, dreijochige Kirche besitzt ein breites Mittelschiff, zwei schmale Seitenschiffe und einen quadratischen Chor. In der nördlichen Wand der Kirche führt eine Treppe hinauf zum nicht mehr erhaltenen Dormitorium, dem Schlafsaal der Mönche. Über diese Treppe gelangten die Mönche nachts zum Gottesdienst. Eine kleine Sakristei schließt sich an den Chor an.

Kreuzgang, Kapitelsaal

Im Norden der Kirche schließt sich der Kreuzgang an, der mit seinen hohen gotischen Spitzbögen und den Resten schönen Flamboyant-Maßwerkes auf die Spätgotik des 14. Jh.s hinweist. Im Osten des

Kreuzgangs liegt der Kapitelsaal, wo die Ordensleute ihre Versammlungen abhielten. Die Konsolen, auf denen das Kreuzrippengewölbe ruhte, zeigen, mit welch prachtvollem Reliefschmuck dieser Saal verziert war. An den Kapitelsaal schließt ein ursprünglich tonnengewölbter Saal an, der einen Gemeinschaftsraum oder ein Skriptorium (Schreibstube) darstellte. Über diesen Räumen lag das Dormitorium.

Refektorium

Im Norden der Klosteranlage beeindruckt noch heute das Refektorium, der ehemalige Speisesaal, mit einem vollkommen erhaltenen Kreuzrippengewölbe. Vor dem Eingang liegen zwei römische Marmorsarkophage aus dem 2. Jh. n. Chr., die als Wasserbehälter benutzt wurden und mit Girlanden tragenden Genien und Löwenköpfen verziert sind. Über dem Portal prangen die Wappen der Lusignans, die sie als Könige von Zypern und Jerusalem ausweisen. Mit 30 m Breite, 11 m Länge und 11,50 m Höhe ist es eines der größten Refektorien der damaligen Zeit. Von der Kanzel an der Nordseite wurde während der schweigend eingenommenen Mahlzeiten aus frommen Büchern vorgelesen. Die Kanzel mit ihrem reichen Maßwerk stammt aus dem 14. Jahrhundert. Sechs Fenster bieten einen herrlichen Blick auf die Küstenstadt Kyrénia/Girne. Unter dem Refektorium befand sich ein Vorratsraum. Von den im Westen gelegenen Gebäuden des Klosters, in denen sich vermutlich die Küche und Wirtschaftsräume befanden, sind nur spärliche Reste erhalten geblieben.

Kloster Bellapais *Orientierung*

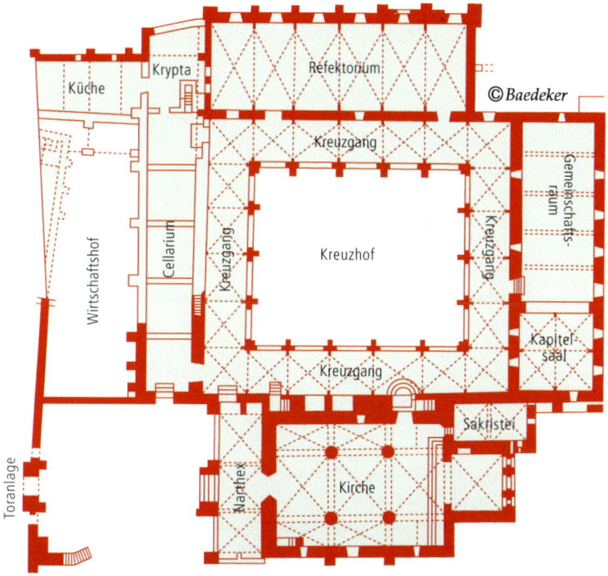

Buffavento

D 8

Höhe: 954 m ü. d. M.

»Ich wüßte selbst in Spanien und Unteritalien keine Burgruine, die an schroffer Kühnheit, Größe des Baues und romantischem Wildreiz mit Buffavento zu vergleichen wäre«, stellte der deutsche Reisende Franz von Löher fest, nachdem er 1878 in Begleitung eines ortskundigen Hirtenjungen den Burgfelsen erklommen hatte. Von seinem romantischen Reiz hat die Anlage bis heute nichts eingebüßt.

Burgruine mit Aussicht

Im Gegensatz zu ►St. Hilarion und ►Kantara ist die Burg von Buffavento (ital. = Windstoß) stark zerstört und schwer erreichbar. Doch bietet sich von hier ein herrlicher Blick auf die Nordküste mit Kyrénia / Girne, auf die Mesaoría-Ebene und die Festung St. Hilarion. Die Burg von Buffavento liegt auf einem steilen Felshang des Pentadáktylos/Beşparmak-Gebirges in der Nähe von Bellapais. Unterhalb der Festung befindet sich ein Militärgelände, daher ist sie nur über einen einzigen Weg, der vom Pentadáktylos-Pass zwischen Nikosia und Kyrénia abzweigt, zugänglich. Von Nikosia kommend (insgesamt 28 km), fährt man Richtung Famagusta/Gazimağusa, biegt kurz vor Demirhan links zur Passstraße ab und fährt bis zum Kamm. Von hier hat man einen schönen Blick auf den 740 m hohen Pentadáktylos-Gipfel und die Mesaoría-Ebene. An dem kleinen Parkplatz beginnt ein 7 km langer, holpriger Waldweg. An einem Parkplatz mit einem großen Olivenbaum endet der Fahrweg. Weiter geht es zu Fuß den steilen Berghang hinauf zur Burg (40 Minuten).

? WUSSTEN SIE SCHON ...?

- ... dass die Burgen Buffavento und Kantara, die 48 km weiter östlich liegt, untereinander und mit den Städten Kyrénia, Nikosia und Famagusta in Sichtkontakt standen. Hier stationierte Wachmannschaften entfachten Signalfeuer, sobald sie fremde Schiffe bemerkten.

Wie die Burgen von Kantara und St. Hilarion wurde Buffavento im 10. Jh. errichtet und später von den Lusignans befestigt. Als mittlere der drei Burganlagen hatte sie für die Weitergabe von Signalen einst große Bedeutung und wurde zudem als Fluchtburg und Gefängnis benutzt. Nach der Machtübernahme der Venezianer Ende des 15. Jh.s wurde das Kastell geschleift.

Unterburg und Oberburg

Von der Festungsanlage mit ihrem Mauerwerk aus rauem Bruchstein sind nur noch wenige Reste erhalten. Sie bestand aus einer Unterburg, deren Fundamente noch erkennbar sind, und einer ca. 20 m höher gelegenen Oberburg. Während die Unterburg an den Felsabhang mit Blick auf die Mesaoría-Ebene angelegt ist, erhebt sich die Oberburg auf dem Berggipfel. Die unteren Gebäude dienten den Soldaten als Wohn- und Wachbereich; hier befanden sich auch Stallungen und Vorratsgebäude. Ein steiler Treppenweg führt hinauf zur Oberburg. Zu erkennen sind die Überreste herrschaftlicher Gebäude, u. a. dekorative Bauelemente, eine Zisterne und ein Beobachtungshaus auf dem höchsten Punkt. Die Mühe des Aufstiegs wird mit einem grandiosen Rundblick über den Inselnorden belohnt.

! *Baedeker* TIPP

Sicherer Aufstieg

Die Piste nach Buffavento ist in äußerst schlechtem Zustand. Am besten bewerkstelligt man sie mit einem Jeep. Auf jeden Fall sollte man für den Aufstieg an festes Schuhwerk denken und sich auch mit Verpflegung und Getränken eindecken – einen Kiosk erwartet man hier oben vergebens.

Etwa 3 km unterhalb des Kastells liegt auf rund 570 m Höhe das berühmte **Chrysóstomos-Kloster** aus dem 11. Jh. mit mittelbyzantinischen Fresken. Hier soll der hl. Neofytos (► S. 240) als Achtzehnjähriger seine geistliche Laufbahn begonnen haben. Da das Kloster heute in militärischem Sperrgebiet liegt und als Kaserne genutzt wird, ist eine Besichtigung nicht möglich.

Kythréa / Değirmenlik

Die Passstraße führt 4 km südlich der Abfahrt nach Buffavento zum Städtchen Kythréa/Değirmenlik, das der Legende nach im 12. Jh. v. Chr. von Chytros, dem Enkel des Atheners Akamas, gegründet wurde und in der Antike Chýtroi hieß. Neben einer bronzezeitlichen Nekropole, spärlichen Resten der Akropolis und eines Aphrodite-Tempels fand man hier die berühmte Bronzestatue des römischen Kaisers Septimus Severus, die heute im Archäologischen Museum in Nikosia zu sehen ist. Nicht weit entfernt liegt die Quelle Kefalovryson, die einst über einen 60 km langen Aquädukt die Stadt Salamís mit Wasser versorgte. Sie war die stärkste und einzige ganzjährig sprudelnde Quelle am Südhang des Pentadáktylos-/Beşparmak-Gebirges, bis sie Ende der 1980er-Jahre fast gänzlich versiegte.

★★ Famagusta · Gazimağusa · Ammóchostos

E 11

Höhe: Meereshöhe **Einwohnerzahl:** 39 000

»Perle des Mittelalters« wird Famagusta bisweilen genannt. Und wenn heute auch fast nur noch Ruinen von dieser einst glanzvollen Epoche zeugen, so entfaltet das Nebeneinander von venezianischer Verteidigungstechnik, fränkischer Gotik und osmanischer Kultur innerhalb der ummauerten Altstadt eine unnachahmliche Atmosphäre, wie man sie sonst nirgends auf der Insel findet.

Christliche Vergangenheit und muslimische Gegenwart

Rund 60 km östlich von Nikosia liegt die zweitgrößte Stadt Nordzyperns und vor 1974 bedeutendste Hafen- und Touristenstadt der ganzen Insel: Famagusta, türkisch Gazimağusa oder kurz Mağosa genannt. Der griechische Name **Ammóchostos** (= im Sand versunken) deutet auf die Lage an den Sandstränden der Ostküste Zyperns hin. In der von einer unversehrten wuchtigen venezianischen Stadtmauer des 15./16. Jh.s umgebenen Altstadt scheint die Zeit stehen geblieben zu sein. Zwischen Obst- und Gemüsegärten befinden sich zahlreiche, zum Teil verfallene gotische Kirchenruinen, von denen einige in Moscheen umgewandelt, andere zweckentfremdet wurden. Mit ihren kleinen, schmalen Gassen, den fliegenden Händlern, Obstständen und Schuhputzern bietet die Altstadt im Vergleich zur Neustadt (Yeni Mağusa) entlang der Ausfallstraßen ein **orientalisch** anmutendes Bild. Das breite Warenangebot in den kleinen Geschäften und Boutiquen lädt zum **Einkaufsbummel** ein. Seit der osmanischen Eroberung lebten die türkischen Zyprer in der Altstadt, während die Griechen und Armenier in den Außenbezirken wohnten.

Im 16. Jh. wurde aus der Nikolauskathedrale eine Moschee.

◄ Varosha

In Varosha/Varósia, dem griechischen Stadtviertel Famagustas, war bis 1974 die touristische Infrastruktur der Stadt angesiedelt: Hotelhochhäuser, Banken, Geschäfte, Märkte und Restaurants. Famagusta verfügte in seiner Glanzzeit über rund 30 000 Hotelbetten und war das größte Touristenzentrum im östlichen Mittelmehr. Zur Zeit bietet Varosha einen traurigen Anblick. Die durch Bombenangriffe beschädigten Hotels liegen im militärischen Sperrgebiet und verfallen. Vom Palm Beach Hotel (► unten) kann man zu dieser Geisterstadt hinüberblicken.

In den 1980er-Jahren setzte in Famagusta wieder ein wenig Fremdenverkehr ein, heute ist es das **zweitwichtigste touristische Zentrum des Nordens**. An den schönen Sandstränden nordöstlich der Stadt entstanden neue Hotels und ein Ende dieses Baubooms ist noch nicht abzusehen. Der einstmals größte **Seehafen** Zyperns hat im wirtschaftlich schwachen Norden an Bedeutung verloren und noch immer unterliegt Nordzypern einem internationalen Wirtschaftsembargo. An der 1986 gegründeten englischsprachigen Hochschule Eastern Mediterranean University sind über 10 000 Studenten aus Nordzypern, der Türkei und vielen nahöstlichen und afrikanischen Staaten eingeschrieben.

Gegen den Flugsand zur Inselhauptstadt

Im 3. Jahrhundert v. Chr. gründete der ägyptisch-hellenistische Herrscher Ptolemäus II. südlich der antiken Stadt Salamís (Constantia) die Siedlung Arsinoe. Im 7. Jahrhundert n. Chr. flüchteten die Bewohner von Constantia vor den Arabern nach Arsinoe, das wegen des Flugsandes schon lange aufgegeben war. Die Stadt wurde neu aufgebaut und Ammóchostos genannt, litt aber weiter an dem zerstörerischen Sand und Arabereinfällen. Erst nach der Ansiedlung von Armeniern im 12. Jahrhundert kam der Ort zu gewissem Ansehen. Unter den Lusignans erhielt Ammóchostos den verballhornten Namen Famagusta. 1291 fiel mit Akkon die letzte christliche Feste im Heiligen Land an die Moslems. Viele Kreuzritter, Ordensleute und Kaufleute flohen nach Zypern, brachten Waren und Kapital mit und ließen sich in Famagusta nieder. Die Hafenstadt wurde zum Mittelpunkt des Ost-West-Handels und im 13. und 14. Jahrhundert eine der reichsten Städte des Mittelmeerraumes mit prächtigen Adelshäusern und 70 000 Bewohnern. Sie war Krönungsstadt der Könige von Jerusalem und soll über 365 Kirchen, eine für jeden Tag, besessen haben.

◄ Blütezeit im Mittelalter

Der Niedergang begann 1372 mit dem Ausbruch des Handelskrieges zwischen Venedig und Genua. Die Stadt fiel zunächst an die Genuesen, 1489 an die Venezianer und 1571 nach zehnmonatiger Belagerung an die Türken. Die griechische Bevölkerung floh, durfte sich aber außerhalb der Stadt ansiedeln. Die Innenstadt blieb bis in die heutige Zeit türkisch. Im 19. und 20. Jh. erlebte Famagusta durch den Seehafen einen neuen Aufschwung und war bis 1974 Zyperns wichtigster Badeort. Nach schweren Kämpfen fiel die Stadt 1974 an die türkischen Truppen und wurde in Gazimağusa umbenannt.

◄ Wechselnde Herrschaften

FAMAGUSTA • GAZIMAĞUSA ERLEBEN

AUSKUNFT

Touristeninformation im Landtor
während der Saison 7.30 – 17.00 Uhr
Tel. 366 28 64

VERANSTALTUNG

Von Ende Juni bis Mitte Juli kommen zum Famagusta International Festival populäre Interpreten der verschiedensten Musikrichtungen zusammen (www.magusa.org/festival).

ESSEN

► Fein & teuer

② ***Cyprus House***
Fazil Polat Paşa Bulvari
Das Restaurant befindet sich nur 300 m vom Landtor entfernt in der Neustadt. Es zählt zu den renommiertesten Lokalen der Region und hat sich auf einheimische Gerichte spezialisiert. Das Ambiente ist einem zyprischen Haus aus den 1930er-Jahren nachempfunden.

► Erschwinglich

① ***Petek***
Siehe Baedeker-Tipp S. 317

③ ***Restaurant Hurma***
In der Nähe des Palm Beach Hotels
Großes, gut ausgestattetes Restaurant, einheimische und internationale Küche, sehr beliebt.

④ ***Restaurant Aspava***
Liman Yolu 19
Zentral gelegenes Restaurant mit netter Terrasse, nur wenige Schritte von der Lala-Mustafa-Pascha-Moschee entfernt. Traditionelle zyprische Küche mit Mezé und Kebap.

► Preiswert

⑤ ***Jax Café Bar***
Erenler Sokağ
Gut für ein schnelles Getränk oder einen Snack zwischendurch, aber auch zum Lunch kann man hier einkehren.

ÜBERNACHTEN

► Luxus

① ***Palm Beach Hotel***
Deve Limani
Tel. 366 20 00
Fax 366 20 02
www.northernpalmbeach.com
2 km außerhalb der Altstadt direkt neben der »Geisterstadt« Varosha gelegen, das Zentrum ist also zu Fuß erreichbar. 108 Zimmer. Den Gästen stehen u. a. zwei Tennisplätze zur Verfügung, verschiedene Wassersportaktivitäten werden angeboten. Mehrere Restaurants sorgen für das leibliche Wohl. Das Hotel liegt direkt an einem sehr flach ins Wasser abfallenden feinsandigen Strand.

Sehenswertes in Famagusta

Siegesdenkmal

Von Salamís oder Nikosia kommend, passiert man kurz vor der Altstadtmauer an einem Kreisverkehr das türkische Siegesdenkmal, das an die Bürgerkriegsopfer erinnert. Die Kampf- und Fluchtszenen werden von einem Porträt Atatürks überragt. Biegt man an der nächsten Straße links ab, gelangt man durch das **Landtor** (türk. Akkule, Weiße Bastion genannt) in die Altstadt.

★ **Stadtbefestigung**

Famagusta besitzt eine der mächtigsten Befestigungsanlagen des gesamten Mittelmeerraumes. Errichtet wurde sie im 15. Jh. im Auftrag Venedigs und nach Plänen des Architekten Sanmichele. Der bis zu 18 m hohe und 6 m starke doppelte Mauerring ist 3,5 km lang und mit 13 Bastionen verstärkt. Der Graben zwischen den Festungsringen konnte früher mit Meerwasser geflutet werden. Zwei Tore, das Seetor und das Landtor, bildeten die einzigen Zugänge ins Stadtinnere. Die Engländer brachen später weitere Eingänge in das Mauerwerk.

★ ◄ Othello-Turm

Der quadratische Othello-Turm (Othello-Kalesi) mit befestigten Rundtürmen an jeder Ecke gehörte zu einer Zitadelle, welche die Stadt zur Seeseite verstärkte. Ein marmorner Markuslöwe bewacht den Eingang. Eine Inschrift unter dem Wappen nennt das Baujahr 1492 und den Bauherren Nicolo Foscarini. Im Innenhof sind noch Reste eines gotischen Viereckturmes sowie eine große Halle aus der Lusignan-Zeit zu erkennen. Vom Wehrgang bietet sich ein herrlicher Blick auf den Hafen und die Altstadt mit ihren zahlreichen Kirchen (Mo. – Fr. 8.00 – 13.00, 15.00 – 18.00 Uhr).

◄ Shakespeares »Othello«

Da Shakespeares »Othello« an einem Seehafen Zyperns spielt, gilt diese Zitadelle als Schauplatz des Dramas und wird seither Othello-Turm genannt. Vermutlich war der venezianische Vizegouverneur von Famagusta der »Mohr von Venedig«, da sein Name Christoforo Moro lautete. Allerdings war er wohl nicht schwarz, sondern stammte von der Familie Moro ab. Einer weiteren Version zufolge ist der nach Zypern verbannte Francesco de Sessa, dem seine dunkle Hautfarbe den Beinamen »il capitano moro« einbrachte, Shakespeares Mohr. Shakespeare ist jedoch nie in Zypern gewesen, sein Drama verfasste er nach einer Novelle des Venezianers Giraldo Cinzio.

Othello-Turm an Famagustas Hafeneinfahrt

Die Ruine der kleinen Kirche **St. Georg der Lateiner** gegenüber dem Othello-Turm ist aus dem späten 13. Jh. und gehört zu den frühesten gotischen Bauten Famagustas. Mit ihrer kunstvollen Ausarbeitung erinnert sie an die Kirche Ste-Chapelle in Paris.

Nur wenige Schritte südöstlich des Othello-Turms stößt man auf das **Seetor**, eines der elegantesten Teile

Famagusta • Gazimağusa Orientierung

Essen
① Petek
② Cyprus House Restaurant
③ Restaurant Hurma
④ Aspava Restaurant
⑤ Jax Café Bar

Übernachten
① Palm Beach Hotel

der städtischen Festungsanlage. 1496 wurde es unter Nicola Prioli errichtet, dem venezianischen Statthalter Zyperns. Auch hier blickt ein geflügelter Markuslöwe, das Wahrzeichen Venedigs, von dem heute geschlossenen Tor in Richtung Hafen. Die Plattform über dem Tor bietet einen Blick auf Hafen und Altstadt.

Canbulat-Bastion ▶ Die Canbulat- oder Djambulat-Bastion beherbergt heute ein kleines Museum und das Grab des türkischen Offiziers Beyi Canbulat (Djambulat). Er hatte sich um 1570 während der Belagerung Famagustas mit seinem Pferd in ein Messerrad gestürzt, mit dem die Venezianer den Eingang in die Bastion versperrten. Durch sein Opfer wurde das Instrument blockiert und der Weg in die Festung frei. Das Museum zeigt Keramikfunde aus der Bronzezeit, volkskundliche

Exponate sowie Waffen des 17.–19. Jh.s (Mo. – Fr. 8.00 – 13.00, 15.00 bis 18.00 Uhr). Auf dem Soldatenfriedhof gegenüber der Canbulat-Bastion sind die türkischen Soldaten, die während der Eroberung Famagustas 1570 ums Leben kamen, begraben.

◄ Martinengo-Bastion

Die nach einem venezianischen Kommandeur benannte Martinengo-Bastion wurde um 1550 vollendet. Mit bis zu 6 m dicken Mauern ist sie die mächtigste Bastion der Stadtbefestigung und sollte die Stadtbewohner gegen Angriffe von der Landseite her schützen. Zwei große unterirdische Hallen boten etwa 2000 Menschen Zuflucht oder dienten als Munitionslager.

★★ **Nikolauskathedrale / Lala Mustafa Paşa Camii**

Die Nikolauskathedrale, die heutige Lala-Mustafa-Paşa-Moschee, beherrscht das Stadtzentrum und deren Stadtsilhouette. Sie ist eine der besterhaltenen gotischen Kirchenbauten der Insel. Entworfen wurde sie 1298 vom Architekten Balduin Lambert und 1326 gleichzeitig mit der Sophienkathedrale in Nikosia geweiht. Sie ist jedoch üppiger geschmückt als diese. In der Kathedrale von Nikosia wurden die Könige Zyperns gekrönt, in der Nikolauskathedrale folgte anschließend die Krönung zum König von Jerusalem – die Lusignans waren nicht nur Könige von Zypern und Armenien, sondern auch nominelle Herrscher des von den Türken eroberten Jerusalem. Die letzte Königin Caterina Cornaro (► Berühmte Persönlichkeiten) unterzeichnete hier ihre Abdankung zugunsten der Republik Venedig, ihr Ehemann Jakob II. ist hier begraben. Als die »gotischste« Kirche Zyperns im 16. Jh. in eine Moschee umgewandelt wurde, entfernte man gemäß der islamischen Tradition alle figürlichen Darstellungen und setzte ein kleines Minarett auf den Nordturm der Fassade.

Die **Fassade** ist ein Meisterstück gotischer Baukunst und bis zum dritten Turmgeschoss erhalten. Die Dreiportalzone wird mit Giebeln bekrönt, die über das Horizontalgesims des oberen Geschosses herausragen. Die Felder der mit Krabben besetzten Giebel sind mit feinem Maßwerk verziert. Das zweite Geschoss zeigt neben zwei Blendfenstern ein großes gotisches Maßwerkfenster mit einer schönen Rosette. Die nur noch als Reste erhalten gebliebenen Turmgeschosse sind durch mit Giebeln bekrönte Spitzbogenfenster gegliedert. Große Strebepfeiler stützen die Langhauswände. Zwei kleine polygonale Treppentürmchen stehen links und rechts der Fassade, durch sie ist die dem zweiten Geschoss vorgelagerte Königsgalerie zu erreichen. Hier zeigten sich die Könige nach ihrer Krönung erstmals dem Volk.

! *Baedeker* TIPP

Leckereien bei Petek

Petek, am Ende der Liman Yolu, direkt gegenüber dem Seetor, ist für seine Leckereien weit über die Stadtgrenzen hinaus bekannt. Es eignet sich sehr gut für eine Kaffeepause mit einem Sandwich oder einem erfrischenden Getränk. Wer der herrlichen Auswahl an Kuchen und Süßigkeiten, vor allem Lokum, eine Art Fruchtgelee, widerstehen kann – der beweist wirklich Standfestigkeit, denn nirgends in Nordzypern wird man eine bessere Auswahl finden. Sehr schön sitzt man übrigens auf der Dachterrasse!

Der nach Mekka ausgerichtete Mihrab, Gebetsnische, in der Nikolauskathedrale

Der **Innenraum** der dreischiffigen, fünfjochigen Basilika ist 55 x 23 m groß. Die Arkadenbögen ruhen auf schweren Säulen, die Obergadenzone ist durch große gotische Maßwerkfenster aufgelockert. Der Kirchenraum wurde mit Teppichen ausgelegt, mit Mihrab (Gebetsnische) und Minbar (Kanzel) versehen und die Wände weiß getüncht. Das Langhaus schließt direkt an die polygonale Apsis an. Die Chorfenster sind mit Maßwerk verziert und von außen mit Giebeln geschmückt. Auch die Seitenschiffe enden in kleinen Apsiskapellen. In der Apsis des nördlichen Seitenschiffes (heute Frauenabteil der Moschee) befindet sich im Boden eine mittelalterliche Grabplatte mit der Darstellung des hl. Nikolaus mit Mitra und Bischofsstab.

Sykomore und Loggia ▶

Auf dem Platz vor der Kirche wächst eine ca. 600 Jahre alte Sykomore (Ficus Sycomorus). Der Maulbeerfeigenbaum aus Nordafrika wurde von den Lusignans angepflanzt. Im Süden wird der Domplatz von Resten einer venezianischen Loggia (16. Jh.) begrenzt, in der sich heute ein moslemischer Reinigungsbrunnen befindet.

Palazzo del Provveditore

Gegenüber der Kathedrale befinden sich die Reste des Palazzo del Provveditore. Im 13. Jh. entstand der Palast für die Lusignans, der anschließend als Sitz des venezianischen Gouverneurs diente. Aus dieser Zeit stammt das monumentale Renaissanceportal, das zusammen mit Mauerresten erhalten ist. Die Portalzone weist Rustikamauerwerk auf; drei große Bögen öffnen sich zum Palastinneren. Vier dorische Granitsäulen aus dem antiken Salamís sind den Portalen vorgelagert. Über dem mittleren Rundbogen ist das Wappen des Gouverneurs Giovanni Renier aus dem Jahr 1552 zu sehen.

Namık-Kemal-Museum

Gleich hinter dem Portal informiert ein kleines Museum über den türkischen Nationaldichter Namık Kemal (► Berühmte Persönlichkeiten). Dieser saß hier von 1873 bis 1876 in Haft, da er sich gegen den Sultan aufgelehnt hatte. Nach ihm ist der Platz vor der Kathedrale benannt, ein Denkmal des Dichters befindet sich nördlich des Kathedralvorhofs.

St. Peter- und Paulskirche / Sinan Paşa Camii

Die recht gut erhaltene frühgotische St. Peter- und Paulskirche wurde im 14. Jh. von dem reichen Kaufmann Simone Nostrano gestiftet. Auf großen Säulen ruhen Arkadenbögen, die sich in niedrigen, gedrungenen Spitzbögen zu den schmalen Seitenschiffen hin öffnen. Das fünfjochige Langhaus endet direkt an der Apsis, zwei kleine Seitenapsiden bilden den Abschluss der Seitenschiffe. Ein Kreuzrippengewölbe mit kunstvoll ausgearbeiteten Schlusssteinen überspannt die drei Schiffe. Die Kirche wurde nach der osmanischen Eroberung 1571 in die Sinan-Paşa-Moschee umgewandelt, später diente sie als Kartoffel- und Getreidespeicher. Heute ist sie Sitz der Stadtbibliothek.

Franziskanerkirche und Cafer-Paşa-Bad

Nördlich des Palazzo del Provveditore befinden sich die spärlichen Ruinen des gotischen Franziskanerkonvents, das im 13. Jh. unter dem Lusignankönig Henri II. errichtet wurde. Gleich daneben steht das Cafer Paşa Hamam, eines der wenigen osmanischen Baudenkmäler der Stadt. Das ehemalige Bad entstand im Auftrag des türkischen Herrschers Cafer Paşa 1601, dem die Stadt auch den Bau eines Aquädukts, das einst Wasser nach Famagusta leitete, verdankt. Am Namık-Kemal-Platz erinnert ein Brunnen an Cafer Paşa.

Zwillingskirchen der Templer und Johanniter

Etwas nördlich, in der Kisla Sok, stößt man auf ein Kuriosum: die Zwillingskirchen der Templer und Johanniter. Die beiden Gotteshäuser stehen nur ca. 3 Meter voneinander entfernt. Die nördliche Kirche der Templer stammt aus dem Ende des 13. Jh.s und war dem hl. Antonius geweiht. Die kleinere, aber etwas höhere Kirche der Johanniter wurde nur wenige Jahrzehnte später errichtet.

Ágios Geórgios Exorinós

Die Nestorianerkirche wurde 1359 von einem der reichsten Kaufleute Zyperns erbaut. Kurz danach setzte man der einschiffigen Kirche noch zwei Seitentrakte mit zwei Jochen hinzu, die in kleinen Apsiskapellen enden. In türkischer Zeit diente die Kirche als Kamelstall, Anfang des 20. Jh.s wurde sie von orthodoxen Christen übernommen und dem hl. Geórgios Exorinós (griech. = der Verbannte) geweiht. Freskenreste und Inschriften weisen auf die frühen nestorianischen Besitzer hin. Heute wird hier an jedem ersten Sonntag im Monat von Christen das Abendmahl gefeiert.

Ágios Geórgios der Griechen

Die Kirchenruine Ágios Geórgios der Griechen südlich der Kathedrale war in der zweiten Hälfte des 14. Jh.s in Konkurrenz zu dieser für die griechisch-orthodoxe Gemeinde Famagustas erbaut worden.

Baudekor und Spitzbögen zeigen gotischen Einfluss, die ehemalige Überkuppelung des Langhauses weist auf byzantinische Vorbilder. In der Apsis des Chores sind Freskenreste erkennbar. Große Teile der Kirche wurden während des türkischen Angriffs 1570 zerstört.

Ágios Nikólaos und Agía Zóni

Südöstlich davon liegen inmitten von Gärten Reste zweier weiterer orthodoxer Kirchen: die zweischiffige Kirche Ágios Nikólaos aus dem 15. Jh. und die gut erhaltene byzantinische Kreuzkuppelkirche Agía Zóni (= heiliger Gürtel der Maria) aus dem 14. Jahrhundert.

✶ Kantara

C 11

Höhe: 630 m ü. d. M.

Die Festungsanlage aus dem 10. Jh. erhebt sich wie ein einsamer Wächter am Eingang zur Karpaz-Halbinsel. Die Anfahrt über eine abenteuerliche Bergstraße belohnt ein grandioser Ausblick.

Öffnungszeiten:
tgl. 9.00 – 13.00
14.00 – 16.45
Mai – Sept.
10.00 – 17.00

Kantara (arab. = Brücke, Bogen) ist die östlichste der drei Festungen des Pentadáktylos-Gebirges, die im Mittelalter zum Schutz der Insel errichtet wurden. Man erreicht sie von Kyrénia aus entlang der Küste nach 70 km, von Nikosia nach 87 km, Famagusta liegt etwa 40 km entfernt. Von der Bergspitze bietet sich ein herrliches Panorama: die lang gestreckte ► Karpaz-Halbinsel im Osten, im Norden bei guter Sicht das türkische Festland und im Süden die Sandstrände von Famagusta. Von diesem strategisch wichtigen Posten konnte man ankommende Schiffe erblicken und mit Hilfe von Signalen die westlich gelegenen Festungen ► Buffavento und ► St. Hilarion sowie die städtischen Festungen von Kyrénia und Nikosia alarmieren.

Festung Kantara Orientierung

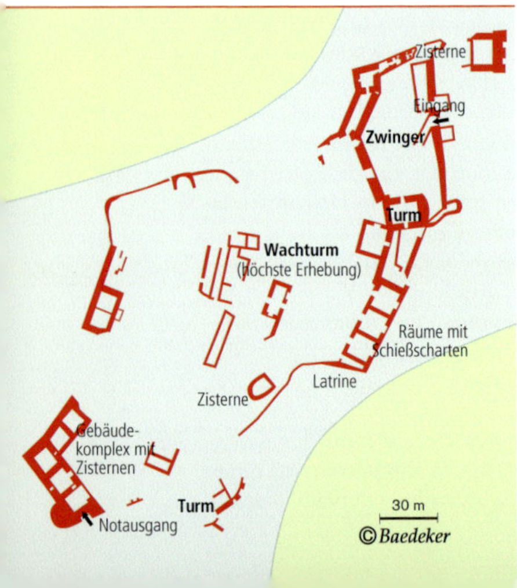

Vermutlich gab es hier in byzantinischer Zeit bereits einen befestigten Beobachtungsposten. Die Lusignans ließen Kantara zur großen Festung Le Candaire ausbauen, die mehrmals zum Schauplatz von Kämpfen mit Eindringlingen wurde. Auf dem Weg ins Heilige Land (5. Kreuzzug) landete Friedrich II. auf Zypern und beanspruchte die Insel für sich. Der Lusignankönig Henri I. trat zwar zurück, aber der Adel Zyperns erhob sich gegen die

Von der Festungsruine Kantara, einer der drei Burgen im Pentadáktylos-Gebirge, übergenießt man ein herrliches Panorama.

Gefolgsleute Friedrichs, die sich auf die Burgen zurückzogen. 1230 zwangen die Feudalherren Zyperns die Gegner zur Aufgabe. Ende des 14. Jh.s war die Burg erneut Stützpunkt der Lusignans während der Auseinandersetzungen mit den Genuesen. Nachdem die Venezianer im 16. Jh. die Mauern der Burg geschleift hatten, verfiel sie.

Über mehrere Stufen erreicht man den von zwei Türmen eingerahmten Burgeingang. Zwei Rundbastionen sichern den Zwinger. Das erhaltene Mauerwerk stammt vorwiegend aus dem 14. Jahrhundert. Die Hauptfront der Burg wird von zwei Türmen flankiert. Dahinter liegt die Oberburg, die man durch den rechten Turm erreicht. In diesem Bereich befinden sich verschiedene Räume, eine Zisterne und auf dem höchsten Punkt ein großer Wachturm, in dessen unterem Geschoss ein schönes Fenster erhalten blieb. Im Süden schützt eine hufeisenförmige Turmanlage mit Notausgang die Burganlage.

★★ Karpaz-Halbinsel · Kırpaşa

A – C 12 – 15

Die lang gestreckte Halbinsel ganz im Nordosten ist ein Juwel ganz besonderer Art. Hier gibt es kaum Massentourismus, dafür kleine, urtümlich wirkende Dörfer, lange, unberührte Sandstrände, Dünenlandschaften und eine reiche Flora. Wer die Ruhe liebt und gleichzeitig auf geschichtsträchtigem Boden wandeln möchte, der wird diese abgeschiedene Region in sein Herz schließen.

Ein Paradies im Dornröschenschlaf: Golden Beach

Landschaftliches Kleinod

Die schmale Karpaz-Halbinsel streckt sich der syrischen Küste entgegen. Das Pentadáktylos-Gebirge läuft hier in einer Kette von Hügeln aus. Dazwischen erstrecken sich kleine Hochebenen. Von Nikosia aus erreicht man den äußersten Zipfel, das Kap Andreas, nach ca. 145 km, von Famagusta/Gazimağusa sind es 115 km.

Die 80 km lange und bis zu 15 km breite Halbinsel ist ein landschaftliches Kleinod. Völlig unberührte Strände aus goldgelbem Sand sind stellenweise von dichter Macchia bewachsen; hier leben wilde Esel, über deren Existenz schon im Hohen Mittelalter berichtet wurde. Es ist kaum zu glauben, dass die Karpaz-Halbinsel in byzantinischer Zeit dicht besiedelt war, wie die Ruinen vieler frühchristlicher Kirchen bezeugen. Erst nach wiederholten Einfällen der Araber wurde die Gegend verlassen. Zwar leben die meisten Dorfbewohner noch vorwiegend von der Landwirtschaft, doch sind viele Felder verwildert, da die Halbinsel seit der Vertreibung der Griechen 1974 dünn besiedelt ist. Und obwohl tausende von Anatoliern die verwaisten Dörfer bezogen, stehen immer noch viele Häuser leer und verfallen. Bis Ende der 1980er-Jahre war die Halbinsel militärisches Sperrgebiet und blieb deshalb vom Tourismus weit gehend verschont. Auch heute leben hier noch etwa 300 Griechen, die ihre Heimat 1974 nicht verlassen wollten, die meisten in Rizokárpaso/Dipkarpaz.

Griechische Minderheit ▶

Auf der Karpaz-Halbinsel

Ausgangspunkt der folgenden Entfernungsangaben ist Famagusta/Gazimağusa.

Tríkomo/ Iskele

Das 20 km nördlich von Famagusta/Gazimağusa gelegene Dorf Iskele ist Geburtsort des EOKA-Führers Grivas (►Berühmte Persönlichkeiten). Im Dorfzentrum steht die kleine, mit Porzellankacheln ausgekleidete Kirche Ágios Jákovos (15. Jh.). Interessanter ist die Hauptkirche des Ortes, Panagía Theotókos (heute Ikonenmuseum) aus dem 12. Jh. mit gut erhaltenen Fresken aus der Entstehungszeit. Stilistisch sind diese Wandmalereien mit denen der Kirche von Asínou vergleichbar. Die erhaltenen Fresken zeigen Szenen der Lebensgeschichte Mariens und in der Kuppel Christus als Pantokrator.

Livádia/ Sazlıköy

Von Tríkomo aus fährt man wieder zur Küstenstraße bis nach Ágios Theódoros / Çayırova. Am Ortsausgang biegt man links zum 3 km

KARPAZ-HALBINSEL ERLEBEN

ESSEN

► Erschwinglich

Fischrestaurants in Boğaz
Wer von Famagusta aus in Richtung Karpaz fährt, kommt unweigerlich durch den Fischerort Bogaz. Rund um dessen natürlichen Hafen, wo immer einige Fischerboote vor sich hin dümpeln, laden mehrere Fischrestaurants zu frisch gefangenem Fisch und Meeresfrüchten ein. Das Angebot ist in allen ähnlich: was eben das Meer im Augenblick gerade zu bieten hat.

► Preiswert

Erdal Börek Salonu
Tel. 372 21 63
Am Ortsende von Dipkarpaz an der Hauptstraße Richtung Andreas-Kloster.
Halime und Erdal servieren leckere Mehlspeisen entweder mit Hackfleisch, Helim oder mit Zucker, dazu einen erfrischenden Ayran. Geöffnet März – November.

ÜBERNACHTEN

► Günstig

Karpaz Arch Houses
Dipkarpaz (Richtung Ágios Phílon)
Tel. 372 20 09
Fax 372 20 07
Authentisch renoviertes Ensemble mit mehreren Häusern im Stil einer alten Karawanserei. Die insgesamt 13 einfachen Zimmer sind unterschiedlich groß, teilweise mit kleiner Veranda, es wird nur Frühstück angeboten. Guter Ausgangspunkt für die Erkundung der Karpaz-Halbinsel.

Blue Sea Hotel
5 km östlich von Dipkarpaz
Tel. 372 23 93
Fax 372 22 55
Einsam an einer kleinen Hafenbucht gelegenes Restaurant und Hotel mit 13 einfach eingerichteten Zimmern zwischen Dipkarpaz und dem Kap Andreas. Der Hotelbesitzer persönlich sorgt für frisch gefangenen Fisch. Gut geeignet für alle, die die Einsamkeit lieben. Stromversorgung durch Sonnenkollektoren und Generator.

Sea Bird
23 km von Dipkarpaz entfernt.
Tel. Mobil 0533 / 863 29 73
Fünf Blockhütten mit Dusche und WC sowie ein kleines Restaurant an einer kleinen Sandbucht 1 km hinter dem Andreas-Kloster. Die Stromversorgung erfolgt über einen Generator. Geöffnet März – November.

entfernten Sazlıköy ab. 1 km nordöstlich von Sazlıköy erblickt man auf einer Wiese die verlassene Kirche der Panagía tis Kyrás aus dem 12./13. Jh., deren Apsis mit einem wertvollen frühchristlichen Mosaik der Muttergottes geschmückt war, von dem heute nichts mehr erhalten ist: Zum einen haben gläubige Dorfbewohner Mosaiksteinchen als Wundermittel gegen Haut- und Blutkrankheiten herausgebrochen, zum anderen wurden die Reste des Mosaiks von Kunsträubern nach 1974 ganz entfernt.

Lythránkomi/ Boltaşlı

Von der Hauptstraße biegt bei Ziyamet eine Straße nach Boltaşlı mit der äußerlich gepflegten Kirche Panagía Kanakariá ab, die einst zu einem Kloster gehörte. Die aus dem 12. Jh. stammende, dreischiffige Kuppelkirche wurde auf den Resten einer frühchristlichen Säulenbasilika des 6. Jh.s errichtet. Im 13. Jh. erhielt sie ein südliches Seitenschiff mit Portal. Im Inneren sind schwer beschädigte Reste von Fresken des 15. / 16. Jh.s erhalten.

Die Apsis des frühchristlichen Vorgängerbaus war mit einem wertvollen Mosaik des 6. Jh.s geschmückt, das vor 1974 noch in Fragmenten vorhanden war. Nach 1974 wurde es gestohlen, tauchte jedoch 1989 in Indianapolis (USA) wieder auf. Eine amerikanische Kunsthändlerin hatte das Mosaik für 1,2 Mio. Dollar von einem Türken erworben und bot es für 20 Mio. Dollar dem Getty-Museum in Kalifornien zum Kauf an. Als die zyprische Kirche davon erfuhr, forderte sie das Mosaik als ihr Eigentum zurück. Durch Gerichtsbeschluss Zypern zugesprochen, wurden einige der inzwischen restaurierten Mosaiken im Ikonenmuseum von Nikosia der interessierten Öffentlichkeit vorgestellt. Südlich der Kirche befinden sich noch Ruinen der Klostergebäude, der Glockenturm wurde erst 1888 errichtet.

Von hier hier führt eine Nebenstrecke nach **Kaleburnu**, ein seit Jahrhunderten zyperntürkisches Dorf. In seinem Untergrund wurden zahlreiche Felskammergräber entdeckt, rund hundert kleinere und größere Kammern, die größte ist ca. 22 m lang. Auf enger, kurvenreicher, aber landschaftlich herrlicher Strecke geht es weiter nach **Sipahi**, das natürlich auch bequem von der Hauptstraße aus erreicht werden kann.

! *Baedeker* TIPP

Zyprische Kostbarkeiten

Mitten im Zentrum des kleinen Ortes Büyükkonuk stößt man auf den Laden von Lois und Ismail Cemal mit dem Namen Delcraft. Hier findet man eine breite Auswahl traditioneller zyprischer Handwerksarbeiten, Stickereien, Web- und Holzarbeiten, Werke lokaler Künstler und auch landwirtschaftliche Produkte wie Honig und Öl. Ein herrlicher Ort zum Stöbern!

Agía Triás/ Sipahi

Am Ortsende von Sipahi erstrecken sich die Ausgrabungen der frühchristlichen Basilika Agía Triás. Zu sehen sind Fundamente einer dreischiffigen Basilika des 5. Jh.s und einzelne Säulen und Basen, die den Grundriss der Kirche erkennen lassen. Der gut erhaltene Mosaikfußboden zeigt farbenfrohe geometrische Muster, aber auch stilisierte Pflanzen- und Blumenmuster. Bemerkenswert ist auch die Abbildung von Sandalen, einem Pilgersymbol. Zur Kirche gehörten damals große Gebäudekomplexe und eine kleine Taufkirche. Südlich ihrer Apsis ist das Baptisterium mit dem Taufbecken für die Erwachsenentaufe zu erkennen.

Nur einen Katzensprung ist es von hier aus in das schon fast an eine Kleinstadt erinnernde **Yenierenköy**, auf einem Plateau in einer breiten und fruchtbaren Küstenebene gelegen, in der auch heute noch Johannisbrot und Oliven angebaut werden. Der kommunale Strand (Halk Plaj) lädt ebenso zum Baden ein wie der Malibou-Strand (3 km Richtung Dipkarpaz) mit angrenzendem Fischerhafen. Hier kann man auf schattiger Terrasse lecker essen.

Weiter auf der Hauptstraße, stößt man bald auf die Kirche **Ágios Thýrsos**. Die kleine Kapelle, nur wenige Meter vom Meer entfernt, ist das einstige Grab des hl. Thyrsos. Sie birgt in einer Felsspalte eine Quelle, deren Wasser bis heute eine heilkräftige Wirkung zugeschrieben wird. **Einsame Sandstrände** mit Dünen verlocken auf dem weiteren Weg zur Erkundung, bevor sich mit Dipkarpaz der größte Ort der Karpaz-Halbinsel ins Blickfeld schiebt.

! *Baedeker* TIPP

Lefkara-Spitzen

Im kleinen Dorf Cayırova, 11 km nordöstlich von Boğaz, wurde in einem restaurierten Schulgebäude ein Zentrum für das Studium und die Herstellung der traditionsreichen Lefkara-Spitze eingerichtet. Die filigranen, in Heimarbeit hergestellten Stickereien werden dort von einer Handwerkskooperative verkauft.

Rizokárpaso/ Dipkarpaz

Dipkarpaz, östlichster und Hauptort der Karpaz-Halbinsel, war im 13. Jh. orthodoxer Bischofssitz. Die einstige, inzwischen umgebaute Kathedrale Ágios Synésios wird von der hier lebenden griechischen Gemeinde noch benutzt. Heute leben ca. 2500 Menschen in Dipkarpaz, darunter etwa 250 Zyperngriechen. Sie verfügen über Grund und Boden und können ihre Kinder in eine Grundschule schicken, in der in griechischer Sprache unterrichtet wird. Weiterführende Schulen für die Zyperngriechen gibt es allerdings nur im Süden.

Ágios Phílon

4 km nördlich von Dipkarpaz liegt einsam in Meeresnähe die von Palmen umgebene Kirchenruine Ágios Phílon, die im 9. Jh. Opfer der Arabereinfälle wurde. Nur die Reste einiger frühchristlicher Basiliken in Ágios Phílon und im 8 km östlich gelegenen Afendriká, auf deren Grundmauern im 10. Jh. neuere Kirchen errichtet wurden, erinnern an die verschwundene antike Hafenstadt Carpasia. Die Kirche Ágios Phílon ist mit ihren behauenen Steinen und den profilierten Fenster- beziehungsweise Türrahmen ein hervorragendes Beispiel der kunstvollen Ausschmückung byzantinischer Kirchen des 10. Jh.s. Die dreischiffige Anlage besitzt einen Narthex und ein Atrium. Im Süden schließen sich das Baptisterium, eine Zisterne und ein Taufbecken an.

Alle zwei bis drei Jahre kommen die weiblichen Schildkröten an Land, um dort einen geeigneten Ort für die Eiablage zu suchen.

ÜBERLEBEN VOM MENSCHEN ABHÄNGIG

Einzelne Strände Zyperns gehören zu den wenigen auserwählten Plätzen im Mittelmeer, auf denen Meeresschildkröten im Sommer ihre Eier ablegen. Über das Leben dieser Tiere ist sehr wenig bekannt. Sowohl in Süd- als auch in Nordzypern bemüht man sich um den Schutz dieser vom Aussterben bedrohten Tierarten.

Schildkrötensuppen sind schon längst verboten, doch um den Bestand der Suppenschildkröten muss weiter gebangt werden. Wie die **Suppenschildkröte**, die wegen ihres grünen Panzers wissenschaftlich Grüne Meeresschildkröte (Chelonia mydas) heißt, steht auch die Dickschädel- oder **Unechte Karettschildkröte** (Caretta caretta) auf der Liste der vom Aussterben bedrohten Tierarten ganz oben. So gibt es nur noch 300 bis 400 Suppenschildkröten und ca. 1000 Karettschildkröten im Mittelmeer. Alljährlich kommen zwischen Mitte Juni und Mitte August bis zu 250 kg schwere Weibchen dieser beiden Arten an den Küsten Zyperns an Land, um hier nachts ihre Eier abzulegen: in der Lara-Bucht auf der Akámas-Halbinsel im Westen Südzyperns sowie in den Buchten östlich von Kyrénia und an den Stränden der Karpaz-Halbinsel im Norden der Insel.

Rätsel

Bis heute geben die seit 200 Mio. Jahren existierenden Meeresschildkröten der Wissenschaft Rätsel auf. Über das Leben der Tiere im Meer ist so gut wie nichts bekannt, auch über deren Wanderungen und Orientierungssinn weiß man kaum Bescheid. Wo »treiben« sich die Tiere, die sich hauptsächlich von Krebsen, Muscheln, Seesternen, Seeigeln und Quallen ernähren, im Laufe ihres Lebens herum? Forscher fanden heraus, dass Unechte Karettschildkröten gigantische Strecken zurücklegen: So wurden in Florida markierte Tiere eineinhalb Jahre später vor den Azoren gesichtet, eine vor den Azoren markierte Schildkröte fand sich später vor Sizilien. Doch wie bestimmen sie ihre jeweilige Position im Meer? Und wie finden sie an den Ort ihrer Geburt zurück? Denn die Weibchen legen ihre Eier fast ausschließlich dort ab, wo sie selbst geschlüpft sind. Offenbar verfügen die Tiere über einen **inneren Kompass** und orientieren sich am Magnetfeld der Erde.

Hartes Landleben

Nur über das »Landleben« der Meerestiere weiß man gut Bescheid, doch dieses ist nur von kurzer Dauer und betrifft lediglich die Weibchen. Die Männchen, als Jungtiere einmal ins Wasser eingetaucht, verlassen ihr Lebenselement nie mehr. Der Ausflug der Weibchen in die ungewohnten Gefilde auf dem Trockenen dient nur einem Zweck: der Eiablage. Alle zwei bis drei Jahre nähern sich diese faszinierenden Kreaturen ihrem Geburtsort am Strand, um dort am frühen Abend nach einem geeigneten Ort für die Eiablage zu suchen. Findet ein Weibchen, nachdem es sich mit äußerster Kraftanstrengung den Strand hinaufgewuchtet hat, einen Nistplatz, gräbt es **mit großer Mühe** eine bis zu 1 m tiefe Eikammer. In die presst es dann 75 bis 130 tischtennisballgroße Eier aus seinem Legeorgan. Anschließend schaufelt das erschöpfte Weibchen das Loch wieder zu und stampft den Sand darüber mit Hilfe des Bauchpanzers fest. Damit allerdings endet die Fürsorge der Mütter für ihre Nachkommenschaft. Sie kehren ins nasse Element zurück, wo schon die Männchen darauf warten, sich mit ihnen erneut zu paaren. Nicht selten werden im Abstand von 10 Tagen nochmal Eier abgelegt.

Der **temperierte Sand** übernimmt dann etwa sieben Wochen lang das Ausbrüten der jungen Panzertiere. Aus rund 90 % der Eier schlüpfen kleine Schildkröten. Eine enorme Zahl, wie es scheint. Doch schon auf dem Weg zum Wasser und im Wasser selbst, das die Frischgeschlüpften sofort aufsuchen, drohen den Winzlingen große Gefahren von Vögeln, Füchsen und Geisterkrebsen bzw. Raubfischen und anderen Räubern

Mit äußerster Kraft gräbt das Tier ein Grube in den Sand, in die es bis 130 tischtennisball-große Eier ablegt.

des Meeres. Von 1000 Jungen überleben bis zum fortpflanzungsfähigen Alter, das die Tiere nach ca. 15 Jahren erreichen, nur zwei bis sechs Tiere – genug jedoch, um die Kopfzahl der Population aufrecht zu erhalten.

Gefahr »Mensch«

Die größte Gefahr droht den Meeresschildkröten von den Menschen. Sie sind für die Verschmutzung des Meeres verantwortlich und haben lange Küstenabschnitte in Badestrände verwandelt. Viele Schildkrötenweibchen schaffen es gar nicht erst bis an den Strand: Etliche werden schon vor dem Landgang von den Schrauben der Motorboote getötet oder verletzt. Auch an Land ist die Nachkommenschaft Gefahren ausgesetzt. Manche Muttertiere werden vom **Lärm** der Menschen und vom **Licht** der Hotels irritiert und kehren vor der Eiablage wieder ins Meer zurück. Gefährdet sind auch die im Sand eingrabenen Eier. In den Boden gestoßene Sonnenschirme zerstören die Nester, von Fahrzeugen jeglicher Art verfestigte Böden machen das Schlüpfen der Jungtiere unmöglich, Sandburgen schließlich können den Winzlingen den Zugang zum Wasser versperren und die hellen Lichter menschlicher Behausungen locken die Kleinen, die nachts schlüpfen und sich am Lichtschimmer über dem Meer orientieren, landeinwärts, wo sie elend zugrunde gehen.

Schutzmaßnahmen

Um den beiden an zyprischen Gestaden strandenden Meeresschildkrötenarten eine unbehinderte Fortpflanzung zu ermöglichen, sind in Süd- und Nordzypern jeweils eine ganze Reihe von Schutzmaßnahmen ergriffen worden, u. a. Schutz der Gelege vor gefährlichen Landtieren und Raubvögeln durch das Aufstellen von Käfigen, künstliche Nestpflege in Kunststoffkästen, Aufklärungsarbeit in Medien und Schulen. Vor allem aber wird streng darauf geachtet, dass die von den Meerestieren aufgesuchten Strände in der Zeit der Eiablage bis zum Schlüpfen der Jungtiere nicht von Menschen heimgesucht werden. Es bleibt nur zu hoffen, dass diese Maßnahmen auf Zypern auch beibehalten werden.

Moní Apóstolou Andréa

Der Weg zur Inselspitze führt durch eine Landschaft, in der sich Getreidefelder mit dicht bewachsenen Hügeln abwechseln, wo Johannisbrot- und Ölbäume, Zypressen und Myrtenbüsche gedeihen. Die idyllische Ruhe mehrerer Strandbuchten und Dünenlandschaften wie der 2 km lange einzigartige **Golden Beach** wird von den wenigen Restaurants und kleinen Hotelanlagen kaum beeinträchtigt. Etwa 25 km von Dipkarpaz entfernt liegt das Andreas-Kloster, ein wichtiges Pilgerziel der orthodoxen Gläubigen. Einer Legende zufolge segelte der Apostel Andreas entlang der zyprischen Küste und rettete den vor Durst schon erblindeten Schiffskapitän, indem er ihm eine Quelle am Kap Andreas wies. Aus Dankbarkeit stiftete der Kapitän eine wertvolle Ikone, die zur Klostergründung führte. Andreas wurde darauf zum Schutzheiligen der Seefahrer ernannt. Die Klosterbauten stammen aus dem 19. und 20. Jahrhundert. Die Kirche wird von Griechen betreut und ist seit Öffnung der Trennungslinie vor allem an Wochenenden Ziel zahlreicher Gläubiger aus dem Inselsüden. An besonderen Festtagen wie dem 15. August (Mariä Himmelfahrt) und dem Andreas-Tag (30. November) liest der Priester von Dipkarpaz hier die Messe. Unterhalb des Klosters am Meer steht eine kleine gotische Kapelle mit quadratischem Grundriss aus dem 15. Jh. über der Quelle des hl. Andreas.

Kap Apóstolos Andréas

Nach weiteren 5 km gelangt man zum Kap Andreas mit seinen hohen Dünen, wo Siedlungsreste aus dem Neolithikum entdeckt wurden. Vor dem Kap liegen die Kleides-Inseln (griech. Schlüssel).

★★ Kyrénia · Girne

C/D 7/8

Höhe: 0 – 30 m ü. d. M. **Einwohnerzahl:** 14 500

»Das Fünf-Finger-Gebirge auf der einen, das blaue Mittelmeer auf der anderen Seite schenken dir ihre unvergleichliche Schönheit«, schrieb einst ein Autor. Kyrénia an der Nordküste Zyperns ist der idyllischste Ort der gesamten Insel und wäre mit seinem mediterranen Flair längst überlaufen, wenn er nicht im weniger besuchten Nordzypern liegen würde.

Rund um das kleine, hufeisenförmige Hafenbecken reihen sich drei- bis vierstöckige alte Häuser (Abb. S. 304), in denen bis vor einem Jahrhundert die Früchte der Johannisbrotbäume lagerten, um nach Anatolien exportiert zu werden. Heute laden hier Straßencafés und Restaurants zum Verweilen ein. Zu dem im Osten durch die große Burganlage geschützten Hafen erhalten nur kleine Boote Einlass. Zahlreiche Jachten, bunte Fischerboote und Ausflugsboote liegen vor Anker. Bei Gefahr, z. B. bei Piratenangriffen, konnte man früher die Hafeneinfahrt mit einer Kette absperren, die zwischen einem mittel-

KYRÉNIA • GIRNE ERLEBEN

AUSKUNFT

Im alten Zollhaus am westlichen Hafenrand
Tel. 815 21 45

ESSEN

► Fein & teuer

① ***The Harbour Club Upstairs***
Tel. 815 22 11
Unmittelbar an der Hafenpromenade wird eine gehobene französische und internationale Küche serviert, eine der Top-Adressen der Stadt.

② ***Set Fish Restaurant***
Tel. 815 23 36
Alteingesessenes Fischrestaurant, das direkt am Hafen liegt und eine breite Palette an Fischgerichten und Meerestieren bietet.

③ ***Canlı Balık***
Wie im Set Fish Restaurant gleich daneben hat man sich hier auf frischen Fisch spezialisiert.

④ ***Marti***
Im westlichen Teil des Hafens gelegen, neben vielen Fischgerichten auch traditionelle zyprische Küche.

⑥ ***Premier-Restaurant***
Im Hotel Colony
siehe unten

⑦ ***Efendi Bar Restaurant***
Kamil Paşa Caddesi 5
Im alten türkischen Viertel südlich der Post wird in schöner Umgebung gehobene internationale Küche serviert.

► Preiswert

⑤ ***Restaurant Padişah***
Bozkirli Caddesi
Tel. 815 97 63
Gutes traditionelles zyprisches Essen zu annehmbaren Preisen. Spezialisiert auf Gerichte aus dem Lehmofen.

ÜBERNACHTEN

► Luxus

① ***Dome Hotel***
Kordonboyu Caddesi
Tel. 815 24 53
Fax 815 27 72
www.domehotelcyprus.com
Traditionsreiches Hotel mit kolonialem Charme, in dem früher Filmstars wie Raquel Welch und Peter Sellers abstiegen. Modern ausgestattete Zimmer mit Balkon. Badeplattform auf einer Landzunge mit Treppe direkt ins Meer, Swimmingpool. Sehr schön sitzt man auf der Terrasse mit Meerblick.

② ***The Colony***
Ecevit Caddesi
Tel. 815 15 18
Fax 815 59 88
www.parkheritage.com
Einziges 5-Sterne-Hotel in Kyrénia, nur 5 Minuten zu Fuß vom Hafen entfernt. Vornehme und edle Ausstattung, vor allem die Dachterrasse mit Restaurant und Swimmingpool ist einzigartig.

③ ***Grand Rock Hotel***
Kordonboyu Caddesi 102
Tel. 815 22 38
Fax 815 57 12
www.rockshotel.com
Sehr gut ausgestattetes Hotel der Oberklasse mitten im Zentrum der Stadt. Sehr gutes Frühstücksbuffet und auch sonst ist die Küche hervorragend. Einen großen Swimmingpool gibt es auf der anderen Straßenseite und dem Hotel ist ein Casino angeschlossen.

► Komfortabel

④ ***Hotel Nostalgia***
Cafer Paşa Sok.22
Tel. 815 30 79
Fax 815 13 76
Das im traditionellen Stil renovierte Altstadthotel präsentiert sich als kleine Oase mitten in der Stadt. Ein kleiner Swimmingpool im netten Innenhof gewährt Abkühlung an heißen Tagen, Restaurant mit Terrasse, kleines Café.

⑤ ***Yazade***
Tel. 815 57 69
Renoviertes altes Stadthaus mit intimer Atmosphäre mitten im alten türkischen Viertel. Den Besuchern stehen ein Studio und zwei Apartments zur Verfügung, die Selbstverpflegung ermöglichen. Sonnenterrasse und Swimmingpool.

Acapulco Resort Hotel
Çatalköy, 8 km östlich
Tel. 824 41 10
Fax 824 44 49
www.acapulco.com.tr
Große Ferienanlage mit über 400 Zimmern, davon 230 Zimmer in Bungalows. An einem sehr schönen Strand gelegen, der allerdings von einer Militäranlage begrenzt wird. Großer Poolbereich, türkisches Bad, Casino, Fitness-Center und Tennisplätze.

Hotel Topset
Karaoğlanoğlu, 5 km westlich
Tel. 822 22 04
Fax 822 24 78
www.topsethotel.com
Das bei Stammgästen sehr beliebte Mittelklassehotel liegt direkt am Meer. Sehr schöne Gartenanlage mit Palmen und Blumen rings um den Poolbereich. Die über 50 Zimmer verteilen sich auf drei zweigeschossige Reihenbungalows mit Balkon oder Terrasse. Terrassenrestaurant am Meer.

Kyrénia · Girne *Orientierung*

Essen
① The Harbour Club Upstairs
② Set Fish Restaurant
③ Canlı Balık
④ Marti
⑤ Padişah-Restaurant
⑥ Premier-Restaurant im Hotel Colony
⑦ Efendi Bar Restaurant

Übernachten
① Dome Hotel
② Hotel Colony
③ Grand Rock Hotel
④ Hotel Nostalgia
⑤ Yazade

alterlichen Türmchen und an der Stelle, wo sich heute das Zollhaus befindet, befestigt war. Hinter der Burg liegt ein moderner Hafen, in dem Frachtboote und Fährschiffe anlegen können.
Zwischen den ehemaligen Lagerhäusern gelangt man in die Altstadt mit ihren stattlichen Häusern, romantischen Balkonen und engen Gassen. Direkt hinter der Hafenpromenade bildet das Minarett der 1580 erbauten und nach 1974 restaurierten Cafer-Paşa-Moschee einen Blickfang im malerischen Stadtpanorama. Im Hintergrund erhebt sich das steil aufragende Pentadáktylos/Beşparmak-Gebirge.
Der Großteil aller Hotels und Ferienanlagen Nordzyperns steht in Kyrénia – hier gibt es jedoch keinen Strand – und am 800 m langen Acapulco-Strand (11 km östlich) oder dem Bambi Beach (8 km westlich). In Kyrénia, schon während der britischen Besatzungszeit ein beliebter Urlaubsort der Engländer, besitzen auch heute noch viele Briten Ferienhäuser.

Geschichte Vermutlich von achäischen Einwanderern im 10. Jh. v. Chr. gegründet, geriet Kyrénia 312 v. Chr. unter die Herrschaft des mächtigen Salamís. Aus römischer Zeit sind noch die alten Wellenbrecher vor der Stadt erhalten. Durch die Arabereinfälle immer wieder gefährdet, bauten die Byzantiner schon im 7. Jh. eine Zitadelle an die Hafeneinfahrt, die sie im 10. Jh. befestigten. Während der osmanischen Herrschaft verfiel die Stadt zunehmend.

Sehenswertes in Kyrénia

*** Kastell** Das Kastell östlich des alten Hafens ist der größte und besterhaltene Festungsbau Zyperns. Die ursprünglich von den Byzantinern errichtete Burg wurde im 13. Jh. von den Lusignans mit dem Nord- und Ostflügel erweitert und im 15. Jh. von den Venezianern mit mächtigen Turmanlagen verstärkt. Da sich Kyrénia den Osmanen 1570 kampflos ergab, blieb die Burg unversehrt. Während der britischen Kolonialherrschaft diente sie als Gefängnis. Seit 1976 beherbergt sie in den einstigen fränkischen Wohngemächern das sehenswerte Schiffswrackmuseum sowie weitere Ausstellungsräume.
Den Eingang an der Westmauer erreicht man über eine steinerne Brücke, die einst einen mit Wasser gefüllten Graben überspannte. Noch deutlich sind hier die Spuren einer Zugbrücke zu erkennen. Die annähernd quadratische Burganlage wird von drei großen Ecktürmen flankiert. Im Inneren erkennt man noch Reste des byzantinischen Vorgängerbaus mit kleinen Rundtürmen. Auch die auf das 12. Jh. zurückgehende **byzantinische Kapelle Ágios Geórgios** blieb erhalten. Dahinter öffnet sich eine große Rundbastion der Venezianer. Aus fränkischer Zeit stammt die Wachstube im Westtrakt mit dem Grab des Sadik Paşa, der als Kommandeur der türkischen Flotte 1570 zu Tode kam. Beim Rundgang über die größtenteils fränkischen Wälle bietet sich ein schöner Blick auf den Hafen und die Berge. Von der Südmauer blickt man auf den Paradehof, an dessen Süd-

Kastell Kyrénia Orientierung

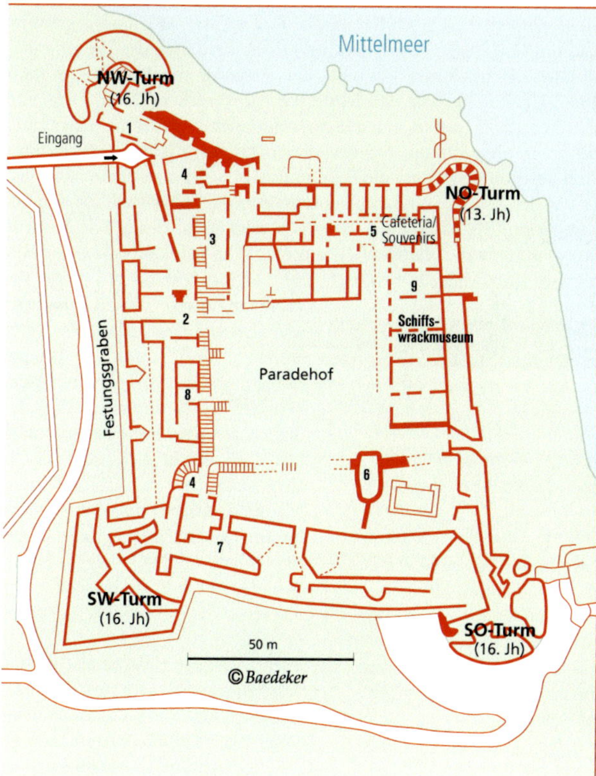

1 Byzantinische Kapelle
2 Fränkische Wachstube
3 Fränkischer Raum (ältester fränkischer Bauteil)
4 Byzantinische Ecktürme
5 Fränkische Wohngemächer
6 Reste eines byzantinischen hufeisenförmigen Turmes
7 Vorhof
8 Kerker
9 Archäologie-ausstellung

ostecke noch die Reste eines hufeisenförmigen, byzantinischen Turmes zu erkennen sind.

Im **Innenhof** laden Tische und Bänke unter Schatten spendenden Bäumen zu einer Rast. Im Westteil der Verteidigungsanlage zeigen tief in den Fels hineingegrabene mittalterliche **Kerkeranlagen** mit nachgestellten Folterszenen, wie es einst den in Ungnade gefallenen Gefangenen ergangen sein mag. Von den darüberliegenden königlichen Gemächern sind nur wenige Spuren wie Reste einer Loggia erhalten geblieben. Vom Hof aus gelangt man auch in den unteren Teil der **Südostturmes**, hier verdeutlichen Zeichnungen, Texte und lebensgroße Figuren vor Geschützen die venezianischen Verteidigungsanstrengungen. Ganz andere Verteidigungsanlagen repräsentiert der **Nordostturm**, stammt er doch aus dem Anfang des 13. Jh.s, als Feuerwaffen noch unbekannt waren. Auf zwei Ebenen dokumentieren hier lebensgroße Krieger die wehrtechnische Entwicklung vom römischen Söldner bis zum britischen Soldaten.

✶ Schiffswrackmuseum

Öffnungszeiten:
Mo. – Sa.
8.00 – 13.00
14.30 – 17.00
Mai – Okt.
bis 19.00

Im 1976 eröffneten Schiffswrackmuseum im Ostteil wird das Wrack eines antiken Frachtschiffes des 4. Jh.s v. Chr. und dessen gesamte Ladung ausgestellt. Fotos dokumentieren die Arbeit der US-amerikanischen Archäologen während der Bergung des Schiffes im Jahr 1968. Ca. 1,5 km vor der Küste lag das Wrack in 33 m Tiefe und wurde zufällig durch einen Schwammtaucher entdeckt. Das Schiff gehört zu den ältesten Funden dieser Art im Mittelmeerraum. Den Archäologen gelang es, die Segelroute des Schiffes nachzuvollziehen, das in der Antike von Samos über Kos und Rhodos nach Zypern gesegelt war. Das 14 m lange, damals bereits 80 Jahre alte Schiff wurde aus dem Holz der Aleppo-Kiefer gebaut. Die Planken waren mit Hilfe von Kupfernägeln befestigt. Die Ladung bestand aus über 400 Weinamphoren, 29 Mühlsteinen und Krügen mit Mandeln. Vier Holzlöffel und Tassen wurden gefunden, sodass man davon ausgehen kann, dass die Mannschaft lediglich aus vier Seeleuten bestand. Diese ernährten sich vom Fischfang und von den mitgeführten Mandeln. Anfang der 1980er-Jahre begannen Archäologen aus Texas mit einem originalgetreuen Nachbau des Schiffes, 1986 segelte die »Kyrénia II« die Küste Zyperns entlang.

Gleich daneben verdeutlicht eine Ausstellung mit einigen detailgetreuen Nachbildungen archäologischer Fundstätten den archäologischen Reichtum Nordzyperns. Neben einem bronzezeitlichen Grab ist auch der neolithische Fundort Ágios Epíktitos Vrýsi nahe Kyrénia mit Alltagsszenen nachgebildet.

! *Baedeker* TIPP

Wracktauchen

Da Nordzypern bisher vom Massentourismus verschont blieb, ist die Unterwasserwelt intakt geblieben. Die Wassertemperatur sinkt auch in den Wintermonaten nie unter 16 °C und steigt bis September auf 28 °C. Tauchfahrten zu den etwa 20 Tauchplätzen östlich und westlich von Kyrénia – z. B. zum Fundort des im Kastell ausgestellten antiken Schiffswracks – bietet das Amphora Diving Center in Alsançak westlich von Kyrénia an (Tel. 0542 / 851 49 24, www.amphoradiving.com) an. Sowohl erfahrene Taucher als auch Anfänger sind willkommen.

Volkskundemuseum

In einem zweistöckigen Haus des 18. Jh.s an der Hafenpromenade, das einen guten Eindruck der traditionellen zyprischen Architektur vermittelt, wurde das Volkskundemuseum eingerichtet. In der Eingangshalle, die einst als Scheune und Kornkammer diente, sind eine Ölmühle, ein großer Webstuhl und landwirtschaftliche Geräte untergebracht. Oben sind Häkelarbeiten und Stickereien, Haushaltsgeräte und alte Möbel zu besichtigen (Mo. – Sa. 8.00 – 13.00, 14.30 – 17.00, Mai – Okt. bis 19.00 Uhr).

Archangelos-Michael-Kirche

Nur wenige Meter westlich des Hafens erhebt sich auf einem kleinen Felsplateau die 1860 errichtete Kirche Archangelos Michael, einst die Hauptkirche der griechisch-orthodoxen Gemeinde der Stadt. Heute birgt sie ein **Ikonenmuseum** mit geweihten Tafelbildern aus Kirchen und Kapellen Kyrénias und Umgebung.

Museum der Schönen Künste

Etwas außerhalb des Stadtzentrums liegt das Museum der Schönen Künste mit chinesischem Porzellan, einigen wenig ansprechenden europäischen Gemälden und fernöstlichen Handarbeiten (Öffnungszeiten ►Volkskundemuseum).

Umgebung von Kyrénia

Kloster Sourp Magar

Folgt man der Küstenstraße nach Osten und biegt kurz vor Esentepe rechts ab, gelangt man nach 35 km zu dem stark verfallenen armenischen Kloster Sourp Magar. Das im 12. Jh. von koptischen Christen gegründete Kloster ist dem Eremiten Makarios von Alexandria (4. Jh.) geweiht.

Antiphonítis-Kloster

Biegt man bei Esentepe Richtung Süden ab, gelangt man nach 5 km zum wunderschön gelegenen orthodoxen Antiphonítis-Kloster aus dem 12. Jahrhundert. Eine architektonische Besonderheit weist die Klosterkirche auf, die als einziger Sakralbau Zyperns auf acht Säulen ruht. Reste von Wandmalereien zeugen davon, dass die Kirche einst vollkommen mit Fresken ausgemalt war. Alternativ kann man die Strecke von Esentepe durch einen schönen Wald mit Pinien und Erdbeerbäumen auch in 1,5 Stunden zu Fuß zurücklegen.

Die Kirche des Antiphonítis-Klosters aus mittelbyzantinischer Zeit

✶ Karaman/ Kármi Westlich von Kyrénia führt eine kurvenreiche Bergstraße zu dem in 300 m Höhe malerisch am Hang des Pentadáktylos-Gebirges gelegenen Dorf Karaman. Schon vor 1974 hatten hier wohlhabende Briten ihre Ferienwohnungen oder ihren Altersruhesitz. Nach der Vertreibung der griechischen Dorfbewohner pachteten Ausländer, darunter auch Deutsche, die leer stehenden Häuser mit der Auflage, sie im traditionellen Stil in Stand zu halten. So ist Karaman heute eines der reichsten Dörfer Nordzyperns. Man kann hier auch Ferienwohnungen mieten. Vor der Ortseinfahrt liegen die Ausgrabungen einer bronzezeitlichen Nekropole mit Kammergräbern.

Denkmal und Kriegsmuseum An der Küstenstraße markiert 7 km westlich von Kyrénia ein monumentales Betondenkmal die Stelle, an der die türkischen Truppen am 20. Juli 1974 auf Zypern landeten. Im benachbarten Hof sind von der zyprischen Nationalgarde erbeutete Militärfahrzeuge und Panzer ausgestellt. Fotos und persönliche Gegenstände dokumentieren in einem Museum den Einmarsch der türkischen Truppen 1974.

Lamboúsa Nach 3 km gelangt man bei Alsançak zu den Ausgrabungen der im 8. Jh. v. Chr. gegründeten Stadt Lamboúsa; sie können jedoch zum großen Teil nicht besichtigt werden, da sie auf militärischem Sperrgebiet liegen. Außerhalb der ehemaligen Stadtmauer Lamboúsas, westlich des Hotels Mare Monte, sind jedoch einige byzantinische Gräber und frühchristliche Kapellen zugänglich. Beachtung verdienen vor allem sechs römische Fischbecken direkt am Strand, die einst durch Kanäle mit dem Meer verbunden waren. Um 1900 fand man hier den berühmten **Silberschatz** aus frühchristlicher Zeit, der im 7. Jh. vor den Arabern versteckt wurde, die die Stadt in Schutt und Asche legten. Teile des wertvollen Bischofsschatzes sind heute im Archäologischen Museum von Nikosia, im British Museum in London und im Metropolitan Museum in New York zu sehen.

Lápithos / Lapta Einige Kilometer im Landesinneren liegt das von türkischen Zyprioten aus Páfos und anatolischen Siedlern bewohnte Dorf Lapta, wo einige Gräber an die in achäischer Zeit gegründete Siedlung erinnern.

Mórfou · Güzelyurt

D 5/6

Höhe: Meereshöhe **Einwohnerzahl:** 12 000

Nähert man sich dem kleinen Provinzstädtchen im Westen Nordzyperns, so ist die Luft häufig erfüllt vom intensiven Duft weitläufiger Zitronen- und Apfelsinenplantagen. In weiten Teilen dieser fruchtbaren Schwemmlandebene werden mithilfe intensiver Bewässerung Zitrusfrüchte, Bananen und Gemüse angebaut.

Schon im Mittelalter hatten die Lusignans die Ebene durch den Anbau von Zuckerrohr und Baumwolle landwirtschaftlich genutzt. Bis 1974 spielten zudem Kupfer-, Eisenerz- und Pyritminen eine Rolle. Die Funde der umliegenden Ausgrabungsstätten zeigen, dass die Gegend seit der Bronzezeit – vermutlich mit Einwanderern aus Westanatolien – besiedelt war, doch stand der Ort jahrhundertelang im Schatten der mächtigen Nachbarstadt Sóloi. Eine gut ausgebaute Straße verbindet Mórfou mit dem 40 km entfernten Nikosia.

Sehenswertes in Mórfou

Ágios Mamas

Öffnungszeiten:
Mo. – Sa.
8.00 – 13.00
14.30 – 17.00
Mai – Okt. bis 19.00

Wichtigste Sehenswürdigkeit der Stadt ist die über den Vorgängerbauten aus byzantinischer und fränkischer Zeit im 18. Jh. errichtete Klosterkirche des hl. Mamas (Schlüssel im benachbarten Archäologischen Museum). An dieser Stelle befand sich in der Antike wohl ein Aphrodite-Tempel. Nach 1974 richtete man die Kirche als Museum für griechisch-orthodoxe Sakralkunst ein.
Einzelne Architekturfragmente der dreischiffigen, überkuppelten Kirche erinnern an den Vorgängerbau, wie die Säulen des Mittelschiffs mit gotischem Schmuck, zwei kleine Marmorsäulen im Westfenster und das Marmorgrab des hl. Mamas. Auch Nord- und Südportal weisen gotische Elemente auf. Ein erstklassiges Beispiel venezianischer Schnitzkunst ist die Ikonostasis (16. Jh.). Die Königstür in ihrer Mitte wird flankiert von zwei Marmorsäulen mit gotischen Kapitellen. Fresken der hll. Petrus und Paulus schmücken die östlichen Mittelschiffsäulen. An der Nordwand steht unter einem gotischen Bogen der Sarkophag des hl. Mamas, über dem in einer kleinen Bildfolge die Legende des Heiligen dargestellt wird. Danach wurde der Sarg des Mamas in der Mórfou-Bucht an Land geschwemmt, von einem Bauern gefunden und nach einer Vision an eine bestimmte Stelle gebracht, an der man zu Ehren des hl. Mamas ein Kloster errichtete.

◄ Legende des hl. Mamas

Der hl. Mamas, einer der bedeutendsten Heiligen Zyperns, ging als »Steuerrebell« und Schutzpatron der Steuerhinterzieher in die Legen-

MÓRFOU • GÜZELYURT ERLEBEN

ESSEN

► Erschwinglich

In Gemikonaği laden Strandtavernen zur Rast ein. Sie bieten eine große Auswahl an zyprischen und türkischen Spezialitäten.

ÜBERNACHTEN

► Komfortabel

Soli Inn Hotel
Ececit Caddesi
Gemikonaği, Lefke
Tel. 727 76 95; Fax 727 82 10
soliinn@northcyprus.net
Das in den 1990er-Jahren erbaute Hotel (21 Z.) liegt 4 km von Lefke entfernt. Ein Swimmingpool steht für all diejenigen zur Verfügung, die das nahe Meer meiden. Der einzige Golfplatz Nordzyperns befindet sich in unmittelbarer Nähe. Das Restaurant bietet traditionelle zyprische Küche.

de ein. Er lebte als Eremit in einer Höhle nahe Mórfou. Der byzantinische Statthalter forderte eines Tages die fälligen Steuern ein. Als sich Mamas weigerte, schickte er zwei Soldaten, die ihn gewaltsam in die Hauptstadt bringen sollten. Auf dem Weg nach Nikosia lief ihnen ein Löwe über den Weg. Mamas zähmte den Löwen und zog auf ihm reitend in die Stadt ein. Hiervon war der Statthalter so beeindruckt, dass er dem Heiligen fortan die Steuern erließ.

Archäologisches und naturhistorisches Museum

Im ehemaligen Sitz des orthodoxen Bischofs gleich nebenan wurde ein kleines Museum eingerichtet. Im unteren Stockwerk ist eine Sammlung ausgestopfter Tiere zu sehen: verschiedene Vogelarten, Fische, Schildkröten, Schlangen und Füchse. Im oberen Geschoss werden vorchristliche Exponate aus den Ausgrabungen der nahe gelegenen bronzezeitlichen Siedlung von Toúmba tou Skoúrou gezeigt. Neben Funden aus Jungsteinzeit und Bronzezeit, der geometrischen und der archaischen Epoche sind verschiedene Idole ausgestellt. Hellenistische und römische Öllämpchen stehen neben byzantinischer Keramik. Das interessanteste Exponat ist die aus dem 2. Jh. n. Chr. stammende Statuette der ephesischen Artemis, die 1980 aus dem Meer bei Salamís geborgen wurde. Mit ihren vielen Brüsten stellt sie ein Symbol der Fruchtbarkeit dar (Öffnungszeiten ►Ágios Mamas).

Umgebung von Mórfou

Agía Iríni/ Akdeniz

Etwa 20 km nördlich von Mórfou wurde bei Ausgrabungen von Agía Iríni / Akdeniz ein faszinierendes Heiligtum mit 2000 archaischen Terrakotta-Figuren verschiedener Größe gefunden, von denen ein Teil heute im Archäologischen Museum von Nikosia ausgestellt ist.

Mýrtou-Pigádes

Für archäologisch Interessierte lohnt ein Abstecher zu dem bronzezeitlichen Stierheiligtum von Mýrtou-Pigádes 20 km nordöstlich von Mórfou (1 km nach Çamlıbel rechts abbiegen), wo man einen rekonstruierten Steinsockel mit stilisierten Stierhörnern sieht. Beziehungen zum minoischen Kreta sind für die damalige Zeit nachweisbar, sodass der Stierkult vermutlich von dort übernommen wurde.

★★ Nikosia · Lefkoşa

D/E 7/8

Höhe: 165 m ü. d. M. **Einwohnerzahl:** 43 000

Ein Bummel durch die Altstadt Lefkoşas, aufgrund der geringen Entfernungen bequem zu Fuß machbar, ermöglicht auf engstem Raum die Begegnung mit vielfältigen Zeugnissen der fränkischen und osmanischen Geschichte des Landes. Das geschäftige Treiben auf den Straßen vermittelt sogar etwas Basaratmosphäre.

Im Museum des Ordens der »Tanzenden Derwische«

Ähnlich wie einst Berlin, gehört Nikosia zu den wenigen geteilten Städten der Erde (►S. 250). Auch wenn die Grenze durchlässiger geworden ist, hat der Nordteil der Stadt doch noch deutlich seine eigenständige Atmosphäre bewahrt. Vom »Reichtum« des Südens ist man noch weit entfernt, schmucke Boutiquen grenzen an baufällige Häuser, der dringende Sanierungsbedarf in der Altstadt ist unübersehbar. Trotzdem zieht es Besucher vor allem in den historischen Kern von Nikosia, wo das Leben wie in keiner anderen Stadt Nordzyperns pulsiert, und weniger in die gesichtslosen Vorstädte, wo die meisten Einwohner Nikosias leben.

Rundgang durch die Altstadt (Plan siehe S. 248)

Girne-Tor

Das Girne-Tor, im 16. Jh. zusammen mit der 5 km langen Festungsmauer zum Schutz gegen die Osmanen errichtet, ist ein guter Ausgangspunkt für die Erkundung der Altstadt. Das einst nach dem Titel des venezianischen Gouverneurs Porta del Provveditore genannte Tor bildete den nördlichen der drei Stadtzugänge. Seit die Briten eine Schneise in die alte Stadtmauer schlugen und den Verkehr 1931 links und rechts am Stadttor vorbeiführten, sind die Pforten des Tors geschlossen. Heute ist hier ein **Fremdenverkehrsamt** untergebracht.
In unmittelbarer Nähe sind die mächtigen Mauern des venezianischen Walls zu sehen, eine riesige, mit Steinen befestigte Erdaufschüttung aus dem letzten Drittel des 16. Jh.s, die jedoch nicht verhindern konnte, dass 1570 die osmanischen Angreifer die Stadt einnahmen.

Mevlevi Tekke
Museum des Ordens der »Tanzenden Derwische« ►

Zu Beginn der Girne Caddesi liegt auf der linken Straßenseite das Museum des Ordens der »Tanzenden Derwische«. Es wurde 1963 im einstigen Kloster (= Tekke) der Tanzenden Derwische eingerichtet. Der Orden wurde im 13. Jh. von Mevlâna Jelâleddin Rumi (1202 bis

NIKOSIA • LEFKOŞA ERLEBEN

Plan s. S. 248

AUSKUNFT

Girne-Tor
Tel. und Fax 227 29 94
Ledra Palace, Tel. 228 87 65
Flughafen Erçan, Tel. 231 40 03

EINKAUFEN

In der Fußgängerzone parallel zur Green Line (Arasta), die direkt auf den Bedesten führt, bieten zahllose kleine Läden Lederwaren, Stoffe, Taschen und vor allem preiswerte Kleidung an. In vielen Geschäften der Altstadt kann man Goldschmuck zu einem günstigen Preis erstehen. In der Markthalle gibt es nicht nur zyprische Leckereien, sondern auch ein breites Angebot an Souvenirs, darunter Korbwaren und Kelims. In der Buchhandlung Rustem, nur wenige Meter vom Saray Hotel, findet man fremdsprachige Literatur.

ESSEN

In der Altstadt trifft man auf zahlreiche preiswerte Schnellrestaurants für den kleinen Hunger und Durst zwischendurch.

► **Erschwinglich**

⑦ ***Dachrestaurant Saray Hotel***
siehe unten

⑧ ***Boghjalian Mansion Restaurant***
Şehit Salahi Şevket Caddesi
Untergebracht in einem sehenswerten früheren armenischen Stadtpalais mit Innenhof im alten Arabahmet-Viertel, zählt das Restaurant zu den ersten Adressen der Stadt. Sehr schön sitzt man im Innenhof.

⑨ ***Konak Restaurant***
Direkt neben der Selimiye-Moschee Mitten im historischen Zentrum der Stadt kann man mit Blick auf die Moschee und einen kleinen Platz ein kühles Getränk oder auch einen Imbiss genießen.

⑩ ***Restaurant im Büyük Han***
Herrliche Lage in der renovierten Karawanserei. Sehr beliebt bei Touristen, deshalb ist es nicht immer einfach, einen Platz zu bekommen.

ÜBERNACHTEN

► **Komfortabel**

④ ***Saray Hotel***
Atatürk Meydani
Tel. 228 31 15, Fax 228 48 08
saray@northcyprus.net
Mitten in der Altstadt; von hier erreicht man alle Sehenswürdigkeiten bequem zu Fuß. Eine besondere Attraktion ist das Restaurant (Bar) auf dem Dach des Hauses, das einen weiten Rundblick über das Häusermeer erlaubt.

⑤ ***City Royal***
Kemal Asik Caddesi 19
Tel. 228 76 21
Fax 228 75 80
www.city-royal.com
Neu eröffnetes modernes Stadthotel nördlich der Altstadt. Restaurant und Sonnenterrasse auf dem Dach des Hauses. Breites Entspannungs- und Erholungsangebot mit Spa-Bereich, Sauna, Fitness-Center, Schwimmbad, Casino und Diskothek.

Die alte Karawanserei Büyük Han ist heute ein beliebter Treffpunkt.

1273), einem in Persien geborenen Poeten türkischer Abstammung, gegründet und 1925 wegen seiner reaktionären Ansichten durch Kemal Atatürk verboten. Die Derwische versuchten, durch Tanz und Gesänge in Ekstase zu verfallen und so Allahs Nähe zu erreichen.
Im Mittelpunkt des Hauptraums steht ein ovaler Tanzraum, auf dem lebensecht gestaltete Derwischfiguren in Originalgröße und mit ihren typischen Gewändern und Kopfbedeckungen bekleidet eine Vorstellung vom Tanz der Derwische vermitteln. Auch die Musiker auf einer hölzernen Empore fehlen nicht. Musikinstrumente und Gebetsteppiche vervollständigen den Einblick in die Ordenswelt. In einem lang gezogenen, mit Kuppeln überwölbten Korridor stehen 16 identische Nachbildungen steinerner Sarkophage von Vorstehern des Derwisch-Klosters. Den Hof zieren ottomanische Grabsteine (Mo. – Sa. 8.00 – 13.00, 14.30 – 17.00, Mai – Okt. bis 19.00 Uhr).

Samanbahce-Viertel

Nach wenigen Schritten öffnet sich auf der anderen Straßenseite ein Durchgang in das kürzlich renovierte Samanbahce-Viertel. Die autofreie Wohnanlage, heute zumeist von älteren Menschen bewohnt, zeigt, wie mit entsprechenden Finanzmitteln ein lebenswertes Stadtumfeld auch für ärmere Schichten erbaut werden kann.

Venezianische Säule

Die Girne Caddesi führt zum Atatürk-Platz, in dessen Mitte die große venezianische Säule steht. Die graue Granitsäule wurde im 16. Jh. aus dem antiken Salamís nach Nikosia gebracht, auf eine sechseckige Basis gestellt und mit den Wappen einflussreicher venezianischer Familien geschmückt. Der Markuslöwe auf der Säulenspitze wurde von den Osmanen entfernt und später von den Briten durch eine kupferne Weltkugel ersetzt. Von der Dachterrasse des achtstöckigen Saray-Hotels überblickt man die gesamte Stadt. Die auffälligen ehemaligen Kolonialbauten stammen aus dem beginnenden 20. Jahrhundert.

Sarayönü-Moschee

Westlich der Säule ist hinter einer Häuserzeile das Minarett der Sarayönü-Moschee zu erkennen, die 1820 unter Ali Paşa als Bethaus für die türkischen Gouverneure erbaut wurde. Anfang des 20. Jh.s restaurierte ein britischer Architekt den nach einem Erdbeben zerstörten Bau, der maurische Architekturmerkmale aufweist. Der Innenraum wird durch hufeisenförmige Bögen mit farbigen Steinen aufgelockert. Heute ist hier das Standesamt untergebracht.

Arab-Ahmet-Moschee

Vom Atatürk-Platz folgt man der Sarayönü Sokağı und der Mahumet Paşa Sokağı bis zur Arab-Ahmet-Moschee, die im 17. Jh. zu Ehren eines türkischen Eroberers Zyperns errichtet wurde. Sie ist das einzige Beispiel einer osmanischen Kuppelmoschee in Nikosia. In dem schönen Friedhofsgarten liegt das Grab des osmanischen Großwesirs Kamil Paşa (1833 – 1913), der als einziger Zypriote diese hohe Stellung errang.

Arab-Ahmet-Viertel

Das ehemals vornehme Viertel zwischen Arab-Ahmet-Moschee und Trennungsinie, in dem einst wohlhabende Griechen, Armenier und auch Türken wohnten, begann schon in den 1950er-Jahren zu zerfallen, als das Bürgertum in die Vororte abwanderte. Typisch für das Viertel sind seine zweigeschossigen Hofhäuser, die zur Straße abgeschlossen sind. Begrünte Innenhöfe, nicht selten mit einem Brunnen, schufen ein privates Refugium. Kein Wunder, dass dieses Viertel seit einigen Jahren einen Schwerpunkt in der Stadterneuerung darstellt. Bei einem Bummel wird man mehrere renovierte Häuser und ganze Straßenzüge entdecken, die eine Vorstellung vom Glanz früherer Zeiten vermitteln. Dazu gehört auch das Derviş-Paşa-Haus in der Belig Paşa Sokağı, ein ottomanisches Herrenhaus des 19. Jh.s. Arkaden umschließen einen stimmungsvollen Innenhof. Benannt wurde das Haus nach dem Herausgeber der ersten türkisch-zyprischen Zeitung, »Zaman« (»Die Zeit«), die erstmals am 25. Dezember 1891 erschien. Das steinerne Erdgeschoss war dem Dienstpersonal und den Lager- und Wirtschaftsräumen vorbehalten, die Herrschaft residierte in dem aus Lehmziegeln errichteten oberen Stockwerk. In den großzügigen, mit geschnitztem Mobiliar und Holzdecken ausgestattenen Wohnräumen werden Haushaltsgegenstände, Porzellan, Webstühle und Trachten gezeigt (Mo. – Sa. 8.00 – 13.00, 14.30 – 17.00, Mai bis Okt. bis 19.00 Uhr).

✶ Derviş-Paşa Haus ►

✶ **Büyük Han**

Zurück zur Girne Caddesi, gelangt man durch das Basarviertel zum Büyük Han (große Herberge; in der Arasta Sokağı), der alten Karawanserei, 1572 von Mustafa Paşa errichtet wurde, um reisenden

Händlern Unterkunft zu bieten. Somit ist es wohl das älteste türkische Bauwerk auf der Insel. Im Erdgeschoss befanden sich einst Ställe für Last- und Reittiere sowie Lagerräume, während im Obergeschoss 68 Zimmer, viele mit einem eigenen Kamin – wie die zahlreichen achteckigen Schornsteine verraten – die Gäste beherbergten. In der Mitte des Innenhofes steht eine kleine, überkuppelte Moschee, die über einem Reinigungsbrunnen errichtet wurde. Im 19. Jh. richteten die Briten in diesem festungsartigen Gebäude ein Gefängnis ein, später diente es als Notunterkunft für arme türkische Familien. Nach jahrelangen Renovierungsarbeiten ist die ehemalige Herberge heute eines der attraktivsten Besucherziele. Zahlreiche Läden und Werkstätten, in denen man Handwerkern über die Schulter blicken kann, haben sich in den beiden Stockwerken niedergelassen, anspruchsvolle Souvenirs werden angeboten, und auch das leibliche Wohl kommt in dem Restaurant im Hof nicht zu kurz.

Büyük Hamam

In einer kleinen Nebenstraße der Asma Altı Sokağı liegt das immer noch genutzte türkische Bad, das man durch das kunstvoll verzierte Portal des Vorgängerbaus, der gotischen Kirche St. Georg der Lateiner aus dem 14. Jh. betritt. Wie viele andere Sakralbauten wurde auch diese Kirche nach 1974 säkularisiert.

Kumarcılar Han

Rechts der Asma Altı Sokağı erhebt sich die kleine Karawanserei, auch Hof der Glücksspieler (= Kumarcılar) genannt. Der im 17. Jh. entstandene Han wird zur Zeit restauriert und soll anschließend wieder seinem ursprünglichen Zweck dienen, der Unterbringung von Gästen. Das zweigeschossige Gebäude mit 52 Gästezimmern im ersten Stockwerk gruppiert sich um einen idyllischen Innenhof mit Galerien, die an einen Kreuzgang erinnern.

✶✶ Sophienkathedrale/ Selimiye-Moschee

Hauptattraktion des nördlichen Stadtteils ist jedoch die Sophienkathedrale, der größte gotische Sakralbau Zyperns. Den Grundstein legte 1209 Alice de Champagne, Frau des Lusignanherrschers Hugo I., doch weihte man die Kirche erst 1326. Hier ließen sich die Lusignans einst zu Königen von Zypern krönen. Im 15. Jh. wurde die Sophienkathedrale durch plündernde Mamelucken und durch Erdbeben beschädigt. Kurz nach der türkischen Eroberung 1571 wandelte man die Kathedrale in eine Moschee um und nannte sie Agia-Sofia-Moschee. Die unvollendeten Westtürme erhielten zwei Minarette, die gotischen Skulpturen wurden entfernt und die Malereien des Innenraumes weiß überkalkt. Heute bedecken über 200 Teppiche die mittelalterlichen Grabplatten im Boden und Gebetsnischen weisen nach Mekka. Erst 1945 wurde die Kirche nach Sultan Selim II. umbenannt.

Die dreischiffige Basilika erinnert mit ihrem Chorumgang an die gotischen Kathedralen von Chartres, Reims und Amiens. Allerdings fehlen die Chorkranzkapellen, das Querschiff und die Triforienzone und im Gegensatz zu ihren europäischen Vorbildern weisen Mittel-

Zwei Minarette auf den unvollendeten Westtürmen der ehemaligen Sophienkathedrale

und Seitenschiffe die für Zypern typischen flachen Dächer auf. Auch wirkt sie mit ihrer Grundfläche von 66 x 38 m gedrungener. Das Kreuzgratgewölbe des Langhauses wird durch große, runde Säulen getragen. Die Dienste des Gewölbes laufen auf den Kämpfern der Säulen aus und werden nicht, wie bei französischen Kathedralen üblich, bis zum Boden hinuntergeführt. Die polygonale Chorapsis wird durch vier Säulen antiken Ursprungs gegliedert. Der Obergaden besitzt große, viergeteilte Fenster. Am zweiten Joch der Südseite liegt die Kapelle des heiligen Thomas von Aquin, der einem der Lusignanherrscher seine Schrift »Über die Herrschaft der Fürsten« widmete. Die Vorhalle an der Westseite hält sich mit ihren schlanken Säulen und schönen Kapitellen ganz an französische Vorbilder. Hier erkennt man noch Reste von Skulpturen, die einst Könige und Heilige darstellten. Über der Vorhalle zieht sich die Königsgalerie hin, auf der sich Könige und hohe Herrschaften vom Volke huldigen ließen.

Bedesten Neben der Kathedrale sieht man Reste eines gotischen Bauwerks, das seit der osmanischen Zeit Bedesten (türk. = überdachter Markt) genannt wird. Während der osmanischen Herrschaft hatten hier Textilkaufleute ihre Marktstände, später wurde das Gebäude als Getreidelager verwendet. Es vereinigt byzantinische, gotische und venezianische Stilelemente und hat durch mehrere Erdbeben stark gelitten. Noch sind sich die Experten nicht einig, ob es sich bei dem ursprünglichen Bauwerk um die Kirche des hl. Nikolaus des Engländers handelt, die im 12. Jh. von den Byzantinern errichtet wurde.

Aus dieser Zeit stammen die beiden südlichen Seitenschiffe und Wandmalereien mit der Darstellung des hl. Andreas. Reste eines Vorgängerbaus verweisen auf die frühbyzantinische Zeit des 5. Jh.s. Bei Erweiterungsbauten im 14. Jh. kamen gotische Architekturmerkmale hinzu: Das Mittelschiff wurde mit einer Kuppel und einem Tambour versehen, der Chor erhielt eine fünfseitige Apsis, das nördliche Seitenschiff wurde ergänzt. Das große mit Archivolten reich verzierte Portal an der Nordseite krönte nun ein spitzer Giebel. Eine Heiligenfigur und sechs in venezianischer Zeit hinzugefügte Wappen zieren heute das Portal. Ein kleines Nebenportal zeigt ein Relief des Marientodes. Die moderne **Markthalle**, in der Obst, Gemüse, Souvenirs und Süßigkeiten angeboten werden, grenzt an den Bedesten.

Ehemalige Residenz des Erzbischofs

Im Norden der Kathedrale steht noch die ehemalige Residenz der katholischen Erzbischöfe von 1329. Ein unterirdischer Tunnel verbindet das Haus mit der Sophienkathedrale. Nach der Eroberung durch die Türken wurde das obere Stockwerk im osmanischen Stil umgebaut und 1821 Amtssitz des türkischen Gouverneurs, unter den Engländern diente es als Schule. Heute beherbergt es den türkisch-zyprischen Gemeindeverband.

Sultan Mahmut II. Bibliothek

Die 1829 unter Sultan Mahmut II. (1784 – 1839) errichtete osmanische Bücherei östlich der Kathedrale besitzt wertvolle alte Bücher und Handschriften in türkischer, persischer und arabischer Sprache, darunter einige aus der Palastbücherei von Istanbul.

*** Lapidarium**

Hinter dem kleinen Platz am Chor der Kathedrale wurde in einem venezianischen Gebäude des 15. Jh.s das Lapidarium mit mittelalterlichen Architekturfragmenten und Grabsteinen eingerichtet. Ein großes, spätgotisches Maßwerkfenster stammt angeblich vom alten Lusignanpalast. Interessante Ausstellungsstücke sind der Sarkophag der Familie Dampierre und der Grabstein des fränkischen Heerführers Adam von Antiochia (Mo. – Fr. 9.00 – 14.00 Uhr). 🕒

Katharinenkirche/ Haydar-Paşa-Moschee

Vom Lapidarium folgt man der Kırlızade Sokağı bis zur ehemaligen Katharinenkirche, der nach der Sophienkathedrale bedeutendsten gotischen Kirche Nikosias. Im 14. Jh. errichtet, gehörte sie vermutlich zu einem Kloster. Die schmale Kirche besitzt nur ein Schiff, das mit einem feinen Kreuzrippengewölbe versehen ist; der Chor endet in einer dreiseitigen Apsis. Nach 1571 wurde die Kirche in eine Moschee umgewandelt, erhielt ein Minarett und wurde nach dem türkischen Heerführer Haydar Paşa benannt.

Lusignan-Haus

Noch einige Meter weiter erreicht man in der Yenicami-Straße das sog. Lusignan-Haus, ein gotisches Stadtpalais aus dem 15. Jh., das auch einige osmanische Architekturelemente aufweist. Sehenswert ist vor allem der große Innenhof mit seiner offenen Loggia, im ersten Stock gibt es fränkisches und osmanisches Mobiliar zu bestaunen.

★★ Salamís

D 11

Höhe: Meereshöhe

Rund 8 km nördlich von Famagusta erstreckt sich das wohl wichtigste Ausgrabungsgebiet der Insel: die Reste der ehemaligen »Großstadt« Salamís, von Homer als »Stadt der schönsten Bauwerke« gepriesen, die vorchristlichen Königsgräber, das ehrwürdige Barnabas-Kloster mit seinem sehenswerten Museum sowie die Ruinen der über 4000 Jahre alten Stadt Énkomi. Ein Eldorado für alle, die an der wechselvollen Geschichte Zyperns interessiert sind.

Geschichte

Die Stadt Salamís soll im 12. Jh. v. Chr. von Teukros, einem trojanischen Helden und Sohn des griechischen Königs Telamon von Salamís, gegründet worden sein. Im 11. Jh. nahm Salamís die Stelle der benachbarten, von Erdbeben zerstörten Stadt Alásia ein (siehe Umgebung von Salamís) und zählte in seiner Blütezeit 100 000 Einwohner. Die führende Rolle auf Zypern verdankte es seiner günstigen Lage an einer großen Bucht und seinen »großen« Stadtkönigen. Im 8. Jh. war Salamís einflussreichstes Stadtkönigtum Zyperns und besaß eine große Nekropole außerhalb des Stadtgebietes. Salamís hatte Handelskontakte mit Kilikien, den Phöniziern und Ägypten. Als Zypern Ende des 8. Jh.s den Assyrern tributpflichtig wurde, musste auch Salamís Abgaben leisten. Unter den Ägyptern erlangte es die Oberherrschaft über die anderen Stadtkönigtümer. König Euelthon

Slamís Bay Hotel mit herrlichem Sandstrand direkt vor der Tür

SALAMÍS ERLEBEN

ESSEN

Am Eingang zur Ausgrabungsstätte von Salamís wartet ein großes Restaurant mit eisgekühlten Getränken und einheimischer Kost auf Gäste.

ÜBERNACHTEN

► Komfortabel

Salamís Bay Conti Resort Hotel
Famagusta
Tel. 378 82 01; Fax 378 82 09
Salamísbay@northcyprus.net
Die große Hotelanlage unweit von Salamís, 8 km nördlich von Famagusta, kann mit einem herrlichen Sandstrand direkt vor der Haustür aufwarten. Neben Zimmern im Hochhausgebäude, die einen weiten Blick über den Osten der Insel gewähren, gibt es auch kleine Villen, die sich um einen Pool gruppieren. Hallenbad und Fitness-Center sind ebenfalls vorhanden. Gutes Essen im Hotelrestaurant.

Park Hotel
Famagusta
Tel. 378 95 71; Fax 378 91 11
www.parkhotelonline.com
In Sichtweite des Salamís-Bay-Hotels gelegen, kann dieses Mittelklassehotel ebenfalls mit einem wunderbaren Sandstrand und einem Swimmingpool aufwarten. Gutes Restaurant.

von Salamís (560 – 525 v. Chr.) ließ die ersten Münzen Zyperns prägen. Während der Auseinandersetzungen mit den Persern kam es in Salamís wiederholt zu Aufständen. Der Expansionsdrang von Euagoras I., im 5. Jh. König von Salamís, führte zu Konflikten mit den Persern. 332 gelang es der Insel, sich mit Hilfe Alexanders des Großen von den Persern zu befreien.

◄ Niedergang

In ptolemäischer Zeit wurden die Stadtkönigtümer Zyperns aufgelöst. Nun musste Salamís seine Vorrangstellung an ►Páfos abtreten. Im 4. Jh. n. Chr. suchten ein Erdbeben und eine Flutwelle die inzwischen weit gehend christianisierte Stadt heim, die danach unter dem Namen Constantia neu errichtet wurde. Anfang des 5. Jh.s ernannte man Constantia abermals zur Inselhauptstadt. Durch andauernde Arabereinfälle stark zerstört, wurde Constantia im 7. Jh. aufgegeben. Einige Kilometer südlich gründete man stattdessen Ammóchostos, das spätere Famagusta, das großteils mit Steinen aus Salamís erbaut wurde. Die verbliebenen Reste des Stadtkönigtums Salamís stammen vor allem aus der Spätantike und der byzantinischen Epoche.

Sehenswertes in Salamís

Betritt man die Ausgrabungen vom meerwärts gelegenen Eingang her, liegen rechts die Badeanlagen und das **Gymnasium**. Das 1882 entdeckte Gymnasium stammt aus dem 4. Jh. n. Chr., geht jedoch auf einen Vorgängerbau des 2. Jh.s v. Chr. zurück, der durch das große Erdbeben im 4. Jh. zerstört wurde. Das Gymnasium war in der

Öffnungszeiten:
Mai – Sept.
tgl. 9.00 – 19.00
Okt. – April
tgl. 9.00 – 13.00
14.00 – 16.45

Antike ein Ort geistiger und körperlicher Ertüchtigung. Dem körperlichen Training diente die Palästra, deren 52,5 x 39,5 m großer Platz mit Sand bedeckt war. In der Mitte des Platzes stand ein Wasserbecken, später eine Statue. Um den Platz herum gruppierten sich vier Säulenhallen mit angrenzenden Umkleide-, Arbeits- und Aufenthaltsräumen. Hier fanden auch philosophische Gespräche und Diskussionen statt. Der Ostportikus besaß an beiden Enden einen pavillonartigen Raum, der mit einem Schwimmbecken versehen war. In den Annexbauten der Oststoa werden die ausgegrabenen Skulpturen zur Schau gestellt. Einigen fehlen allerdings die Köpfe, da sie von den frühen Christen abgeschlagen wurden. Im Südwesten des Gymnasiums liegen die Gemeinschaftslatrinen, die rund 40 Besuchern gleichzeitig Platz boten. Die freie Sicht auf die Palästra, die die Römer von dort genießen konnten, wurde später von den Christen durch den Bau einer Mauer verstellt.

Salamís Orientierung

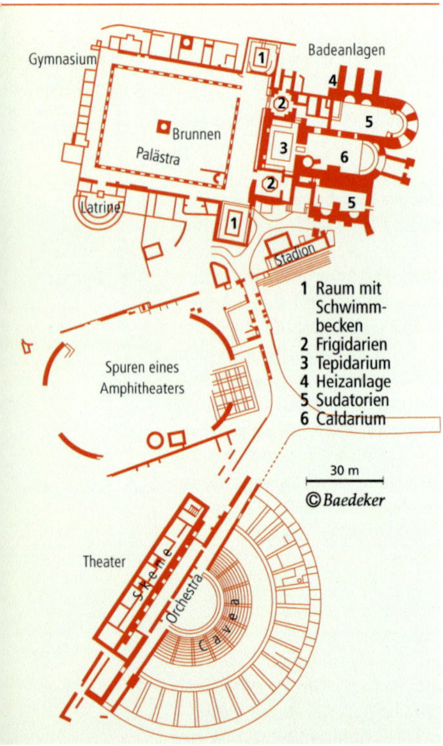

Vom Ostportikus gelangt man in die **Badeanlagen**. Zunächst betritt man eines der beiden Frigidarien, in dessen Mitte sich ein oktogonales Wasserbecken befindet. Zwischen den beiden Kaltwasserbädern liegt das Tepidarium, früher ein mäßig warmer Abkühlraum, der der Vorbereitung auf ein Kaltwasserbad diente. In einer Nische ist ein Fresko erkennbar, das Hylas, den Gefährten des Herakles, zeigt, der einen Speer gegen eine Quellennymphe erhoben hat.

Im Osten folgt das Caldarium, in dem Reste der Hypokaustenheizung sowie verschiedene Becken zu sehen sind. Zwei Sudatorien (Schwitzbäder) schließen sich links und rechts an das Caldarium an.

Im südlichen Sudatorium sind Reste von Mosaiken zu sehen, die Apollon und Artemis zeigen, wie sie die Kinder der Niobe töten. Ein weiteres Mosaik mit der Darstellung des alten Flussgottes Eurotas neben einem Schwan weist auf das Liebesabenteuer des Zeus hin, der sich Leda in Gestalt eines Schwanes genähert hatte. Auf dem Weg zum Theater erkennt man links unterhalb eines überwölbten Was-

Salamís war einst Zyperns bedeutendstes Stadtkönigtum; hier die Säulen der Palästra

sertanks Reste einer Tribüne, die einst zum Stadion gehörte. Das harrt ebenso noch einer Erforschung wie das Oval eines großen Amphitheaters auf der anderen Seite des Weges.

Theater

Das in augusteischer Zeit entstandene Theater wurde durch das Erdbeben im 4. Jh. stark beschädigt und danach als Steinbruch verwendet. In den 1960er-Jahren rekonstruierten Archäologen diese Anlage. Der Bau bot 15 000 Besuchern Platz und gehörte damit zu den größten römischen Theatern des Mittelmeerraumes. In der halbrunden Orchestra (Spielfläche des Theaters) stand ein kleiner Altar, auf dem vor den Vorstellungen Opferriten zelebriert wurden. Die ursprünglich 20 m hohe Cavea (Zuschauertribüne) zählte etwa 50 Sitzreihen. Durch Treppenaufgänge wurden sie in neun Sektoren gegliedert. Die Skene (Bühnenwand) war 40 m breit und mit Malereien verziert.

Granitforum

An dieser Stelle befand sich einst das Forum (Marktplatz der römischen Stadt), das bei dem großen Erdbeben im 4. Jh. vollkommen zerstört wurde. Die heute herumliegenden rosafarbenen Granitsäulen aus Ägypten zeugen von seiner einstigen Pracht.

Epiphánios-basilika

Der Ende des 4. Jh.s entstandene Bau, der bis ins hohe Mittelalter benutzt wurde, war mit 58 m Länge und 42 m Breite die größte Basilika Zyperns. Benannt wurde sie nach dem hl. Epiphánios, dem Bischof von Salamís im 4. Jahrhundert. Der Grundriss zeigt eine siebenschiffige Kirche mit je zwei sehr schmalen äußeren Seitenschiffen. In der zentralen Apsis sind noch Reste der Sitzstufen für den Klerus erkennbar. An die drei südlichen Seitenschiffe schließt im Osten ein weiterer kleiner Kirchenbau aus dem 7. Jh. an, unter dem man ein Grab – vermutlich des Bischofs Epiphánios – fand. Im 7. Jh. zog man aufgrund der drohenden Arabereinfälle eine Mauer um die Kirche und die nahe gelegenen Wohngebiete.

Zisterne Der Straße folgend gelangt man zur Zisterne, dem größten Wasserspeicher Zyperns aus byzantinischer Zeit. Drei überwölbte Säulenreihen umgaben das Wasserreservoir. Frisches Wasser wurde mit Hilfe eines Aquäduktes vom 40 km entfernten Pentadáktylos-Gebirge bis zur Stadtmauer geführt und dort durch ein Röhrensystem in die Zisterne geleitet, die halb in die Erde eingelassen war.

Agora/ Steinforum Die 55 x 228 m große Agora (= Forum) stammt aus augusteischer Zeit und gehört zu den größten Marktplätzen der römischen Epoche. Im Norden lag der mit Säulen geschmückte Zugang, an den Langseiten der Säulengänge reihten sich einst Geschäfte.

Im Süden der Agora lag der **Zeus-Tempel**, ein kleiner Podiumtempel, der vermutlich dem Zeus Salaminios geweiht war. Eine große Freitreppe führte hinauf, umlaufende Kolonnaden schmückten den Bau. Die wenigen Reste des Podiums stammen aus augusteischer Zeit.

Basilika Kampanópetra Ungewöhnlich an der vermutlich im ausgehenden 3. Jh. errichteten dreischiffigen Basilika Kampanópetra sind die anschließenden zwei Atrien (= Vorhöfe). Das größere Atrium liegt im Westen und grenzt an einen Narthex, der an beiden Schmalseiten mit einer Apsis versehen ist. Das kleinere Atrium im Osten führt bis zum Meeresufer, hier gibt es noch mit Marmorplatten und sog. Opus sectile ausgelegte Baderäume zu sehen, mit einem beeindruckenden spiralförmigen Bodenmosaik aus über 2000 Einzelteilen. Der oktogonale Brunnen im westlichen Atrium diente den Gläubigen für rituelle Waschungen vor dem Gottesdienst. Angegliedert an die Seitenschiffe der Basilika befinden sich sog. Katechuména, die als Aufenthaltsräume für die noch Ungetauften benutzt wurden.

Auf dem Rückweg zum Eingang kommt man an einer mittelalterlichen Olivenölpresse vorbei, die vermutlich bis ins 11. Jh. genutzt wurde. Die daran anschließenden herrschaftlichen Gebäude gehen auf das 5. Jh. zurück.

! *Baedeker* TIPP

Baden am Ausgrabungsgelände

Wer das gesamte Ausgrabungsgelände von Salamís erlaufen will, sollte sich genügend Zeit nehmen und auch etwas Proviant dabei haben. Da die Ruinen jedoch unmittelbar ans Meer grenzen, ist eine Abkühlung zwischendurch sehr gut möglich. Wer übrigens dem Gelände nur einen Kurzbesuch abstatten möchte, der sollte zumindest zwei Komplexe direkt hinter dem Eingang aufsuchen: das Gymnasium mit den Thermen sowie das römische Theater.

✶ Königsgräber

Fährt man auf der Straße von Salamís Richtung Westen zum Barnabas-Kloster, so stößt man nach einigen hundert Metern auf die freigelegten Königsgräber. Eine Stichstraße biegt nach links ab zum Kartenhäuschen. Das angeschlossene winzige **Museum** dokumentiert die Geschichte der hiesigen Ausgrabung mit Fotos, Zeichnungen und Nachbildungen. Beachtenswert ist der nachgebaute Prunkwagen aus dem Grab 79.

Öffnungszeiten:
Mai – Sept.
tgl. 9.00 – 19.00
Okt. – April
tgl. 9.00 – 13.00
14.00 – 16.45

Die einstige Nekropole von Salamís (8./7. Jh. v. Chr.) erstreckt sich über eine Länge von 5,2 km und bildet das größte Gräberfeld der Insel. Bestattet wurden hier Stadtkönige und Adlige.

Sämtliche Grabanlagen weisen den gleichen Bautypus auf. Ein langer, durch Mauerwerk eingefasster Zugang (Dromos) führt sich verbreiternd hinunter zum Grab. Über Stufen gelangt man zum Propylon, einem gepflasterten Vorhof. Ein Tor bildet den Eingang zur Grabkammer. Nach der Bestattung wurde der Dromos zugeschüttet;

Salamís Stadtkönigtum

ein Grabhügel (Tumulus) bedeckte die letzte Ruhestätte des Verstorbenen. In den Gruften fand man reiche Grabbeigaben, die Aufschlüsse über einstige Bestattungsriten geben. Im Vorhof mehrerer Gräber entdeckte man Pferde- und Menschenskelette, die darauf hinweisen, dass nicht nur Reit- oder Zugtiere geopfert wurden, sondern in manchen Fällen sogar Diener. Neben diesen Skeletten lagen Teile des Pferdegeschirrs und der Wagen sowie Gefäße, die mit Nahrungsmitteln für den Verstorbenen gefüllt waren. Viele der Grabfunde weisen assyrischen oder ägyptischen Einfluss auf.

Grab 79 In Grab 79, der prächtigsten Anlage, fanden sich neben Pferdeskeletten und Wagenresten zwei elfenbeinverzierte Thronsessel, ein 1,89 mal 1,11 m großes Bett und zwei Bronzekessel mit ägyptisch geprägten Tierprotomen. Zu sehen sind diese Beigaben heute im Archäologischen Museum in Nikosia.

Grab 50 Grab 50 wurde bekannt als »Gefängnis der hl. Katharina«. Es liegt unweit der Landstraße und ist durch sein gewölbtes Dach von weitem sichtbar. Das einstige Giebeldach dieser Grabanlage wurde in römischer Zeit überwölbt. Da dieses Grab in frühchristlicher Zeit als Gefängnis diente, erhielt es seinen seltsamen Namen.

Salamís Königsgrab

Grab 50 (Rekonstruktion)

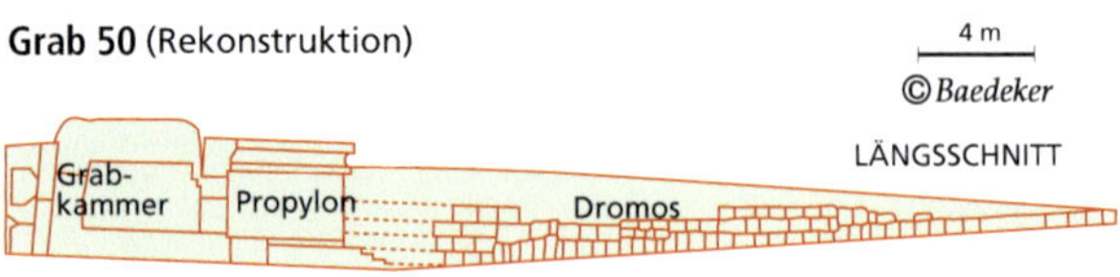

Grab 3 Das auf der anderen Seite der Zufahrtsstraße liegende Grab 3 zeigt einen hohen Tumulus, der schon von weitem erkennbar ist und im 19. Jh. Grabräuber anlockte. Ein großer Dromos von 24,60 m Länge und 5,20 m Breite war in den Tonboden gegraben worden. Eingefasst wird der Dromos durch Wände aus luftgetrockneten Ziegeln. Auch hier fanden sich Pferdeskelette und Streitwagen. Spuren eines Scheiterhaufens auf dem Dromosboden weisen auf eine Feuerbestattung hin.

Cellarka-Gräber Nahe den Königsgräbern, etwas versteckt am Ende eines Feldwegs, liegt der Friedhof für die einfachen Bewohner Salamís, die in Cellarka-Gräbern, schlichten Schachtgräbern, bestattet wurden. Man hat etwa 100 ausgegraben. Sie liegen dicht unter dem Erdboden und besitzen kurze Dromoi. Viele sind als Familiengräber angelegt und durch eine kleine Mauer vom Nachbarbereich abgetrennt.

Umgebung von Salamís

✶ Barnabas-Kloster

Etwa 2 km westlich der Ausgrabungen liegt das einstige Kloster Barnabas. In der 1992 restaurierten Kirche wurden die Innenwände mit Ikonen ausgeschmückt und der Altar wieder aufgebaut. In den einstigen Mönchszellen ist das **schönste archäologische Museum Nordzyperns** untergebracht; hervorzuheben sind einige frühbronzezeitliche Vasen mit rotfiguriger Malerei.

Über der Grabstätte des hl. Barnabas, des Nationalheiligen der Insel, wurde im 5. Jh. der Grundstein für das Kloster gelegt. Der gebürtige Zypriote kam 45 n. Chr. mit dem Apostel Paulus nach Zypern und unterstützte ihn bei der Christianisierung der Insel. Während eines zweiten Aufenthalts auf Zypern wurde er von Juden in der Nähe von Salamís gesteinigt. Seinen Leichnam vergrub ein Gefährte an unbekannter Stelle. Das Grab blieb bis zum 5. Jh. n. Chr verschollen. Dann entdeckte der zyprische Erzbischof Anthemios – einer Vision folgend – das Grab des Heiligen und legte damit den Grundstein für die Autokephalie (Unabhängigkeit) der zyprischen Kirche. Nach der Zerstörung durch Araber errichtete man im 10. Jh. eine Mehrkuppelkirche, die den Grundriss der heutigen, 1756 errichteten Anlage bestimmte. Der Glockenturm wurde erst im 20. Jh. hinzugebaut. Ab-

Anthemios überreicht dem Kaiser Zenon das Evangelium, Fresko im Barnabas-Kloster

seits der Kirche steht eine 1953 gebaute Kapelle mit dem Grab des hl. Barnabas (Schlüssel an der Museumskasse).
In der Kapelle rechts vom Eingang geben Wandmalereien die Auffindung des Heiligengrabes wieder (von links nach rechts): Traum des Anthemios, Auffindung des Grabes und des Evangeliums, Anthemios überreicht dem Kaiser Zenon das Evangelium, Anerkennung der zyprischen Kirche und Übergabe der neuen Privilegien.

Énkomi Einige Kilometer südlich vom Barnabas-Kloster (10 km nordwestlich von Famagusta) erstreckt sich das Ausgrabungsgebiet der antiken Stadt Énkomi (häufig auch Alasia genannt) bei dem heutigen Ort Tuzla. Die Anfänge der antiken Stadt gehen bis ins 2. Jahrtausend v. Chr. zurück. Eine erste städtische Gemeinschaft lässt sich hier im 17. Jh. v. Chr. nachweisen. Die Stadt begann in dieser Zeit durch die Weiterverarbeitung und den Export von Kupfer reich zu werden. Vom 15. bis 12. Jh. war Énkomi Handelsmittelpunkt zwischen Vorderasien und der Ägäis; Minoer und dann Mykener kamen als Kaufleute nach Zypern. Gegenüber lag an der syrischen Küste die Stadt Ugarit, in der Archäologen ein zyprisches Viertel mit Waren aus Énkomi fanden. Eine große Stadtmauer umgab den Ort, der in seiner Blütezeit 10 000 Einwohner zählte. Wie in Kítion (Lárnaka) bestand zwischen Kupferverarbeitung und Kult eine enge Verbindung. In Énkomi lagen die Verhüttungswerkstätten innerhalb des Stadtbezirks und zudem häufig in der Nähe von Heiligtümern.

Ausgrabungsfunde ► In den Ausgrabungen erkennt man deutlich die Fundamente der antiken Stadt des 13. / 12. Jh.s v. Chr. Eine große Nord-Süd-Straße zog sich durch die Siedlung und mehrere Querstraßen unterteilten die Stadt in verschiedene Viertel. Ebenso wurden Reste der Stadtmauer, einige Heiligtümer und Wohnhäuser entdeckt. Die ersten Ausgräber fanden neben Skeletten reichen Grabschmuck: Gold- und Elfenbeinschmuck, Bronze- und Silbergegenstände, Keramik und die berühmte Bronzestatue des gehörnten Gottes aus dem 12. Jh., die heute im Archäologischen Museum in Nikosia zu sehen ist.

Sóloi · Soli

E 4

Höhe: 30 m ü. d. M.

Die Ausgrabungsstätte von Sóloi ist ein Trümmerfeld, dessen Ursprünge weit in die Zeiten frühgriechischer Kolonisationsbewegungen zurückreicht. Bislang ist nur ein geringer Teil der unter der Erde schlummernden steinernen Zeugnisse freigelegt, doch allein schon mit den Resten der frühchristlichen Basilika und dem Theater stehen dem archäologisch interessierten Besucher zwei besonders eindrucksvolle Sehenswürdigkeiten offen.

Die Ausgrabungen der antiken Stadt Sóloi liegen an einem Berghang oberhalb von Karavostási/Gemikonağı (= Anlegeplatz), das im Altertum als Hafen von Sóloi diente. Auch in 20. Jh. nutzte man den Hafen, um die Mineralien aus den nahen Bergwerken abzutransportieren. Die Förderbänder zum Beladen der Schiffe ragen noch heute weit ins Meer.

Geschichte

Dem Mythos zufolge gründete Akámas, Sohn des Theseus und Liebhaber der Aphrodite, die Stadt Sóloi. Laut Strabo (64 / 63 v. Chr. bis 23 n. Chr.) wurde sie um 600 v. Chr. auf Rat des Atheners Solon, einem der sieben Weisen, an ihrer heutigen Stelle neu erbaut. Als Dank für den guten Ratschlag benannte König Philokypros die neue Stadt nach dem Athener. Ende des 6. Jh.s war Sóloi neben Koúrion und Amathoús (► S. 200, 235) eines der größten Stadtkönigtümer der Insel. Herodot (5, 115) erzählt, dass sich die Stadt im Kampf gegen die Perser durch wiederholte Aufstände hervortat. Um Sóloi besser kontrollieren zu können, baute der perserfreundliche König Doxandros von Márion (Pólis) den Palast von Vouní. In römischer Zeit wurde Herodes der Große von Augustus mit den Kupferminen von Sóloi belehnt. Viele Juden kamen hierher, um in den Minen zu arbeiten. Im 7. Jh. litt die Stadt stark unter den Arabereinfällen, bis ins 18. Jh. hinein sollen jedoch noch große Tempelanlagen und Stadtviertel bestanden haben. Später wurden die Gebäude als Steinbrüche benutzt. Anfang der 1920er-Jahre begann man mit Grabungen und fand Reste eines römischen Theaters und einer frühchristlichen Basilika. Die berühmte Marmorstatue der Aphrodite von Sóloi (Abb. S. 40) ist heute eines der wichtigsten Ausstellungsstücke des Archäologischen Museums in Nikosia.

Öffnungszeiten:
Mai – Sept.
tgl. 9.00 – 19.00
Okt. – April
tgl. 9.00 – 13.00
14.00 – 16.45

Das rekonstruierte **Theater** von Sóloi aus dem 2. Jh. n. Chr. ist deutlich kleiner als das Theater von ► Salamís. Die Zuschauerränge (Cavea) haben einen Durchmesser von 52 m, 4000 Zuschauer fanden hier einst Platz. Die halbrunde Spielfläche (Orchestra) hat einen Durchmesser von 17 m. Der herrliche Blick auf das Meer war damals von der Bühnenwand (Skene) verdeckt. Auf dem Hügel hinter dem Theater wurden Reste eines Aphrodite-Tempels gefunden. Verschiedene Nekropolen in der Umgebung zeugen von einer starken Besiedlung in der geometrischen bis zur römischen Zeit.
Am Fuß des Hügels liegen die Reste einer **frühchristlichen Basilika** des 5. Jh.s, die drei Apsi-

Schwanenmosaik in der frühchristlichen Basilika →

den besaß. Im Mittelalter setzte man eine neue Kirche auf die alten Fundamente. Bei Grabungen 1967 entdeckten Archäologen Bodenmosaiken, die einst die ganze Basilika überzogen. Zahlreiche geometrische Muster und eine Reihe von Tierdarstellungen sind erhalten, darunter das schöne Mosaik eines Schwans.

Lefke Das kleine Städtchen, 6 km südöstlich von Sóloi, war im Mittelalter eine der wichtigsten Baronien der Insel. Noch heute verleihen Palmen, offene Bewässerungskanäle und erhalten gebliebene osmanische Stadthäuser dem alten Kern des Ortes ein orientalisches Flair. Einen Besuch wert ist die palmenbestandene Piri-Osman-Pascha-Moschee am Ortsrand, davor das Grab des 1839 verstorbenen Namengebers, ein schönes Beispiel osmanischer Steinmetzkunst.

* St. Hilarion

D 7

Höhe: 721 m ü. d. M.

Die westlichste und am besten erhaltene der drei Burganlagen im Pentadáktylos-Gebirge schmiegt sich an einen in zwei Berggipfeln endenden Felsvorsprung und bietet einen herrlichen Blick über den Gebirgszug und nach Kyrénia. Die Ruinen zeugen von der einstigen Pracht dieses im Volksmund »Schloss der tausend Gemächer« genannten Kastells, der einstigen Sommerresidenz der Lusignans.

Verfallene Festungsarchitektur und Landschaft Schon von der Küstenebene aus sind die zinnenbewehrten Mauern und halbrunden Türme der malerisch auf einem Fels gelegenen Burg St. Hilarion zusehen. Etwa 7 km südlich von Kyrénia biegt von der Schnellstraße Richtung Nikosia kurz vor der Passhöhe eine Straße zur Festung ab (von Nikosia aus sind es insgesamt 15 km). Man durchfährt militärisches Gebiet, in dem Fotografieren verboten ist.

Benannt ist die Festung nach dem hl. Hilarion, einem syrischen Einsiedler des 6. Jh.s, der seine letzten Jahre in einer Höhle im Pentadáktylos-Gebirge verbrachte. Ihm zu Ehren wurde zunächst eine Kapelle errichtet, im 10. Jh. dann ein Kloster, das die Byzantiner im 11. Jh. in eine Festungsanlage integrierten. Unter den Lusignans wurde die Burg stark befestigt und erhielt den Namen »Dieu d'Amour«, abgeleitet

! *Baedeker* TIPP

Nordzpyern von oben

Lautlos über die Küstenebene zu schweben und die Insel aus einer ganz anderen Perspektive zu erleben – das ist in Nordzypern ohne Vorkenntnisse und Training möglich. Ein erfahrener Pilot steuert den Tandem-Gleitschirm. Gestartet wird u. a. von einer Plattform einige hundert Meter westlich von St. Hilarion, Zielpunkt ist der kleine Ort Karaolanolu. Ein traumhaftes Erlebnis! Das Büro von Highline Air Tours findet man im Hafen von Kyrénia (Tel. 0542 / 855 56 72, www.highline paragliding.com).

vom griechischen Wort Didymoi (= Zwillinge), das sich auf die beiden Berggipfel der Oberburg bezog. Im 13. Jh. spielte die Burg eine wichtige Rolle bei den Auseinandersetzungen des zyprischen Adels mit dem deutschen Kaiser Friedrich II., der die Insel für sich beanspruchte. Anhänger Friedrichs zogen sich auf die Burg zurück, mussten sie 1232 nach langer Belagerung jedoch den Lusignans zurückgeben. Diese erhoben die Festung wegen des kühleren Klimas zu ihrer Sommerresidenz. Im 14. Jh. geriet St. Hilarion ein weiteres Mal in die Streitigkeiten um die Herrschaft auf Zypern. Im Jahr 1369 war der Lusignanherrscher Peter I. gestorben, sein Sohn Peter II. wurde vom Adel nicht als Nachfolger anerkannt. Sein Onkel, Jean von Antiochia, sollte nun König werden. Eleonore von Aragon, die Witwe Peters I., bekämpfte mit ihrem Gefolge Jean von Antiochia, woraufhin sich dieser nach St. Hilarion zurückzog. Er verlor jedoch den Kampf um die Königsmacht. Die heutigen Ruinen stammen vorwiegend von einem erneuten Ausbau der Festung um 1391. Unter den Venezianern verfiel die Burg und wurde aufgegeben.

Die Burganlage gliedert sich in drei Bereiche: Vorburg, Unterburg und Oberburg. Man betritt die Vorburg durch einen Zwinger, von dem ein kleiner Weg hinauf zur Unterburg führt. An den Seiten liegen neben Resten einer großen Zisterne Stallungen und Wohntrakte für die Soldaten.

Durch ein Tor, einst durch eine Zugbrücke zusätzlich geschützt, betritt man die Unterburg mit der byzantinischen Kirche (10. Jh.), dem

Öffnungszeiten:
Mai – Sept.
tgl. 9.00 – 17.00
Okt. – April
tgl. 9.00 – 13.00
14.00 – 16.45

Festung St. Hilarion Orientierung

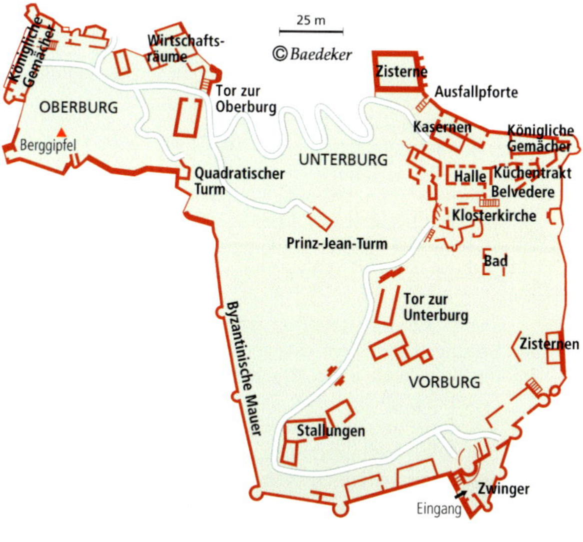

einzigen Überrest des ehemaligen Klosters. Im Norden der Kirche führen Treppen zur großen Halle, wohl dem ehemaligen Refektorium, hinab. Östlich liegt das Belvedere, eine gewölbte Loggia, von der man die beste Sicht auf die Küstenebene und das Pentadáktylos-Gebirge hat. An die Loggia schlossen sich die königlichen Gemächer mit dem Küchentrakt an, solange die Oberburg noch unvollendet war.

Prinz-Jean-Turm

Ein Weg führt hinauf zur Oberburg. Kurz vor dem Eingangstor führt links ein steiler Pfad zu dem einzeln stehenden Prinz-Jean-Turm, der hoch über der Unterburg an einer Felskante klebt.

Oberburg

Durch einen gut erhaltenen Torbogen betritt man die doppelt befestigte. Im Norden liegen die Wirtschaftsgebäude, im Westen schließen die Königsgemächer an. Einblick in die einstige Pracht geben die mit gotischem Maßwerk reich geschmückten Fenster und deren seitliche Sitzbänke. Ein schöner Blick auf das Gebirge und das kleine Dorf Karmi bietet sich vom westlich gelegenen gotischen »Fenster der Königin« (Abb. S.38). Sowohl im Eingangsbereich als auch neben der Loggia in der Unterburg werden Erfrischungsgetränke und Souvenirs angeboten.

Vouní · Bademliköy

E 4

Höhe: 255 m ü. d. M.

Nur noch Fundamente erinnern an den einst wohl beeindruckenden Palast von Vouní, erbaut auf einem Hügel, der einen fantastischen Ausblick auf Meer und Gebirge erlaubt. Auf den von hier oben sichtbaren kleinen Felsinseln wurden Reste neolithischer Kulturen entdeckt.

Öffnungszeiten:
Mai – Sept.
tgl. 9.00 – 17.00
Okt. – Apr.
tgl. 9.00 – 13.00
14.00 – 16.45

Folgt man einer gewundenen Straße etwa 5 km von östlich von Sóloi bis auf den Gipfel des Berges (= Vouní), auf dem die Ruinen des Palastes von Vouní thronen, wird man mit einem herrlichen Blick über die weite Bucht von Mórfou belohnt. Die im westlichsten Zipfel des Inselnordens gelegenen Ausgrabungen wurden bereits 1928 von schwedischen Archäologen begonnen.

Geschichte

Der Palast von Vouní mit seinen 137 Räumen hatte nur kurze Zeit Bestand. Die Anlage entstand im 5. Jahrhundert v. Chr. und wurde um 380 durch einen Brand zerstört. Erbauer war vermutlich der perserfreundliche König Doxandros von Márion. Er versuchte von Vouní aus die griechenfreundliche Stadt Sóloi zu kontrollieren. Vier Bauphasen lassen vermuten, dass die Besitzer des Palastes wechselten und ihn verändern und erweitern ließen.

Ruinen des Palastes von Vouní Orientierung

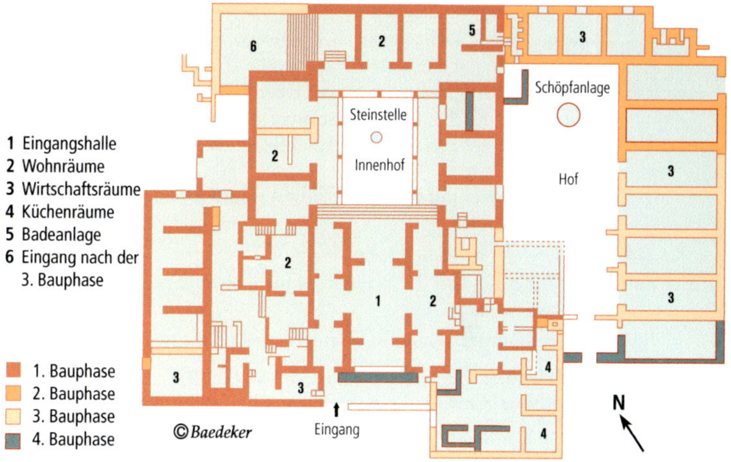

Palast von Vouní

Man betritt den Palast von Südwesten und gelangt in einen dreigeteilten Raum, vermutlich die Eingangshalle des Gebäudes. Von hier führt eine Treppe in eine Hofanlage, die an drei Seiten von Portiken umschlossen war. Im Hof ist eine Zisterne erkennbar, an deren Ostseite eine Stele steht, die als Brunnenwinde diente. Um den Hof gruppieren sich die zum Teil zweigeschossigen Wohnräume. Im Osten lagen die Badeanlagen, die zu den ältesten erhaltenen Bädern der Antike gehören. In einer zweiten Bauperiode wurden im Osten Lagerräume angebaut, die einen Wirtschaftshof mit einer Schöpfanlage umschlossen. In der dritten Bauphase ließ der Palastbesitzer den alten Eingang zumauern und im Norden einen neuen Eingang errichten.

Athena-Tempel

Auf dem südlichen Berghang (auf der entgegengesetzten Seite des Wärterhäuschens) liegen die spärlichen Reste des Athena-Tempels. Hier wurden sensationelle Funde gemacht, u. a. die berühmte Kuh von Vouní, eine kleine Bronzestatuette, heute im Archäologischen Museum in Nikosia.

Glossar zu Kunst und Architektur

Agía, Ágios heilig

Agora Markt- und Versammlungsplatz in der griechischen Antike (röm. Forum)

Akropolis Oberstadt, meistens religiöser Mittelpunkt einer Stadt in der Antike

Amphitheater Theater mit ovaler Arena und ringsum geschlossenen Sitzreihen

Anástasis Abstieg Christi in die Vorhölle

Apokryphe Schriften von der Westkirche nicht anerkannte überlieferte biblische Schriften

Apsis halbkreisförmiger Raum in einem Tempel oder einer Kirche

Aquädukt römische Wasserleitung

Archaische Kunst Kunst des 8. bis 5. Jh.s v. Chr. in Griechenland

Architrav auf Säulen oder Pfeilern aufliegender waagerechter Steinbalken

Archivolten bandartige Einfassung eines Rundbogens

Asklepieion Heiligtum des Asklepios, des Gottes der Heilkunst

Atrium offener Hof im Zentrum des Hauses oder Vorhof der frühchristlichen Basilika

Basilika Kirchentyp mit drei oder mehr Schiffen, bei dem das mittlere Schiff erhöht ist und eigene Fenster besitzt

Bastion aus der Stadtmauer hervor springendes Verteidigungswerk

Bema Altarraum der byzantinischen Kirche

Benediktinerorden von Benedikt von Nursia im 6. Jh. gegründeter Orden

Blacherniótissa Darstellungstypus der betenden Muttergottes in stehender Position und ohne Kind

Caldarium Heißbaderaum römischer Thermenanlagen

Cavea Zuschauerraum eines römischen Theaters (griech. Koilon)

Cella innerer Raum eines Tempels, Allerheiligstes

Chalkolithikum Kupfersteinzeit, auf Zypern von 3800 bis 2300 v. Chr.

Déesis in der byzantinischen Malerei Darstellung Christi zwischen Maria und Johannes (als Fürbitter)

Diakonikon Raum südlich des Altarraums, Sakristei

Dienste dünne Säulen und Halbsäulen an einem Bündelpfeiler oder einer Wand, meist bei gotischen Kirchen

Donjon Hauptbefestigungs- und Wohnturm einer Burg

Dorische Ordnung älteste griechische Säulenordnung (7. Jh.). Die Säulen stehen ohne Basis auf dem Stylobat und besitzen einfache, kantige Kapitelle. Über dem Architrav liegt ein Metopen- und Triglyphenfries

Dormitorium Schlafsaal eines Klosters

Dreipass aus drei Dreiviertelbögen zusammengesetzte Figur des gotischen Maßwerks

Dromos Zugang zu einem Grab, auf Zypern häufig ein Treppendromos

Emporen galerieähnlicher Aufbau

Enkaustik antikes Malverfahren, bei dem die Farben mit Wachs gebunden werden

Enkleistra Einsiedelei

Fayencen Keramik mit wasserundurchlässiger Glasur

Forum römischer Markt- und Versammlungsplatz (griech. Agora)

Franziskanerorden Bettelorden, im 13. Jh. von Franz von Assisi gegründet

Fresken Wandmalereien auf frischem, noch feuchtem Putz

Frigidarium Kaltwasserraum römischer Badeanlagen

Genien römische Schutzgeister

Geometrische Kunst griechische Kunst zwischen 1050 und 700 v. Chr.

Hamam türkisches Bad

Han, Chan türkische Herberge

Hellenistische Kunst Kunstrichtung von 330 bis 30 v. Chr. in Griechenland

Hodegetría Darstellungstypus der stehenden Muttergottes, als die »Wegweisende« mit dem Kind auf dem linken Arm

Hypokausten unter dem Fußboden liegende Heizungsanlage römischer Bäder oder Wohnräume

Idol als Gottheit verehrte Kleinplastik der griechischen Frühzeit

Ikone Kultbild einer heiligen Person der orthodoxen Kirche

Ikonoklasmus religiöse Auseinandersetzung in der Ostkirche im 8./9. Jh. um die Frage der bildlichen Verehrung der Heiligen

Ikonostasis Bilderwand in der byzantinischen Kirche, die den Gemeinderaum vom Altarraum trennt

Impluvium Wasserbecken zum Sammeln von Regenwasser im römischen Atriumhaus

in situ in Fundlage, vor Ort

Joch Raumteil unter einem Gewölbefeld eines Bauwerkes

Ionische Ordnung vor allem in Attika und Kleinasien beheimatete griechische Bauordnung mit schlanken Säulen, die auf einer Basis stehen. Die Kapitelle besitzen schneckenförmige Voluten, über dem dreigeteilten Architrav sitzt ein durchlaufender Fries.

Kämpfer Zone, an der die Krümmung eines Gewölbes oder Bogens beginnt

Kantharus Reinigungsbrunnen im Vorhof einer frühchristlichen Basilika

Kapitelsaal Raum eines Klosters, in dem die Mönche ihre Weisungen erhalten

Kapitell ausladendes Kopfstück einer Säule oder eines Pfeilers

Katechuménon Nebenraum einer frühchristlichen Basilika, Aufenthaltsraum für die Ungetauften

Keramídion »authentisches« Christusporträt auf einem Ziegel der Stadtmauer von Edessa

Koímisis Tod Mariens

Kolonnade Folge von Säulen mit Architrav

Kommende Verwaltungsbezirk des Johanniterordens

Konsole vorspringendes Tragelement

Korinthische Ordnung altgriechische Säulenordnung; Kapitell mit großen, zerlappten Akanthusblättern

Krabben gotisches Schmuckelement in Form eines plastischen Blattes

Kratér antiker griechischer Krug zum Mischen von Wein und Wasser

Kreuzkuppelkirche byzantinischer Kirchentyp mit mehreren Kuppeln, die im Grundriss ein Kreuz bilden

Krypta unterirdische Reliquienkapelle

Latrine Toilette

Liwan-Haus altarabisches Wohnhaus mit meist dreiteiliger Haupthalle im Anschluss an den Eingangsbereich

Loggia offene Säulenhalle eines Bauwerks

Lünette Bogenfeld über Türen oder Fenstern

Mandílion »authentisches« Abbild Christi auf einem Tuch

Maßwerk geometrisches Schmuckornament der Gotik zur Unterteilung von Fenstern, Giebeln, Portalen und Wänden

Megaron Haupthalle eines mykenischen Palastes, die als Grundform des griechischen Tempels angesehen wird

Metope rechteckige Platte zwischen den Triglyphen am Fries eines dorischen Tempels, glatt oder mit Relief

Mihrab nach Mekka gerichtete Gebetsnische einer Moschee

Minarett Turm einer Moschee, von dem der Muezzin zum Gebet ruft

Minbar (Mimbar) Predigtstuhl einer Moschee

Mitra kegelförmiger, spitzer Bischofshut

Mykenische Kultur nach dem Fundort Mykene benannte Kultur von 1580 bis 1150 v. Chr. auf dem griechischen Festland

Nabatäer, nabatäisch altarabisches Handelsvolk, beheimatet im Raum Syrien und Jordanien mit der Hauptstadt Petra

Naos Tempelinneres (Cella) oder Gemeinderaum einer Kirche

Narthex Vorhalle einer Kirche, Platz für Ungetaufte während des Gottesdienstes

Nestorianer Anhänger der Lehre des Patriarchen Nestorius von Konstantinopel, im 5. Jh. exkommuniziert

Nymphäum römische Wasseranlage mit tempelartiger Fassade

Obergaden erhöhte Zone des Mittelschiffs einer Kirche, in der die Obergadenfenster liegen

Obsidian glasartiges, sehr hartes, schwarzes Lavagestein

Odeion überdachter Theaterbau, der vorwiegend für Musikdarbietungen genutzt wurde

Orchestra Spielfläche des Theaters, rund (griechisch) oder halbrund (römisch)

Palästra von Säulengängen umgebener Hof für sportliche Übungen

Panagía Muttergottes, die »Allheilige«

Pantokrator Christus, der »Allherrscher«

Pastophorien nördlich und südlich an den Altarraum angrenzende Räume, bestehend aus Diakonikon und Prothesis

Peristyl Säulenhalle um einen Hof

Pithos großes tönernes Vorratsgefäß

Portikus Säulenhalle, meistens vor der Front eines Gebäudes

Prämonstratenser 1121 gegründeter Orden, der seinen Namen nach dem französischen Kloster Prémontré erhielt

Propylon Torhalle

Prostylos Tempel mit Säulenvorhalle

Prothesis Raum nördlich an das Bema angrenzend, Aufbewahrungsort für liturgische Geräte und Gewänder

Protome Figuren als Schmuck an Gefäßen

Refektorium Speisesaal eines Klosters

Rustikamauerwerk Quadermauerwek aus Bruch- oder Buckelsteinen

Rython Spend- oder Trinkgefäß

Säulenordnung siehe dorische, ionische und korinthische Ordnung

Scheunendachkirche Typische Bergkirchen auf Zypern (Tróodos-Gebirge) mit lang heruntergezogenem Satteldach

Schlussstein Stein am Knotenpunkt der Rippen eines Gewölbes in oder am Scheitelpunkt eines Bogens

Sgrafitto-Keramik Keramik mit in den noch feuchten Ton eingeritzten Verzierungen

Skene Bühnenhaus des antiken Theaters

Skriptorium mittelalterlicher Schreibsaal eines Klosters

Steatit Speckstein

Stadion 1. antikes Längenmaß: 600 Fuß = ca. 185 m 2. Laufbahn gleicher Länge 3. Wettkampfstätte mit Laufbahn und Wällen bzw. Sitzreihen für die Zuschauer

Stele freistehender Pfeiler, oftmals Grabstein mit inschrift

Stoa Säulenhalle, meistens auf der Agora

Strebepfeiler Pfeiler zur Verstärkung der Außenmauer einer Kirche

Stylobat oberste Stufe eines antiken Tempelunterbaus, auf der die Säulen stehen

Sudatorium Schwitzraum einer römischen Thermenanlage

Tambourkuppel zylinderförmiger Unterbau einer Kuppel

Tekke klosterähnliche islamische Anlage

Temenos der durch eine Mauer begrenzte Tempelbezirk

Tholos Rundbau

Toga römisches Obergewand

Triforium Laufgang unter der Fensterzone einer romanischen oder gotischen Kirche

Triglyphe Steinplatte mit zwei Einschnitten, trennt die Metopen der dorischen Ordnung

Tumulus Grabhügel

Vierung Raumteil einer Kirche im Schnittpunkt zwischen Langhaus und Querhaus

Vothros (Bóthros) Opfergrube

Voluten schneckenförmiges Ornament am ionischen Kapitell

Zahnschnitt aus Balkenköpfen abstrahierter Fries am griechischen Tempel

Zisterne Sammelbecken für Regenwasser

Zwinger Raum zwischen Vor- und Hauptmauer einer Burg

REGISTER

a

b

c

d

VERZEICHNIS DER KARTEN & GRAFISCHEN DARSTELLUNGEN

BILDNACHWEIS

AKG S. 76, 80, 81
Archäologisches Museum Nikosia S. 1, 40, 57, 259, 260
Couteau S. 183
dpa S. 52, 75, 250
Feltes-Peter S. 5 (rechts), 6, 44, 46, 54, 58, 83, 130, 153, 178, 181, 184, 192, 196, 202, 205 (oben), 213, 214 (oben), 215, 236, 241, 261, 269, 271, 289, 292, 321, 355
Fremdenverkehrszentrale Zypern (CTO) S. 171, 175, 205 (unten), 247, 273 (oben und unten), Umschlag hinten außen
Friedrichsmeier/Wrba S. 168, 185
Hackenberg S. 133
HB Verlag/Fabig S. 5 (links), 10/11, 13 (unten), 67, 69, 153/154, 156, 159, 161, 162, 167, 187, 189, 193, 198, 204, 208, 219, 221, 224, 227, 229, 237, 238, 254, 255, 257, 263, 276, 281, 284, 293, 315, 349
Huber/Schmid S. 82/83, 158
laif S. 12 (Heuer); 14 (Mitte; Kouri); 14 (oben), 15, 16, 35, 100, 304/305, 312, 344 (Raach); 322 (Tueremis); 11 (Trummer); 243, 274 (Zanettini)
look S. 296 (Greune); 4 (oben), 32, 92, 109, 301, 307 (Widmann)
Lade S. 26
National Geographic Society/Martha Cooper S. 205 (rechts oben), 206
Peters S. 24, 127, 132/133, 273 (rechts), 285, 287
Picture-Alliance S. 18, 50, 51, 72, 78, 89, 252, 272, 328
Pierides-Museum S. 222
Selbach S. 9, 19, 91, 122, 341
Stankiewicz S. 234, 279
Thomas S. 4 (unten), 28, 31, 128
Troodítissa-Kloster S. 64
Weiß Umschlag vorne innen, S. 14 (unten), 38, 96, 305, 318, 335, 339, 346, 353
Wrba S. 13 (oben und Mitte), 62, 210
Zefa S. 326

Titelbild: IFA-Bilderteam/Kurt Amthor

IMPRESSUM

Ausstattung:
151 Abbildungen, 49 Karten und grafische Darstellungen, eine große Reisekarte
Text:
Barbara Peters, Helmuth Weiß
Mit Beiträgen von Achim Bourmer, Astrid Feltes-Peter, Helmut Linde und Anja Schliebitz
Bearbeitung:
Baedeker Redaktion (Anja Schliebitz, Jens Wassermann)
Kartografie:
Franz Huber, München; MAIRDUMONT/Falk Verlag, Ostfildern (große Reisekarte)
3D-Illustrationen:
jangled nerves, Stuttgart
Gestalterisches Konzept:
independent Medien-Design, München (Kathrin Schemel)

Sprachführer in Zusammenarbeit mit Ernst Klett Sprachen GmbH, Stuttgart,Redaktion PONS Wörterbücher

Chefredaktion:
Rainer Eisenschmid,
Baedeker Ostfildern

7. Auflage 2006
Völlig überarbeitet und neu gestaltet

Urheberschaft:
Karl Baedeker Verlag, Ostfildern

Printed in Germany
Gedruckt auf 100% chlorfrei gebleichtem Papier

BAEDEKER VERLAGSPROGRAMM

- Ägypten
- Algarve
- Amsterdam
- Andalusien
- Athen
- Australien
- Bali
- Baltikum
- Barcelona
- Belgien
- Berlin
- Bodensee
- Brasilien
- Bretagne
- Brüssel
- Budapest
- Bulgarien
- Burgund
- Chicago • Große Seen
- China
- Costa Blanca
- Costa Brava
- Dänemark
- Deutsche Nordseeküste
- Deutschland
- Djerba • Südtunesien
- Dominikanische Republik
- Dresden
- Elba
- Elsass • Vogesen
- Finnland
- Florenz
- Florida
- Franken
- Frankfurt am Main
- Frankreich
- Französische Atlantikküste
- Fuerteventura
- Gardasee
- Germany (engl.)
- Gomera
- Gran Canaria
- Griechenland
- Griechische Inseln
- Großbritannien
- Hamburg
- Harz
- Hongkong
- Indien
- Irland
- Island
- Israel
- Istanbul
- Italien
- Italien • Norden
- Italien • Süden
- Italienische Adria
- Italienische Riviera
- Japan
- Jordanien
- Kalifornien
- Kanada
- Kanada • Osten
- Kanada • Westen
- Kanalinseln
- Kenia
- Köln
- Kopenhagen
- Korfu
- Ionische Inseln
- Korsika
- Kos
- Kreta
- Kroatische Adriaküste • Dalmatien
- Kuba
- Kykladen
- La Palma
- Lanzarote
- Lissabon
- Loire
- Lombardei • Mailand • Oberitalienische Seen
- London

- Madeira
- Madrid
- Malaysia
- Malediven
- Mallorca
- Malta • Gozo • Comino
- Marokko
- Mecklenburg-Vorpommern
- Menorca
- Mexiko
- Moskau
- München
- Namibia
- Nepal
- Neuseeland
- New York
- Niederlande
- Norwegen
- Oberbayern
- Österreich
- Paris
- Peking
- Polen
- Portugal
- Prag
- Provence • Côte d'Azur
- Rhodos
- Rom
- Rügen • Hiddensee
- Sachsen
- Salzburger Land
- San Francisco
- St. Petersburg
- Sardinien
- Schottland
- Schwäbische Alb
- Schwarzwald
- Schweden
- Schweiz
- Seychellen
- Sizilien
- Skandinavien
- Slowenien
- Spanien
- Sri Lanka
- Stuttgart
- Südafrika
- Südengland
- Südtirol • Dolomiten
- Sylt
- Syrien
- Teneriffa
- Tessin
- Thailand
- Toskana
- Tschechien
- Tunesien
- Türkei
- Türkische Mittelmeerküste
- Umbrien
- Ungarn
- Usedom
- USA
- USA • Nordosten
- USA • Südstaaten
- USA • Südwesten
- Venedig
- Vietnam
- Washington DC • Capital Region
- Weimar
- Wien
- Zypern

LIEBE LESERINNEN, LIEBE LESER,

ein herzliches Dankeschön, dass Sie sich für einen Baedeker Allianz Reiseführer entschieden haben. Er wird Sie zuverlässig auf Ihrer Reise begleiten und Sie nicht im Stich lassen.
Natürlich beschreibt er die wichtigen Sehenswürdigkeiten, aber er empfiehlt auch interessante Veranstaltungen, nennt Hotels für den großen und kleinen Geldbeutel, gibt Tipps für Restaurants, Shopping und für vieles mehr, was eine Reise zum Erlebnis macht. Dafür haben die Autoren und die Redaktion Sorge getragen. Sie sind für Sie regelmäßig nach Zypern gereist und haben all ihre Erfahrungen und Kenntnisse in diesen Reiseführer gepackt.

Trotzdem: Die Erfahrung zeigt, dass Fehler und Änderungen nach Drucklegung, für die der Verlag keine Haftung übernehmen kann, nicht ausgeschlossen werden können. Für Kritik, Berichtigungen und Verbesserungsvorschläge sind wir Ihnen außerordentlich dankbar. Schreiben Sie uns, mailen Sie uns oder rufen Sie an:

▶ **Verlag Karl Baedeker GmbH**
Redaktion
Postfach 3162
D-73751 Ostfildern
Tel. (0711) 4502-262, Fax -343
E-Mail: info@baedeker.com

Besuchen Sie uns auch im Internet unter www. baedeker.com. Hier finden Sie jeden Monat den aktuellen Reisetipp der Redaktion und das gesamte Verlagsprogramm. Hier können Sie auch lesen, wer Karl Baedeker war und wie er seinen ersten Reiseführer geschrieben hat. Mit seinen über 175 Jahren ist der Karl Baedeker Verlag der älteste Reiseführer-Verlag der Welt.

www.baedeker.com

ZU GEWINNEN: STADTREISE NACH LONDON

Unter allen Einsendungen verlost der Verlag am Jahresende – unter Ausschluss des Rechtswegs – eine Städtekurzreise für zwei Personen nach London.
Freuen Sie sich auf ein spannendes Wochenende in London. Natürlich ist ein Baedeker Allianz Reiseführer London auch dabei!